Andreas Ackenheil | Georg Huttner

# Problemfall Hund

WEKA

Andreas Ackenheil | Georg Huttner

# Problemfall Hund

## Ordnungsrechtliche Grundlagen und Praxis

# IMPRESSUM

**Bibliografische Information der Deutschen Nationalbibliothek**
Die Deutsche Nationalbibliothek verzeichnet diese Publikation in der Deutschen Nationalbibliografie; detaillierte bibliografische Daten sind im Internet über http://dnb.d-nb.de abrufbar.


3., überarbeitete Auflage


WEKA Media GmbH & Co. KG
Sitz in Kissing
Registergericht Augsburg
HRA 13940

Persönlich haftende Gesellschafterin:
WEKA Media Beteiligungs-GmbH
Sitz in Kissing
Registergericht Augsburg
HRB 23695
Vertretungsberechtigte Geschäftsführer:
Jochen Hortschansky, Kurt Skupin

WEKA Media GmbH & Co. KG
Römerstraße 4, 86438 Kissing
Fon 0 82 33.23-40 00
Fax 0 82 33.23-74 00
service@weka.de
www.weka.de

Umschlag geschützt als Geschmacksmuster der
WEKA Media GmbH & Co. KG
Umschlagfoto: Christian Horz, iStock | Getty Images Plus
Satz: WEKA Media GmbH & Co. KG, Römerstraße 4, 86438 Kissing
Druck: Elanders Waiblingen GmbH, Anton-Schmidt-Straße 15, 71332 Waiblingen
Printed in Germany 2025

ISBN 978-3-8111-0546-1

# Inhaltsverzeichnis

# Vorwort

Sehr geehrte Leserin, sehr geehrter Leser,

in der Hundehaltung gilt oftmals der Satz: Das Problem liegt am anderen Ende der Leine. So entstand dieses Fachbuch aus den Bedürfnissen der Praxis heraus, schwierige Sachverhalte rechtskonform, praxisnah und in erster Linie auch zum Schutz der Hunde zu bearbeiten. Sachbearbeiter in Ordnungsämtern bundesweit kennen die täglichen Problematiken rund um die Hundehaltung, welche für sie zum „Problemfall Hund" werden. Dieses Werk wurde daher für Praktiker verfasst und bietet Unterstützung und Orientierung im Paragrafendschungel. Schritt für Schritt führt es durch die Problemfelder rund um den Hund und hilft dem Anwender durch „seinen Fall". Es kann gleichermaßen der Fortbildung wie auch als Hilfe für die tägliche Arbeit dienen.

Viele Neuerungen und Veränderungen machten es unerlässlich, die zweite Auflage der aktuellen Zeit anzupassen. Gerade bei der Bewertung von Fakten des Einzelfalls ist es von besonderer Bedeutung, ein hohes Maß an Fach- und Grundwissen über Entscheidungen der Jurisprudenz zu besitzen.

Durch meine langjährige Tätigkeit im Tierrecht – gerade auch auf dem Gebiet des Verwaltungsrechts – kenne ich die behördlichen Schwierigkeiten bei der Beurteilung des Einzelfalls.

Mit Brandenburg, Mecklenburg-Vorpommern und dem Saarland haben gleich drei Bundesländer seit der Veröffentlichung der letzten Auflage ihre Hundegesetze vollständig überarbeitet und neu erlassen. Auch in anderen Bundesländern kam es zu teils gravierenden Änderungen. Dabei ist insbesondere der Ausbau von Registrierungspflichten (Hunderegistern) nicht nur für gefährliche Hunde zu nennen. So haben mittlerweile alle Stadtstaaten eine solche Pflicht und auch immer mehr Flächenländer führen sie ein. Ebenso zeichnet sich eine Abkehr vom klassischen „Listenhund" ab, also von der Feststellung der Gefährlichkeit aufgrund einer Rassezugehörigkeit – hin zur Einstufung im Einzelfall, welche für die Verwaltung eine wesentlich genauere Auseinandersetzung mit dem Einzelfall hervorbringt.

Die zitierte und dargestellte Rechtsprechung hat den Stand Dezember 2024. Um den Umfang des Fachbuchs in einem verträglichen Maß zu halten, wurden nur die praktisch bedeutsamsten Urteile aufgenommen.

Dieses Fachbuch soll keinen juristischen Kommentar ersetzen, sondern praxisnah all diejenigen unterstützen, die sich mit der Um- und Durchsetzung von Maßnahmen dem Tierwohl und dem Schutz der Allgemeinheit entsprechend befassen.

Ich hoffe, dass auch diese Auflage den Lesern viele Antworten und Hilfestellungen auf ihre Fragen im Arbeitsalltag bietet, und bedanke mich im Voraus für einen Gedankenaustausch und Anregungen, die zur stetigen Verbesserung dieses Fachbuchs beitragen werden.

Andreas Ackenheil
Rechtsanwalt

Mainz, Mai 2025

# Über die Autoren

**Andreas Ackenheil** ist seit über 20 Jahren mit seiner Kanzlei auf die Rechtsfragen rund um das Tier spezialisiert. Seine Kanzlei berät und vertritt insbesondere Hundehalter, Pferdebesitzer, Züchter, Tierärzte, Reiter, Hundeschulen und -trainer sowie Vereine, Verbände, Stiftungen und Berufsträger, die mit Tieren arbeiten, bundesweit in allen Rechtsbereichen. Mit Pferden und Hunden aufgewachsen, engagierte er sich früh aktiv im Tierschutz.

Er veröffentlicht in Onlineportalen und Fachzeitschriften Fachbeiträge, hält Vorträge und Seminare und ist als Referent für Tierrecht auf Fortbildungsveranstaltungen tätig, insbesondere für Tierärzte, Hundezüchter und -trainer, Reiter und Pferdehalter.

Andreas Ackenheil ist Mitglied der Expertenrunde zur Gesetzesinitiative „Hundeführerschein und Überarbeitung Tierschutz- und Hundegesetz" im Haus der Bundespressekonferenz Berlin. Er ist stellvertretender Vorsitzender am Schiedsgericht des BHV e.V. (Berufsverband der Hundeerzieher/innen und Verhaltensberater/innen e.V.) und der Rechtsexperte für Tierrecht des deutschen Anwaltvereins und verschiedener Fernsehsender.

Des Weiteren veröffentlicht er Ratgebervideos, die Tierhaltern juristische Tipps und Hilfestellungen geben. Den rechtlichen Stand der Tiere in unserer Gesellschaft zu fördern, ist ihm ein besonderes Anliegen.

**Georg Huttner** ist Dipl.-Verwaltungswirt (FH) und Oberamtsrat a.D. Er leitete viele Jahre das Ordnungsamt der Großen Kreisstadt Eislingen/Fils.

Er beschäftigte sich über Jahrzehnte u.a. mit Kommentaren und Erläuterungen zu den Themen „Kampfhunde; Obdachlosenrecht; Sonn- und Feiertagsrecht; Meldegesetz; Fundrecht und Straßenverkehrs-Ordnung" bei einschlägigen Verlagen, auch bei WEKA Media im Werk „Ordnungsamtspraxis". Für Baden-Württemberg hat er die Zusammenstellung der Aufgaben der Ortspolizeibehörden (Ordnungsbehörden) erarbeitet – mit mehreren Auflagen als Fundgrube für die Praktiker.

Thematisch waren ihm immer die Anliegen aus der Praxis wichtig, um daraus durch entsprechende Bücher aus dem Bereich des Ordnungsamtes Hilfe für die dortigen Sachbearbeiter zu leisten.

Georg Huttner verbindet stets mit Begeisterung die Praxis mit der rechtlichen Theorie.

**Mario Egler** ist vom Senat von Berlin als Gutachter zur Beurteilung der Rassezugehörigkeiten gefährlicher Hunde bestellt. Außerdem erstellt er Negativgutachten von Hunden und nimmt Sachkundeprüfungen vor. Mario Egler ist ein erfahrener Hundefänger und betreibt seit 1998 eine Hundeauffangstation. Er ist Zuchtwart, Leistungs- und Zuchtrichter im WRV- und DC-Hundeverband für Deutschland, außerdem Vorsitzender des Dogo Canario Deutschland e.V. und Berufszüchter der Hunderassen Dogo Canario, Perro Dogo Mallorquin und Cane Corso.

# Einführung

Die kommunalen Behörden haben das Problem, sich andauernd mit Nachbarklagen über den Lärm von Hunden, Hundekot und der Haltung von Kampfhunden bzw. gefährlichen Hunden auseinandersetzen zu müssen. Diese Auseinandersetzungen variieren naturgemäß zwischen ländlichen und städtischen Zonen und auch zwischen den landesrechtlichen und kommunalen Vorschriften.

Ein Problem ist die Kampfhundehaltung bzw. die Haltung gefährlicher Hunde. Dieses Thema haben viele uneinsichtige Hundehalter zur gesetzlichen Problematik erhoben. Die Gesetzgeber haben daraufhin strikte Regelungen zu bestimmten Hunden erlassen. Ob die Statistiken diese teilweise sehr umstrittenen Regelungen stützen, mag dahingestellt sein. Auf die widersprüchlichen Meinungen zu diesem Thema wird nicht eingegangen, denn das vorliegende Fachbuch soll lediglich einen Überblick über die bestehenden gesetzlichen Regelungen geben – die Ordnungsbehörden sollen wissen, wo sie „hinlangen" müssen, wenn ein Problem mit Hunden auftaucht.

Die gesetzlichen Regelungen in den Bundesländern, ja sogar in den Gemeinden, können sehr unterschiedlich sein. Daher ist es wichtig, im Einzelfall die jeweilige Landes-/Kommunalregelung und die entsprechende Rechtsprechung sorgsam anzusehen.

Zivilrechtliche Beurteilungen spielen dabei in diesem Fachbuch keine Rolle, da es sich an der Zuständigkeit der Ordnungsbehörden ausrichtet. Bei zivilrechtlichen Vorgängen empfehle ich den Ordnungsbehörden dringend, die Beteiligten auf den Zivilrechtsweg zu verweisen. Bei Falschauskünften können sonst Schadensersatzpflichten für die Behördenbediensteten entstehen.

# A Haltung von Kampfhunden bzw. gefährlichen Hunden

## A/1 Allgemeines

Bereits seit Längerem haben die Länder auf Druck der Öffentlichkeit und aufgrund diverser Vorfälle Rechtsvorschriften zum Umgang mit gefährlichen Hunden/Kampfhunden (die Bezeichnung ist in den Ländern unterschiedlich und unterliegt auch teilweise unterschiedlichen Kriterien) erlassen. Diese waren – leider – aufgrund der politischen Diskussion auch „Schnellschüsse", die teilweise durch die Rechtsprechung für ungültig erklärt wurden und in der Praxis sowieso nicht immer nachvollziehbar waren, da geltende Gefahrenabwehrgesetze ausgereicht hätten.

Verschiedene Bundesländer mussten aufgrund höchster Rechtsprechung ihre Verordnungen/Gesetze ändern bzw. neu erlassen. Es besteht nunmehr leider eine Rechtszersplitterung in den Bundesländern. Aber: Dies rührt daher, dass das Gefahrenabwehrrecht Ländersache ist. Eine sehr unbefriedigende Gesetzeslage, da auch z.B. bei einem Umzug von einem in ein anderes Bundesland Wesensprüfungen zur Aberkennung einer Kampfhundeeigenschaft nicht unbedingt anerkannt werden.

Alle Bundesländer haben Rechtsvorschriften zum Halten gefährlicher Hunde/Kampfhunde erlassen. Diese Rechtsgrundlagen sind in Kapitel B/2 bis B/4 aufgeführt und dargestellt.

**Hinweise**

- Alle Darstellungen und Hinweise in diesem Fachbuch beziehen sich auf den Stand Dezember 2024.
- Unter Kapitel B/5 ist eine Rechtsprechungsübersicht zu Kampfhunden/gefährlichen Hunden in Leit-/Orientierungssätzen von A bis Z aufgezählt, ebenfalls mit Stand Dezember 2024.
- In Kapitel D/6, E/10, F/8 und G/6 finden Sie eine Rechtsprechungsübersicht zu den dortigen Themen.
  Teilweise unterliegen Tierheime nicht der Erlaubnispflicht für das Halten gefährlicher Hunde. Auch Dienst- und Blindenhunde sind teilweise von den Landesvorschriften befreit. ▶

Nachfolgend finden Sie einige Eckpunkte und Begriffe zur Rechtslage (beachten Sie stets Ihre landesrechtlichen Regelungen und die aktuelle Rechtsprechung hierzu). Eine detailliertere Darstellung ist wegen der sehr unterschiedlichen Länderregelungen in diesem Fachbuch nicht möglich.

## A/2 Begriffe und Hinweise von A bis Z

Nähere Erläuterungen finden Sie bei den Hinweisen zum jeweiligen Landesrecht unter Kapitel B/3.

### *A/2.1 Abrichten von Hunden*

Unter „Abrichten" im Sinne der Kampfhundevorschriften der Bundesländer versteht man eine Beeinflussung des Hundes mit dem Ziel, auf Veranlassung des Hundeführers eine auf Menschen gerichtete aggressive Verhaltensweise des Hundes herbeiführen zu können.

Das Abrichten von Kampfhunden/gefährlichen Hunden ist in den Bundesländern regelmäßig verboten. Hierzu ist im Einzelfall das jeweilige Landesrecht zu beachten. Ausgenommen vom Verbot, Hunde abzurichten, sind regelmäßig Diensthunde, z.B. von Behörden, Rettungsdiensten oder der Polizei – oder Jagdhunde im Rahmen ihrer Zweckbestimmung. Lesen Sie hierzu auch Abschnitt A/2.6 „Ausbilden von Hunden".

### *A/2.2 Anordnungen im Einzelfall*

Soweit keine spezialgesetzlichen Vorschriften eingreifen, ist die Befugnis-/Generalklausel des jeweiligen Landes-Gefahrenabwehrgesetzes die Rechtsgrundlage, im Einzelfall Anordnungen zur (konkreten) Gefahrenabwehr gegenüber einem Hundehalter zu erlassen.

**Beispiele**

- Anordnung, einen Hund in der Fußgängerzone an der Leine zu führen.
- Anordnung einer Hundehaltungsuntersagung bei Unzuverlässigkeit oder wenn für eine Hundehaltung keine Erlaubnis erteilt werden kann.
- Anordnung der Tötung eines Hundes (dies ist jedoch generell das letzte Mittel und dann zulässig, wenn ein Hund derart aggressiv ist, dass eine Haltung nicht mehr möglich erscheint). Beachten Sie jedoch, dass zuvor im Einzelfall eine Anhörung des Hundehalters zu erfolgen hat, um die Anordnung nicht rechtswidrig zu erlassen.
- Anordnung, dass der Hund wegen andauernden Hundegebells nachts in der Wohnung/im Haus zu halten ist.

Solche Anordnungen gelten unabhängig von der Möglichkeit, ggf. Verstöße gegen Vorschriften (Landes- oder Kommunalrecht) als bußgeldbewehrte Ordnungswidrigkeit zu verfolgen.

## *A/2.3 Anspringen durch einen Hund*

Lesen Sie hierzu Abschnitt A/2.30 „Sonstige gefährliche Hunde im Einzelfall".

## *A/2.4 Anzeigepflichten*

Bei Kampfhunden/gefährlichen Hunden haben die Landesgesetzgeber überwiegend Vorschriften erlassen, nach denen Hundehalter gegenüber der zuständigen Ordnungsbehörde bei bestimmten Vorgängen Meldung erstatten müssen. Das gilt z.B. beim Wechsel des Tierhalters, beim Wegzug aus einem Ort/ aus dem Zuständigkeitsbereich der Behörde, bei der Aufgabe der Hundehaltung oder dem Abhandenkommen dieser Hunde. Diese Vorgänge müssen unverzüglich (ohne schuldhaftes Verzögern) gemeldet werden. Damit besitzen die Behörden eine entsprechende Kontrollmöglichkeit.

## *A/2.5 Auflagen zu einer Haltererlaubnis*

Teilweise sehen die Landesgesetze vor, dass bei einer Erlaubniserteilung Auflagen (auch nachträglich) oder sonstige Nebenbestimmungen (Bedingungen, Befristungen, Widerrufsvorbehalt) nach pflichtgemäßem Ermessen in den Erlaubnisbescheid mit aufgenommen werden dürfen. Wenn nicht, dürfen sie trotzdem erlassen werden, wenn sichergestellt werden soll, dass die gesetzlichen Voraussetzungen (verwaltungsverfahrensrechtliche Vorschriften der Bundesländer) der Erlaubniserteilung erfüllt werden.

Auflagen sind auch ansonsten möglich, z.B. bei Hunden, die keine Kampfhunde/gefährlichen Hunde sind (z.B. Anordnung des Leinenzwangs an bestimmten Orten oder bei entsprechenden Vorkommnissen). Derartige Auflagen richten sich dann nach der Befugnis-/Generalklausel des Landes-Gefahrenabwehrgesetzes, soweit das Landesrecht nichts anderes bestimmt.

## *A/2.6 Ausbilden von Hunden*

Grundsätzlich ist es möglich, entsprechend veranlagte Hunde durch gezielte Ausbildung zu einer gewissen Schärfe und damit Gefährlichkeit zu erziehen. Dies ist strengstens verboten.

Unter „Ausbilden von Hunden" versteht man die Einwirkung des Menschen auf Hunde, artgerechte Verhaltensweisen (arttypische Reaktionen, defensive Verteidigungsbereitschaft) auszulösen und zu nutzen. Also kein Abrichten! Es sind dies z.B. Ausbildungen zum Dienst- oder Schutzhund. Teilweise sind derartige Ausbildungen tierschutzrechtlich erlaubnispflichtig.

Bei diesen „normalen" Ausbildungen sollen die Regeln des Verbands für das Deutsche Hundewesen (VDH) e.V. angewandt werden. Das Ausbilden mit dem Ziel einer gesteigerten Aggressivität und Gefährlichkeit (z.B. dass der Hund auf Signal Menschen oder Tiere angreift) ist regelmäßig in allen Bundesländern verboten. Eine normale Ausbildung dient der Erziehung und der Sozialisierung eines Hundes.

## *A/2.7 Berechtigtes Interesse*

Das „berechtigte Interesse" ist immer eine Mitvoraussetzung für die Erteilung einer Erlaubnis zur Haltung eines Kampfhundes/gefährlichen Hundes. Bei der geltenden Rechtslage in den Bundesländern werden wohl nur noch in eng begrenzten Ausnahmefällen solche Erlaubnisse erteilt.

**Ausnahme**

Bei Tierheimen wird in der Regel immer ein berechtigtes Interesse vorliegen. Diesen sollte daher eine generelle Erlaubnis erteilt werden.

Ein „normales" Interesse an der Hundehaltung (z.B. Tierliebe), aber auch ein aus dem Bedürfnis einer Steigerung der persönlichen Sicherheit heraus geltend gemachtes Interesse reichen grundsätzlich nicht aus. Der Schutz des Besitztums kann mit anderen, weniger gefährlichen Hunderassen befriedigt werden.

Wird ein berechtigtes Interesse an der Haltung von Kampfhunden vorgetragen, ist dieses nur dann begründet, wenn es durch Hunde ohne Kampfhundeeigenschaft nicht angemessen befriedigt werden kann. Es muss sich also um ein rechtserhebliches Interesse handeln. Ein berechtigtes Interesse kann z.B. auch bestehen bei wissenschaftlichen (Verhaltensforschung), wirtschaftlichen (z.B. Dressur, Zirkus, Tierschau) oder sonstigen wichtigen persönlichen Verhältnissen. Dies gilt auch bei Behörden und sonstigen öffentlichen Einrichtungen zum Zweck der öffentlichen Sicherheit und Ordnung, bei Bewachungsunternehmen und Besitzern gefährdeter Grundstücke. Hier muss allerdings vorher geprüft werden, ob andere Möglichkeiten bestehen. Eine bloße Liebhaberei ist kein berechtigtes Interesse.

Jedoch wird regelmäßig ein berechtigtes Interesse angenommen, wenn der Halter den betreffenden Hund aus dem Tierheim holt. Allerdings müssen zur Bestimmung des „berechtigten Interesses" immer die konkreten Einzelheiten des Einzelfalls geprüft werden, sodass unter Umständen auch die lange Haltungsdauer und damit die intensive Bindung des Halters zum Hund zu berücksichtigen ist. Hier geht es insbesondere nicht um ein „normales" Interesse, da davon auszugehen ist, dass der Hund beispielsweise nach einer Sicherstellung durch die Trennung vom Halter leidet, weshalb dem Halter ein „berechtigtes Interesse" an der zukünftigen Weiterhaltung des Hundes zustehen kann.

## *A/2.8 Beschlagnahme/Sicherstellung*

Diese Begriffe sind leider in den Bundesländern nicht einheitlich. So ist eine Sicherstellung nach den Landes-Gefahrenabwehrgesetzen teilweise nur zum Schutz der Erhaltung des Eigentums vorgeschrieben.

**Beispiel**

Ein Hund ist entlaufen und wird von der Polizei eingefangen und beim Halter abgeliefert. Dies ist eine Sicherstellung aus Eigentumsgründen.

Im Sinne der Gefahrenhundeabwehr soll dagegen ein Hund beschlagnahmt/ sichergestellt werden etwa

- zum Schutz eines Einzelnen oder
- des Gemeinwesens
- gegen eine unmittelbar bevorstehende Störung der öffentlichen Sicherheit oder
- zur Beseitigung einer bereits eingetretenen Gefahr.

Diese Vorschrift ist in den Bundesländern regelmäßig auch unter dem Begriff „Sicherstellung" enthalten und damit der Beschlagnahme gleichzusetzen.

Diese Vorschrift kommt grundsätzlich etwa dann zur Wirkung, wenn eine Hundehaltung rechtskräftig untersagt, aber nicht aufgegeben wurde. Diese Hundehaltung wird dann mit Zwangsmitteln aufgelöst und der Hund in Verwahrung genommen. Ein weiterer Grund für eine derartige Sicherstellung/Beschlagnahme liegt vor, wenn ein Hundehalter unzuverlässig ist.

Bei einer solchen Maßnahme darf auch nach dem Landes-Gefahrenabwehrgesetz ein Grundstück oder eine Wohnung betreten werden, wenn Tatsachen die Annahme rechtfertigen, dass sich das Tier/die Tiere dort befinden. Zu einer Durchsuchung ist jedoch eine Anordnung des Amtsgerichts erforderlich, es sei denn, es ist nachweisbar Gefahr im Verzug, die ein sofortiges Handeln dringend erfordert. Diese Anordnung ist dann auch für die Sicherstellung des Hundes vor Ort erforderlich.

## *A/2.9 Bissige Hunde*

Lesen Sie hierzu Abschnitt A/2.30 „Sonstige gefährliche Hunde im Einzelfall".

## *A/2.10 Eingefriedetes Besitztum*

Unter einem „befriedeten Besitztum" ist ein Grundstück zu verstehen, das nach außen hin durch Zäune, Schranken oder Absperrungen gegenüber öffentlichen oder privaten Bereichen abgegrenzt ist und zu dem Dritte ohne Einwilligung des Grundstücksbesitzers keinen Zutritt haben, wenn dort ein gefährlicher Hund gehalten wird. Zur Definition sehen Sie auch das Urteil des OLG Hamm vom 07.05.1982, Az. 1 Ss 209/82; NJW 1982, S. 1824.

Der Begriff des befriedeten Besitztums findet sich auch in § 123 Abs. 1 StGB (Regelung über den Hausfriedensbruch). Dort versteht man unter diesem Begriff Bereiche, die eingehegt, d.h. in einen Schutzbereich einbezogen sind, auch wenn sie unter Umständen weitab vom Haus liegen. Befriedetes Besitztum kann nur ein Grundstück sein, das durch zusammenhängende, nicht unbedingt lückenlose Schutzwehren (z.B. Mauern, Zäune, Hecken) in äußerlich erkennbarer Weise gegen das willkürliche Betreten durch andere gesichert ist. Es können somit etwa auch Hofräume, Hundezwinger, eingefriedete Wiesen, Weiden oder Schonungen unter diesen Begriff fallen. Auch eine Wohnung kann ein befriedetes Besitztum sein.

Manche Bundesländer benutzen auch den Begriff der „ausbruchsicheren Einfriedung". Hierdurch soll ein Entweichen gefährlicher Hunde verhindert werden. Gemeint sind geeignete, undurchlässige und ausreichend hohe Einfriedungen. Die Sicherungsmaßnahmen richten sich im Einzelfall auch nach Größe, Sprungkraft und Tatendrang des jeweiligen Hundes. Bei Kampfhunden/gefährlichen Hunden reicht also keine befriedete Einfriedung nach anderen Rechtsvorschriften, sie muss so abgesichert sein, dass ein Entweichen des Hundes nicht möglich ist. Hierbei ist auch ein besonderes Augenmerk auf den Eingang zum Grundstück (Hoftor, Gartentor etc.) zu legen, da die Hunde hierdurch ebenso entweichen können. Im Einzelfall sind daher auch hier Schutzmaßnahmen wie beispielsweise ein „sich zuziehendes Tor" angebracht.

Innerhalb eines eingefriedeten und ausbruchsicheren Besitztums dürfen sich Kampfhunde/gefährliche Hunde unangeleint bewegen. Eine Ausnahme sind nach einigen Landesgesetzen z.B. Mehrfamilienhäuser. Im Einzelfall hat die Ordnungsbehörde auch die Möglichkeit, eine entsprechende Einzelanordnung zu treffen.

Zur Verhinderung des unbefugten Zutritts zum Grundstück, auf dem ein Kampfhund/gefährlicher Hund gehalten wird, haben verschiedene Bundesländer ein entsprechendes **Hinweisgebot** an Zugängen erlassen, damit die Allgemeinheit klar und deutlich auf eine derartige Hundehaltung auf dem Grundstück hingewiesen wird und damit Gefahren vermieden werden können.

Im Rahmen des Zumutbaren hat der Grundstückseigentümer alles Notwendige zu unternehmen, um Gefahren von Dritten abzuwenden. Eine solche Verpflichtung trifft nach Ansicht des LG Memmingen (Urteil vom 20.04.1994, Az. 1 S 2081/93) gerade denjenigen, auf dessen Grundstück uneingeschränkt ein bissiger Hund frei herumläuft. Hier ist zu beachten, dass nicht jede im Einzelhandel erwerbbare Beschilderung die Warnfunktion erfüllt. Im Einzelfall sind daher auch Vorgaben hinsichtlich dieser Beschilderung (Art, Umfang, Positionierung etc.) zu erteilen.

In Zweifelsfällen nimmt die Ordnungsbehörde das Anwesen in Augenschein und erlässt ggf. die erforderlichen Anordnungen durch – auch einen konkretisierenden – Verwaltungsakt. Entsprechende Bestimmungen können auch als Nebenbestimmungen zu einer Erlaubnis angeordnet werden. Bauaufsichtliche Vorschriften sind zu beachten.

## *A/2.11 Einstufung als gefährlicher Hund*

Lesen Sie Näheres hierzu in Abschnitt A/2.30 „Sonstige gefährliche Hunde im Einzelfall".

Je nach Landesrecht gilt ein Hund im Einzelfall als gefährlich, wenn er bissig ist, zu unkontrolliertem Verhalten neigt, Tiere hetzt oder reißt oder sich sonst gefahrdrohend gegenüber Mensch oder Tier verhält.

Die Ordnungsbehörde kann dann einen solchen Hund als gefährlich einstufen – mit Konsequenzen nach dem Landesrecht oder besonderen Auflagen (z.B. Leinen- und Maulkorbzwang, Kennzeichnungspflicht). Diese Einstufung gilt dann zwar nach Landesgesetz/-verordnung, es kann jedoch unter Umständen auch ein konkretisierender Verwaltungsakt erlassen werden.

## *A/2.12 Erlaubnispflichten*

Die Erlaubnispflichten zur Haltung von Kampfhunden/gefährlichen Hunden sind in den Bundesländern unterschiedlich restriktiv festgelegt. Überwiegend sind Voraussetzungen die Zuverlässigkeit, Eignung, Sachkunde, das Vorliegen eines berechtigten Interesses und der Nachweis einer Haftpflichtversicherung. Meist sind auch Vorschriften über das sichere Besitztum (Stichwort: Warnschilder, Einfriedungen), das sichere Ausführen gefährlicher Hunde (Stichwort: Eignung) und Kennzeichnungspflichten (Stichwort: Chip-Pflicht, Halsband) erlassen.

Die Erteilung einer Erlaubnis kommt wohl nur noch in seltenen Fällen infrage (z.B. aber für Tierheime oder wissenschaftliche Zwecke), da für die Haltung derartiger Hunde kein Bedürfnis gegeben ist. Allerdings dürfen diese Hunde dann gehalten werden, wenn sie einen **positiven Test** (Stichwort Wesenstest) abgelegt haben, also die Eigenschaft als Kampfhund/gefährlicher Hund einer Rasseliste widerlegt haben.

Sehen Sie die Erlaubnispflichten in Ihrem Landesrecht unter Kapitel B/3. Auch die formellen und materiellen Voraussetzungen zu einer Erlaubnis und deren Antragstellung finden Sie dort.

Eine erteilte Erlaubnis gilt grundsätzlich nur für das betreffende Bundesland.

Bei der Erteilung einer Erlaubnis können Nebenbestimmungen hinzugefügt werden. Diese müssen der Gefahrenvorsorge oder -abwehr dienen. Das Hinzufügen dieser Nebenbestimmungen ist entweder nach dem Landesrecht über das Halten von Hunden oder ansonsten nach den Regeln der Verwaltungsverfahrensvorschriften der Bundesländer zugelassen.

Eine fehlende Erlaubnis stellt regelmäßig einen Straftatbestand nach § 143 Abs. 2 StGB dar. Die Ordnungsbehörde wird in solchen Fällen zuerst den Hundehalter auffordern, die fehlende Erlaubnis zu beantragen, um die Voraussetzungen überprüfen zu können. Kommt der Hundehalter dem nicht nach, muss eine Hundehaltungsuntersagung die Folge sein, mit der Versagung der aufschiebenden Wirkung, der Androhung der Wegnahme des Hundes und ggf. auch unter Androhung des unmittelbaren Zwangs und der Sicherstellung oder Beschlagnahme des Hundes.

Bei einem derartigen Vorgang wird dann der Hund mit der Folge der amtlichen Verwahrung sichergestellt/beschlagnahmt. Eine Einziehung/Verwertung ist danach zu beurteilen, ob der Hundehalter doch noch einen Erlaubnisantrag stellt oder einen Wesenstest seines Hundes macht. Dabei ist der Einzelfall entscheidend.

Anfallende Kosten bei diesen Verfahren hat der Hundehalter zu tragen (Leistungsbescheid).

## *A/2.13 Gefahrenbegriff*

Gefahr ist eine Sachlage, die bei ungehindertem Ablauf des objektiv zu erwartenden Geschehens im Einzelfall mit **hinreichender Wahrscheinlichkeit** zu einer Verletzung der Schutzgüter der öffentlichen Sicherheit führt (konkrete Gefahr/Einzelgefahr). Sachverhalte, aus denen nach allgemeiner Lebenserfahrung konkrete Gefahren im Einzelfall entstehen können, sind abstrakte Gefahren, die regelmäßig und häufig in Gesetzen oder Verordnungen vorkommen (Landes- oder kommunale Vorschriften). Auch bei bloßem Verdacht auf Gefahren können unter Umständen endgültige Maßnahmen gerechtfertigt sein.

Ein erhöhtes Gefährdungspotenzial eines Hundes ergibt sich abstrakt durch die Festlegungen in den Landesnormen. Diese Hunde sind dann gesetzlich als gefährlich eingestuft. Ein erhöhtes Gefährdungspotenzial ist aber auch bei einer Einzelgefahr gegeben, z.B. einem Hundebiss.

Beachten Sie zu diesem Begriff Ihr Landes-Gefahrenabwehrgesetz.

## *A/2.14 Hetzen und Reißen von Hunden*

Lesen Sie hierzu Abschnitt A/2.30 „Sonstige gefährliche Hunde im Einzelfall".

## *A/2.15 Hundehalter*

Hundehalter ist, wer einen Hund im eigenen oder im Interesse Dritter aufgenommen hat und ihn betreut oder erzieht. Als Hundehalter gilt auch, wer einen Hund in Pflege oder Verwahrung genommen hat oder auf Probe hält – also die Person, bei welcher der Hund untergebracht ist und welche die **tatsächliche Sachherrschaft** besitzt. Er entscheidet über das sog. „Wohl und Wehe" des Hundes.

Alle in einem Haushalt oder einem Betrieb aufgenommenen Hunde gelten als von ihren Haltern gemeinsam gehalten.

Nicht nur das Eigentumsrecht spielt eine Rolle. Innerhalb eines Familienverbands kann die Auswahl dieser Personen zufällig und ohne entscheidende Bedeutung für die wirkliche Betreuung des Hundes, die Verantwortung für ihn und die Beziehungen zu ihm sein. So das OVG Hamburg in seinem Beschluss vom 16.05.2001, Az. 2 Bs 124/01; NVwZ 2001, S. 1309.

Ein zugelaufener Hund gilt als aufgenommen, wenn er nicht innerhalb der gesetzlichen Frist bei der Fundbehörde gemeldet oder dort abgegeben wird (§§ 965 ff. BGB). Es kommt daher auch hier nicht ausschließlich auf die Eigentumsverhältnisse an.

Von der Person des Hundehalters sind sonstige Aufsichtspersonen zu unterscheiden, die den Hund nur vorübergehend beaufsichtigen, z.B. wenn sich der Hundehalter ein paar Tage im Urlaub befindet.

## *A/2.16 Hundeführer*

Hundeführer ist derjenige, der sich mit dem Hund außerhalb seiner Unterbringung aufhält, insbesondere mit ihm spazieren geht und während dieser Zeit auf ihn aufpassen muss.

Hundeführer und Hundehalter sind natürlich häufig identisch. Ein Hund kann auch von mehreren Führern ausgeführt werden. Überwiegend ist in den Landesvorschriften festgelegt, dass ein Hundeführer bei Kampfhunden/gefährlichen Hunden bestimmte Voraussetzungen erfüllen muss, z.B. 18 Jahre alt und körperlich und geistig hierzu in der Lage ist. Ein Hundeführer muss entsprechend auf den Hund einwirken und ihn sicher führen können, mit ihm vertraut sein. Hundehalter haben diesbezüglich eine Sorgfaltspflicht.

Soweit die Ordnungsbehörde einen Hundeführer im Einzelfall für ungeeignet hält, kann sie auf Grund der Befugnis-/Generalklausel des Landes-Gefahrenabwehrgesetzes (soweit nicht speziell im Landeshundegesetz zugelassen) das Ausführen durch die betreffende Person untersagen oder entsprechende Auflagen zum sicheren Ausführen anordnen.

## *A/2.17 Hundehalsband und Kennzeichnung*

Dass Hunde eine **Hundemarke** nach gemeindlicher Satzung zu tragen haben, ist selbstverständlich, dies jedoch aus steuerrechtlichen Gründen. Die Marke belegt, dass der Hund angemeldet ist und dass für ihn die angefallene Hundesteuer entrichtet wird. Für den Fall einer Kontrolle sollte die Hundesteuermarke daher am Halsband/Geschirr des Hundes mitgeführt werden.

Viele Kommunen lassen es auch ausreichen, wenn die Steuermarke an anderer Stelle vom Hundehalter mitgeführt wird (beispielsweise am eigenen Schlüsselbund). Je nach Kommune kann auch eine zeitliche Befristung erfolgen. In manchen Kommunen wird die Steuermarke für einen Zeitraum von ein bis vier Jahren ausgestellt, in den meisten Kommunen gilt sie ein „Hundeleben" lang.

Die Verpflichtung zum **Anlegen von Halsbändern mit Kennzeichnung** außerhalb des eingefriedeten Besitztums des Halters für gefährliche Hunde/Kampfhunde dient dazu, einen Hund festhalten zu können, wenn von ihm z.B. eine Gefährdung für Kinder ausgeht oder er selbst durch andere Hunde oder den Straßenverkehr gefährdet wird. Diese Verpflichtung gilt in manchen Bundesländern auch für „normale" Hunde.

Die weitere Verpflichtung zur **Angabe der Hundehalteranschrift** nutzt sowohl den Interessen des Hundes (wenn dieser z.B. entlaufen ist und zurückgebracht werden soll) als auch denen des Hundehalters. Außerdem dienen die Angaben zur Feststellung des Hundehalters bei verursachten Schadensfällen. Datenschutzrechtliche Interessenkonflikte bei dieser Kennzeichnung sind nicht ersichtlich.

## *A/2.18 Hundesteuer*

Nach Art. 105 Abs. 2a, 28 Abs. 2 GG in Verbindung mit den kommunalabgabenrechtlichen Vorschriften der Bundesländer sind die Gemeinden berechtigt, das Halten von Hunden mit einer örtlichen Aufwandsteuer zu belegen.

Die Hundesteuer darf zulässigerweise auch zum Zweck der Eindämmung der Hundehaltung erhoben werden (so ständige Rechtsprechung der Obergerichte). Die Höhe der Steuer können die Gemeinden im Rahmen ihrer von der Verfassung eingeräumten Grenzen selbst festsetzen.

### *Erhöhte Hundesteuer*

Mit einem erhöhten Steuersatz für Kampfhunde/gefährliche Hunde darf auch nach Auffassung des BVerwG das Ziel verfolgt werden, die Haltung von Kampfhunden/gefährlichen Hunden wegen ihrer besonderen Gefährlichkeit für die Allgemeinheit einzudämmen. Die Gedanken der Steuergerechtigkeit und der Verhältnismäßigkeit und der Gleichheitsgrundsatz sind dadurch noch nicht verletzt. Eine Begrenzung der Lenkungsfunktion ergibt sich dadurch, dass die Hundesteuer nicht so hoch festgesetzt werden darf, dass dadurch die Haltung von Hunden praktisch unmöglich gemacht wird. Die Steuer darf also keine erdrosselnde bzw. konfiskatorische Wirkung entfalten.

Im Oktober 2014 entschied das BVerwG in Leipzig (Urteil vom 15.10.2014, Az. 9 C 8.13), dass die erhöhte Hundesteuer für Listenhunde bezahlbar bleiben muss und daher nicht unverhältnismäßig hoch sein darf. Das Gericht sah eine Jahressteuer in Höhe von 2.000 Euro als zu hoch an. Wie hoch jedoch die Steuer tatsächlich sein darf, wurde nicht genau festgelegt. Tendenziell wird eine erhöhte Hundesteuer in Höhe von 900 Euro jährlich noch als angemessen angesehen, was einer monatlichen steuerlichen Belastung von 75 Euro entspricht.

Die Erhöhung des Hundesteuersatzes für Kampfhunde oder spezielle Rassen verstößt nicht gegen das Willkürverbot. Die neuere Rechtsprechung bestätigt grundsätzlich die Rechtmäßigkeit der sogenannten Kampfhundesteuer der erhebenden Gemeinden.

Ein Satzungsgeber, der „Kampfhunde" wegen ihrer potenziellen Gefährlichkeit höher besteuern will, kann zu diesem Zweck Rasselisten aus einer der Gefahrenabwehr dienenden landesrechtlichen Regelung übernehmen, ohne eigene Erhebungen über die Gefährlichkeit der erfassten Hunderassen anstellen zu müssen (BVerwG, Beschluss vom 28.07.2005, Az. 10 B 34.05). Auch im Einzelfall festgestellte gefährliche Hunde können unter diese Hundesteuervorschrift fallen, wenn dies der Satzungsgeber so vorgesehen hat.

Diesbezüglich hatte auch das VG Cottbus 2016 (Beschluss vom 28.12.2016, Az. 1 L 159/16) einen kuriosen Fall zu entscheiden. Viele Gemeinden erheben für das Halten „gefährlicher Hunde" eine erhöhte Hundesteuer. Nach den Regelungen einiger Bundesländer ist von der Eigenschaft eines gefährlichen Hundes so lange auszugehen, wie der Hundehalter nicht im Einzelfall der zuständigen Behörde nachgewiesen hat, dass der Hund keine gesteigerte Kampfbereitschaft, Angriffslust, Schärfe oder eine andere in ihrer Wirkung vergleichbare Eigenschaft gegenüber Mensch oder Tier aufweist. Diese sogenannten Negativzeugnisse sind regelmäßig jedoch erst ab dem ersten Lebensjahr eines Hundes rechtlich verbindlich möglich.

Die Antragstellerin meinte nun, der erhöhte Steuersatz gelte nicht für Hunde bis zur Vollendung des ersten Lebensjahres, da bis dahin die Erstellung eines Negativzeugnisses aufgrund der Entwicklung des Hundes noch nicht möglich sei. Sie habe daher keine Möglichkeit, die Vermutung der Gefährlichkeit ihrer Dobermänner zu entkräften. Das VG lehnte den Antrag jedoch ab. Es war der Auffassung, dass bei den betreffenden Hunden von einer „Gefährlichkeit" im Sinne der Verordnung auch schon vor Vollendung des ersten Lebensjahres und damit ab Geburt auszugehen sei. Die Auffassung der Antragstellerin stünde nicht im Einklang mit Wortlaut, Systematik sowie Sinn und Zweck der gesetzlichen Bestimmungen. Die Pflicht, die Ungefährlichkeit des Hundes zu beweisen, liege beim Halter. Wie er diese dann erbringen könne, ließ das Gericht offen.

Auf folgende neuere bestätigende Rechtsprechungen zur erhöhten Hundesteuer bei Kampfhunden/gefährlichen Hunden wird im Übrigen hingewiesen:

- VG Karlsruhe, Urteil vom 05.12.2008, Az. 6 K 2295/08
- VGH BW, Urteil vom 26.03.2009, Az. 2 S 1619/08
- OVG NRW, Beschluss vom 11.03.2010, Az. 14 A 2480/09; juris
- OVG RP, Urteil vom 21.04.2010, Az. 6 A 10038/10
- OVG NRW, Urteil vom 08.06.2010, Az. 14 A 3021/08; juris
- OVG NRW, Beschluss vom 05.04.2011, Az. 14 A 519/11; juris
- VG Karlsruhe, Urteil vom 15.11.2011, Az. 4 K 1090/10
- VG Gießen, Urteil vom 18.01.2012, Az. 8 K 5775/10
- VGH BW, Urteil vom 17.07.2012, Az. 2 S 3284/11
- VG Wiesbaden, Urteil vom 06.03.2017, Az. 1 K 919/16. WI
- Schleswig-Holsteinisches VG, Urteil vom 15.07.2016, Az. 4 A 86/15
- VG Lüneburg, Urteil vom 09.03.2017, Az. 2 A 40/16

- OVG Lüneburg, Beschluss vom 21.11.2023, Az. 9 LA 89/23
- OVG des Saarlandes, Beschluss vom 9.08.2023, Az. 1 A 192/22

## *A/2.19 Kampfhunde/gefährliche Hunde*

Lesen Sie hierzu auch Abschnitt A/2.30 „Sonstige gefährliche Hunde im Einzelfall".

Die meisten Bundesländer benutzen auch den Begriff „gefährlicher Hund" anstatt „Kampfhund". Die dort einzeln aufgeführten gefährlichen Hunde sind nach allgemeinem Verständnis jedoch letztlich Kampfhunde.

Gemeint sind damit gewisse Hunderassen, die ursprünglich für Hundekämpfe gezüchtet wurden oder die nach neueren Erkenntnissen „Kampfhunde" sind. Das heißt, dass sie aufgrund ihrer rassespezifischen Merkmale oder ihrer Abstammung eine über das natürliche Maß hinausgehende Kampfbereitschaft, Angriffslust oder Schärfe aufweisen – oder von ihnen andere in ihrer Wirkung vergleichbare Gefahren für Mensch oder Tier ausgehen. Die Hunde mit rassespezifischen Merkmalen sind in den Landesgesetzen/-verordnungen regelmäßig aufgezählt. Eine Ausnahme davon bilden z.B. Niedersachsen, Thüringen und das Saarland. Bei diesen aufgezählten Hunderassen und -gruppen wird die Gefährlichkeit vermutet. Im Einzelnen kann ihre Gefährlichkeit aber durch ein Negativgutachten oder einen Verhaltens-/Wesenstest widerlegt werden.

### *Rassespezifische Merkmale*

Unter rassespezifischen Merkmalen versteht man die Gesamtheit der dem anerkannten Zuchtstandard der jeweiligen Rasse entsprechenden genetisch bedingten psychischen und physischen Eigenschaften. Zur Feststellung der Hunderasse gibt häufig ein Züchternachweis weitere Erkenntnisse.

Falls erforderlich sollte ein fachtechnisches Gutachten des amtlichen Veterinärs eingeholt werden. Teilweise sehen die Bundesländer dies gesetzlich auf Kosten des Hundehalters vor. Ansonsten kann auch eine kostenpflichtige Anordnung durch die Ordnungsbehörde in Erwägung gezogen werden.

Auf die einzelnen wissenschaftlichen Merkmale und Grundbegriffe braucht hierzu nicht eingegangen zu werden; dies ist Angelegenheit der Gesetzgebungsorgane. Dasselbe gilt für die Einteilung von Kategorien der einzelnen Rassen und deren Kreuzungen. Sehen Sie Weiteres hierzu in Abschnitt A/2.21 „Kreuzungen und Mischlinge" und in den Landesvorschriften in Kapitel B/3.

Gefährliche Hunde „im Einzelfall" unterfallen einer gesonderten landesrechtlichen Grundlage. Sehen Sie hierzu Abschnitt A/2.30 „Sonstige gefährliche Hunde im Einzelfall".

## *A/2.20 Kennzeichnung durch Chip (Chippen)*

Kampfhunde/gefährliche Hunde sind, je nach Landesrecht, am Halsband zu kennzeichnen. Lesen Sie hierzu Abschnitt A/2.17 „Hundehalsband und Kennzeichnung". Darüber hinaus müssen sich diese Hunde, je nach Landesrecht, auch noch kennzeichnungspflichtig chippen lassen.

Eine fälschungssichere Kennzeichnung im Sinne des Gesetzes ist die Kennzeichnung eines Hundes mit einem elektronisch lesbaren Transponder (Mikrochip) gemäß ISO-Norm. Der Transponder darf neben einer einmalig vergebenen, unveränderlichen Kennnummer keine weiteren Angaben enthalten. Die Kennnummer darf weder Daten über die Person des Hundehalters noch Hinweise auf solche Daten enthalten.

Diese Kennzeichnungen erfolgen durch Tierärzte. Zu beachten ist: Sieht ein Landesgesetz vor, dass diese Hunde so gekennzeichnet werden müssen, so besteht kein Ermessensspielraum; die Ordnungsbehörde hat dies notfalls durch Verwaltungsakt anzuordnen und sich die Bestätigung hierüber vorlegen zu lassen. Das Chippen erfolgt nach derzeit anerkannten Regeln. Es hat keine erkennungsdienstlichen Gründe.

## *A/2.21 Kreuzungen und Mischlinge*

Kreuzungen der in den Landesregeln genannten Kampfhunderassen und -gruppen untereinander oder mit anderen Hunden sind aus fachwissenschaftlicher Sicht von vergleichbar abstrakter Aggressivität und Gefährlichkeit wie die reinrassigen Typen. Ihre Feststellung dürfte allerdings nicht immer einfach sein, sie richtet sich nach äußeren Merkmalen (Erscheinungsbild, mischerbige Wesens- und Körpermerkmale) einer der in den Landesregelungen genannten Hunderassen (Körpergröße, Gewicht, Beißkraft).

Nachkommen der Kampfhunderassen und -gruppen und dieser mit anderen Hunden sind regelmäßig „Kampfhunde" im Sinne der Landesvorschriften. Die Einordnung derartiger Hunde erfolgt anhand des äußeren Erscheinungsbilds, dem Phänotyp. Die Hunde, bei denen der Phänotyp einer der „Kampfhunderassen" überwiegt oder deutlich (signifikant) hervortritt, sind als Kreuzungen derselben einzustufen.

Der Hundehalter hat eine eigene Erkundigungspflicht, soweit nach der allgemeinen Verkehrsanschauung konkrete Anhaltspunkte für das Vorliegen einer Kreuzung bestehen. Ansonsten führen ordnungsbehördliche Anordnungen zur Begutachtung zum Ziel. Die Behörden sollten in Zweifelsfällen die Veterinärämter um Amtshilfe zur Feststellung derartiger Vorgänge ersuchen bzw. den Hundehalter dorthin verweisen.

Im Zweifelsfall ist davon auszugehen, dass der zu beurteilende Hund nicht der Gefährlichkeitsvermutung unterliegt. Die Beweislast zu einer derartigen Einstufung liegt regelmäßig bei der Ordnungsbehörde.

Nachkommen von Mischlingen unterliegen wohl regelmäßig nicht den „Kampfhundevorschriften“, so die Tendenz der bisherigen Rechtsprechung.

## *A/2.22 Leinen- und Maulkorbpflicht*

### *Leinenpflicht*

In den Bundesländern besteht eine Leinenpflicht, teilweise auch eine Maulkorbpflicht beim Ausführen von Kampfhunden/gefährlichen Hunden. Ausgenommen von der Leinenpflicht sind grundsätzlich Kampfhunde/gefährliche Hunde in Bayern. Hier hat es der Gesetzgeber den einzelnen Gemeinden überlassen, Leinenpflichten für Kampfhunde durch Verordnung anzuordnen.

Im Landesrecht ist in der Regel ebenso festgelegt, dass die Leinenpflicht auch im befriedeten Besitztum gilt, z.B. bei Mehrfamilienhäusern in gemeinschaftlichen Bereichen (z.B. Treppenhäuser, Aufzüge, Zugänge). Regelmäßig gilt sie jedoch nicht im allein genutzten Gartenbereich eines Einfamilienhauses, da hier die Behörde grundsätzlich keine Eingriffsmöglichkeiten besitzt.

Lesen Sie Näheres dazu in Kapitel B/3.

### *Pauschale Leinenpflicht*

Eine Leinenpflicht für „alle“ Hunde innerhalb der geschlossenen Ortschaft (der Geltungsbereich in der gesamten geschlossenen Ortschaft ist umstritten) wird regelmäßig durch die Gemeinden erlassen. Lesen Sie hierzu Genaueres in Kapitel D/2.

Weiter sehen verschiedene Landesgesetze (z.B. Hessen) vor, dass alle Hunde einer Leinenpflicht in bestimmten öffentlichen Bereichen (z.B. Märkten) unterliegen. Derartige Einschränkungen sind ansonsten durch örtliche Verordnung/Satzung möglich, sofern sie nicht landesrechtlich abschließend geregelt sind. Wenn jedoch eine generelle Leinenpflicht im gesamten Gemeindegebiet erlassen wird, hat sich in der jüngeren Vergangenheit gezeigt, dass dann im Gegenzug eingefriedete Freilaufflächen geschaffen werden, auf denen die Hundehalter ihre Hunde ohne Leine frei laufen lassen können.

Bei kommunalen Rechtsvorschriften kann die Leinenpflicht auch notfalls per Einzelanordnung im betreffenden Fall durch Verwaltungsakt konkretisiert festgelegt werden. Weiter besteht die Möglichkeit, bei Unzuverlässigkeit eines Hundehalters eine Leinenpflicht anzuordnen (siehe unten).

### *Leinenlänge*

Den Hunden darf nur so viel Leine gelassen werden, dass keine Gefahr von ihnen ausgeht. Soweit gesetzlich nicht festgelegt, sollte die Leine eine Maximallänge von zwei Metern haben, in der geschlossenen Ortschaft ist eine Leine von 50 Zentimetern angemessen, da dort der Begegnungsverkehr mit Menschen häufiger ist. Die Länge ist jedoch im Einzelfall zu bestimmen und auf die konkreten Gegebenheiten verhältnismäßig anzupassen.

### *Maulkorbpflicht*

Die meisten Bundesländer sehen für Kampfhunde/gefährliche Hunde einen Maulkorbzwang außerhalb des befriedeten Besitztums vor. Der Begriff ist untechnisch zu sehen. Das heißt, dass auch eine andere Vorrichtung als der übliche Maulkorb verwendet werden kann (z.B. Kopfhalfter), sofern sie das Beißen verhindert. Die Vorrichtung muss fest sitzen und verhindern, dass der Hund seine Fangzähne einsetzen kann. Wichtig ist auch, dass die Vorrichtung tiergerecht ist, z.B. eine ausreichende Atmungsfreiheit für den Hund gegeben ist; sie muss sachgerecht angelegt werden. Es reicht daher nicht aus, wenn der Hundehalter den Maulkorb mit sich führt, er jedoch nicht dem Hund angelegt wurde.

Einen (tiergerechten) das Beißen verhindernden Maulkorb müssen alle Kampfhunde/gefährlichen Hunde nur im Einzelfall tragen, und zwar dann, wenn sie sich außerhalb des befriedeten Besitztums befinden. Der VGH BW führt in seinem Urteil vom 16.10.2001 (BWGZ 2002, S. 79) hierzu aus: „Vom Halter eines Hundes der in § 1 Abs. 2 genannten Rassen kann zumutbarer Weise gefordert werden, dass er entweder seinen Hund einer Verhaltensprüfung unterzieht, bei deren positivem Ausgang der Maulkorbzwang entfällt, oder dass er, wenn er diese Prüfung sich oder seinem Hund nicht zumuten möchte, auf einem befriedeten Besitztum den Auslauf ohne Maulkorb ermöglicht. Sollte er auch hierzu nicht in der Lage sein, so bleibt letztlich nur die Trennung des Halters von seinem Hund, weil der Halter nicht in der Lage ist, diesen artgemäß zu halten."

Es ist nachvollziehbar, dass durch den Maulkorbzwang dem Hund Leiden zugefügt werden können. Seine Bewegungsfreiheit ist beschränkt und er kann nur sehr erschwert mit anderen Hunden in „Sozialkontakt" treten. Außerdem wird dadurch die Möglichkeit zu hecheln eingeschränkt (die einzige Möglichkeit für einen Hund, seine Körpertemperatur auszugleichen). Letztlich kann sich der Hund auch nicht mehr gegenüber einem angreifenden Hund verteidigen. Dennoch erscheint die Maulkorbpflicht als notwendig.

### *Bei Verstoß: Ordnungswidrigkeit*

Ein Verstoß gegen die Leinen-/Maulkorbpflicht stellt eine Ordnungswidrigkeit dar, welche mit einer Geldbuße geahndet werden kann. Rechtsgrundlage dafür sind das Landeshundegesetz oder eine örtliche Verordnung, soweit erlassen.

### *Weitere Folgen*

Ein Hundehalter, der trotz gravierender Beißvorfälle den gesetzlichen Leinen-/Maulkorbzwang missachtet und sich auch durch wiederholte Bußgeldbescheide nicht zur Befolgung seiner Pflichten als Hundehalter anhalten lässt, ist unzuverlässig. Ein derartiger Hund, der durch Verwaltungsakt sichergestellt/beschlagnahmt wurde, darf, wenn die gesetzlichen Voraussetzungen gegeben sind, eingeschläfert werden – aber nur dann, wenn er nicht an den bisherigen Halter zurückgegeben werden kann oder an einen neuen Halter vermittelbar ist.

Für sonstige Hunde kann im Einzelfall eine Maulkorbpflicht angeordnet werden, dies jedoch nur, wenn sonstige landesrechtliche Vorschriften dem nicht widersprechen. Dies bedeutet einen Vorrang einer landesgesetzlichen Regelung vor einer Anordnung aufgrund der Befugnis-/Generalklausel.

Ist jedoch ein Hund ein Kampfhund/gefährlicher Hund, besteht die Maulkorbpflicht kraft Gesetzes. Bei einer widerlegten Gefährlichkeit durch einen Verhaltens-/Wesenstest besteht regelmäßig diese Kampfhundeeigenschaft nicht mehr. Das heißt, damit besteht dann – je nach Landesrecht – auch kein Maulkorbzwang mehr.

## *A/2.23 Negativgutachten, Verhaltensprüfung, Wesenstest*

In Bundesländern, in denen bestimmte Hunderassen als Kampfhunde/gefährliche Hunde bestimmt sind, kann durch ein Gutachten die Kampfhundeeigenschaft widerlegt werden. Diese (positiven) Tests widerlegen in der Regel die Gefährlichkeit eines Hundes im Einzelfall der in den Ländervorschriften genannten Hunderassen und -gruppen. Bei im Einzelfall festgestellten gefährlichen Hunden (z.B. bissigen Hunden) gibt es für gewöhnlich nach dem Landesrecht keine Widerlegung der Gefährlichkeit.

Gutachten werden üblicherweise durch Veterinäre und durch die Polizei (dort meist von den erfahrenen Leitern der Polizeihundestaffeln) erstellt. Die Ordnungsbehörden sind zwar an diese Gutachten nicht gebunden, werden jedoch in der Regel das fachliche Ergebnis übernehmen. Bei einem bestandenen Test gilt dann ein Hund nicht mehr als Kampfhund/gefährlicher Hund der in den Bundesländern festgelegten Hunderassen. Selbst bei einem bestandenen Test kann jedoch die Ordnungsbehörde eine Befreiung von der Kampfhundeeigenschaft ablehnen, wenn sonstige Gründe gegen die Hundehaltung sprechen, z.B. die Unzuverlässigkeit des Hundehalters.

Derartige Prüfungen sind in den Bundesländern mit den Einzelheiten des Verfahrens festgelegt. Tests anderer Bundesländer werden in der Regel anerkannt, wenn sie gleichwertig sind.

Bei einem bestandenen Test gilt der Hund nicht mehr als Kampfhund/gefährlicher Hund. Er unterliegt jedoch trotzdem bestimmten Geboten der Ländervorschriften, z.B. dem Leinenzwang. Die Ordnungsbehörden können bei Bedarf weitere Anordnungen treffen.

Bestandene Tests gelten nur für den einzelnen Hund. Über einen bestandenen Test wird eine Bescheinigung erteilt.

## *A/2.24 Öffentliche Ordnung*

Die öffentliche Ordnung enthält alle Normen über Handlungen, Unterlassungen und Zustände, deren Befolgung – über die Grenzen des geltenden öffentlichen und zivilen Rechts hinaus – nach der herrschenden allgemeinen Auffassung zu den unerlässlichen Voraussetzungen eines gedeihlichen menschlichen und staatsbürgerlichen Zusammenlebens gehört. Dieser Begriff ist beim Thema dieses Fachbuchs selten anzuwenden.

## *A/2.25 Öffentliche Sicherheit*

Zur öffentlichen Sicherheit gehören die objektive Rechtsordnung, die Einrichtungen und Veranstaltungen des Staates und die subjektiven Rechte und Rechtsgüter des Einzelnen. Zum Bereich der öffentlichen Sicherheit bei dem Thema dieses Fachbuchs zählen also die entsprechenden Vorschriften des Grundgesetzes, der Gesetze, Verordnungen und Satzungen.

Die öffentliche Sicherheit ist stets gefährdet, wenn gesetzliche Ge- und Verbote, Straf- oder Bußgeldtatbestände verwirklicht werden.

## *A/2.26 Ordnungswidrigkeiten*

In allen Hundegesetzen der Bundesländer sind Verstöße gegen einzelne Tatbestände der rechtlichen Vorschriften als Verwaltungsunrecht bußgeldbewehrt und in der Regel auch die Ordnungsämter für die Verfolgung und Entscheidung bei Vorfällen zuständig.

Beachten Sie hierbei bitte Folgendes:

- Es besteht stets ein Ermessen (Opportunitätsprinzip) zur Verfolgung einer Ordnungswidrigkeit.
- Zur Höhe einer Geldbuße ist § 17 OWiG zu beachten.
- Es muss eine klare Beweislage vorliegen.
- Handelt es sich um eine fahrlässige oder um eine vorsätzliche Tat?
- Kann ein Tatbestands- oder Verbotsirrtum vorliegen?

Ordnungswidrigkeiten können natürlich auch aus dem Halten/Führen sonstiger Hunde entstehen (z.B. Verstoß gegen Leinenzwang in einer örtlichen Verordnung, Ablagerung von Hundekot).

Ordnungswidrigkeiten werden grundsätzlich nach pflichtgemäßem Ermessen verfolgt.

Das Ordnungswidrigkeitengesetz gibt Ihnen zur formellen und materiellen Verfahrensweise nähere Aufschlüsse.

### A/2.27 Rassefestlegung „Kampfhunde"

Lesen Sie hierzu auch Abschnitt A/2.21 „Kreuzungen und Mischlinge" und Kapitel D.

Mit Ausnahme von Niedersachsen, Thüringen und des Saarlands haben die Bundesländer Rassen festgelegt, die als Kampfhunde gelten. Dabei ist die Anzahl der Rassen (und überwiegend auch Kreuzungen) unterschiedlich. Im Einzelfall kann die Kampfhundeeigenschaft durch einen Wesens-/Verhaltenstest widerlegt werden, aber z.B. nicht in Bayern bei Hunden der Kategorie 1.

Diese aufgezählten Hunderassen gelten abstrakt als gefährlich. Es ist nicht Aufgabe der Ordnungsbehörden, dies anzuzweifeln.

Die Gerichte haben im Übrigen nach derzeitigem Stand die Aufzählung dieser Hunderassen in den Ländergesetzen/-verordnungen als verfassungsgemäß beurteilt.

### A/2.28 Schutz privater Rechte

Der Schutz privater Rechte, also auch bei privaten Hundeproblemen, ist nicht Aufgabe der Ordnungsbehörden oder der Polizei. Private können hierzu zivilrechtlichen Schutz beim zuständigen Amtsgericht beantragen.

Ein Anspruch auf vorläufigen Schutz kann jedoch bestehen, wenn ein gerichtlicher Schutz nicht rechtzeitig zu erlangen ist und wenn ohne ordnungs-/polizeirechtliche Hilfe die Verwirklichung des Rechts vereitelt oder wesentlich erschwert würde. Diese vorläufigen Maßnahmen beziehen sich z.B. auf den Austausch von Personalien bei Hunderaufereien, sofern keine Straftat oder Ordnungswidrigkeit vorliegt. Eingriffsmaßnahmen zum Schutz privater Rechte erfolgen jedoch nicht.

### A/2.29 Sicherstellung

Lesen Sie hierzu Abschnitt A/2.8 „Beschlagnahme/Sicherstellung".

### A/2.30 Sonstige gefährliche Hunde im Einzelfall

Einige wenige Bundesländer haben nicht auf Kampfhunderassen abgestellt, sondern z.B. auf die Größe eines Hundes oder die Gefährlichkeit im Einzelfall. Die Erlaubnisverfahren zu diesen Hunden sind dann besonders in den landesrechtlichen Vorschriften festgelegt.

Sehen Sie hierzu Abschnitt A/2.27 „Rassefestlegung ‚Kampfhunde'" und die Übersicht über die Landesvorschriften in Kapitel B/3.

Überwiegend haben die Bundesländer gesetzliche Regelungen zu Hunden erlassen, die im Einzelfall konkret Bissigkeit, Angriffslust, Kampfbereitschaft oder Schärfe unabhängig von der Rasse aufweisen.

Üblicherweise verhält sich ein Hund erst bei einem Angriff oder einer in sonstiger Weise bedrohlichen Situation gefährlich und reagiert ansonsten sozialverträglich.

Gefährliche Hunde – nicht Kampfhunde – sind in den anderen Bundesländern solche, die im konkreten Einzelfall als gefährlich gelten, weil sie bissig sind oder in aggressiver oder gefahrdrohender Weise Menschen oder Tiere anspringen oder zum unkontrollierten Hetzen oder Reißen von Tieren neigen. Die Annahme der Gefährlichkeit knüpft an ein konkretes Verhalten des Tieres an, das in hohem Maß die Prognose der Gefährlichkeit begründet.

Diese Verhaltensauffälligkeit ergibt sich aufgrund konkreter Vorfälle, die zu einer Gefahr für Tier oder/und Mensch geworden sind (Verhaltensauffälligkeiten). Der Hundehalter ist nicht verpflichtet, diese „Auffälligkeiten" der Behörde zu melden (ausgenommen z.B. in Hessen), er hat einfach die gesetzlichen Folgerungen zu beachten.

**Beispiele**

- Ein Hund läuft von einem Privatgrundstück in den öffentlichen Verkehrsraum und stürzt sich dort ohne Grund auf einen anderen Hund, der gerade ausgeführt wird und selbst keine aggressive Bedrohung darstellt. Hier ist von einer gesteigerten Aggressivität auszugehen. Es kann sich dann im Einzelfall um einen gefährlichen Hund handeln.
- Das Hochspringen an einem Zaun auf einem Privatgelände stellt regelmäßig noch keine gesteigerte Aggressivität dar, da hier nur das Revier verteidigt wird. Bei großer Aggressivität am Zaun kann es sich jedoch im Einzelfall auch um einen gefährlichen Hund handeln.

Bei der Prüfung der Frage, ob ein Hund im Einzelfall ein gefährlicher Hund ist, sind strenge Anforderungen zu stellen. Für die Ermittlung der einzelnen Begleitumstände ist die Ordnungsbehörde zuständig; der Polizeivollzugsdienst kann um Amtshilfe ersucht werden.

Teilweise sehen die Verwaltungsvorschriften der Bundesländer (z.B. Baden-Württemberg) vor, dass Einzelfälle mit Formularen festgehalten werden (Entscheidungshilfen).

Bei unzureichendem Vorgehen gegen den Hundehalter können bei festgestellten Vorfällen Amtshaftungsansprüche entstehen.

Der jeweilige Einzelfall ist sehr sorgfältig zu prüfen.

Soweit die Gefährlichkeit durch die Ordnungsbehörde festgestellt wird, wird diese im Regelfall einen Leinen- und Maulkorbzwang außerhalb des befriedeten Besitztums anordnen, soweit ein Landesgesetz keine anderen Maßnahmen vorsieht. Diese Vorschriften sind nicht unverhältnismäßig. Der Gefahr beim Zubeißen eines gefährlichen Hundes kann in wirksamer Weise in erster Linie nur durch Anlegen eines Maulkorbs begegnet werden. Eine ausschließliche Leinenpflicht ist regelmäßig unzureichend. Die Auflage zum Abschluss einer ausreichenden Haftpflichtversicherung ist angebracht. Der Erlass eines Verwaltungsakts ist regelmäßig entbehrlich, wenn das Landesrecht bereits bei Vorliegen der Voraussetzungen derartige Gebote vorsieht.

Im Einzelfall sollte der Amtstierarzt zur Erstellung eines Gutachtens aufgefordert bzw. dies durch Anordnung gegenüber dem Hundehalter angeordnet werden.

Das arteigene Nachlaufen eines Hundes ist keinerlei Indiz auf eine Gefährlichkeit.

### *Bissige Hunde*

Lesen Sie hierzu die Rechtsprechung unter Kapitel B/5.

Schon bei einem ersten Bissvorfall gegenüber Mensch oder Tier ist von einem gefährlichen Hund auszugehen, es sei denn, die durch den Bissvorfall begründete Vermutung der Bissig- und Gefährlichkeit ist durch die besonderen Umstände des Einzelfalls widerlegt.

**Beispiel**

Der Hund wird vorher angegriffen, geärgert, geschlagen oder sonst provoziert, worauf er sich verteidigt. Bestand also ein berechtigter Anlass?

Ein einzelner Vorfall eines leichten Konflikts unter Hunden mit allenfalls untergeordneten Verletzungsfolgen ist etwa vor dem Hintergrund einer üblichen Rangabklärung möglicherweise noch arttypisch und rechtfertigt nicht die Annahme einer konkreten Gefährlichkeit eines Hundes für andere Tiere oder gar für Menschen. Es muss ein **konkreter Schaden** an Mensch oder Tier erfolgt sein, nicht also z.B. an Gegenständen, welche eine Person mitgeführt hat. Dies ist jedoch in der bisherigen Rechtsprechung nicht eindeutig geklärt, wobei die meisten Ausführungsverordnungen zu den Landeshundegesetzen dies mittlerweile so anordnen.

Die „Annahme eines bissigen Hundes" bei einer leichten Verletzung anlässlich einer Rangabklärung zwischen Hunden gilt nicht beim Spielen, Raufen oder im Verteidigungsfall (Einnehmen einer Unterwerfungshaltung – Rückenlage mit weiterem Friedensverhalten). Ganz geringfügige Verletzungen wie z.B. herausgerissene Haare sind wohl noch als Bagatellen anzusehen und führen nicht zur Feststellung einer Gefährlichkeit.

Erhält die Ordnungsbehörde z.B. durch Anzeigen betroffener Dritter den Hinweis auf eine gesteigerte Aggressivität eines Hundes, hat sie dem von Amts wegen nachzugehen. Ansonsten können Amtspflichtverletzungen entstehen. Für die Feststellung, ob ein Hund bissig ist, ist eine gründliche und zweifelsfreie Ermittlung des Gesamtgeschehens erforderlich, das zu dem Bissvorfall geführt hat. Dabei ist bedeutsam, dass das Beißen Bestandteil des artgemäßen typischen Verhaltensrepertoires des Hundes ist.

Das Anbellen einer Person, das Zerbeißen einer Sache oder der Zubiss auf Befehl reichen für die Annahme der Bissigkeit allein nicht aus. Die Begleitumstände sind daher nach Möglichkeit zu ermitteln, wobei die Behörde im Rahmen der Beweiswürdigung auch die besonderen Positionen von Hundehalter und Betroffenem des Bisses (Verletzte oder Halter anderer gebissener Hunde) berücksichtigen muss, ohne daraus sofort die fehlende Glaubwürdigkeit abzuleiten. Es ist daher auch mitzuberücksichtigen, was sich aus der Ermittlung des Sachverhalts heraus als für den betroffenen Hundehalter positiv darstellt.

Das Beißen kann deshalb nur unter Berücksichtigung der gesamten Sachverhaltsumstände eine Bissigkeit im Sinne einer Gesetzesregelung begründen. Der Geschehensablauf bei einem Hundebiss ist eindeutig zu ermitteln, damit auch bei einem Rechtsmittel/Rechtsbehelf gegen eine Verfügung Klarheit zur Beweisführung besteht.

**Beispiele für keinen Bissvorfall im Sinne des Rechts**

- Spielen, Raufen und andere artgemäße Verhaltensweisen von Hunden erfüllen den Tatbestand regelmäßig nicht, auch wenn es hierbei zu einem Verletzungsfall kommt, sondern nur in Verbindung mit weiteren Begleitumständen.
- Hat der Hund zugebissen, um seine Aufsichtsperson oder sich selbst zu verteidigen, so führt auch dies nicht automatisch zum Verdacht der Bissigkeit.
- Auch ein Biss als Reflexhandlung führt nicht automatisch zur Bissigkeit. Dasselbe gilt für einen Biss bei herausforderndem Verhalten eines anderen Tieres oder einer Person.
- Ausgerissene Haare oder eine kleine Verletzung anlässlich einer Rauferei zwischen Hunden dürften noch keine Einstufung als gefährlicher Hund rechtfertigen.

**Beispiele für einen Bissvorfall im Sinne des Rechts**

- Bissigkeit ist anzunehmen, wenn ein Hund einen anderen trotz dessen erkennbarem Unterwerfungsverhalten gebissen hat.
- Ein bedeutsames Indiz können auch vom Hund verursachte wiederholte Beißvorfälle sein (z.B. Angriff eines Dobermanns ohne Grund auf einen angeleinten Hund, ohne dass der Dobermannführer auf seinen Hund einwirken möchte, und auch Bedrohung sonstiger Passanten ohne Einwirkung des Hundeführers).
- Hundebisse innerhalb kürzester Zeit an zwei Personen, bei denen nur die Hose beschädigt wurde, rechtfertigen die Einstufung als gefährlicher Hund. Dies richtet sich allerdings nach den Begleitumständen.

Bekommt die Behörde durch eine Anzeige Kenntnis von einem Beißvorfall, so sollte sie alles tun, um weitere Ermittlungen anzustellen, damit Amtspflichtverletzungen vorgebeugt wird. Es gilt jedoch das Opportunitätsprinzip: Die Behörde entscheidet nach pflichtgemäßem Ermessen, ob sie tätig wird oder nicht. Bei gravierenden Fällen kann eine Ermessensreduzierung auf „null" gegeben sein. Die Beweislast liegt letztlich bei der Ordnungsbehörde.

Zur Feststellung empfiehlt sich stets, von einem Veterinär (Amtshilfe) oder Sachverständigen ein Gutachten über den Hund im Einzelfall einzuholen. Tierärztliche Stellungnahmen und Gutachten sind letztlich nicht entscheidend, können jedoch in die Würdigung des Falls einfließen.

Für die Behörde reicht ein bloßer Gefahrenverdacht. Ein ordnungsrechtliches Einschreiten ist demnach bereits dann gerechtfertigt, wenn aufgrund der festgestellten konkreten Tatsachen nicht sicher ist, es aber zumindest als möglich erscheint, dass der besagte Hund zukünftig ein die Rechtsgüter Dritter schädigendes Verhalten zeigen wird (Gefahrenprognose).

Einen Anspruch auf polizeiliche Maßnahmen hat ein Dritter (z.B. Hundehalter eines gebissenen Hundes) nur, wenn eigene Rechtsgüter betroffen sind und ein Einschreiten der Behörde als einzige ermessensfehlerfreie Handlungsweise erscheint.

Kann ein Bissvorfall nicht lückenlos aufgeklärt werden, so kann eine Bissigkeit und damit die Einstufung als gefährlicher Hund nicht bejaht werden. Eine Einstufung zum „gefährlichen Hund" würde unrechtmäßig erfolgen.

### *Anspringen durch Hunde*

Der Begriff des Anspringens in den Vorschriften ist eine etwas fragwürdige Formulierung der Gesetzgeber.

Das Anspringen eines Hundes ist nur dann als gefährlich anzusehen, wenn der Hund in aggressiver Weise eine Person anspringt und den Körperkontakt aufgrund seiner kämpferischen Angriffslust herbeiführt. Eine gefahrdrohende Weise des Anspringens liegt dann vor, wenn aus der Sicht des Angesprungenen objektiv nachvollziehbar die Möglichkeit einer **Verletzung** bestanden hat und er sich deshalb durch das Anspringen in seinem körperlichen Wohlbefinden beeinträchtigt sah.

Also sind eine anspringende Begrüßung oder ein Beschnuppern noch keine gefahrdrohende Weise. Bei einem derartigen Tatbestand muss auch wohl noch zwischen einem kleinen und einem großen Hund unterschieden werden. Zum Nachweis dieses Merkmals „gefahrdrohendes Anspringen" sind regelmäßig entsprechende Zeugenaussagen erforderlich.

Bei unklarer Beweislage sollte die Ordnungsbehörde vorerst von ihrem Ermessen Gebrauch machen und den Vorfall auf sich beruhen lassen.

**Beispiele**

- Ein gefahrdrohendes Anspringen ist beispielsweise dann der Fall, wenn ein Hund von einem Privatgelände in den öffentlichen Verkehrsraum läuft und sich dort auf eine Person stürzt, die gerade einen Hund ausführt und von der keine tatsächliche oder vermeintliche Bedrohung ausgeht.
- Eine gefahrdrohende Weise liegt noch nicht vor, wenn Hunde z.B. auf Menschen zulaufen, um diese zu begrüßen oder zu beschnuppern.
- Die Furcht vor Verschmutzungen der Kleidung durch ein Anspringen ist nicht von so hoher Bedeutung, dass auch ein kleiner Hund deshalb schon als „gefährlich" eingestuft werden müsste. Insoweit ist der Zivilrechtsweg gegeben, auf dem der Anspruch aus § 833 BGB (verschuldensunabhängige Tierhalterhaftung) durchgesetzt werden kann.
- Das arteigene Nachlaufen eines Hundes führt nicht zu seiner Gefährlichkeit.
- Ein gefährliches Anspringen kann bei einem Hund vermutet werden, der nur durch einen Maulkorb am Biss gehindert wird.
- Ein gefahrdrohendes Anspringen durch kleinere Hunde wird wohl nicht zu deren Gefährlichkeit führen.

Der Hundehalter sollte jedoch stets bedenken, dass z.B. verständliche Panikreaktionen von Kindern auch unkontrollierte Reaktionen des Hundes auslösen können. Der Unterschied zwischen Spiel und Angriffsabsicht ist für den Laien, insbesondere für Kinder, nicht erkennbar. Im Allgemeinen wird nur das Anspringen von größeren Hunden gefahrdrohend im Sinne dieser Bestimmung sein.

Gegen eine „Unfallflucht" des Halters können die Selbsthilfemöglichkeiten des § 229 BGB helfen.

Es ist eine Frage des Verfahrensermessens, ob die Behörde das Merkmal im Zweifelsfall durch weitere Ermittlungen überprüft. Sehen Sie hierzu die §§ 24, 26 VwVfG und entsprechend die landesverfahrensrechtlichen Vorschriften.

### *Hetzen und Reißen durch Hunde*

Die entsprechende Verhaltensvorschrift in den Ländervorschriften dient dazu, Schäden an anderen Tieren durch ein unkontrolliertes Hetzen oder Reißen rechtlich zu verhindern.

Die Neigung eines Hundes zum Hetzen oder Reißen anderer Tiere wird regelmäßig einen Wiederholungsfall voraussetzen. Ein Hetzen im Sinne der Landesbestimmungen ist erst dann gegeben, wenn ein Hund andere Tiere nachhaltig, d.h. intensiv und zielstrebig sowie andauernd verfolgt, diese totgebissen (gerissen) oder dies versucht hat. Nicht darunter fallen dagegen ein spielerisches Hetzen oder eine kurzfristige Verfolgung.

Unkontrolliertes Verhalten eines Hundes liegt vor, wenn der Tierhalter bzw. die Aufsichtsperson nicht in der Lage ist, den Hund am Hetzen oder Reißen zu hindern, dessen Verhalten also nicht mehr steuern kann.

Das Wort „unkontrolliert" bezieht sich sowohl auf das Hetzen als auch auf das Reißen. Durch das Wort „unkontrolliert" sollen das Verhalten von Hunden generell und das gleichartige Verhalten von Jagdhunden im jagdlichen Einsatz unterschieden werden. Das Verhalten von Jagdhunden während des jagdlichen Einsatzes im Rahmen ihrer Zweckbestimmung erfüllt nicht das Tatbestandsmerkmal des Hetzens. Dasselbe gilt für das Verhalten von Hütehunden, die vom Schäfer für das Hüten der Herdentiere eingesetzt werden. Unter den Begriff „Hetzen" fällt auch nicht das arteigene Nachlaufen von Hunden.

Von der polizei-/ordnungsrechtlichen Vorschrift zu unterscheiden ist die strafrechtliche. Wer seinen Hund auf einen Menschen hetzt oder seine Aufsichtspflichten vernachlässigt, macht sich wegen vorsätzlicher oder fahrlässiger Körperverletzung strafbar (§§ 223 ff., 230 StGB).

### *Sonstige Aggressivität*

Auch eine erkennbare sonstige übersteigerte Aggressivitätsbereitschaft eines Hundes kann zur Qualifizierung als gefährlicher Hund führen. Eine derartige Regelung im Landesrecht ist lediglich eine „Schutzlücke", um weitere Tatbestände abzudecken. Die Vorschrift kann dann zutreffen, wenn der Hund z.B. ansonsten aggressiv Menschen oder Tiere ohne berechtigten Anlass angreift oder diese Angriffshaltung wahrnimmt.

**Beispiel**

Beamte des Polizeivollzugsdienstes oder der Ordnungsbehörde werden durch den Hund bei einem Ermittlungsvorfall aggressiv bedroht, sodass sie Pfefferspray zur Gefahrenabwehr einsetzen müssen.

### *Einstufung durch Verwaltungsakt?*

Die Einstufung als gefährlicher Hund im Sinne der Landesvorschriften ist eine Frage des Verschuldens, nicht der Beweislast. Es bedarf hierzu regelmäßig eines feststellenden Verwaltungsakts. Die Benachrichtigung des Hundehalters (soweit dieser der Behörde bekannt wird) z.B. mit Hinweis auf die Leinen- und Maulkorbpflicht – je nach Landesrecht ist obligatorisch.

Auch ist ein konkretisierender Verwaltungsakt erforderlich, wenn ein Hundehalter nach der Feststellung die gesetzlichen Vorschriften nicht beachtet. Danach können weitere Maßnahmen durch Verwaltungsakt (z.B. der Hundehaltungsuntersagung nach vorheriger Anhörung) erfolgen und Bußgeldverfahren durchgeführt werden.

Bei der Einstufung als gefährlicher Hund ist stets das Gutachten des Veterinärs gefragt, an das die Ordnungsbehörde aber nicht gebunden ist. Jedoch sind dies dann wichtige fachliche Argumente bei einer Entscheidung. Wird die Einstufung rechtskräftig bejaht, hat der Hundehalter entsprechende Anordnungen (z.B. Leinen- und Maulkorbzwang) zu befolgen, ansonsten können ihm die Hunde weggenommen (sichergestellt/beschlagnahmt, eingezogen/letztlich auch verwertet) und es kann ihm unter Umständen auch eine weitere Hundehaltung untersagt werden.

## *A/2.31 Störereigenschaft*

### *Verhaltensstörer*

Verhaltensstörer ist diejenige Person, welche die Gefahr verursacht hat. Zum Beispiel ist dies der Hundeführer, der seinen Hund auf einen anderen Hund hetzt. Auch ein Unterlassen gehört hierzu; der Hundeführer ist auch für das sonstige Verhalten während des Führens verantwortlich. Die Verschuldensfrage spielt ordnungs-/polizeirechtlich keine Rolle.

### *Zustandsstörer*

Geht die Gefahr von einer Sache aus (für Tiere gilt nach § 90a BGB die entsprechenden Vorschriften zum Sachenrecht), sind ordnungs-/polizeirechtliche Maßnahmen gegen den Inhaber der tatsächlichen Gewalt zu richten. Dies wird in „Hundefällen" meist der Hundehalter sein.

## *A/2.32 Tötung eines Hundes im Einzelfall*

Die schmerzlose Tötung bzw. Einschläferung eines Hundes kommt nur als allerletztes Mittel in Betracht (pflichtgemäße Ermessensentscheidung). Ist eine Verwertung, d.h. eine Vermittlung eines Hundes nicht möglich, z.B. bei aggressivem Verhalten, das nicht beeinflusst werden kann, so ist eine Tötung dieses Hundes möglich. Es muss hierfür ein vernünftiger Grund bestehen, eine Güter- und Interessenabwägung hat im Einzelfall stattzufinden. Es ist vorher, auch durch Sachverständigengutachten, zu prüfen, ob nicht mildere Mittel eingesetzt werden können.

Der Grundsatz der Verhältnismäßigkeit bzw. des milderen Mittels spricht dafür, dass es nicht zugemutet werden kann, einen derartigen Hund auf Dauer in einem Tierheim unterzubringen. Es muss hierzu eine konkrete Gefahr für Leben oder Gesundheit von Menschen oder Tieren im Einzelfall vorliegen.

Rechtsgrundlage hierfür sind die entsprechenden Landesvorschriften zu gefährlichen Hunden, ansonsten – wenn dies nicht gegeben ist – muss auf die Befugnis-/Generalklausel des Landes-Gefahrenabwehrgesetzes zurückgegriffen werden.

Orientierungsmaßstab kann für eine derartige Anordnung auch § 226 StGB sein.

Regelungen des Tierschutzgesetzes bleiben unberührt. Hinsichtlich des Tierschutzes ist eine Kontaktaufnahme mit der Tierschutzbehörde erforderlich.

**Beispiele**

- Ein gefährlicher Hund, bei dem die Annahme besteht, dass er auch in Zukunft eine Gefahr für Leben und Gesundheit von Menschen oder Tieren darstellten wird und diese Gefahr trotz Sachkunde des Personals auch bei Haltung in einem Tierheim oder in einer vergleichbaren Einrichtung besteht.
- Nicht ausreichend wird regelmäßig sein, wenn der Hund nur eine Aggression gegen Sachen hat, wenn der Hund nicht als vermittelbar gilt und dies entsprechend nachgewiesen werden kann (Gutachten eines Sachverständigen können bei der Entscheidungsfindung hilfreich sein) oder wenn eine dauerhafte Haltung im Tierheim nicht artgerecht möglich ist.

### A/2.33 Unfruchtbarmachung

Die Ordnungsbehörde muss die Unfruchtbarmachung eines Kampfhundes/gefährlichen Hundes anordnen, wenn das Landesrecht dies vorgibt. Sie soll diese Anordnung treffen; das bedeutet ein bedingtes Muss (z.B. in Rheinland-Pfalz), wenn dies landesrechtlich so geregelt ist. Sie kann ansonsten eine Unfruchtbarmachung je nach Landesrecht anordnen; hierbei muss sie sich jedoch einer Ermessensausübung unterziehen. Im letzteren Fall hat sie dann schlechte Karten, wenn eine Anordnung wider besseren Wissens nicht erfolgte, der Hund dann gefährliche Probleme bereitet und es zu einem Rechtsstreit kommt.

Auch bei einer „Kann"-Bestimmung muss eine restriktive Handhabung erfolgen und die Unfruchtbarmachung angeordnet werden, notfalls durch Verwaltungsakt mit Verwaltungszwang. Eine Regelung hierzu ist nach der Rechtsprechung verhältnismäßig, wenn die gesetzlichen Voraussetzungen (z.B. Kampfhund, bissiger Hund) gegeben sind.

Der Eingriff zur Unfruchtbarmachung ist zwingend von einem Tierarzt tierschutzgerecht vorzunehmen.

Sehen Sie im Einzelnen die Vorschriften Ihres Landesrechts unter Kapitel B/3.

### A/2.34 Unzuverlässigkeit eines Hundehalters

Lesen Sie hierzu Abschnitt A/2.42 „Zuverlässigkeit".

### A/2.35 Unmittelbare Ausführung einer Maßnahme

Derartige Maßnahmen können getroffen werden, wenn der Zweck durch Vorgehen gegen Verhaltens- oder Zustandsstörer nicht erreicht werden kann.

**Beispiel**

Ein Hund wird angebunden im Wald gefunden. Die Ordnungsbehörde befreit ihn. Die verantwortliche Person ist noch nicht bekannt und kann daher vorerst nicht in Anspruch genommen werden. Als Folge der Tätigkeit der Behörde können jedoch Kosten gegenüber der verantwortlichen Person geltend gemacht werden, sobald diese bekannt ist.

## *A/2.36 Untersagung der Hundehaltung*

Die Haltung von Kampfhunden ohne Erlaubnis ist selbstverständlich durch Verwaltungsakt zu untersagen. Allerdings sollte vorher der betroffene Hundehalter aufgefordert werden, eine Erlaubnis zu beantragen, damit geprüft werden kann, ob Aussicht auf Erteilung der Erlaubnis besteht. Kommt der Hundehalter dieser Aufforderung nicht nach, so erfolgt die Haltungsuntersagung auf jeden Fall. Sehen Sie hierzu nachfolgend den Abschnitt A/2.39 „Verwaltungsakte“.

Weiter sind Hundehaltungen dann zu untersagen, wenn Kampfhunde/gefährliche Hunde, aber auch sonstige Hunde wegen Bissigkeit, Unzuverlässigkeit usw. nicht im Bereich eines Hundehalters gelassen werden können. Bei einer Haltungsuntersagung ist das Ermessen entsprechend zu begründen.

**Beispiele**

- Hundehaltung (Kampfhunde/gefährliche Hunde) ohne die erforderliche Erlaubnis
- wiederholte Verstöße gegen den Leinen- oder Maulkorbzwang
- sonstige Verstöße gegen die Halterpflichten

Die Untersagung einer Hundehaltung kann zeitlich befristet oder auf bestimmte Hunderassen/große Hunde beschränkt werden. Dabei ist der Verhältnismäßigkeitsgrundsatz zu beachten.

Ein Hundehaltungsverbot erfolgt entweder aufgrund einer landesgesetzlichen Regelung bzw. Ermächtigungsgrundlage oder – in der Regel – nach der Befugnis-/Generalklausel des jeweiligen Landes-Gefahrenabwehrgesetzes. Soweit eine Landesregelung im Hundegesetz/der Hundeverordnung besteht, verdrängt diese als spezielle Norm die allgemeine Befugnis-/Generalklausel.

Eine Untersagungsverfügung wird regelmäßig mit der sofortigen Vollziehbarkeit (diese ist besonders zu begründen) und der Androhung von Verwaltungszwangsmitteln nach dem Landesrecht verbunden sein.

Vorhandene Hunde werden dann sichergestellt/beschlagnahmt und ggf. eingezogen/verwertet. Hierbei ist auch darauf zu achten, dass eine Regelung über den weiteren Verbleib des Hundes getroffen wird (z.B. Anordnung über eine nachweislich befristete Weiterveräußerung).

Diese Untersagung ist dann unabhängig von der Durchführung von Bußgeldverfahren bei einzelnen Verstößen. Beachten Sie hierbei die Vorschriften nach dem Verwaltungsverfahrensgesetz (entsprechend die landesrechtlichen Verwaltungsverfahrensvorschriften) und die Verwaltungszwangsmaßnahmen nach Ihrem Landesrecht (Zwangsmittel) zur Durchsetzung des Verwaltungsakts.

Auch unerlaubte Tierhaltungen stellen Ordnungswidrigkeiten dar, die mit einem empfindlichen Bußgeld geahndet werden können. Die unerlaubte Haltung eines Kampfhundes kann auch einen Straftatbestand darstellen.

### *A/2.37 Verwahrung*

Sichergestellte/beschlagnahmte oder eingezogene Hunde sind in amtliche (öffentlich-rechtliche) Verwahrung zu nehmen. Sehen Sie hierzu nähere Ausführungen in Kapitel G/4.

### *A/2.38 Verwertung/Einziehung*

Eine Einziehung/Verwertung eines Hundes kommt infrage, wenn eine Herausgabe an den bisherigen Eigentümer aus rechtlichen Gründen nicht mehr möglich erscheint oder wenn die Verwahrung letztlich unverhältnismäßig ist.

**Beispiel**

Verwahrung über einen längeren Zeitraum mit entsprechend hohen Verwahrkosten.

Zu solchen Maßnahmen sind die Vorschriften des jeweiligen Landes-Gefahrenabwehrgesetzes zu beachten.

### *A/2.39 Verwaltungsakte*

Ordnungsverfügungen (dies sind in diesem Sinne z.B. Auflagen oder die Untersagung einer Hundehaltung – belastende Verwaltungsakte) sowie ordnungsrechtliche Erlaubnisse sind Verwaltungsakte und daher nach den Verwaltungsverfahrensvorschriften der Länder vorzubereiten und zu erlassen.

Die Behörde wird in solchen Fällen öffentlich-rechtlich und hoheitlich mit Wirkung nach außen tätig. Dies gilt also z.B. für Erlaubniserteilungsverfahren zur Haltung von Hunden, aber auch bei der Erteilung von Auflagen oder der Untersagung für eine Hundehaltung (Gefahrenabwehr). Zum vorbereitenden

Verwaltungsverfahren als solches wird auf §§ 9 ff. VwVfG (entsprechend die Verwaltungsverfahrensvorschriften der Länder) verwiesen.

Ausnahmen von der Anwendung des Verwaltungsverfahrensgesetzes bestehen bei Strafverfolgung und Ordnungswidrigkeiten, bei schlicht hoheitlichem Handeln. Spezielle Verfahrensvorschriften in Gesetzen gehen denen des Verwaltungsverfahrensgesetzes vor.

Zum Begriff eines Verwaltungsakts sehen Sie § 35 VwVfG (entsprechend die Landes-Verwaltungsverfahrensvorschriften der Bundesländer). Bei der Erteilung von Erlaubnissen sind die Verwaltungsverfahrensvorschriften in der Regel jedoch kein Problem, außer wenn z.B. Nebenbestimmungen beigefügt werden oder eine Untersagung einer Hundehaltung erfolgt (belastende Verwaltungsakte). Hier sind die formellen und materiellen Voraussetzungen streng zu beachten, damit sie gerichtsbeständig sind.

Rechtsgrundlage bei der Erteilung von Erlaubnissen für eine Hundehaltung sind die Vorschriften in den Hundegesetzen/-verordnungen der Bundesländer. Teilweise sind in den Ländern auch Untersagungen von Hundehaltungen, die Erteilung von Auflagen u.Ä. geregelt. Wenn nicht, ist auf die Befugnis-/Generalklausel des Landes-Gefahrenabwehrgesetzes zurückzugreifen, z.B. bei einer allgemeinen Unzuverlässigkeit hinsichtlich der Haltung von Hunden.

Verpflichten Rechtsvorschriften zum Handeln (z.B. in den Hundegesetzen/-verordnungen die Untersagung zur Haltung eines gefährlichen Hundes ohne Erlaubnis), liegt ein Fall von § 22 Satz 1 Nr. 1 erste Alternative VwVfG vor (entsprechend die landesrechtliche Verwaltungsverfahrensvorschrift). Es muss dann „von Amts wegen" ein Verfahren (Amtsverfahren) eröffnet werden, wenn Anhaltspunkte für ein Eingreifen vorliegen. Hauptanwendungsbereich ist das Recht der Gefahrenabwehr sowie alle Bereiche, in denen das öffentliche Interesse im Vordergrund steht.

In Verdachtsfällen muss ein Verwaltungsverfahren mit dem Ziel eröffnet werden, den Sachverhalt zu prüfen und daraus die richtige Schlussfolgerung zu ziehen.

Eine Verpflichtung zum Eröffnen des Verfahrens besteht auch dann, wenn die abschließende Sachentscheidung im Ermessen steht. Das Verfahren ist zu eröffnen, um zunächst den Sachverhalt zu prüfen und die Ermessensentscheidung vorzubereiten.

**Beispiel**

Hundehalter H. hält drei Huskys, die bis spät in die Nacht bellen und die Nachbarn erheblich stören. Obwohl das Einschreiten nach der General-/Befugnisklausel des Polizei-/Ordnungbehördengesetz im Ermessen steht, ist zunächst der Sachverhalt zu klären, um danach eine Ermessensentscheidung treffen zu können.

Bevor ein Verwaltungsakt erlassen wird, der in die Rechte eines Betroffenen eingreift (z.B. Untersagung der Haltung eines gefährlichen Hundes, Auflagen zur Hundehaltung), also bei belastenden Verwaltungsakten, ist der Betroffene grundsätzlich vorher zu hören (§ 28 Abs. 1 VwVfG, entsprechend die Landes-Verwaltungsverfahrensvorschriften). Dies kann formlos, z.B. auch telefonisch, geschehen. Von dieser Anhörung kann nur unter den Voraussetzungen des § 28 Abs. 2, 3 VwVfG abgesehen werden, etwa wenn Gefahr im Verzug ist, bei Maßnahmen der Verwaltungsvollstreckung oder bei einem öffentlichen Interesse.

**Hinweis**

Nachfolgend sind einige wesentliche Voraussetzungen zum Verwaltungsverfahren zusammengefasst, die beachtet werden sollten (Verwaltungsverfahrensgesetz; beachten Sie daneben die landesrechtlichen Verwaltungsverfahrensvorschriften):

- Was ist ein Verwaltungsakt? Sehen Sie hierzu § 35 VwVfG.
- Beachten Sie die Rechtsgrundlagen zu Ihrer Verfügung und prüfen Sie die Zuständigkeit nach dem Landesrecht.
- Muss ich vor Erlass eines Verwaltungsakts eine Anhörung durchführen? Sehen Sie hierzu § 28 VwVfG.
- Haben Beteiligte einen Bevollmächtigten oder Beistand berufen? Sehen Sie hierzu die §§ 11, 14 VwVfG und § 13 Abs. 2 Nr. 4 VwVfG.
- Habe ich eine Ermessensentscheidung zu treffen? Dann ist dies inhaltlich ausreichend zu begründen. Sehen Sie § 40 VwVfG und auch § 22 Abs. 1 VwVfG.
- Kann ich dem Verwaltungsakt Nebenbestimmungen (Auflagen, Bedingungen, Befristungen, Widerrufsvorbehalt) beifügen? Beachten Sie hierzu Ihre Landesbestimmungen und § 36 VwVfG.
- Beachten Sie zur Begründung eines Verwaltungsakts § 39 VwVfG.
- Beachten Sie bei Anordnung der Versagung der aufschiebenden Wirkung des Verwaltungsakts § 80 Abs. 2 Satz 1 Nr. 4 VwGO (auch die besondere Begründungspflicht), soweit Ihr Landeshundegesetz die aufschiebende Wirkung nicht bereits gesetzlich versagt hat. ▶

- Wie ist der Verwaltungsakt bekannt zu geben und zuzustellen? Beachten Sie hierzu § 41 VwVfG und die landesrechtlichen Zustellungsvorschriften.
- Beachten Sie zum Verwaltungsakt dessen Wirksamkeit und bei Zwangsmittelmaßnahmen: Ist eine aufschiebende Wirkung nach dem Landesrecht gegeben?
- Achten Sie auf eine ausreichende Rechtsbehelfsbelehrung nach § 58 VwGO. Soweit in Ihrem Bundesland das Widerspruchsverfahren abgeschafft wurde, ist auf den Klageweg zu verweisen.

## *A/2.40 Weitergabe von Halterdaten an Steuerämter*

An dieser Stelle Folgendes über die Weitergabe von Halterdaten durch die Steuer-/Ordnungsämter:

Soweit von Städten und Gemeinden eine sogenannte Kampfhundesteuer erhoben wird, müssen die steuerpflichtigen Hunde nach den kommunalen Steuersatzungen bei der Gemeinde unter Angabe der Hunderasse angezeigt werden.

Aufgrund der doppelten Anzeigepflichten (Steuer- und Ordnungsrecht) stellt sich die Frage, ob die den gemeindlichen Steuerbehörden bekannt gewordenen Daten über die Haltung gefährlicher Hunde an die Ordnungsämter weitergegeben werden dürfen bzw. ob eine Datenweitergabe von den Ordnungsämtern an die Steuerämter zulässig ist.

**Ergebnis:** Diese Weitergabe ist innerhalb einer Verwaltung auch datenschutzrechtlich **zulässig.** Dies ist sogar empfehlenswert, da die Hundesteuer eine „Eindämmung des Hundevorkommens" bezweckt.

Eine erhöhte Hundesteuer bei Kampfhunden/gefährlichen Hunden ist bisher stets durch die OVGs anerkannt worden. Lesen Sie hierzu auch Abschnitt A/2.18 „Hundesteuer".

## *A/2.41 Zuchtverbote*

In den meisten Bundesländern sind Zuchtverbote für Kampfhunde/gefährliche Hunde erlassen worden. Diese gelten für den gewerblichen und den nicht gewerblichen Bereich.

Zucht ist das zielgerichtete Verpaaren einer Hündin mit einem Rüden oder die absichtliche Inkaufnahme des Verpaarens eines dieser Tiere, das sich im Eigentum oder im Besitz des Erlaubnispflichtigen befindet, oder die künstliche Besamung einer Hündin. Eine Erlaubnis zum Züchten dieser Hunde wird sehr selten erteilt. Ausnahmen können z.B. für Diensthunde usw. gelten. Die Überwachung derartiger Zuchtverbote ist nicht Aufgabe der kommunalen Ordnungsbehörden und insoweit nicht relevant für dieses Fachbuch. Zuchtverbote sind bußgeldbewehrt!

Zu den Zuchtverboten und auch zum Kreuzen der betreffenden Hunde sind das jeweilige Landesrecht (lesen Sie hierzu weiter unter Kapitel B/3) und das Bundesrecht zu beachten.

Verstöße gegen landesrechtliche Zuchtverbotsvorschriften können im Einzelfall eine Straftat nach § 143 Abs. 1 StGB darstellen.

### *A/2.42 Zuverlässigkeit*

Zuverlässigkeit bedeutet, dass die Person die Gewähr dafür bietet, dass sie die für ihre Tätigkeit (hier: Hundehaltung) relevanten Vorschriften beachtet.

Es handelt sich um einen Prognosetatbestand, bei dem die Ordnungsbehörde von zu ermittelnden Tatsachen auf das **künftige Verhalten** des Betroffenen schließen muss. Die Frage der Zuverlässigkeit spielt hauptsächlich bei Erlaubnisverfahren zum Halten gefährlicher Hunde oder bei Haltungsuntersagungen eine Rolle. Die meisten Bundesländer haben – teils abschließende – Regelungen getroffen, wann Unzuverlässigkeit anzunehmen ist. Bestimmte Straftaten und Ordnungswidrigkeiten, aber auch verwaltungsrechtliche Verstöße führen hierzu. Die Kataloge sind jedoch nicht einheitlich.

Bei der Prüfung der Zuverlässigkeit können auch andere Gründe eine Rolle spielen, die in der Person des Betroffenen liegen.

**Beispiel**

Ein Hundehalter weigert sich beharrlich, seinen Hund an der Leine zu führen oder ihm einen Maulkorb umzulegen.

Die Zuverlässigkeit ist anzuzweifeln bei Personen, die

- rechtskräftig wegen bestimmter Straf- und Verwaltungsdelikte bestraft oder mit Bußgeld belegt wurden,
- geisteskrank oder geistesschwach sind oder betreut werden,
- drogensüchtig, rauschmittelsüchtig oder arzneimittelabhängig sind,
- keinen festen Wohnsitz haben oder
- körperlich nicht in der Lage sind, ein Tier zu führen.

Es ist Aufgabe der zuständigen Ordnungsbehörde, zu prüfen, ob aufgrund begangener Rechtsverstöße nach objektiven Maßstäben für die im Gesetz oder einer Verwaltungsvorschrift vorgesehenen Regelfälle Hinweise gegeben sein können. Weiterhin ist von ihr zu prüfen, ob unter Würdigung der Persönlichkeit des Betroffenen und der Umstände des Einzelfalls die Gefahr besteht, dass diese Person ihre Pflichten als Hundehalter künftig nicht erfüllen wird.

### *Sonstige Verhaltensweisen*

Nicht nur Rechtsverstöße im Zusammenhang mit der Hundehaltung schließen die erforderliche Zuverlässigkeit aus, es können auch sonstige Verhaltensweisen Bedenken gegen die Zuverlässigkeit des Halters begründen, wenn sie darauf schließen lassen, der Betroffene werde seiner Verantwortung im Umgang mit dem bei jeder Haltung eines gefährlichen Hundes vorhandenen Risiko nicht gerecht. Ein Ermessensspielraum ist nicht eröffnet, wenn Bedenken gegen die Zuverlässigkeit des Halters bestehen. Die Hundehaltung ist dann zwingend zu untersagen.

### *Andere Gründe*

Unzuverlässigkeit kann auch auf anderen Gründen beruhen, denen ein vergleichbares Gewicht und eine vergleichbare Bedeutung für eine verhaltensgerechte und sichere Hundehaltung zukommen. Der Hundehalter muss willens und auch in der Lage sein, in Zukunft seine Pflichten als Halter eines gefährlichen Hundes zu erfüllen.

**Nicht willens** zur ordnungsgemäßen Hundehaltung ist, wer

- sich z.B. als Halter eines gefährlichen Hundes nicht hinreichend seiner Verantwortung gegenüber den Belangen und Rechtsgütern der Allgemeinheit und Dritten bewusst ist und

- insbesondere ohne Einsicht in die Gefährlichkeit seines Hundes den Leinen-/ Maulkorbzwang beharrlich missachtet oder in sonstiger Weise ordnungsrechtlichen Anforderungen wiederholt oder gröblich zuwiderhandelt.

Diese Unzuverlässigkeit setzt weder ein Verschulden noch einen Charaktermangel des Hundehalters voraus. So das OVG Münster in seinem Beschluss vom 16.06.1999; NVwZ 2002, S. 458.

### *Führungszeugnisse*

Ein polizeiliches Führungszeugnis (§§ 30 ff. BZRG) gibt dazu im Einzelfall weiteren Aufschluss. Der Antrag dafür ist bei der örtlichen Meldebehörde zu stellen, die auch die Gebühr dafür einzieht.

Das Führungszeugnis wird von der Bundeszentralregisterbehörde unmittelbar an die anfordernde Ordnungsbehörde gesandt (Belegart 0). Der Antragsteller kann dort Einsicht nehmen. Für den Fall, dass das Zeugnis Eintragungen enthält, kann der Antragsteller auf Wunsch zunächst Einsicht bei einem AG seiner Wahl verlangen. Das muss allerdings bei der Antragstellung ausdrücklich verlangt werden, worauf die Meldebehörde hinweisen muss.

Falls das Zeugnis nicht an die Ordnungsbehörde weitergeleitet werden soll, wird es vom AG vernichtet. Dann fehlt allerdings eine entscheidende Grundlage der Prüfung der Zuverlässigkeit, sodass der Antragsteller automatisch als unzuverlässig eingestuft wird. Der Hundehalter kommt damit seiner Mitwirkungspflicht nicht nach.

Behörden haben jedoch auch die Möglichkeit, nach § 31 BZRG selbst ein Führungszeugnis zur Erfüllung ihrer hoheitlichen Aufgabe anzufordern, wenn sie dieses benötigen und der Betroffene einer entsprechenden Aufforderung nicht folgt oder diese nicht sachgemäß ist.

### *Verurteilungen*

Im Register getilgte Verurteilungen dürfen nicht berücksichtigt werden. Eine Stellungnahme der zuständigen Polizeidienststelle ist hilfreich.

Sehen Sie dazu die Vorschriften zur Zuverlässigkeit/Unzuverlässigkeit in Ihrem Landesrecht unter Kapitel B/3.

## *A/2.43 Zwangsmittel*

Es handelt sich hierbei um verwaltungs-, nicht um gerichtliche Zwangsmittel. Diese Zwangsmittel sind in den Verwaltungsvollstreckungsvorschriften der Länder festgelegt und dienen zur Durchsetzung des Verwaltungshandelns (Verwaltungsakt).

Zwangsmaßnahmen kommen z.B. in folgenden Fällen vor:

- wenn gegenüber einem Hundehalter ein Handeln, eine Duldung oder ein Unterlassen angeordnet wurde
- wenn Maßnahmen gegen einen Störer oder Nichtstörer nicht oder nicht rechtzeitig möglich sind oder keinen Erfolg versprechen (wenn z.B. der Hund ausgebrochen ist)
- wenn ein Hund beschlagnahmt oder sichergestellt werden soll.

Als Zwangsmittel kommen in Betracht:

- ein Zwangsgeld (mit Androhung der Zwangshaft bei Uneinbringlichkeit)
- die Ersatzvornahme
- der unmittelbare Zwang

Dabei ist zu beachten, welches Zwangsmittel erfolgversprechend und verhältnismäßig (mildestes Mittel) ist. Grundsätzlich muss ein Zwangsgeld vorher angedroht werden, was auch mit einem Verwaltungsakt (z.B. Untersagung einer Hundehaltung) verbunden werden kann. Beachten Sie hierbei das jeweilige Landes-Verwaltungsvollstreckungsrecht!

Mit einem Verwaltungsakt verbundene Verwaltungszwangsmaßnahmen können nur vollzogen werden, wenn der zugrunde liegende Verwaltungsakt vollstreckbar ist, z.B. weil er unanfechtbar ist oder weil die aufschiebende Wirkung versagt ist.

## *A/2.44 Zwinger*

Hundezwinger gelten als abgeteilter Teil eines Grundstücks und sind regelmäßig planungsrechtlich zu beurteilen. Sie bedürfen auch teilweise – je nach den landesrechtlichen Bauordnungen – einer Baugenehmigung.

Soweit sie ausbruchsicher sind, dürfen sich Kampfhunde/gefährliche Hunde in Hundezwingern frei bewegen. Bei einer Zwingerhaltung sind die tierschutzrechtlichen Vorschriften zu beachten.

Das Immissionsschutzrecht dürfte bei der Genehmigung eines Zwingers keine Anwendung finden, jedoch das örtliche Bauplanungs- und Baurecht. In der Regel ist bei Beeinträchtigungen (z.B. Lärm), der von einem Zwinger ausgeht, nicht das Gefahrenabwehrgesetz anzuwenden, sondern das Landesbaurecht – es sei denn, der Zwinger stellt keine bauliche Anlage dar.

Lesen Sie hierzu die Rechtsprechung unter Kapitel B/5.

# B Rechtsgrundlagen

## B/1 Bundesrechtliche Rechtsgrundlagen

### *B/1.1 Hundeverbringungs- und -einfuhrbeschränkungsgesetz*

Um Angelegenheiten, die gefährliche Hunde betreffen, bereits auf Bundesebene begegnen und entgegenwirken zu können, ist das Hundeverbringungs- und -einfuhrbeschränkungsgesetz (HundVerbrEinfG) zur Bekämpfung gefährlicher Hunde vom 12.04.2001 (BGBl. I, S. 530 ff.) erlassen worden. Es verbietet die Einfuhr und Verbringung bestimmter „gefährlicher" Hunderassen und deren Kreuzungen in die Bundesrepublik Deutschland. Hierdurch sollen bereits die Einfuhr und das Verbringen gefährlicher Hunde aus anderen Staaten in das Inland unterbunden werden.

Im Gesetz werden verschiedene Begriffe definiert, wie beispielsweise „gefährliche Hunde". Hiernach sind dies „Hunde der Rassen Pitbull-Terrier, American Staffordshire Terrier, Staffordshire-Bullterrier, Bullterrier und deren Kreuzungen sowie nach Landesrecht bestimmte Hunde".

Angestrebt wird nun noch eine Regelung auf der Ebene der Europäischen Union, um so der Einfuhr und der Zucht von Kampfhunden durch ein generelles Verbot in den Mitgliedstaaten entgegenzuwirken.

**Hinweis**

Mit Beschluss vom 16.03.2004 (Az. 1 BvR 1778/01) hat das BVerfG das Einfuhr- und Verbringungsverbot von § 2 Abs. 1 Satz 1 HundVerbrEinfG als mit dem Grundgesetz vereinbar bestätigt. Der Gesetzgeber hat allerdings die weitere Entwicklung zu beobachten und zu prüfen, ob sich die der Norm zugrunde liegenden Annahmen tatsächlich bestätigen.

Eine Zuständigkeit der örtlichen Ordnungsbehörden ist nicht gegeben; hier sind insbesondere die Zoll-/Tierschutz- und Polizeidienststellen zu weiteren Maßnahmen gefragt.

### *Hundeverbringungs- und -einfuhrverordnung*

Aufgrund des Hundeverbringungs- und -einfuhrbeschränkungsgesetzes wurde vom Bund die Hundeverbringungs- und -einfuhrverordnung (HundVerbrEinfVO) vom 03.04.2002 (BGBl. I, S. 1248) erlassen. Die Verordnung regelt weiterhin die Ausführung des Gesetzes und legt die Ausnahmetatbestände (§ 2 der Verordnung), die Pflichten der Begleitpersonen (§ 3 der Verordnung, u.a. Dokumentation) sowie die Befugnisse der zuständigen Behörden (§ 4 der Verordnung) fest. Eine Zuständigkeit der örtlichen Ordnungsbehörden besteht nicht.

Ob die Regelungen Anwendung finden, muss im Einzelfall entschieden werden. So auch in einer interessanten Entscheidung des VG Stuttgart vom 09.11.2017 (Az. 5 K 9742/17). Die Antragstellerin hatte einen „American Bully", eine Mischung aus American Staffordshire Terrier und Französischer Bulldogge, nach Deutschland eingeführt. Die Behörde hielt die Einfuhr für illegal und ordnete die Beschlagnahme an. Das Gericht hielt jedoch die Beschlagnahme für rechtswidrig, da kein Verstoß gegen das HundVerbrEinfG vorlag. Die Elterntiere des eingeführten Hundes waren Mischlinge und keiner der vorgenannten Rassen eindeutig zuzuordnen. Er stellte damit einen Mischling dar, der seinerseits von zwei Mischlingen abstammte und somit keine Kreuzung i.S.d. § 2 Abs. 1 HundeVerbrEinfG war. Aus diesem Grunde ist anzuraten, im Streitfall immer die Rasse der Elterntiere mit einzubeziehen.

## *B/1.2 Tierschutz-Hundeverordnung*

Die Tierschutz-Hundeverordnung (TierSchHundeV) vom 02.05.2001 (BGBl. I, S. 838 ff.) gilt gemäß § 1 Abs. 1 für das Halten und Züchten von Hunden. Es handelt sich keinesfalls um eine speziell auf Kampfhunde/gefährliche Hunde zugeschnittene Verordnung. Vielmehr sollen alle Hunde im genannten Umfang geschützt werden. Die Verordnung enthält beispielsweise Regelungen über den Auslauf und das Halten von Hunden im Freien, in Räumen und in Zwingern. Auch Fütterungs- und Pflegegebote sowie Ausstellungsverbote sind enthalten.

Zuständig für die Ausführung dieser Verordnung sind nicht die örtlichen Ordnungsbehörden, sondern die **Tierschutzbehörden** (z.B. Landratsämter, Stadtkreise, Kreisverwaltungsbehörden).

### *B/1.3 Tierschutzgesetz*

Zweck des Tierschutzgesetzes (TierSchG) ist es, aus der Verantwortung des Menschen für das Tier als Mitgeschöpf sein Leben und Wohlbefinden zu schützen. Niemand darf einem Tier ohne vernünftigen Grund Schmerzen, Leiden oder Schäden zufügen.

## B/2 Landesrechtliche Rechtsgrundlagen

Hier eine Aufstellung der in den Bundesländern erlassenen Gesetze und Verordnungen über das Halten von gefährlichen Hunden/Kampfhunden (Quellenangaben) nach dem Gültigkeitsstand vom Dezember 2024:

| | |
|---|---|
| Baden-Württemberg | Polizeiverordnung des Innenministeriums und des Ministeriums Ländlicher Raum und Verbraucherschutz über das Halten gefährlicher Hunde (PolVOgH) vom 03.08.2000 (GBl., S. 574) |
| Bayern | Art. 37, 37a LStVG (Landesstraf- und Verordnungsgesetz) i.d.F. vom 13.12.1982 (GVBl., S. 1098) in Verbindung mit der Verordnung über Hunde mit gesteigerter Aggressivität und Gefährlichkeit (HundGefV) vom 10.07.1992 (GVBl., S. 268) |
| Berlin | Gesetz über das Halten und Führen von Hunden in Berlin (HundeG) vom 07.07.2016 (GVBl., S. 436) in Verbindung mit der Verordnung zur Bestimmung der gefährlichen Hunde im Sinne des § 5 Absatz 1 Satz 1 des Hundegesetzes (GefHuVO) vom 22.08.2016 (GVBl., S. 543) sowie der Verordnung zur Durchführung des Hundegesetzes (HundeG-DVO) vom 18.09.2018 (GVBl., S. 539) |
| Brandenburg | Ordnungsbehördliche Verordnung über das Halten und Führen von Hunden (Hundehalteverordnung – HundehV) vom 24.06.2024 (GVBl. II, Nr. 42, 2024) |
| Bremen | Gesetz über das Halten von Hunden (HundeHG) vom 02.10.2001 (Brem. GBl., S. 331) |
| Hamburg | Hamburgisches Gesetz über das Halten und Führen von Hunden (Hundegesetz – HundeG) vom 26.01.2006 (HmbGVBl., S. 37) in Verbindung mit der Verordnung zur Durchführung des Hundegesetzes (HundeGDVO) vom 21.03.2006 (HmbGVBl., S. 115) |

| | |
|---|---|
| Hessen | Gefahrenabwehrverordnung über das Halten und Führen von Hunden (HundeVO) vom 22.01.2003 (GVBl. I, S. 54) |
| Mecklenburg-Vorpommern | Verordnung über das Führen und Halten von Hunden (Hundehalterverordnung – HundehVO MV) vom 11.07.2022 (GVOBl. 2022, S. 441) |
| Niedersachsen | Niedersächsisches Gesetz über das Halten von Hunden (NHundG) vom 26.05.2011 (Nds. GVBl., S. 130) |
| Nordrhein-Westfalen | Hundegesetz für das Land Nordrhein-Westfalen (LHundG NRW) vom 18.12.2002 (GV. NRW., S. 656) |
| Rheinland-Pfalz | Landesgesetz über gefährliche Hunde (LHundG) vom 22.12.2004 (GVBl., S. 576) |
| Saarland | Polizeiverordnung über den Schutz der Bevölkerung vor gefährlichen Hunden im Saarland (HuV SL) vom 15.12.2022 (Amtsbl. I 2022, S. 1493) |
| Sachsen | Gesetz zum Schutze der Bevölkerung vor gefährlichen Hunden (GefHundG) vom 24.08.2000 (SächsGVBl., S. 358) |
| Sachsen-Anhalt | Gesetz zur Vorsorge gegen die von Hunden ausgehenden Gefahren (GefHuG) vom 23.01.2009 (GVBl. LSA, S. 22) |
| Schleswig-Holstein | Gesetz über das Halten von Hunden (HundeG) vom 26.06.2015 (GVOBl., S. 193, ber. 369) |
| Thüringen | Thüringer Gesetz zum Schutz der Bevölkerung vor Tiergefahren (ThürTierGefG) vom 22.06.2011 (GVBl., S. 93) |

Weitere Durchführungs- und Verwaltungsvorschriften zu den einzelnen Länderregelungen (Quellenangaben) nach dem Gültigkeitsstand vom Dezember 2024:

| | |
|---|---|
| Baden-Württemberg | Verwaltungsvorschrift des Innenministeriums und des Ministeriums für Ernährung und Ländlichen Raum zur Polizeiverordnung des Innenministeriums und des Ministeriums Ländlicher Raum über das Halten gefährlicher Hunde (VwVgH) vom 06.08.2018 (GABl. 2018, S. 430) |
| Bayern | Verordnung über Hunde mit gesteigerter Aggressivität und Gefährlichkeit (HundGefV) vom 10.07.1992 (GVBl., S. 268, BayRS 2011-2-7-A)<br>Vollzugsbekanntmachung zu Art. 37 LStVG – Halten gefährlicher Tiere (AllMBl. 1992, S. 555)<br>Bekanntmachung zum Vollzug des LStVG vom 08.08.1986 (AllMBl., S. 52) |

| | |
|---|---|
| Brandenburg | § 25a OBG (Ordnungsbehördengesetz) i.d.F. vom 21.08.1996 (GVBl. I, S. 266) |
| Hamburg | Verordnung zur Durchführung des Hundegesetzes. (Durchführungsverordnung zum Hundegesetz – HundeGDVO) vom 21.03.2006 (Amtl. Anz., S. 613) |
| Hessen | Hinweise für die Durchführung der Hundeverordnung (HundeVO) vom 05.11.2014 (VVHundeVO) (StAnz. 2014 S. 1000) |
| Nordrhein-Westfalen | Verwaltungsvorschriften zum Landeshundegesetz (VV LHundG NRW) vom 02.05.2003 (MBl. Nr. 25, S. 580)<br>Ordnungsbehördliche Verordnung zur Durchführung des Landeshundegesetzes NRW (DVO LHundG NRW) vom 19.12.2003 (GV. NRW.2004 S. 85) |
| Rheinland-Pfalz | Rundschreiben zur Durchführung des Landesgesetzes über gefährliche Hunde vom 10.05.2006 (MinBl. vom 10.05.2006, S. 128)<br>Verwaltungsvorschrift über die Befreiung gefährlicher Hunde vom Maulkorbzwang (MaulKZBefVwV) vom 10.05.2006 (MinBl., S. 96) |
| Saarland | Verwaltungsvorschriften zur Polizeiverordnung über den Schutz der Bevölkerung vor gefährlichen Hunden im Saarland (VVHuV SL) vom 15.12.2022 (Amtsbl., S. 1497) |
| Sachsen | Verordnung des Sächsischen Staatsministeriums des Inneren zur Durchführung des Gesetzes zum Schutze der Bevölkerung vor gefährlichen Hunden (DVOGefHundG) vom 01.11.2000 (SächsGVBl., S. 467)<br>Verwaltungsvorschrift des Sächsischen Staatsministeriums des Innern zur Anwendung der Bestimmungen über gefährliche Hunde (Verwaltungsvorschrift Gefährliche Hunde – VwV GefHunde) vom 28.09.2001 (SächsABl, S. 1042) |
| Sachsen-Anhalt | Verordnung zur Durchführung des Gesetzes zur Vorsorge gegen die von Hunden ausgehenden Gefahren (GefHuVO) vom 30.03.2016 (GVBl. LSA, S. 246) |
| Schleswig-Holstein | Landesverordnung über den Wesenstest nach dem Gesetz über das Halten von Hunden vom 26.11.2019 (GVOBl., S. 563)<br>Verwaltungsvorschrift zum Hundegesetz des Landes Schleswig-Holstein (VwV-HundeG) vom 09.12.2021 (Amtsbl., S. 1983) |

| | |
|---|---|
| Thüringen | Verwaltungsvorschrift zur Anwendung der ordnungsbehördlichen Verordnung zur Abwehr von Gefahren durch Zucht, Ausbildung, Abrichten und Halten gefährlicher Hunde (ThürGefHuVO) i.d.F. vom 30.09.2003 (ThürStAnz. 47/2003, S. 2341)<br>Thüringer Sachkundeprüfungsverordnung (ThürSachkundePrüfVO) vom 19.01.2012 (GVBl., S. 49)<br>Thüringer Wesenstestverordnung (ThürWesenstestVO) vom 29.01.2012 (GVBl., S. 72) |

## B/3 Die Bestimmungen der Bundesländer im Einzelnen

### *B/3.1 Allgemeines*

- Beachten Sie stets Ihr Landesrecht, da die Landesregelungen stark voneinander abweichen.
- Es werden die wesentlichsten Landesregelungen dargestellt.
- Beachten Sie weiter die Verwaltungsvorschriften und Erlasse Ihres Bundeslandes.
- Soweit die Unzuverlässigkeit eines Hundehalters auch außerhalb der „Kampfhundevorschriften" – also in Bezug auf eine „normale Hundehaltung" – festgestellt wird, können Sie aufgrund der Befugnis-/Generalklausel des Polizei-/Ordnungsbehördengesetzes des Bundeslandes entsprechende Anordnungen treffen.
- Überwiegend sind die örtlichen Ordnungsbehörden für die Ausführung der nachstehend aufgeführten Gesetze/Verordnungen zuständig, teilweise ist aber auch eine Aufsplittung z.B. zwischen Ordnungsbehörden und Veterinärämtern gegeben. Die zuständigen Ordnungsbehörden werden aufgeführt.
- Soweit landesrechtlich vorgesehen, können Sie die Feststellung als „gefährlicher Hund im Einzelfall" mit einem konkretisierenden Verwaltungsakt versehen. Beachten Sie bitte Ihre landesrechtlichen Voraussetzungen.
- Beachten Sie bitte auch die Rechtsprechung in Kapitel B/5 zu gefährlichen Hunden.
- Die nachfolgenden Übersichten sind auf dem Stand Dezember 2024.

## *B/3.2 Baden-Württemberg*

### *Relevante Normen*

- Polizeiverordnung des Innenministeriums und des Ministeriums Ländlicher Raum und Verbraucherschutz über das Halten gefährlicher Hunde (PolVOgH) vom 03.08.2000
- Verwaltungsvorschrift des Innenministeriums und des Ministeriums für Ernährung und Ländlichen Raum zur Polizeiverordnung des Innenministeriums und des Ministeriums Ländlicher Raum über das Halten gefährlicher Hunde (VwVgH)

### *Kampfhunde*

Die PolVOgH kennt zwei Kategorien von Kampfhunden:

#### *Kategorie 1*

Bei den Hunderassen American Staffordshire Terrier, Bullterrier, Pitbull-Terrier und Kreuzungen wird die Gefährlichkeit vermutet, solange gegenüber der Ortspolizeibehörde (örtliche Ordnungsbehörde) nicht durch einen entsprechenden Wesenstest nachgewiesen ist, dass dieser Kampfhund im Einzelfall keine gesteigerte Aggressivität und Gefährlichkeit gegenüber Menschen oder Tieren aufweist.

#### *Kategorie 2*

Hunde der Rasse Bullmastiff, Staffordshire, Bullterrier, Dogo Argentino, Dogue de Bordeaux, Fila Brasileiro, Mastín Español, Mastino Napoletano, Tosa Inu sowie deren Kreuzungen gehören zur zweiten Kategorie. Diese Rassen zählen nur dann zu den Kampfhunden, wenn im Einzelfall Anhaltspunkte auf eine gesteigerte Aggressivität und Gefährlichkeit gegenüber Menschen oder Tieren hinweisen. Selbst wenn die Kampfhundeeigenschaft im Einzelfall festgestellt wird, kann dies durch einen Wesenstest widerlegt werden.

#### *Widerlegung der Kampfhundeeigenschaft*

Die Widerlegung der Kampfhundeeigenschaft erfolgt bei den Landratsämtern und Stadtkreisen durch Veterinäre und Polizeibeamte. Die Ortspolizeibehörde ist an diese „Gutachten" nicht gebunden und entscheidet letztlich in eigener Zuständigkeit, ob der Wesenstest die Kampfhundeeigenschaft widerlegt.

Die Anerkennung der Feststellung der Kampfhundeeigenschaft eines anderen Bundeslandes, wenn sich der Hund nur vorübergehend in Baden-Württemberg aufhält, obliegt ebenfalls der Ortspolizeibehörde.

Zur Verhaltensprüfung im Einzelnen sehen Sie die VwVgH.

### *Gefährliche Hunde*

Gefährlich sind Hunde, die

- bissig sind,
- in aggressiver oder gefahrdrohender Weise Menschen oder Tiere anspringen oder
- zum unkontrollierten Hetzen oder Reißen von Wild oder Vieh oder anderen Tieren neigen.

Festgestellte gefährliche Hunde können nicht durch einen Wesenstest die Gefährlichkeit widerlegen. Es empfiehlt sich, die klare Rechtslage durch Hinweis oder konkretisierenden Verwaltungsakt festzustellen.

### *Erlaubnispflicht*

Die Haltung von Kampfhunden bedarf der Erlaubnis der Ortspolizeibehörde. Diese darf jedoch nur erteilt werden, wenn

- ein berechtigtes Interesse an der Hundehaltung vorliegt (in aller Regel nicht gegeben, höchstens z.B. aus wissenschaftlichem Interesse, bei Zirkussen oder Tierheimen),
- keine Bedenken gegen die Zuverlässigkeit des Hundehalters bestehen (Prognoseentscheidung aufgrund des bisherigen Verhaltens),
- die Sachkunde des Hundehalters nachgewiesen wird,
- Gefahren für Leben, Gesundheit, Eigentum oder Besitz nicht entgegenstehen,
- eine unveränderliche Kennzeichnung beim Hund gegeben ist und
- eine ausreichende Haftpflichtversicherung vorliegt.

Nebenbestimmungen zur Erlaubnis sind ausdrücklich zugelassen.

Zur Erlaubnis, zum Erlaubnisverfahren und zur Versagung der Erlaubnis sieht die VwVgH nähere Einzelheiten vor.

## *Verhaltens- und Halterpflichten*

- Kampfhunde und gefährliche Hunde sind so zu halten und zu beaufsichtigen, dass von ihnen keine Gefahr für Menschen, Tiere oder Sachen ausgehen, insbesondere ein Entweichen des Hundes nicht möglich ist. Ist eine ausbruchsichere Unterbringung der Hunde nicht gewährleistet, hat die Ordnungsbehörde entsprechende Anordnungen zur sicheren Unterbringung zu treffen. Bei Nichtbefolgung dieser Anordnungen kann die Hundehaltung untersagt werden.
- Kampfhunde und gefährliche Hunde dürfen außerhalb des befriedeten Besitztums nur Personen überlassen werden, welche die Gewähr dafür bieten, dass der Hund sicher geführt wird, und welche die für das Halten erforderliche Zuverlässigkeit (z.B. keine Drogenkonsumenten, Alkoholabhängige) besitzen. In der Regel müssen diese volljährig und entsprechend kräftig zur Führung dieser Hunde sein. Bei Zweifeln kann die Einholung eines Sachverständigengutachtens angeordnet werden.
- Außerhalb des befriedeten Besitztums müssen Kampfhunde der Kategorien 1 und 2 und ihre Kreuzungen, die älter als sechs Monate sind, sowie gefährliche Hunde an der Leine geführt werden. Die Länge darf außerhalb des befriedeten Besitztums nicht länger als zwei Meter sein. Die einzelne Ausführung dieser Hunde ist vorgeschrieben.
- Am Halsband von Kampfhunden der beiden Kategorien und bei gefährlichen Hunden ist eine Kennzeichnung anzubringen, welche die Halterermittlung ermöglicht. Gefährliche Hunde sind zusätzlich mit einer unveränderlichen Kennzeichnung zu versehen (z.B. durch Tätowierung, Chip).
- Kampfhunde, die älter als sechs Monate sind, und gefährliche Hunde müssen außerhalb des befriedeten Besitztums einen ausreichenden Maulkorb tragen.
- Erlaubnisbescheide/Bescheinigungen sind vom Hundehalter außerhalb des befriedeten Besitztums mitzuführen und Kontrollorganen auszuhändigen.
- Tod, Abhandenkommen und Abgabe des Hundes müssen der Ortspolizeibehörde mitgeteilt werden.

## *Ausnahmen*

- Vom Leinenzwang für Kampfhunde können die Ortspolizeibehörden im Einzelfall Ausnahmen zulassen, wenn Menschen, Tiere oder Sachen nicht gefährdet werden. Ausnahmen vom Maulkorbzwang sind nicht möglich.
- Für Diensthunde bestimmter staatlicher Organisationen gilt die Verordnung nicht.
- Für Hunde, die sich nur vorübergehend im Land Baden-Württemberg aufhalten (Urlaubs- oder Durchgangsverkehr), gelten die Pflichten zur sicheren

Beaufsichtigung und Überlassung sowie die Leinen- und Maulkorbpflicht entsprechend.

### Zuchtverbot

Für Kampfhunde, bei welchen diese Eigenschaft unwiderleglich festgestellt wurde, besteht ein Zuchtverbot, es sei denn, der entsprechende Hund ist nachweislich nicht mehr fortpflanzungsfähig.

Weiter besteht ein Ausbildungsverbot mit dem Ziel der weiteren Steigerung ihrer Aggressivität und Gefährlichkeit. Ausnahmen können das Landratsamt oder der Stadtkreis erteilen.

### Verordnungen nachgeordneter Behörden

Verordnungen nachgeordneter Behörden (also auch der Gemeinden) bleiben unberührt. Die Gemeinden können also beispielsweise jederzeit eine Leinenpflicht für alle Hunde in Gemeindeteilen begründet beschließen.

### Ordnungswidrigkeiten

Verstöße gegen die Vorschriften der Verordnung sind bußgeldbewehrt. Es gelten bezüglich der Höhe der Geldbuße usw. die Vorschriften des Ordnungswidrigkeitengesetzes. Zuständig für die Verfolgung sind die Gemeinden.

### Zuständigkeiten

Grundsätzlich sind die Ortspolizeibehörden (örtliche Ordnungsbehörden) für die Ausführung der Verordnung zuständig, mit Ausnahme der Zuchtverbotsvorschriften (hier: Land- und Stadtkreise).

## B/3.3 Bayern

### Relevante Normen

- Art. 37, 37a Landesstraf- und Verordnungsgesetz (LStVG) i.d.F. vom 13.12.1982
- Vollzugsbekanntmachung zu Art. 37 LStVG (Landesstraf- und Verordnungsgesetz) – Halten gefährlicher Tiere i.d.F. vom 13.12.1982
- Bekanntmachung zum Vollzug des LStVG vom 08.08.1986
- Verordnung über Hunde mit gesteigerter Aggressivität und Gefährlichkeit (HundGefV) vom 10.07.1992

## *Kampfhunde*

Wer einen Kampfhund halten will, bedarf der Erlaubnis der Gemeinde (Art. 37 Abs. 1 LStVG).

Kampfhunde sind Hunde, bei denen aufgrund rassespezifischer Merkmale, Zucht oder Ausbildung von einer gesteigerten Aggressivität und Gefährlichkeit gegenüber Menschen oder Tieren auszugehen ist.

Es gibt drei Kategorien von Kampfhunden:

### *Kategorie 1*

Bei den Hunderassen American Staffordshire Terrier, Bandog, Pitbull, Staffordshire-Bullterrier und Tosa Inu sowie deren Kreuzungen wird die Gefährlichkeit generell vermutet und kann nicht durch einen Wesenstest widerlegt werden.

### *Kategorie 2*

Hunde der Rasse Alano, American Bulldog, Bullmastiff, Bullterrier, Cane Corso, Dogo Argentino, Dogue de Bordeaux, Fila Brasileiro, Mastiff, Mastín Español, Mastino Napoletano, Perro de Presa Canario (Dogo Canario), Perro de Presa Mallorquin, Rottweiler. Die Kampfhundeeigenschaft dieser Rassen und ihrer Kreuzungen kann durch einen Wesenstest widerlegt werden.

### *Kategorie 3*

Unabhängig von den oben genannten Kategorien kann sich die Eigenschaft eines Hundes als Kampfhund im Einzelfall aus seiner Ausbildung mit dem Ziel einer gesteigerten Aggressivität oder Gefährlichkeit ergeben.

## *Wesenstest*

Für die unter den Kategorien 2 und 3 aufgeführten Kampfhunde besteht die Möglichkeit, bei der Gemeinde ein Negativzeugnis (Wesenstest) zu beantragen, dass dieser Kampfhund im Einzelfall keine gesteigerte Aggressivität und Gefährlichkeit gegenüber Menschen oder Tieren aufweist. Bei Welpen erfolgt ein zeitlich befristetes Negativzeugnis.

Dieses Gutachten muss nicht durch Sachverständige einer Regierung, sondern kann z.B. auch durch Tierärzte oder Hundeführer der Polizei erstellt werden. Dann ist jedoch eine Beteiligung des Veterinärsamts erforderlich.

Alte oder/und kranke Tiere können von der Voraussetzung des Wesenstests ausgenommen werden, wenn sie aufgrund des körperlichen Zustands keine Gefahr für Menschen oder Tiere darstellen können.

Wird ein Negativzeugnis erteilt, so ist dieser Hund rechtlich nicht mehr als Kampfhund zu behandeln (wichtig u.a. für die Vorlage bei der Anmeldung zur Hundesteuer).

Folgende Voraussetzungen müssen hierbei erfüllt sein:

- Der Halter muss bei der zuständigen Behörde ein Negativzeugnis schriftlich beantragen.
- Ist der Kampfhund älter als 18 Monate, so muss zusätzlich zum Antrag ein Sachverständigengutachten durch vereidigte private Sachverständige über den Hund vorgelegt werden.

Näheres zum Negativzeugnis/Wesenstest sehen Sie in der Vollzugsbekanntmachung zu Art. 37 LStVG – Halten gefährlicher Tiere.

## *Erlaubniserteilung*

Die Erlaubnis zur Haltung eines Kampfhundes darf nur erteilt werden, wenn

- der Antragsteller ein berechtigtes Interesse nachweist (z.B. zur Bewachung eines gefährdeten Besitztums),
- gegen seine Zuverlässigkeit keine Bedenken bestehen und
- Gefahren für Leben, Gesundheit, Eigentum oder Besitz nicht entgegenstehen (Vorlage eines Sachverständigengutachtens).

Die Erlaubnis kann vom Nachweis des Bestehens einer besonderen Haftpflichtversicherung abhängig gemacht werden.

Versagungsgründe, die sich aus anderen Vorschriften ergeben, bleiben unberührt.

Die Erlaubnis kann mit Nebenbestimmungen verbunden werden, soweit diese erforderlich sind.

Die Erlaubnispflicht gilt nicht für die Haltung von Diensthunden der Polizei, des Strafvollzugs, der Bundespolizei und der Zollverwaltung.

## *Folgen unzulässiger Kampfhundehaltung*

Eine unzulässige Kampfhundehaltung kann aufgrund der Befugnisklausel des LStVG durch Verwaltungsakt untersagt und sichergestellt werden, dies mit Mitteln des Verwaltungszwangs (unmittelbarer Zwang). Die Gemeinden als unterste Sicherheitsbehörden sind hierfür zuständig (Art. 18 LStVG). Sehen Sie weiter die Art. 6, 7 LStVG.

## *Ausnahmen*

Vom Geltungsbereich der HundGefV sind ausgenommen Diensthunde der Polizei, des Strafvollzugs, des Bundesgrenzschutzes und der Zollverwaltung, Blindenhunde, Hütehunde, Rettungshunde und Hunde im Bewachungsgewerbe (soweit deren Einsatz erforderlich ist).

## *Kommunale Verordnungen*

Die Gemeinden können auf der Grundlage von Art. 18 LStVG zur Verhütung von Gefahren für Leben, Gesundheit, Eigentum oder die öffentliche Reinlichkeit durch Verordnung das freie Umherlaufen von großen Hunden (ab 50 cm Schulterhöhe) und Kampfhunden i.S.d. Art. 37 Abs. 1 Satz 2 LStVG in öffentlichen Anlagen sowie auf öffentlichen Wegen, Straßen oder Plätzen einschränken (z.B. Leinen- der Maulkorbzwang), dies ohne Voraussetzung einer straßenrechtlichen Widmung für diese Bereiche.

Der räumliche und zeitliche Geltungsbereich der Verordnung ist dann auf die örtlichen Verhältnisse abzustimmen, wobei auch dem Bewegungsbedürfnis der Hunde ausreichend Rechnung zu tragen ist. Die Höchstlänge der Leine kann hierbei bestimmt werden. Ein allgemeiner Maulkorbzwang dürfte unzulässig sein, eventuell für bestimmte Bereiche, z.B. Parkanlagen. Für Kampfhunde ist ein gemeindeweiter Anleinzwang zulässig.

## *Einzelanordnungen*

Zur Verhütung von Gefahren für Leben, Gesundheit, Eigentum oder die öffentliche Reinlichkeit können die Gemeinden Anordnungen für den Einzelfall zur Haltung von Hunden treffen. Ein Sachverständigengutachten sollte in aller Regel eingeholt werden.

### Zucht und Ausbildung von Kampfhunden

Wer Hunde mit dem Ziel gesteigerter Aggressivität und Gefährlichkeit gegenüber Menschen oder Tieren ausbildet, bedarf der Erlaubnis der Kreisverwaltungsbehörde (Art. 37a Abs. 2 LStVG). Die Erlaubnis darf nur erteilt werden, wenn der Antragsteller die erforderliche Sachkunde besitzt, gegen seine Zuverlässigkeit keine Bedenken bestehen und die Ausbildung Schutzzwecken dient. Die Erlaubnis darf nicht erteilt werden für Kampfhunde i.S.d. Art. 37 Abs. 1 Satz 2 zweiter Halbsatz LStVG i.V.m. Art. 1 HundGefV. Die Erlaubnisvoraussetzungen des Art. 37 Abs. 3 LStVG sind zu beachten. Die örtlichen Behörden sind insoweit nicht zuständig.

Bayern hat eine Vollzugsbekanntmachung zu Art. 37a LStVG (Zucht und Ausbildung von Kampfhunden) erlassen.

### Ordnungswidrigkeiten

Wird ein Kampfhund ohne Erlaubnis gehalten oder werden Auflagen (Art. 37 Abs. 5 LStVG) nicht erfüllt, kann ein Bußgeld bis zu einer Höhe von 10.000 Euro verhängt werden. Die Bußgeldbewehrung gilt auch für die unter der zweiten Kategorie aufgeführten Hunde, für die kein gültiges Negativzeugnis vorliegt.

Mit Geldbuße kann belegt werden, wer vorsätzlich oder fahrlässig einer erlassenen (Hunde-)Verordnung oder einer erlassenen vollziehbaren Anordnung zuwiderhandelt.

Das unerlaubte Züchten, Ausbilden oder Kreuzen von Kampfhunden ist noch wesentlich höher mit Geldbuße belegt, nämlich bis zu 50.000 Euro (Art. 37a LStVG).

### Zuständigkeiten

Mangels besonderer Zuständigkeitsregelung sind grundsätzlich die untersten Sicherheitsbehörden (Gemeinden) zuständig. Hinsichtlich der Zucht und Ausbildung von Kampfhunden sind die Kreisverwaltungsbehörden zuständig.

## *B/3.4 Berlin*

### *Relevante Normen*

- Gesetz über das Halten und Führen von Hunden in Berlin (HundeG) vom 07.07.2016
- Verordnung zur Bestimmung der gefährlichen Hunde im Sinne des § 5 Absatz 1 Satz 1 des Hundegesetzes (GefHuVO) vom 22.08.2016
- Verordnung zur Durchführung des Hundegesetzes (HundeG-DVO) vom 18.09.2018

> **Hinweis**
>
> Das HundeG ist auf alle Hunde ausgerichtet.

### *Gefährliche Hunde*

Es gibt zwei Kategorien von gefährlichen Hunden:

#### *Kategorie 1*

> **Hinweis**
>
> In anderen Bundesländern Kampfhunde genannt.

Hunde, bei denen aufgrund rassespezifischer Merkmale oder Abstammung von einer über das natürliche Maß hinausgehenden Kampfbereitschaft, Angriffslust, Schärfe, einem nicht ständig kontrollierbaren Jagdtrieb oder einer anderen in ihrer Wirkung vergleichbaren Menschen oder Tiere gefährdenden Eigenschaft auszugehen ist. Als solche gelten aktuell Hunde folgender Rassen oder Gruppen von Hunden sowie deren Kreuzungen untereinander oder mit anderen Hunden: Pitbull-Terrier, American Staffordshire-Terrier, Bullterrier. Die Rasseliste kann flexibel durch Änderung der GefHuVO angepasst werden.

Hunde mit wesentlichen Merkmalen des Phänotyps einer der genannten Rassen gelten als diesen zugehörig, es sei denn, es wird auf Antrag des Halters durch Begutachtung des Hundes festgestellt, dass es sich nicht um eine solche Rasse oder Kreuzung handelt.

### *Kategorie 2*

Gefährlich sind auch (individuell) Hunde,

- die einen Menschen gebissen oder in sonstiger Weise wiederholt oder schwerwiegend gefährdet, insbesondere in gefahrdrohender Weise angesprungen haben, ohne zuvor angegriffen oder provoziert worden zu sein,
- die außerhalb der waidgerechten Jagd oder des Hütebetriebs ein anderes Tier gehetzt, gebissen oder getötet haben, ohne zuvor angegriffen worden zu sein,
- weil bei ihnen von einer aus der Abstammung, Ausbildung, Haltung oder Erziehung folgenden, über das natürliche Maß hinausgehenden Kampfbereitschaft, Angriffslust, Schärfe oder einer anderen, Menschen oder Tiere vergleichbar gefährdenden Eigenschaft auszugehen ist (als Ausbildung gilt nicht die ordnungsgemäße Ausbildung von Diensthunden der Polizei, der Bundespolizei, des Zolls und der Bundeswehr sowie die Ausbildung zum geprüften Schutzhund).

Widerspruch und Klage haben keine aufschiebende Wirkung gegen eine Feststellung der Zugehörigkeit eines Hundes zur Kategorie 2. Auf Antrag hebt die zuständige Behörde die Feststellung für die Zukunft auf, wenn der Halter nachweist, dass von dem Hund keine Gefahr im oben genannten Sinne mehr ausgeht, wobei der Antrag frühestens zwölf Monate nach Eintritt der Unanfechtbarkeit der Feststellung der Gefährlichkeit gestellt werden kann.

### *Anzeige- und Kennzeichnungspflichten/Nachweispflichten für gefährliche Hunde*

Wer einen gefährlichen Hund der Kategorie 1 hält, muss der zuständigen Behörde unverzüglich (ohne schuldhaftes Verzögern i.S.v. § 121 Abs. 1 BGB) unter Nachweis seiner Personalien einschließlich der Anschrift die Haltung anzeigen, wobei die Rasse oder Kreuzung, die Chipnummer, das Geschlecht und Geburtsdatum des Hundes sowie der Name und die Anschrift der bisherigen Halterin oder des bisherigen Halters anzugeben und die Bescheinigung des Veräußerers vorzulegen sind. Hat der Hund den dritten Lebensmonat noch nicht vollendet, ist die Chipnummer unverzüglich nach Erreichen der Altersgrenze mitzuteilen. Über die Anzeige erteilt die zuständige Behörde eine Bescheinigung.

Innerhalb von drei Wochen nach der Anzeige eines derartigen Hundes hat der Halter der zuständigen Behörde ein Führungszeugnis gemäß § 30 Abs. 5 BZRG

(Führungszeugnis zur Vorlage bei der Behörde) beizubringen sowie nach acht Wochen

- einen Nachweis seiner Sachkunde,
- das Bestehen der Haftpflichtversicherung und
- den durchgeführten Wesenstest

nachzuweisen.

Sofern der Hund zu diesem Zeitpunkt noch nicht 15 Monate alt ist, hat der Halter den Nachweis nach Listenpunkt drei innerhalb von vier Wochen nach Erreichen dieses Alters zu erbringen.

Nach Vorlage der beizubringenden Unterlagen erteilt die zuständige Behörde eine Plakette, wenn die nach diesem Gesetz erforderlichen Voraussetzungen zur Haltung eines gefährlichen Hundes vorliegen und Tatsachen die Annahme rechtfertigen, dass von der Haltung des Hundes keine Gefahr für Leben oder Gesundheit von Menschen oder Tieren ausgeht.

Die Plakette ist grün, kreisförmig und hat einen Durchmesser von vier Zentimetern. Die Plakette ist am Halsband oder Brustgeschirr des Hundes zu befestigen, wenn der Hund außerhalb eines eingefriedeten Besitztums oder bei Mehrfamilienhäusern außerhalb der Wohnung geführt wird. Bis zur Erteilung der Plakette hat der Führer des Hundes die Bescheinigung über die Anzeige mitzuführen und auf Verlangen vorzuzeigen.

Der Halter hat der zuständigen Behörde den Tod des Hundes, die Aufgabe der Haltung des Hundes und Änderungen der Personalien einschließlich der Anschrift unverzüglich schriftlich oder elektronisch mitzuteilen. Im Falle der Aufgabe der Haltung ist der Verbleib des Hundes nachzuweisen.

### *Voraussetzungen zur Haltung und zum Führen gefährlicher Hunde*

Gefährliche Hunde dürfen nur von Personen gehalten oder geführt werden, die

- das 18. Lebensjahr vollendet haben sowie
- die erforderliche Sachkunde und
- entsprechende Zuverlässigkeit besitzen.

### *Sachkunde*

Sachkundig im Sinne dieses Gesetzes ist, wer die erforderlichen Kenntnisse über die sichere und tierschutzgerechte Haltung, das Sozialverhalten, die art- und rassetypischen Eigenschaften sowie die Erziehung und Ausbildung von Hunden besitzt und mit den Rechtsvorschriften für den Umgang mit Hunden vertraut ist (theoretische Sachkunde) sowie fähig ist, seinen Hund im Alltag so zu führen, dass von diesem keine Gefahren oder erhebliche Belästigungen für Menschen, Tiere oder fremde Sachen ausgehen (praktische Sachkunde).

Als sachkundig gelten in der Regel die in § 6 Abs. 2 HundeG aufgezählten Personen.

Der Nachweis der Sachkunde kann aufgrund einer Sachkundeprüfung bei einer nach § 10 HundeG sachverständigen Person erbracht werden. Über die nachgewiesene Sachkunde erteilt die zuständige Behörde eine Sachkundebescheinigung.

Sehen Sie Näheres zum Wesenstest in Teil 2 der HundeG-DVO.

### *Zuverlässigkeit und Eignung*

Zuverlässig und geeignet ist eine Person in der Regel **nicht,** wenn

- ihr Führungszeugnis ausweist, dass gegen sie wegen einer vorsätzlich begangenen Straftat eine rechtskräftige gerichtliche Entscheidung ergangen ist, die nach § 32 Abs. 1, 2 und 3 Nr. 1 oder 3 i.V.m. § 11 Abs. 1 Satz 1 Nr. 1 BZRG in ein Führungszeugnis für Behörden aufzunehmen ist,
- sie wiederholt oder gröblich gegen Vorschriften des HundeG verstoßen hat,
- sie wiederholt oder gröblich einer unanfechtbaren Anordnung der zuständigen Behörde nach § 30 HundeG zuwidergehandelt hat,
- sie sich als Führerin oder Führer eines Hundes, der an einem Vorfall (Bissvorfälle, Hetzen oder Reißen von Wild, Gefährden von Menschen) beteiligt war, vom Ort des Geschehens entfernt hat, bevor sie zugunsten der anderen Beteiligten und der Geschädigten die Feststellung ihrer Person und der Art der Beteiligung durch ihre Anwesenheit und durch die Angabe der Beteiligung ermöglicht hat,
- sie geschäftsunfähig ist,
- sie wegen einer psychischen Krankheit oder einer geistigen oder seelischen Behinderung durch eine gerichtlich bestellte Person betreut wird und auch eine Sachkundeprüfung nach § 7 Abs. 1 HundeG nicht bestanden hat,
- sie alkoholkrank oder rauschmittelsüchtig ist oder
- sie körperlich nicht in der Lage ist, den gefährlichen Hund sicher zu führen.

## *Halten und Führen von „normalen" Hunden*

- Ein eingefriedetes Besitztum, auf dem ein Hund gehalten wird, muss gegen ein unbeabsichtigtes Entweichen des Hundes angemessen gesichert sein.
- Außerhalb eines eingefriedeten Besitztums, auf dem der Hund gehalten wird, und bei Mehrfamilienhäusern außerhalb der Wohnung müssen Hunde ein Halsband oder Brustgeschirr mit Namen und Anschrift des Halters sowie der Hundesteuermarke tragen.
- Hunde dürfen außerhalb eines eingefriedeten Besitztums, auf dem sie gehalten werden, und bei Mehrfamilienhäusern außerhalb der Wohnung nicht unbeaufsichtigt sein. Wer einen Hund außerhalb eines eingefriedeten Besitztums führt, muss die Gewähr dafür bieten, dass Menschen, Tiere oder Sachen durch den Hund nicht gefährdet werden.
- Hunde dürfen nur Personen überlassen werden, die dafür körperlich und geistig geeignet sind und die Gewähr dafür bieten, dass Menschen, Tiere oder Sachen durch den Hund nicht gefährdet werden.
- Hunde sind mit einem Chip gemäß ISO-Norm fälschungssicher zu kennzeichnen. Der zuständigen Behörde ist auf deren Verlangen die Chipnummer mitzuteilen oder der Hund zum Auslesen des Chips vorzuführen. Dabei sind die Hundehalter und hundeführenden Personen verpflichtet, das Auslesen der Chipnummer zu dulden und zu unterstützen.
- Für Hunde ist eine Haftpflichtversicherung zur Deckung der durch den Hund verursachten Personen- und Sachschäden über eine Mindestdeckungssumme von 1 Mio. Euro je Versicherungsfall abzuschließen. Die Gesamtleistungspflicht des Versicherers für alle Versicherungsfälle eines Versicherungsjahres kann auf das Doppelte der Mindestdeckungssumme begrenzt werden. Es darf keine höhere Selbstbeteiligung als 500 Euro pro Versicherungsjahr vereinbart werden.
- Auf Kinderspielplätze, gekennzeichnete Liegewiesen und in Badeanstalten (auch öffentlich gekennzeichnete) dürfen Hunde nicht mitgenommen werden.
- Hunde sind in öffentlichen Grün- und Erholungsanlagen, in Waldflächen, die nicht an den Zugangswegen durch besondere Schilder ausdrücklich als dafür freigegeben gekennzeichnet sind (Hundeauslaufgebiete), und auf Sport- und Campingplätzen sowie in Kleingartenkolonien an einer höchstens zwei Meter langen Leine zu führen. Die Leine muss so beschaffen sein, dass der Hund sicher gehalten werden kann. Darüber hinausgehende Vorschriften bleiben unberührt.
- Hunde sind außerhalb des eingefriedeten Besitztums, auf dem er gehalten wird, und bei Mehrfamilienhäusern außerhalb der Wohnung grundsätzlich an der Leine zu führen. Die Leine muss reißfest und darüber hinaus so be-

schaffen sein, dass der Hund sicher gehalten werden kann. Darüber hinausgehende Vorschriften bleiben unberührt.

- Die allgemeine Leinenpflicht gilt nicht für einen von der Halterin oder dem Halter bereits vor dem 01.01.2019 gehaltenen Hund, es sei denn, es ist ein Leinenzwang für den Hund angeordnet worden oder sonst gesetzlich veranlasst.
- Ein Hund ist von der Leinenpflicht befreit, wenn er von einer Person geführt wird, der von der zuständigen Behörde eine Sachkundebescheinigung erteilt worden ist, und für ihn kein Leinenzwang angeordnet ist. Die den Hund ohne Leine führende Person hat die Sachkundebescheinigung jederzeit mit sich zu führen und der zuständigen Behörde auf Verlangen zur Prüfung auszuhändigen. Die Befreiung der Leinenpflicht findet dabei ihre Grenzen in den Fällen des entsprechend anzuwendenden § 23 Abs. 2 HundeG, in den in § 24 Abs. 3 Satz 1 Nr. 2 bis 5 HundeG bezeichneten Bereichen und bei läufigen Hündinnen. Darüber hinausgehende Vorschriften bleiben unberührt.
- Hunde sind darüber hinaus von der Leinenpflicht befreit, soweit dies für ordnungsgemäße Sachkundeprüfungen und Wesenstests wie auch für die Ausbildung zum Assistenzhund notwendig ist.
- Hunde sind unbeschadet der vorgenannten Befreiungen stets an einer maximal einen Meter langen, reißfesten Leine zu führen in zugänglichen Bereichen von Mehrfamilienhäusern, insbesondere in Aufzügen, Treppenhäusern, Kellern und auf Hofflächen und Zuwegen, in Büro- und Geschäftshäusern, Ladengeschäften, Verwaltungsgebäuden und anderen öffentlich zugänglichen baulichen Anlagen und deren Zuwegen, bei öffentlichen Versammlungen und Aufzügen, Volksfesten und sonstigen Menschenansammlungen auf öffentlichen Straßen und Plätzen, in öffentlichen Verkehrsmitteln, auf Bahnhöfen und an Haltestellen sowie in Fußgängerzonen.
- Wer Hunde gewerbsmäßig führt, bedarf für das Führen von mehr als vier Hunden der Genehmigung durch die zuständige Behörde. Diese ist zu erteilen, wenn die Person Kenntnisse und Fähigkeiten nach § 10 Abs. 3 Satz 1 Nr. 1 und 2 HundeG vorweist und über die erforderliche Zuverlässigkeit verfügt. Entscheidet die zuständige Behörde nicht innerhalb von drei Monaten nach Antragstellung, gilt die Genehmigung als erteilt.
- Gemäß §§ 11, 13 HundeG sind sämtliche in Berlin gehaltene Hunde (also gleich, ob gefährlich oder nicht) dem zentralen Hunderegister zu melden. Diese Meldung hat der Halter unverzüglich nach Aufnahme der Haltung und auf eigene Kosten vorzunehmen. Nach erfolgter Anmeldung sind Änderungen des Namens, der Anschrift des Halters sowie der Kennzeichnung des Hundes mitzuteilen. Ebenso ist eine Aufgabe der Haltung (auch bei Versterben des Hundes) mitzuteilen.

## *Halten und Führen gefährlicher Hunde (zusätzliche Bestimmungen zu „normalen" Hunden)*

- Gefährliche Hunde dürfen nur von Personen gehalten oder geführt werden, die das 18. Lebensjahr vollendet haben und über die erforderliche Sachkunde und Zuverlässigkeit verfügen.
- Außerhalb eines eingefriedeten Besitztums, auf dem der Hund gehalten wird, und bei Mehrfamilienhäusern außerhalb der Wohnung sind gefährliche Hunde stets an einer höchstens zwei Meter langen Leine zu führen. Die Leinenpflicht gilt nicht in dafür ausgewiesenen Hundeauslaufgebieten, sofern der gefährliche Hund einen beißsicheren Maulkorb trägt. In den Fällen des § 23 Abs. 2 HundeG darf die Leine höchstens einen Meter lang sein.
- Innerhalb eines ausbruchssicheren Besitztums dürfen gefährliche Hunde nur mit Zustimmung der Inhaberin oder des Inhabers des Hausrechts ohne Leine geführt werden. Steht Dritten ein Wegerecht zu, ist sicherzustellen, dass der gefährliche Hund nicht unbeaufsichtigt oder unangeleint in den entsprechenden Bereich des Besitztums gelangen kann, es sei denn, der Dritte hat dem zugestimmt.
- Alle gefährlichen Hunde müssen ab dem siebten Lebensmonat außerhalb eines eingefriedeten Besitztums, auf dem sie gehalten werden, und bei Mehrfamilienhäusern außerhalb der Wohnung stets einen beißsicheren Maulkorb tragen. Die Behörde kann bei tierärztlicher Indikation Ausnahmen von der Maulkorbpflicht zulassen, soweit dadurch keine Gefahren für Leben und Gesundheit von Menschen und Tieren zu befürchten sind. Die Ausnahmegenehmigung erlischt bei Aufgabe der Haltung des Hundes.
- Wird ein gefährlicher Hund auf einem Grundstück gehalten, so ist dieses durch Einfriedung so zu sichern, dass der Hund das Grundstück nicht gegen den Willen des Hundehalters verlassen kann. An jedem Zugang zu dem Grundstück ist ein gut sichtbares Schild mit der Aufschrift „Vorsicht gefährlicher Hund" anzubringen.
- Auch ein gefährlicher Hund ist von der Leinenpflicht befreit, soweit dies für eine ordnungsgemäße Sachkundeprüfung oder einen ordnungsgemäßen Wesenstest unerlässlich ist und die Sicherheit von Menschen und Tieren gewährleistet ist.
- Zudem kann die zuständige Behörde auf Antrag der Halterin oder des Halters den gefährlichen Hund von der Leinenpflicht befreien, wenn im Einzelfall keine Gefahren für Leben und Gesundheit von Menschen oder Tieren oder für Sachen zu befürchten sind und die Halterin oder der Halter die Pflichten nach den §§ 18 und 19 HundeG erfüllt hat. Die Befreiung kann unter Auflagen erteilt werden. Über die Befreiung ist eine Bescheinigung zu erteilen, die von der den Hund ohne Leine führenden Person mitzuführen und der zuständigen Behörde auf Verlangen zur Prüfung auszuhändigen ist.

### *Zucht, Vermehrung, Ausbildung und Abrichten von Hunden*

Bei der Ausbildung und Aufzucht eines Hundes ist insbesondere auf die Heranbildung eines für Mensch und Tier sozialverträglichen, dem Halter jederzeit Folge leistenden Hundes hinzuwirken. Bei der Zucht und Vermehrung von Hunden ist eine größtmögliche Vielfalt genetischer Verhaltensmerkmale anstelle einer selektiven Steigerung genetischer Aggressionsmerkmale ggf. durch eine Wesensprüfung sicherzustellen.

Die Zucht von Hunden der Kategorie 1 sowie die Zucht, Ausbildung und das Abrichten von Hunden mit dem Ziel einer über das natürliche Maß hinausgehenden Kampfbereitschaft, Angriffslust, Schärfe oder einer anderen in ihrer Wirkung vergleichbaren Menschen oder Tiere gefährdenden Eigenschaft sind verboten.

Auch die Abgabe von Hunden der Kategorie 1 ist verboten. Hiervon ausgenommen ist die Abgabe an und durch Tierheime und ähnliche Einrichtungen, die über eine tierschutzrechtliche Erlaubnis zum Halten von Tieren verfügen.

### *Auflagen, Sicherstellung und Tötung*

Die zuständige Behörde kann die notwendigen Maßnahmen treffen, um eine Gefährdung von Menschen und Tieren abzuwehren. Sie kann insbesondere eine Leinenpflicht und die Sicherstellung des Hundes anordnen, die Haltung von Hunden untersagen und die Tötung des Hundes anordnen.

Sie kann ferner den Halter eines gefährlichen Hundes verpflichten, seine Sachkunde der zuständigen Behörde nachzuweisen.

Zur Bestimmung der Rasse oder Kreuzung, zur Prüfung der Sozialverträglichkeit oder zum Auslesen des Transponders kann sie die Vorführung eines Hundes anordnen.

Die zuständige Behörde kann auch zur Feststellung der Zuverlässigkeit des Halters eines Hundes die Beibringung eines Führungszeugnisses gemäß § 30 Abs. 5 BZRG (Führungszeugnis zur Vorlage bei der Behörde) verlangen.

Sehen Sie im Einzelnen § 30 HundeG.

### *Ausnahmen*

Das Gesetz gilt nicht für Diensthunde der Polizei, der Bundespolizei, des Zolls, der Bundeswehr, der Rettungsdienste und des Katastrophenschutzes sowie für geprüfte Schutzhunde im Einsatz bei Unternehmen des Bewachungsgewerbes, soweit diese im Rahmen ihrer Zweckbestimmung eingesetzt werden.

Die Vorschriften über die Halsbandpflicht, das Mitnahmeverbot und die Leinenpflicht gelten nicht für Assistenzhunde. Sehen Sie hierzu § 2 Abs. 3 HundeG.

Die Leinenpflicht gilt nicht für Jagdhunde, soweit dies im Rahmen einer waidgerechten Jagdausübung erforderlich ist.

### *Ordnungswidrigkeiten*

Ordnungswidrigkeiten gegen das Gesetz können beim Zucht-, Ausbildungs- und Abrichtungsverbot mit bis zu 50.000 Euro, ansonsten bis zu 10.000 Euro geahndet werden. Außerdem kann die Einziehung der Hunde angeordnet werden. Eine Ordnungswidrigkeit stellt insbesondere auch der Verstoß gegen die Meldung zum Hunderegister dar.

### *Zuständigkeit*

Grundsätzlich zuständig sind die Bezirksämter als Ordnungsbehörden.

## *B/3.5 Brandenburg*

### *Relevante Normen*

- Ordnungsbehördliche Verordnung über das Halten und Führen von Hunden (Hundehalterverordnung – HundehV) vom 24.06.2024
- § 25a OBG (Ordnungsbehördengesetz)

**Hinweis**

Die Verordnung enthält auch Vorschriften, die für alle Hunde gelten.

### *Gefährliche Hunde*

Als gefährliche Hunde im Sinne der HundehV gelten:

- Hunde, die durch das Ausbilden oder das Abrichten eine über das natürliche Maß hinausgehende Kampfbereitschaft, Angriffslust, Schärfe oder eine andere in ihren Wirkungen vergleichbare, mensch- oder tiergefährdende Eigenschaft besitzen,

- Hunde, die einen Menschen oder ein Tier durch Biss geschädigt haben, ohne selbst angegriffen oder dazu durch Schläge oder in ähnlicher Weise provoziert worden zu sein, oder die einen anderen Hund trotz dessen erkennbar artüblicher Unterwerfungsgestik gebissen haben,
- die durch ihr Verhalten gezeigt haben, dass sie unkontrolliert Wild oder andere Tiere hetzen oder reißen, oder
- Hunde, die, ohne selbst angegriffen oder provoziert worden zu sein, wiederholt Menschen gefährdet oder in gefahrdrohender Weise angesprungen haben.

### *Erlaubnispflicht zum Halten von gefährlichen Hunden*

Wer einen gefährlichen Hund ausbilden, abrichten oder halten will, bedarf der Erlaubnis der örtlichen Ordnungsbehörde.

### *Voraussetzungen zur Erlaubniserteilung*

- Die antragstellende Person muss das 18. Lebensjahr vollendet haben.
- Sie muss die erforderliche Sachkunde besitzen.
- Es dürfen keine Tatsachen die Annahme rechtfertigen, dass die antragstellende Person die erforderliche Zuverlässigkeit nicht besitzt.
- Es muss nachgewiesen werden, dass der Hund artgerecht gehalten wird und die erforderlichen Maßnahmen getroffen worden sind, dass von ihm keine Gefahren für Leben, Gesundheit, Eigentum oder Besitz ausgehen.
- Es muss ein berechtigtes Interesse an dem Halten eines gefährlichen Hundes nachgewiesen werden.
- Die antragstellende Person muss eine Kennzeichnung des Hundes nach § 2 Abs. 1 HundehV nachweisen.
- Die antragstellende Person muss den Nachweis des Bestehens einer Haftpflichtversicherung nach Maßgabe der gesetzlichen Vorschriften erbringen.
- Die erforderlichen Nachweise sind der zuständigen Behörde binnen drei Monaten bei maximaler Verlängerung um weitere drei Monate vorzulegen. Danach ist die Erlaubnis zu versagen. In diesem Zeitraum darf ein gefährlicher Hund ohne die erforderliche Erlaubnis gehalten werden.

### *Sachkunde*

Die erforderliche Sachkunde besitzt eine Person, die über die Kenntnisse und Fähigkeiten verfügt, einen gefährlichen Hund jederzeit so zu halten und zu führen, dass von diesem keine Gefahr für Menschen, Tiere oder Sachen ausgeht. Die erforderliche Sachkunde wird in der Regel durch eine theoretische und praktische Sachkundeprüfung mit dem eigenen Hund nachgewiesen. Als sachkundig gelten u.a. Tierärzte, Dienst- und Rettungshundeführer.

### *Zuverlässigkeit*

Die erforderliche Zuverlässigkeit im Sinne dieser Verordnung besitzen Personen **nicht,** die

- wegen Straftaten gegen das Leben oder die körperliche Unversehrtheit, wegen Vergewaltigung, sexuellen Missbrauchs, Zuhälterei, Ausbeutung von Prostituierten, Raubs, Nötigung, Landfriedensbruchs, einer gemeingefährlichen Straftat oder Widerstands gegen die Staatsgewalt,
- wegen einer im Zustand der Trunkenheit begangenen Straftat,
- wegen einer Straftat gegen das Tierschutzgesetz, das Waffengesetz, das Gesetz über die Kontrolle von Kriegswaffen, das Betäubungsmittelgesetz, das Sprengstoffgesetz oder das Bundesjagdgesetz

rechtskräftig verurteilt worden sind, wenn seit dem Eintritt der Rechtskraft der letzten Verurteilung fünf Jahre noch nicht verstrichen sind. In die Frist wird die Zeit nicht eingerechnet, in welcher der Antragsteller auf behördliche Anordnung in einer Anstalt untergebracht worden ist.

Die erforderliche Zuverlässigkeit besitzen ferner in der Regel Personen **nicht,** die

- eine Straftat nach Abs. 1 Nr. 1 bis 3 im Zustand der Schuldunfähigkeit i.S.d. § 20 des Strafgesetzbuchs begangen haben, deren Feststellung fünf Jahre noch nicht zurückliegt,
- wiederholt oder gröblich gegen Vorschriften dieser Verordnung oder die Vorschriften eines der in Abs. 1 Nr. 3 genannten Gesetze verstoßen haben,
- keinen festen Wohnsitz haben oder
- an einer schweren psychischen Krankheit oder einer geistigen oder seelischen Behinderung leiden oder alkohol-, arzneimittel- oder drogenabhängig sind.

Als Nachweis der Zuverlässigkeit ist ein Führungszeugnis nach den Vorschriften des Bundeszentralregistergesetzes vorzulegen, das im Zeitpunkt der Vorlage nicht älter als drei Monate sein darf. Sind Tatsachen bekannt, die Bedenken gegen die Zuverlässigkeit begründen, so kann die örtliche Ordnungsbehörde von dem Erlaubnispflichtigen die Vorlage eines fachärztlichen Gutachtens verlangen sowie Erkenntnisse der Strafermittlungsbehörden hinzuziehen.

### *Erlaubnis*

Die Erlaubnis kann befristet und unter dem Vorbehalt des Widerrufs erteilt sowie mit Bedingungen und Auflagen versehen werden. Auflagen können auch nachträglich aufgenommen, geändert oder ergänzt werden. Die Erlaubnis ist aufzuheben, wenn nachträglich bekannt wird, dass eine der Voraussetzungen bei Erlaubniserteilung nicht vorgelegen hat oder eine Voraussetzung nach Erteilung der Erlaubnis entfallen ist. Sie ist insbesondere zu widerrufen, wenn der Versicherungsschutz nicht mehr besteht.

### *Ausnahmen*

Die Inhaber einer Erlaubnis nach § 11 Abs. 1 Satz 1 Nr. 3 TierSchG bedürfen einer Erlaubnis nach der HundehV nicht, soweit es sich nur um die Haltung gefährlicher Hunde in einem Tierheim oder einer ähnlichen Einrichtung handelt.

### *Zuständigkeit*

Die Erlaubnis wird von der örtlichen Ordnungsbehörde im Benehmen mit dem zuständigen Veterinäramt erteilt.

### *Halten und Führen gefährlicher Hunde*

#### *Halten gefährlicher Hunde*

- Gefährliche Hunde sind so zu halten, dass sie das befriedete Besitztum nicht gegen den Willen des Hundehalters verlassen können (ausbruchsichere Einfriedung).
- An Zugängen sind deutlich sichtbare Warnschilder mit der Aufschrift „Vorsicht gefährlicher Hund" oder „Vorsicht bissiger Hund" anzubringen.

#### *Führen gefährlicher Hunde*

- Für gefährliche Hunde bestehen außerhalb des ausbruchssicher eingefriedeten Besitztums Leinenpflicht und Maulkorbzwang. Die Leine darf eine Länge von 2 m nicht überschreiten. Die Leinenpflicht entfällt nur auf Hundeauslaufgebieten, die eingezäunt sind und auf denen der Hund einen das Beißen verhindernden Maulkorb trägt. Auf privaten Grundstücken Dritter dürfen gefährliche Hunde nur mit Zustimmung sämtlicher Inhaber des Hausrechts ohne Leine und ohne Maulkorb geführt werden. Gefährliche Hunde dürfen nur von Personen ausgeführt werden, die das 18. Lebensjahr vollendet haben und die Gewähr dafür bieten, dass die Vorschriften der HundehV gewahrt werden.

- Beim Führen eines gefährlichen Hundes ist die entsprechende Erlaubnis mitzuführen und auf Verlangen den zuständigen Behörden auszuhändigen.
- Ein gefährlicher Hund darf nicht gleichzeitig mit einem oder mehreren anderen Hunden geführt werden.
- Halter gefährlicher Hunde nach der HundehV oder der entsprechenden Vorschrift eines anderen Bundeslandes, welche den entsprechenden Hund außerhalb Brandenburgs halten, sind für eine Dauer von bis zu einem Monat ununterbrochenem Aufenthalt in Brandenburg von der Kennzeichnungs- und Erlaubnispflicht der HundehV befreit.

## *Zucht, Handel, Ausbildung und Abrichten*

Die Zucht von und mit gefährlichen Hunden sowie das gewerbliche Inverkehrbringen sind verboten.

- Die Halterin oder der Halter eines gefährlichen Hundes hat sicherzustellen, dass eine Verpaarung des Hundes mit anderen Hunden nicht erfolgt.
- Über Ausnahmen entscheidet zum Zwecke der Wissenschaft und Forschung im Einzelfall das für Wissenschaft und Forschung zuständige Ministerium im Einvernehmen mit dem für Tierschutz zuständigen Ministerium oder auf Antrag aus wichtigem Grund nach pflichtgemäßem Ermessen die örtliche Ordnungsbehörde.
- Hunde dürfen nicht durch Ausbildung, Abrichten oder Halten zu gefährlichen Hunden herangebildet werden.

## *Halterpflichten bei der Übergabe/beim Erwerb gefährlicher Hunde*

Die Übergabe eines gefährlichen Hundes mit dem Ziel der Aufgabe der Hundehaltung ist nur an Personen zulässig, die über eine Erlaubnis zum Halten dieses Hundes verfügen. Soll der Hund außerhalb des Landes Brandenburg gehalten werden, darf der Hund abweichend von der Erlaubnispflicht übergeben werden.

Der ehemalige Hundehalter hat die Aufgabe der Hundehaltung sowie Namen und die Anschrift des Erwerbers unverzüglich der für ihn zuständigen Ordnungsbehörde mitzuteilen.

Der Erwerber hat der für ihn zuständigen Ordnungsbehörde den Erwerb des gefährlichen Hundes unverzüglich anzuzeigen.

## *Pflichten und Verbote für „alle" Hunde*

### *Leinenpflicht*

Hunde sind

- bei öffentlichen Versammlungen, Umzügen, Aufzügen, Volksfesten und sonstigen Veranstaltungen mit Menschenansammlungen,
- auf Sport- oder Campingplätzen,
- in umfriedeten oder anderweitig begrenzten, der Allgemeinheit zugänglichen Park-, Garten- und Grünanlagen,
- in Einkaufszentren, Fußgängerzonen, Verwaltungsgebäuden und öffentlichen Verkehrsmitteln und
- bei Mehrfamilienhäusern auf Zuwegen, in Treppenhäusern oder sonstigen von der Hausgemeinschaft gemeinsam genutzten Räumen

so an der Leine zu führen, dass Menschen, Tiere oder Sachen nicht gefährdet werden. Die Leine muss reißfest sein und ständig ein sicheres Einwirken auf den Hund ermöglichen. Darüber hinaus ist ein Hund, der als gefährlich gilt, auch außerhalb des befriedeten Besitztums ständig an einer höchstens zwei Meter langen und reißfesten Leine zu führen.

Die Leinenpflicht gilt nicht in den als Hundeauslaufgebiet gekennzeichneten Gebieten und für gefährliche Hunde nur, wenn der Hund einen das Beißen verhindernden Maulkorb trägt.

### *Maulkorbpflicht*

In Verwaltungsgebäuden und öffentlichen Verkehrsmitteln hat jeder Hund einen das Beißen verhindernden Maulkorb zu tragen.

Darüber hinaus ist einem Hund, der als gefährlich gilt, außerhalb des befriedeten Besitztums ein das Beißen verhindernder Maulkorb anzulegen.

### *Mitnahmeverbot*

Hunde dürfen nicht

- auf Kinderspielplätze,
- auf Liegewiesen, die als solche gekennzeichnet sind, und

- in Badeanstalten sowie an als solche gekennzeichnete öffentliche Badestellen

mitgenommen werden.

### *Sonstige Gebote*

Der Hundehalter hat sicherzustellen, dass sich der Hund nicht unbeaufsichtigt außerhalb des befriedeten Besitztums aufhält. Hunde dürfen nur Personen überlassen werden, welche die Gewähr dafür bieten, dass die Vorschriften dieser Verordnung eingehalten werden.

Ein befriedetes Besitztum, auf dem Hunde gehalten werden, muss gegen ein unbeabsichtigtes Entweichen des Hundes angemessen gesichert sein.

### *Gemeindliche Regelungen*

Kommunale Rechtsvorschriften hinsichtlich einer darüber hinausgehenden Leinenpflicht, eines darüber hinausgehenden Maulkorbzwangs oder eines Mitnahmeverbots bleiben unberührt.

### *Führen von Hunden*

Wer Hunde außerhalb des befriedeten Besitztums führt, muss körperlich und geistig die Gewähr dafür bieten, jederzeit den Hund so beaufsichtigen zu können, dass Menschen, Tiere oder Sachen nicht gefährdet werden.

Der Hundeführer hat den Hund ständig zu beaufsichtigen und sicher zu führen. Personen unter 18 Jahren dürfen nur einen Hund führen.

Wer einen Hund auf öffentlichen Straßen oder Anlagen führt, hat die durch das Tier verursachten Verunreinigungen unverzüglich und schadlos zu entfernen sowie ordnungsgemäß zu entsorgen.

### *Anzeige- und Kennzeichnungspflicht*

Ein Hund, der älter als acht Wochen ist, ist auf Kosten des Halters mit einem Mikrochip zu kennzeichnen. Der Halter eines Hundes hat der örtlichen Ordnungsbehörde unverzüglich das Halten des Hundes nebst Rasse, Wurfdatum, Farbe und Chipnummer anzuzeigen.

### *Ausnahmen von der Verordnung*

Die Verordnung gilt **nicht** für

- Diensthunde von Behörden, des Katastrophenschutzes und des Rettungsdienstes
- Jagd-, Herdengebrauchs- und Herdenschutzhunde, soweit diese im Rahmen ihrer jeweiligen Zweckbestimmung eingesetzt werden (mit Ausnahme der Kennzeichnungspflicht), und
- Blindenführ- und Behindertenbegleithunde mit Ausnahme der oben genannten Anzeigepflicht, wenn der örtlichen Ordnungsbehörde der Verwendungszweck des Hundes nachgewiesen wird.

### *Untersagung des Haltens und Tötung von Hunden*

Die örtliche Ordnungsbehörde hat (Mussvorschrift) das Halten eines Hundes schriftlich zu untersagen, wenn

- Tatsachen die Annahme rechtfertigen, dass Erlaubnisvoraussetzungen nicht erfüllt werden, oder
- durch das Halten eine Gefahr für Leben oder Gesundheit von Menschen oder Tieren ausgeht und nicht anders beseitigt werden kann (insbesondere bei Unzuverlässigkeit des Hundehalters).

Rechtfertigen Tatsachen die Annahme, dass der Hund auch in Zukunft eine Gefahr für Leben und Gesundheit von Menschen oder Tieren darstellt, kann die zuständige Behörde die Sicherstellung des Tieres anordnen; eine Tötung kann nur im Benehmen mit dem zuständigen Veterinäramt angeordnet werden.

## *Ordnungswidrigkeiten*

Verstöße gegen die HundehV sind regelmäßig bußgeldbewehrt. Die Höchstsätze sind § 16 Abs. 2 HundehV zu entnehmen (25.000 Euro bzw. 10.000 Euro). Außerdem kann die Einziehung des Hundes angeordnet werden.

## *Zuständigkeiten*

Grundsätzlich sind die Ämter, amtsfreien Gemeinden und kreisfreien Städte als örtliche Ordnungsbehörden zuständig für die Ausführung der Verordnung.

## *B/3.6 Bremen*

### *Relevante Norm*

Gesetz über das Halten von Hunden (HundeHG) vom 02.10.2001

**Hinweis**

Das Gesetz enthält auch Bestimmungen für alle Hunde.

### *Gefährliche Hunde*

Es gibt zwei Kategorien von gefährlichen Hunden:

#### *Kategorie 1*

Gefährlich sind Hunde,

- bei denen mit hoher Wahrscheinlichkeit davon auszugehen ist, dass sie Menschen oder Tiere beißen, sowie Hunde, die bereits Menschen oder Tiere gefährdend angesprungen oder gebissen haben,
- die außerhalb des Jagd- oder Hütebetriebs zum Hetzen oder Reißen von Wild oder Vieh neigen oder
- bei denen von einer durch Zucht, Ausbildung oder Abrichten herausgebildeten, über das natürliche Maß hinausgehenden Kampfbereitschaft, Angriffslust, Schärfe oder einer anderen in ihrer Wirkung vergleichbaren Menschen oder Tiere gefährdenden Eigenschaft auszugehen ist.

Hunde gelten nicht als gefährlich, wenn sie zur Verteidigung ihrer Aufsichtsperson oder zu ihrer eigenen Verteidigung gebissen haben.

#### *Kategorie 2*

Gefährlich sind Hunde der Rassen Pitbull-Terrier, Bullterrier, American Staffordshire Terrier, Staffordshire-Bullterrier sowie deren Kreuzungen untereinander oder mit anderen Hunden.

### *Haltungsverbot gefährlicher Hunde*

Das Halten von Hunden der Kategorie 2 ist verboten.

### *Ausnahmen*

Das Verbot gilt **nicht** für Hunde, die

- nach den Vorschriften eines anderen Landes gehalten werden dürfen, wenn der Betroffene im Land Bremen einen Wohnsitz begründet. In diesem Fall ist der Betroffene verpflichtet, den Hund unverzüglich bei der Ortspolizeibehörde registrieren zu lassen. Eine unentgeltliche Weitergabe registrierter Hunde an Dritte ist zulässig, soweit der Dritte zuverlässig im Sinne des HundeHG ist. Eine Weitergabe darf nur mit Zustimmung der Ortspolizeibehörde erfolgen; der bisherige Halter ist verpflichtet, zur Prüfung der Zuverlässigkeit der Ortspolizeibehörde den Namen und die Anschrift des künftigen Halters mitzuteilen. Der künftige Halter hat ein Führungszeugnis zur Vorlage bei der Behörde zu beantragen.
- nach den Vorschriften eines anderen Landes gehalten werden dürfen, wenn der Betroffene sich nur vorübergehend im Land Bremen aufhält. Ein vorübergehender Aufenthalt liegt insbesondere vor, wenn der Betroffene sich auf der Durchreise befindet oder sich nicht länger als einen Tag in Bremen aufhält. Die Leinen- und Maulkorbpflicht sowie die Ausführvorschriften sind trotzdem zu beachten.

Abweichend vom Verbot des Haltens gefährlicher Hunde nach der Kategorie 2 können diese Hunde auch erworben und gehalten werden, wenn es sich bei ihnen um

- Fundtiere,
- nach § 16a TierSchG fortgenommene Tiere oder
- von der Ortspolizeibehörde sichergestellte Hunde oder Hunde aus einem Tierheim

handelt, sofern die Hunde nicht zu aggressivem Verhalten neigen und der künftige Halter über die erforderliche Zuverlässigkeit verfügt.

Eine Abgabe solcher Hunde darf nur mit Zustimmung der Ortspolizeibehörde erfolgen. Die abgebende Stelle ist verpflichtet, der Ortspolizeibehörde die erforderlichen Angaben über den künftigen Halter zu machen und eine Registrierung des Tiers zu ermöglichen.

### *Zuverlässigkeit*

Die Zuverlässigkeit besitzen in der Regel Personen **nicht,** die insbesondere

- wegen vorsätzlichen Angriffs auf das Leben oder die Gesundheit, Vergewaltigung, Zuhälterei, Land- oder Hausfriedensbruch, Widerstand gegen die Staatsgewalt, einer gemeingefährlichen Straftat, einer Straftat gegen das Eigentum oder das Vermögen oder nach § 370 AO wegen Hinterziehung der Hundesteuer,
- mindestens zweimal wegen einer im Zustand der Trunkenheit begangenen Straftat oder
- wegen einer Straftat nach dem Tierschutzgesetz, dem Bundesjagdgesetz, dem Waffengesetz, dem Gesetz über die Kontrolle von Kriegswaffen oder dem Sprengstoffgesetz rechtskräftig verurteilt worden sind, wenn seit dem Eintritt der Rechtskraft der letzten Verurteilung fünf Jahre noch nicht verstrichen sind,
- wiederholt oder gröblich gegen die Vorschriften dieser hier genannten Gesetze oder
- gegen das HundeHG verstoßen haben,
- trunksüchtig oder rauschmittelsüchtig sind oder
- für die ein Betreuer bestellt ist.

Sind Tatsachen bekannt, die Bedenken gegen die Zuverlässigkeit wegen Trunksüchtigkeit oder Rauschmittelsüchtigkeit begründen, oder bei Personen, für die ein Betreuer bestellt ist, kann die Ortspolizeibehörde von dem Betroffenen die Vorlage eines amts- oder fachärztlichen Gutachtens verlangen.

Der Ortspolizeibehörde ist ein Nachweis über die Erfüllung der Hundesteuerpflicht vorzulegen.

Zulässig bleibt die Annahme und Haltung von Hunden nach der Kategorie 2 durch ein im Gebiet des Landes Bremen befindliches, nach den Regeln der Gemeinnützigkeit betriebenes Tierheim.

### *Sachkundenachweis*

Die Beibringung eines Sachkundenachweises kann (Ermessensfrage) durch die Ortspolizeibehörde angeordnet werden, wenn Grund zur Annahme besteht, dass der Halter nicht über die erforderliche Sachkunde verfügt.

Die Beibringung eines Sachkundenachweises soll (bedingtes Muss) innerhalb einer bestimmten Frist angeordnet werden bei gefährlichen Hunden, die sich als bissig erwiesen oder Menschen oder Tiere in erheblichem Maße verletzt haben (in Kategorie 1 aufgeführt). Es ist dann auch die erforderliche Zuverlässigkeit zu prüfen.

Weiter soll ein Sachkundenachweis angeordnet werden bei nachfolgenden allgemeinen verbindlichen Halterpflichten, wenn der Halter

- wiederholt gegen die Maulkorb- oder Leinenpflicht verstößt,
- entgegen einer Aufforderung der Ortspolizeibehörde einen gefährlichen Hund nicht ausbruchsicher unterbringt,
- den Eingang zum Besitztum trotz Aufforderung der Ortspolizeibehörde nicht mit einem Hinweisschild kennzeichnet oder
- wiederholt einen gefährlichen Hund in der Öffentlichkeit durch ungeeignete Personen hat führen lassen.

Der Sachkundenachweis ist durch Vorlage einer Sachkundebescheinigung einer sachverständigen Person zu führen. Die Bescheinigung wird nach bestandener Sachkundeprüfung erteilt.

Die Ortspolizeibehörde benennt dem Hundehalter anerkannte Personen oder Einrichtungen. Die Kosten für den Sachkundenachweis trägt der Halter.

### *Zuverlässigkeitsprüfung*

Für die Prüfung der Zuverlässigkeit sind die oben genannten Zuverlässigkeitsvoraussetzungen anzuwenden. Der Betroffene hat ein Führungszeugnis vorzulegen. Die Ortspolizeibehörde darf ferner Auskünfte der Behörden des Polizeivollzugsdienstes einholen, ob Tatsachen bekannt sind, die Bedenken gegen die Zuverlässigkeit begründen.

### *Auflagen*

Die Ortspolizeibehörde kann das Halten eines gefährlichen Hundes durch Auflagen beschränken, wenn Maßnahmen der Sachkundeprüfung und der Zuverlässigkeitsprüfung nicht ausreichen oder untunlich sind.

### *Beschränkung/Untersagung der Hundehaltung*

Die Ortspolizeibehörde soll ein befristetes oder unbefristetes Verbot der Haltung von Hunden anordnen, wenn nur auf diese Weise Gefahren für Leben oder Gesundheit von Menschen oder Tieren abgewehrt werden können oder wenn der Betroffene unzuverlässig zum Halten von Hunden ist.

Die Ortspolizeibehörde soll ferner das Halten eines gefährlichen Hundes untersagen, wenn durch einen schwerwiegenden Verstoß oder wiederholte Verstöße gegen die Vorschriften dieses Gesetzes das Leben oder die Gesundheit von Menschen oder Tieren gefährdet worden ist, wenn der Halter auch nach einer wiederholten Aufforderung keinen Sachkundenachweis vorlegt oder wenn er nicht die erforderliche Zuverlässigkeit besitzt.

Wird die Haltung eines gefährlichen Hundes beschränkt, soll die Ortspolizeibehörde zugleich anordnen, dass der Halter den Hund auf seine Kosten durch einen Tierarzt unfruchtbar machen zu lassen und die Bestätigung hierüber unverzüglich vorzulegen hat.

Wird die Haltung eines gefährlichen Hundes untersagt, lässt die Ortspolizeibehörde den Hund auf Kosten des Hundehalters unfruchtbar machen.

### *Halterpflichten bei gefährlichen Hunden*

- Gefährliche Hunde sind vom Halter auf seine Kosten durch einen Tierarzt mittels eines Mikrochips dauerhaft und unverwechselbar markieren zu lassen.
- Ferner ist für Hunde der Kategorie 2 eine Haftpflichtversicherung abzuschließen.
- Die Tatsache der Markierung sowie die Markierungsnummer und der Abschluss der Haftpflichtversicherung sind der Ortspolizeibehörde nachzuweisen.
- Der Halter eines Hundes der Kategorie 2 ist verpflichtet, der Ortspolizeibehörde einen Wechsel der Wohnung sowie das Abhandenkommen des Tieres unverzüglich mitzuteilen.
- Gefährliche Hunde der Kategorien 1 und 2 sind verhaltensgerecht und ausbruchsicher unterzubringen, sodass die körperliche Unversehrtheit von Menschen und Tieren nicht gefährdet wird. An jedem Eingang des befriedeten Besitztums ist die Haltung eines gefährlichen Hundes durch ein deutlich erkennbares Hinweisschild mit der Aufschrift „Vorsicht gefährlicher Hund" kenntlich zu machen.

### *Leinenpflicht*

Gefährliche Hunde sind außerhalb des befriedeten Besitztums, in Mehrfamilienhäusern außerhalb der Wohnung an der Leine zu führen. Die Voraussetzungen des § 5 HundeHG bleiben unberührt (z.B. Ausführung durch geeignete Personen, Leinenpflicht für läufige Hunde im öffentlichen Bereich, Kennzeichnungspflichten, Verwahrungsrecht von Hunden, wo die Vorschriften nicht beachtet werden).

### *Maulkorbpflicht*

Einen beißsicheren Maulkorb müssen außerhalb des befriedeten Besitztums, in Mehrfamilienhäusern außerhalb der Wohnung tragen:

- gefährliche Hunde der Kategorie 2,
- gefährliche Hunde, die gebissen haben, obwohl sie angeleint waren oder hätten angeleint sein müssen,
- gefährliche Hunde, die Menschen oder Tiere in erheblichem Maße verletzt haben.

§ 4 Abs. 4 bis 7 HundeHG bleibt unberührt (z.B. weitere Auflagen, angeordnete Unfruchtbarmachung).

### *Ausnahmen von der Maulkorbpflicht*

Die Ortspolizeibehörde kann für Hunde der Kategorie 2 Ausnahmen von der Pflicht zum Tragen eines Maulkorbs zulassen, wenn der Hund bislang nicht auffällig war und nachgewiesen wird, dass er keine gefährlichen Merkmale nach der Kategorie 1 aufweist.

Der Nachweis kann durch eine bestandene Begleithundeprüfung oder durch einen bestandenen Wesenstest geführt werden. Die Begleithundeprüfung ist unter tierärztlicher Aufsicht durchzuführen.

Die Ortspolizeibehörde stellt über die erteilte Ausnahme eine Bescheinigung aus. Die Bescheinigung der Ortspolizeibehörde ist außerhalb des befriedeten Besitztums mitzuführen und auf Verlangen vorzuzeigen und auszuhändigen.

Die Ortspolizeibehörde kann Bescheinigungen anerkennen, die in anderen Ländern dem Nachweis einer nicht bestehenden Aggressivität oder Gefährlichkeit dienen.

## *Führen von „allen" Hunden in der Öffentlichkeit*

Wer Hunde hält, hat sicherzustellen, dass sie nur von geeigneten Personen geführt werden. Ungeeignet sind insbesondere Personen, die körperlich nicht in der Lage sind, den Hund sicher zu führen, oder nicht über die dazu notwendige Erfahrung verfügen. Gefährliche Hunde dürfen nur von Personen geführt werden, die das 18. Lebensjahr vollendet haben.

Läufige Hündinnen sowie Hunde, die in öffentlichen Verkehrsmitteln, Geschäften, Einkaufszentren und bei Veranstaltungen mit Menschenansammlungen mitgeführt werden, sind an der Leine zu führen.

Außerhalb des befriedeten Besitztums müssen Hunde ein Halsband tragen, an dem der Name und die Anschrift des Halters angebracht sind.

Hunde, die ohne Aufsicht entgegen den vorherstehenden Bestimmungen angetroffen werden, können im Auftrag der Ortspolizeibehörde eingefangen und kostenpflichtig in Verwahrung genommen werden. Die §§ 25, 26 BremPolG gelten entsprechend.

Zu beachten ist daneben, dass in Bremen außerhalb des städtisch bebauten Gebiets während der Brut- und Setzzeiten eine umfassende Leinenpflicht für alle Hunde gilt.

### *Ausnahmeregelungen*

Das Gesetz findet auf Diensthunde von Behörden sowie auf Hunde des Rettungsdienstes oder Katastrophenschutzes, auf Jagd- und Herdengebrauchshunde sowie auf Blindenführhunde im Rahmen ihres bestimmungsgemäßen Einsatzes keine Anwendung.

Die Maulkorbpflicht findet keine Anwendung auf Hunde,

- die nachweislich den sechsten Lebensmonat noch nicht vollendet haben,
- die sich nachweislich in einer Ausbildung zur Vorbereitung auf eine Begleithundeprüfung befinden bis zur Vollendung des 15. Lebensmonats und
- bei denen aufgrund ihres gesundheitlichen Zustands anzunehmen ist, dass sie nicht als gefährlich auffallen werden, sofern dies durch eine tierärztliche Bescheinigung bestätigt wird.

Die Ortspolizeibehörde kann in Zweifelsfällen verlangen, dass der Hund auf Kosten des Betroffenen von einem Amtstierarzt begutachtet wird. Die Nachweise oder Bescheinigungen sind beim Führen des Hundes außerhalb des befriedeten Besitztums mitzuführen und auf Verlangen vorzuzeigen und auszuhändigen.

### *Züchtungs-, Vermehrungs- und Ausbildungsverbot*

Die in der Kategorie 2 genannten Hunde dürfen nicht gezüchtet oder sonst vermehrt werden. Der Handel mit diesen Hunden ist verboten. Sie dürfen nicht mit dem Ziel einer Steigerung ihrer Aggressivität oder Gefährlichkeit gegenüber Menschen und Tieren ausgebildet werden.

### *Allgemeine Maßnahmen der Ortspolizeibehörde*

Bei Hinweisen zu „vielleicht" gefährlichen Hunden muss die Ortspolizeibehörde diese verfolgen und beim Vorliegen entsprechender Tatsachen die zur Abwehr der Gefahr erforderlichen Maßnahmen treffen.

Zur Prüfung, ob es sich um einen gefährlichen Hund handelt, kann die Ortspolizeibehörde die Begutachtung des Hundes durch einen erfahrenen Tierarzt auf Kosten des Hundehalters anordnen.

Erhält die Ortspolizeibehörde einen Hinweis darauf, dass es sich bei einem Hund um eine Kreuzung der Kategorie 2 (Kampfhunde) handelt, so ist dies amtlich zu prüfen. Bei entsprechenden Anhaltspunkten gilt der Hund dann als Kampfhundekreuzung. Dies kann jedoch durch eine fachtierärztliche Begutachtung widerlegt werden. Bei begründeten Zweifeln an diesem Gutachten kann die Ortspolizeibehörde eine weitere Begutachtung auf Kosten des Halters anordnen.

### *Aufschiebende Wirkung bei Anordnungen*

Widerspruch und Klage gegen Maßnahmen der Ortspolizeibehörde haben keine aufschiebende Wirkung, mit Ausnahme der Anordnung zur Vorlage eines Sachkundenachweises.

### *Ordnungswidrigkeiten*

Ordnungswidrigkeiten gegen das HundeHG sind regelmäßig bußgeldbewehrt. Sehen Sie hierzu § 7 Abs. 1 HundeHG.

Eine Ordnungswidrigkeit kann im Einzelfall mit einer Geldbuße bis zu 5.000 Euro geahndet werden.

Sachlich zuständige Verwaltungsbehörden für die Verfolgung und Ahndung von Ordnungswidrigkeiten sind die Ortspolizeibehörden.

### *Strafvorschriften*

Wer widerrechtlich Hunde der Kategorie 2 züchtet oder mit ihnen Handel treibt, wird mit Freiheitsstrafe bis zu zwei Jahren oder mit Geldstrafe bestraft.

Gegenstände, auf die sich die Straftat bezieht, können eingezogen werden. § 74a StGB ist anzuwenden.

### *Zuständigkeiten*

Grundsätzlich sind in Bremen die Gemeinden als Ortspolizeibehörden für die Ausführung des Gesetzes zuständig.

## *B/3.7 Hamburg*

### *Relevante Normen*

- Hamburgisches Gesetz über das Halten und Führen von Hunden (Hundegesetz – HundeG) vom 26.01.2006
- Verordnung zur Durchführung des Hundegesetzes (Durchführungsverordnung zum Hundegesetz – HundeGDVO) vom 21.03.2006

**Hinweise**

- Das HundeG enthält auch Bestimmungen zu allen Hunden.
- Die HundeGDVO befasst sich hauptsächlich mit der Gehorsamsprüfung, dem Wesenstest und dem zentralen Register.

### *Gefährliche Hunde*

Es gibt drei Kategorien gefährlicher Hunde:

#### *Kategorie 1*

Bei den folgenden Gruppen und Rassen von Hunden sowie deren Kreuzungen untereinander oder mit anderen Hunden wird die Eigenschaft als gefährliche Hunde stets vermutet: American Staffordshire Terrier, Pitbull-Terrier, Staffordshire-Bullterrier, Bullterrier.

#### *Kategorie 2*

Gefährliche Hunde sind darüber hinaus Hunde, die ein der Situation nicht angemessenes oder ausgeprägtes Aggressionsverhalten gegen Menschen oder Tiere zeigen, insbesondere Hunde, die

- durch Zucht, Kreuzung, Haltung oder Ausbildung eine erhöhte Aggressivität entwickelt haben,
- sich gegenüber Mensch oder Tier als bissig erweisen,
- in gefahrdrohender Weise Menschen angesprungen haben oder
- gezeigt haben, dass sie unkontrolliert Wild, Vieh oder andere Tiere hetzen, beißen oder reißen.

### *Kategorie 3*

Bei den folgenden Rassen von Hunden sowie deren Kreuzungen untereinander oder mit anderen Hunden wird die Gefährlichkeit vermutet, solange der zuständigen Behörde nicht für den einzelnen Hund nachgewiesen wird, dass dieser keine gesteigerte Aggressivität und Gefährlichkeit gegenüber Menschen oder Tieren aufweist: Bullmastiff, Dogo Argentino, Dogue de Bordeaux, Fila Brasileiro, Kangal, Kaukasischer Owtscharka, Mastiff, Mastín Español, Mastino Napoletano, Rottweiler, Tosa Inu.

### *Zweifelsfälle*

In Zweifelsfällen hat der Halter nachzuweisen, dass ein Hund der genannten Kategorien keiner der in den Kategorien genannten Gruppen oder Rassen angehört und keine Kreuzung vorliegt.

## *Haltungsverbot, Erlaubnispflicht*

Das Halten gefährlicher Hunde ist grundsätzlich verboten. Wer einen gefährlichen Hund halten will, bedarf der Erlaubnis der zuständigen Behörde.

### *Erlaubnisbeantragung*

Die Erlaubnis ist vor Beginn der Haltung bei der zuständigen Behörde zu beantragen, es sei denn, es bestanden vorübergehend Hinderungsgründe. Der Halter hat dabei das berechtigte Interesse an der Haltung des gefährlichen Hundes sowie seine Zuverlässigkeit für den Umgang mit gefährlichen Hunden nachzuweisen. Die übrigen Voraussetzungen für die Erteilung der Erlaubnis sind nach Beginn der Haltung innerhalb einer von der zuständigen Behörde zu bestimmenden angemessenen Frist nachzuweisen. Während dieser Frist gilt die Haltung des gefährlichen Hundes als vorläufig erlaubt.

Die Bescheinigung über die Antragstellung bzw. die Erlaubnis sind beim Ausführen des Hundes stets im Original mitzuführen und den Bediensteten der für die

Durchführung dieses Gesetzes zuständigen Behörden auf Verlangen vorzuzeigen und zur Prüfung auszuhändigen.

### *Voraussetzungen für eine Erlaubniserteilung*

Die Erlaubnis darf nur (kein Ermessen) erteilt werden, wenn

- keine Gefahren für Leben, Gesundheit oder Eigentum Dritter bestehen,
- keine Bedenken gegen die Zuverlässigkeit des Halters bestehen und
- der Antragsteller nachweist, dass
  - ein berechtigtes Interesse an der Haltung des gefährlichen Hundes besteht,
  - der Hund sterilisiert oder kastriert ist,
  - eine Haftpflichtversicherung besteht,
  - der Hund fälschungssicher gekennzeichnet ist und
  - er mit dem Hund eine geeignete und von der zuständigen Behörde anerkannte Hundeschule besucht hat (geeignet ist eine Hundeschule, der Einrichtungen und ausgebildetes Personal für die Vermittlung der für die Haltung eines gefährlichen Hundes erforderlichen Sachkunde sowie für die Erziehung des Hundes zur Verfügung stehen).

Die Erlaubnis ist mit der Auflage zu verbinden, die zuständige Behörde schriftlich oder zur Niederschrift über den Tod oder die Abgabe des Hundes (Todes- oder Abgabetag, Name und Anschrift des neuen Halters), einen Wechsel des Haftpflichtversicherers sowie über eine Änderung der Anschrift des Halters zu unterrichten und die Haftpflichtversicherung während der gesamten Zeit der Haltung aufrechtzuerhalten.

Die Erlaubnis kann befristet werden.

### *Zuverlässigkeit*

Bezüglich der Überprüfung der Zuverlässigkeit sehen Sie die nicht abschließende Aufzählung der Unzuverlässigkeitsgründe in § 16 HundeG.

Zum Nachweis der Zuverlässigkeit hat der Halter eines gefährlichen Hundes ein Führungszeugnis zur Vorlage bei einer Behörde nach § 30 Abs. 5 BZRG zu beantragen. Sind Tatsachen bekannt, die Bedenken gegen die Zuverlässigkeit wegen einer schweren psychischen Krankheit oder einer geistigen oder seelischen Behinderung oder Alkohol-, Arzneimittel- oder Drogenabhängigkeit begründen, so kann die zuständige Behörde von der Antragstellerin oder dem Antragsteller die Vorlage eines amts- oder fachärztlichen Gutachtens verlangen.

Des Weiteren kann die zuständige Behörde zur Überprüfung der Zuverlässigkeit

- eine unbeschränkte Auskunft aus dem Zentralregister nach § 41 Abs. 1 Nr. 9 BZRG einholen,
- Anfragen an das zuständige Landeskriminalamt über Strafverfahren, strafrechtliche Ermittlungsverfahren und sonstige Erkenntnisse, die geeignet sind, Bedenken gegen die Zuverlässigkeit zu begründen, stellen und
- Auskünfte bei den für die Haltung von Hunden zuständigen Ordnungsbehörden der Wohnsitze des Antragstellers, beschränkt auf die letzten fünf Jahre, einholen.

## *Widerlegung der Gefährlichkeit*

### *Antrag auf Freistellung*

Der Halter eines gefährlichen Hundes nach der Kategorie 3 wird auf Antrag von den besonderen Vorschriften für gefährliche Hunde der §§ 14 bis 17 HundeG freigestellt, wenn der zuständigen Behörde für den einzelnen Hund nachgewiesen wird, dass dieser keine gesteigerte Aggressivität oder Gefährlichkeit gegenüber Menschen oder Tieren aufweist. Während des laufenden Freistellungsverfahrens gilt die Haltung des gefährlichen Hundes als vorläufig erlaubt.

### *Wesenstest*

Der Nachweis wird durch Vorlage eines Gutachtens über einen erfolgreich durchgeführten Wesenstest erbracht.

Durch den Wesenstest wird überprüft, ob ein Hund eine gesteigerte Aggressivität oder Gefährlichkeit gegenüber Menschen oder Tieren aufweist. Er wird nach festgelegten Standards von einer von der zuständigen Behörde anerkannten sachverständigen Person oder Einrichtung durchgeführt. Von anderen sachverständigen Personen oder Einrichtungen durchgeführte Wesenstests können anerkannt werden.

Hat der Hund bei Durchführung des Wesenstests den 15. Lebensmonat noch nicht vollendet, wird die Freistellung nur befristet erteilt. Sie wird auf Antrag unbefristet verlängert, wenn der Antragsteller durch Vorlage eines entsprechenden Gutachtens nachweist, dass der Wesenstest nach Vollendung des 15. Lebensmonats erneut erfolgreich durchgeführt worden ist. Die befristete Freistellung bis zur Vollendung des 15. Lebensmonats kann auch erteilt werden, wenn der Halter die regelmäßige erfolgreiche Teilnahme an einer Junghundeausbildung nachweist.

Die Freistellung ist auf den jeweiligen Halter beschränkt.

Wesenstests anderer Bundesländer werden in Hamburg anerkannt.

### *Führung der Bescheinigung*

Die Bescheinigung über die Antragstellung bzw. die Bescheinigung über die Freistellung von den besonderen Vorschriften für gefährliche Hunde sind beim Ausführen des Hundes stets im Original mitzuführen und den Bediensteten der für die Durchführung dieses Gesetzes zuständigen Behörden auf Verlangen vorzuzeigen und zur Prüfung auszuhändigen.

## *Halten/Führen gefährlicher Hunde*

Gefährliche Hunde sind so zu halten, zu führen und zu beaufsichtigen, dass Menschen, Tiere oder Sachen nicht gefährdet werden. Sie sind insbesondere ausbruchsicher unterzubringen. Ein Hundehalter darf einen gefährlichen Hund nur solchen Personen überlassen, die die Gewähr dafür bieten, dass sie als Aufsichtsperson geeignet, insbesondere zuverlässig im Sinne des Gesetzes sind.

Gefährliche Hunde müssen außerhalb des eigenen eingefriedeten Besitztums, in Mehrfamilienhäusern außerhalb der eigenen Wohnung

- einen Maulkorb tragen, der ein Beißen verhindert,
- an einer geeigneten, insbesondere reißfesten Leine geführt werden, die in den in § 8 Abs. 2 Nr. 3 HundeG genannten Bereichen (z.B. Einkaufszentren, Fußgängerzonen, Bereichen mit höherem Besucherverkehr, Versammlungen) nicht länger als zwei Meter sein darf, und
- ein geeignetes Halsband oder Brustgeschirr tragen.

Im eingefriedeten Besitztum Dritter dürfen gefährliche Hunde nur mit Zustimmung der Inhaberin oder des Inhabers des Hausrechts ohne Maulkorb und Leine geführt werden.

Gefährliche Hunde dürfen nur von Personen geführt werden, die körperlich und geistig in der Lage sind, den Hund sicher an der Leine zu halten. Mehrere gefährliche Hunde dürfen nicht von einer Person gleichzeitig geführt werden.

Regelungen über das Verbot der Mitnahme von Hunden in anderen Rechtsvorschriften bleiben unberührt (z.B. durch örtliche Verordnung in Erholungsanlagen, nach dem Landeswaldgesetz, dem Naturschutzgesetz, der Bestattungsverordnung oder dem Gesetz zur Aufrechterhaltung der öffentlichen Sicherheit und Ordnung auf Märkten und Volksfesten).

Wer einen gefährlichen Hund hält, hat dies an jedem Zugang des eingefriedeten Besitztums oder seiner Wohnung durch ein geeignetes Warnschild deutlich kenntlich zu machen, das eindeutig auf die Haltung eines gefährlichen Hundes hinweist.

### *Zucht-/Ausbildungsverbot für alle Hunde*

Hunde dürfen nicht mit dem Ziel einer gesteigerten Aggressivität und Gefährlichkeit gegenüber Menschen oder Tieren gezüchtet oder ausgebildet werden.

Mit gefährlichen Hunden aller Kategorien darf nicht gezüchtet werden. Sie dürfen nicht mit dem Ziel einer weiteren Steigerung ihrer Aggressivität und Gefährlichkeit ausgebildet werden.

Der Halter eines gefährlichen Hundes hat sicherzustellen, dass eine Verpaarung des Hundes mit anderen Hunden nicht erfolgt.

Der gewerbsmäßige Handel mit gefährlichen Hunden ist verboten.

### *Besondere Vorschriften für Welpen und Junghunde*

Gefährliche Hunde im Sinne der Kategorie 1, die nachweislich den neunten Lebensmonat noch nicht vollendet haben, unterliegen nicht der Maulkorbpflicht.

Gefährliche Hunde im Sinne der Kategorie 3, die nachweislich den neunten Lebensmonat noch nicht vollendet haben, unterliegen nicht der Erlaubnispflicht und der Maulkorbpflicht. Deren Haltung ist der zuständigen Behörde anzuzeigen und innerhalb einer von der zuständigen Behörde zu bestimmenden angemessenen Frist ist das Bestehen einer Haftpflichtversicherung sowie die fälschungssichere Kennzeichnung des Hundes nachzuweisen.

## *Fälschungssichere Kennzeichnung*

Fälschungssichere Kennzeichnung im Sinne dieses Gesetzes ist die Kennzeichnung eines Hundes mit einem elektronisch lesbaren Transponder (Mikrochip) gemäß ISO-Norm. Der Transponder darf neben einer einmalig vergebenen, unveränderlichen Kennnummer keine weiteren Angaben enthalten. Die Kennnummer darf weder Daten über die Person des Hundehalters noch Hinweise auf solche Daten enthalten.

Der Transponder darf nur verwendet werden, soweit dies durch dieses Gesetz oder andere Rechtsvorschriften zur Überwachung des Umgangs mit Hunden oder für den Reiseverkehr mit Hunden ausdrücklich vorgeschrieben ist. Ist eine Kennzeichnung aus zwingenden medizinischen Gründen nicht möglich, kann die zuständige Behörde auf Antrag im Einzelfall eine anderweitige fälschungssichere Kennzeichnung gestatten.

## *Ausnahmen*

Dieses Gesetz gilt **nicht** für

- Diensthunde der Bundes- und Landesbehörden, Hunde des Rettungsdienstes und des Katastrophenschutzes sowie Herdengebrauchshunde, soweit diese im Rahmen ihrer jeweiligen Zweckbestimmung eingesetzt werden,
- Jagdhunde im Rahmen der Jagdausübung und -ausbildung sowie
- Blindenführhunde und Behindertenbegleithunde im Einsatz.

Darüber hinaus gelten teilweise die Anleinpflichten nicht, wenn Diensthunde der Bundes- oder Landesbehörden vom zuständigen Diensthundeführer zum Zwecke der Gehorsamsausbildung oder Gehorsamsschulung geführt werden.

Für die Haltung von Hunden, die nicht länger als zwei Monate in Hamburg gehalten werden, gelten die fälschungssicheren Kennzeichnungspflichten, die Haftpflichtversicherungspflicht, die Anzeige- und Mitteilungspflichten und das Halteverbot gefährlicher Hunde ohne Erlaubnis nicht. Der Halter hat der zuständigen Behörde auf Verlangen nachzuweisen, dass die Haltung nicht länger als zwei Monate andauert oder andauern wird.

## *Allgemeine Anordnungsbefugnisse*

### *Kontrolle*

Die zuständigen Behörden sind befugt, zum Zwecke der Kontrolle der Einhaltung der Vorschriften dieses Gesetzes sowie anderer Rechtsvorschriften über das Halten und Führen von Hunden die fälschungssichere Kennzeichnung des Hundes zu überprüfen und dabei insbesondere den Transponder mittels eines Lesegeräts abzulesen. Die anwesende Aufsichtsperson ist verpflichtet, bei der Überprüfung der fälschungssicheren Kennzeichnung, insbesondere beim Ablesen des Transponders, mitzuwirken.

### *Untersagung*

Die zuständige Behörde untersagt (Mussvorschrift) das Halten eines gefährlichen Hundes, wenn die erforderliche Erlaubnis nicht vorliegt oder der Halter gegen die Vorschriften über das Halten und Führen gefährlicher Hunde verstößt. In besonders begründeten Einzelfällen kann die Behörde bei einmaligen und geringfügigen Verstößen von der Untersagung der Haltung absehen.

Die zuständige Behörde kann weiter das Halten oder Führen von Hunden unter den Voraussetzungen in § 23 Abs. 3, 4 HundeG untersagen.

Weiter kann die zuständige Behörde Personen bei wiederholten oder groben Verstößen gegen die Vorschriften dieses Gesetzes generell die Haltung oder das Führen von Hunden untersagen. Das Gleiche gilt bei wiederholten oder groben Verstößen gegen Anleinpflichten oder Mitnahmeverbote.

### *Verhaltensbeschränkungen*

Die zuständige Behörde kann das Halten eines Hundes insbesondere durch Anordnung eines Leinen- oder Maulkorbzwangs, einer ausbruchssicheren Haltung oder des Besuchs einer Hundeschule beschränken, wenn der Hund ein Verhalten aufweist, durch das Menschen oder Tiere gefährdet oder erheblich belästigt werden.

Die zuständige Behörde kann die Befreiung von der Anleinpflicht widerrufen, wenn gegen Aufsichtspflichten, die Leinenpflicht nach § 8 Abs. 2 HundeG oder das Fernhalteverbot der Bereiche nach § 9 Abs. 3 Satz 3 HundeG oder gegen Anleinpflichten und Mitnahmeverbote, die sich aus weitergehenden Regelungen der Anleinpflicht ergeben, verstoßen wird.

### *Anordnung zur Bestimmung der Rassezugehörigkeit, Prüfung der Gefährlichkeit, Durchführung eines Wesenstests*

Soweit es zur Durchführung des Gesetzes erforderlich ist, kann die zuständige Behörde anordnen, dass der Hundehalter den Hund bei einer von der zuständigen Behörde zu bestimmenden Stelle zur Rassebestimmung oder zur Prüfung der Gefährlichkeit vorzuführen oder auf eigene Kosten einen Wesenstest durchführen zu lassen hat.

### *Sicherstellung eines Hundes*

Die zuständige Behörde kann einen Hund sicherstellen, wenn die nach diesem Gesetz bestehenden Verbote oder Gebote nicht eingehalten werden oder den Anordnungen oder Auflagen der zuständigen Behörde nicht nachgekommen wird. § 14 Abs. 2 bis 6 SOG gilt entsprechend.

Die Kosten der Sicherstellung und Verwahrung fallen dabei dem Halter des sichergestellten Hundes und der Person zur Last, die durch die Nichteinhaltung der nach diesem Gesetz bestehenden Verbote oder Gebote oder die Nichtbefolgung der Anordnungen oder Auflagen der zuständigen Behörde Anlass zur Sicherstellung gegeben hat.

Mehrere Verantwortliche, insbesondere auch mehrere Halter, haften als Gesamtschuldner.

### *Einziehung eines Hundes*

Die zuständige Behörde kann im Zusammenhang mit der Untersagung der Haltung eines Hundes dessen Einziehung anordnen.

Sämtliche Kosten der Einziehung einschließlich der durch die Einziehung erforderlich werdenden Unterbringung und Vermittlung des Hundes an einen neuen Halter fallen dem Halter des eingezogenen Hundes und der Person zur Last, die durch ihr Verhalten Anlass zur Anordnung der Einziehung gegeben hat.

Mehrere Verantwortliche, insbesondere auch mehrere Halter, haften als Gesamtschuldner.

### *Tötung eines Hundes*

Die zuständige Behörde kann die Tötung eines Hundes anordnen, wenn Tatsachen die Annahme rechtfertigen, dass der Hund auch in Zukunft eine Gefahr für Leben und Gesundheit von Menschen oder Tieren darstellt.

Die Kosten der Tötung fallen bei sichergestellten und eingezogenen Hunden den verantwortlichen Personen zur Last.

Mehrere Verantwortliche, insbesondere auch mehrere Halter, haften als Gesamtschuldner.

### *Anwendung des Gesetzes zum Schutz der öffentlichen Sicherheit und Ordnung*

Im Übrigen kann die zuständige Behörde unbeschadet der Vorschriften dieses Gesetzes nach Maßgabe des Sicherheits- und Ordnungsgesetzes (insbesondere aufgrund der General-/Befugnisklausel) die im Einzelfall notwendigen Maßnahmen treffen, um eine von einem Hund ausgehende Gefahr für die öffentliche Sicherheit oder Ordnung abzuwehren.

### *Versagung der aufschiebenden Wirkung*

Widerspruch und Klage gegen Anordnungen nach § 23 Abs. 1 bis 9 HundeG haben keine aufschiebende Wirkung.

## *Zentrales Register*

Nach § 24 HundeG ist in Hamburg ein zentrales Register zur Erfassung aller in der Freien und Hansestadt Hamburg gehaltenen Hunde errichtet, in dem detailliert Daten erfasst werden (z.B. Halterdaten, Hundedaten, Bestehen einer Haftpflichtversicherung, Gefährlichkeit eines Hundes, Erlaubniserteilungen, Bissvorfälle, Untersagungsverfahren, Anordnungen, Verstöße gegen das Gesetz).

## *Vorschriften für „alle" Hunde, die nicht gefährlich im Sinne dieses Gesetzes sind*

### *Aufsichtspflichten*

Hunde sind so zu halten, zu führen und zu beaufsichtigen, dass Menschen, Tiere oder Sachen nicht gefährdet werden. Ein Hundehalter darf einen Hund nur solchen Personen überlassen, welche die Gewähr dafür bieten, dass sie als Aufsichtspersonen geeignet sind.

### *Anleinpflichten*

Hunde sind außerhalb des eigenen eingefriedeten Besitztums, in Mehrfamilienhäusern außerhalb der eigenen Wohnung, an einer geeigneten, insbesondere reißfesten Leine zu führen. Im eingefriedeten Besitztum Dritter dürfen Hunde nur mit Zustimmung des Inhabers des Hausrechts ohne Leine geführt werden. Die Aufsichtsperson muss körperlich und geistig in der Lage sein, den Hund sicher an der Leine zu halten. Die Anleinpflicht gilt nicht während der Durchführung der **Gehorsamsprüfung.**

Gehorsamsprüfung ist eine Prüfung, die nach festgelegten Prüfungsstandards von einer bestimmten Person mit einem bestimmten Hund bei von der zuständigen Behörde anerkannten sachverständigen Personen oder Einrichtungen abgelegt wird. In der Prüfung hat die Person nachzuweisen, dass sie den Hund im Alltag unter Kontrolle hat und so halten und führen kann, dass von ihm voraussichtlich keine Gefahren oder erheblichen Belästigungen für Menschen, Tiere oder Sachen ausgehen.

Über die erfolgreich abgeschlossene Gehorsamsprüfung wird eine Bescheinigung erteilt. Sie gilt nur jeweils für einen bestimmten Hund und die Person, die mit diesem Hund die Gehorsamsprüfung abgelegt hat.

### *Leinenpflicht*

An einer höchstens zwei Meter langen geeigneten, insbesondere reißfesten Leine zu führen sind:

- Hunde, die bereits mehrfach Menschen oder Tiere verfolgt, anhaltend angebellt oder sie sonst erheblich belästigt haben,
- läufige Hündinnen,
- Hunde, die in Einkaufszentren, Fußgängerzonen, Haupteinkaufsbereichen oder anderen Bereichen, Straßen und Plätzen mit vergleichbarem Publikumsverkehr oder bei öffentlichen Versammlungen, Aufzügen und Veranstaltungen mit großen Menschenansammlungen mitgeführt werden,
- Hunde, die in unmittelbarer Nähe von Schulen, Spielplätzen oder Kinder- und Jugendeinrichtungen mitgeführt werden.

Die Aufsichtsperson muss körperlich und geistig in der Lage sein, den Hund sicher an der Leine zu führen.

Die Anleinpflicht gilt nicht auf den von der zuständigen Behörde als Hundeauslaufzonen besonders gekennzeichneten Flächen. Die zuständigen Behörden sollen Hundeauslaufzonen in ausreichender Anzahl und für die Hundehalter möglichst wohnortnah erreichbar ausweisen. Ein Rechtsanspruch auf die Ausweisung einzelner Flächen als Hundeauslaufzone besteht nicht.

Weitergehende Regelungen über Anleinpflichten, die sich aus diesem Gesetz und anderen Rechtsvorschriften (z.B. Waldgesetz, Naturschutzgesetz, Verordnung zum Schutz öffentlicher Grün- und Erholungsanlagen) ergeben, bleiben unberührt.

***Befreiung von der Anleinpflicht***

Wer durch Vorlage einer **Bescheinigung über die Gehorsamsprüfung** nachweist, dass er einen bestimmten Hund im Alltag unter Kontrolle hat und so halten und führen kann, dass von diesem voraussichtlich keine Gefahren oder erheblichen Belästigungen für Menschen, Tiere oder Sachen ausgehen, wird auf Antrag von der zuständigen Behörde von der Anleinpflicht befreit.

Die zuständige Behörde erkennt gleichwertige Bescheinigungen der zuständigen Stellen anderer Länder oder anderer sachverständiger Personen oder Einrichtungen als Bescheinigung über die Gehorsamsprüfung an.

Darüber hinaus kann im Einzelfall auf Antrag die Befreiung von der Anleinpflicht erfolgen, wenn die Ablegung der Gehorsamsprüfung insbesondere aufgrund des Alters bzw. der Gesundheit des Hundes eine unzumutbare Härte darstellen würde, der Hund **offensichtlich ungefährlich** ist und der Hundehalter bislang nicht gegen die für das Führen oder die Haltung des Hundes geltenden Rechtsvorschriften verstoßen hat.

Die Befreiung von der Anleinpflicht gilt nur für einen bestimmten Hund und die Person, die für diesen Hund den Nachweis geführt hat, und wenn der Antragsteller seinen Anzeige- und Mitteilungspflichten nachgekommen ist.

Die Befreiung gilt unter bestimmten Bedingungen auch auf Wegen, Pfaden und Rasenflächen in öffentlichen Grün- und Erholungsanlagen, soweit die zuständige Behörde dies erlaubt und die betreffenden Flächen in geeigneter Weise kenntlich gemacht hat.

Für Hunde, für die ein Maulkorb- oder Leinenzwang angeordnet worden ist, darf die Befreiung erst erteilt werden, wenn der Maulkorb oder Leinenzwang zuvor von der zuständigen Behörde aufgehoben worden ist. Die Bescheinigung über die Befreiung von der Anleinpflicht ist der zuständigen Behörde unverzüglich zu übergeben.

Die Befreiung von der Anleinpflicht erlischt mit der Anordnung eines Leinenzwangs nach § 23 Abs. 6 HundeG. Die Bescheinigung über die Befreiung von der Anleinpflicht ist der zuständigen Behörde unverzüglich zu übergeben.

Die Bescheinigung über die Befreiung von der Anleinpflicht und ein Personenidentitätsnachweis sind beim Ausführen des Hundes **stets im Original mitzuführen** und den Bediensteten der für die Durchführung dieses Gesetzes zuständigen Behörden auf Verlangen vorzuzeigen und zur Prüfung auszuhändigen.

Für **Tierheime** und Personen, die **gewerbsmäßig** Hunde betreuen, können Ausnahmen zugelassen werden.

### *Mitnahmeverbote*

Regelungen über das Verbot der Mitnahme von Hunden, die sich aus anderen Rechtsvorschriften ergeben, bleiben unberührt (z.B. bei einer örtlichen Verordnung in Erholungsanlagen, dem Landeswaldgesetz, der Bestattungsverordnung, dem Naturschutzgesetz oder dem Gesetz zur Aufrechterhaltung der öffentlichen Sicherheit und Ordnung auf Märkten und Volksfesten).

### *Kennzeichnungspflichten*

Jeder Halter eines Hundes ist verpflichtet, seinen Hund fälschungssicher nach § 6 HundeG kennzeichnen zu lassen. Dies gilt nicht für Hunde, die nachweislich den dritten Lebensmonat noch nicht vollendet haben. Aus zwingenden medizinischen Gründen kann die zuständige Behörde auf Antrag im Einzelfall eine anderweitige fälschungssichere Kennzeichnung gestatten.

Außerhalb des eigenen eingefriedeten Besitztums, in Mehrfamilienhäusern außerhalb der eigenen Wohnung, müssen alle Hunde ein geeignetes Halsband oder Brustgeschirr tragen.

### *Haftpflichtversicherung*

Der Halter eines Hundes ist verpflichtet, eine Haftpflichtversicherung ohne Selbstbeteiligung oder mit einer Selbstbeteiligung von höchstens 500 Euro zur Deckung der durch den Hund verursachten Schäden mit einer Mindestversicherungssumme in Höhe von 1 Mio. Euro für Personen- und sonstige Schäden abzuschließen und aufrechtzuerhalten. Die Haftpflichtversicherung muss mindestens die Haftung des Tierhalters nach § 833 BGB umfassen.

Für in Tierheimen gehaltene Hunde können Ausnahmen zugelassen werden.

### *Anzeige- und Mitteilungspflichten*

Der Halter ist verpflichtet, der zuständigen Behörde innerhalb von zwei Wochen nach Aufnahme der Hundehaltung Angaben und Unterlagen nach § 13 Abs. 1 HundeG zu übermitteln (z.B. Hundedaten, Bescheinigung über Haftpflichtversicherung). Bei Welpen gilt dies ab Vollendung des dritten Lebensmonats.

Diese Anmeldung beinhaltet die Anmeldung nach dem Hundesteuergesetz.

Des Weiteren ist die zuständige Behörde über den Tod oder die Abgabe des Hundes unter Angabe des Todes- oder Abgabetags, über eine Änderung der Anschrift des Halters sowie über einen Wechsel des Haftpflichtversicherers zu unterrichten.

Bei der Abgabe eines Hundes, der von den besonderen Vorschriften für gefährliche Hunde freigestellt ist, sind darüber hinaus der zuständigen Behörde Name und Anschrift des neuen Halters mitzuteilen.

Auf Verlangen ist der zuständigen Behörde das Fortbestehen der Haftpflichtversicherung nachzuweisen.

Für in Tierheimen gehaltene Hunde können Ausnahmen zugelassen werden.

### *Kotbeseitigungspflicht*

Wer einen Hund außerhalb des eigenen eingefriedeten Besitztums, in Mehrfamilienhäusern außerhalb der eigenen Wohnung führt, ist verpflichtet, den Kot des Hundes aufzunehmen und ordnungsgemäß zu entsorgen, soweit dies im Einzelfall möglich und angemessen ist.

### *Ordnungswidrigkeiten*

In § 27 HundeG sind die einzelnen Bußgeldvorschriften aufgelistet. Eine Ordnungswidrigkeit kann mit einer Geldbuße bis zu 50.000 Euro geahndet werden. Weiter können im Einzelfall Hunde eingezogen werden.

### *Strafvorschriften*

§ 27a HundeG enthält für gravierende Verstöße auch Strafvorschriften (z.B. beim Hetzen eines Hundes auf Mensch oder Tier, Zucht- oder Ausbildungsverbot oder dem Handlungsverbot mit gefährlichen Hunden). Ein Hund, auf den sich die Straftat bezieht, kann eingezogen werden. § 74a StGB ist anzuwenden.

### *Zuständigkeit*

Zuständig in Hamburg sind grundsätzlich die Bezirksämter.

## *B/3.8 Hessen*

### *Relevante Normen*

- Gefahrenabwehrverordnung über das Halten und Führen von Hunden (HundeVO) vom 22.01.2003
- Hinweise für die Durchführung der Hundeverordnung vom 05.11.2014 (VVHundeVO)

> **Hinweis**
>
> Die Verordnung enthält auch Vorschriften für alle Hunde.

### *Gefährliche Hunde*

In Hessen gibt es zwei Kategorien gefährlicher Hunde:

#### *Kategorie 1*

Gefährlich sind Hunde, die durch Zucht, Haltung, Ausbildung oder Abrichtung eine über das natürliche Maß hinausgehende Kampfbereitschaft, Angriffslust, Schärfe oder eine andere in ihren Wirkungen vergleichbare mensch- oder tiergefährdende Eigenschaft besitzen. Für folgende Rassen und Gruppen von Hunden sowie deren Kreuzungen untereinander oder mit anderen Hunden wird eine Gefährlichkeit vermutet: Pitbull-Terrier oder American Pit Bull Terrier, American Staffordshire Terrier oder Staffordshire-Terrier, Staffordshire-Bullterrier, Bullterrier, American Bulldog, Dogo Argentino, Kangal (Karabash), Kaukasischer Owtscharka, Rottweiler.

Ob die Voraussetzungen auch bei einem Hund einer hier nicht aufgeführten Rasse vorliegen, wird in aller Regel nur durch Einholung eines Sachverständigengutachtens nachzuweisen sein.

### *Kategorie 2*

Gefährlich sind auch (individuell) Hunde, die

- einen Menschen gebissen oder in gefahrdrohender Weise angesprungen haben, sofern dies nicht aus begründetem Anlass geschah,
- ein anderes Tier durch Biss geschädigt haben, ohne selbst angegriffen worden zu sein, oder die einen anderen Hund trotz dessen erkennbarer artüblicher Unterwerfungsgestik gebissen haben,
- durch ihr Verhalten gezeigt haben, dass sie unkontrolliert andere Tiere hetzen oder reißen, oder
- aufgrund ihres Verhaltens die Annahme rechtfertigen, dass sie Menschen oder Tiere ohne begründeten Anlass beißen.

## *Erlaubnispflicht*

Das Halten gefährlicher Hunde bedarf der Erlaubnis der zuständigen Behörde.

Die Erlaubnis zum Halten eines gefährlichen Hundes darf (kein Ermessen) nur erteilt werden, wenn der Halter

- das 18. Lebensjahr vollendet hat,
- zuverlässig ist,
- sachkundig ist und
  Folgendes nachweist:
  - eine positive Wesensprüfung für den Hund,
  - dass der Hund artgerecht gehalten wird und die erforderlichen Maßnahmen getroffen worden sind, damit von ihm keine Gefahren für Leben, Gesundheit, Eigentum oder Besitz ausgehen,
  - dass der Hund mit einem Chip gekennzeichnet ist,

- dass für den Hund nach Maßgabe einer gesetzlichen Regelung eine Haftpflichtversicherung abgeschlossen worden ist,
- dass die bereits fällig gewordene Hundesteuer entrichtet worden ist.

Die Erlaubnis ist bei gefährlichen Hunden auf höchstens vier Jahre (teilweise widerruflich) zu befristen. Bei Erteilung mehrerer befristeter Erlaubnisse ohne Unterbrechung über einen Zeitraum von mehr als sieben Jahren oder wenn ein Hund älter als zehn Jahre ist, kann eine unbefristete Erlaubnis erteilt werden.

### *Vorläufige Erlaubnis*

Erlangt die Behörde Kenntnis über einen gefährlichen Hund, erteilt sie auf Antrag eine vorläufige befristete und widerrufliche Erlaubnis zum Halten des Hundes, sofern die gesetzlichen Voraussetzungen (§ 3 Abs. 1 Nr. 1, 5, 7, 8 HundeVO) und die Zuverlässigkeit des Halters gegeben sind.

### *Zuverlässigkeit*

Die erforderliche Zuverlässigkeit besitzt in der Regel nicht, wer

- wegen vorsätzlichen Angriffs auf Leben oder Gesundheit, Vergewaltigung, Zuhälterei, Land- oder Hausfriedensbruch, Widerstand gegen die Staatsgewalt, einer gemeingefährlichen Straftat oder einer Straftat gegen das Eigentum oder Vermögen,
- mindestens zweimal wegen einer im Zustand der Trunkenheit begangenen Straftat oder
- wegen einer Straftat gegen das Tierschutzgesetz, das Waffengesetz, das Gesetz über die Kontrolle von Kriegswaffen, das Sprengstoffgesetz, das Bundesjagdgesetz oder das Betäubungsmittelgesetz rechtskräftig verurteilt worden ist und wenn seit dem Eintritt der Rechtskraft der letzten Verurteilung fünf Jahre noch nicht vergangen sind,
- wiederholt oder gröblich gegen Vorschriften des Tierschutzgesetzes, des Waffengesetzes, des Gesetzes über die Kontrolle von Kriegswaffen, des Sprengstoffgesetzes, des Bundesjagdgesetzes, des Betäubungsmittelgesetzes oder gegen die Vorschriften dieser Verordnung verstoßen hat oder
- alkoholsüchtig, rauschmittelsüchtig, geisteskrank oder geistesschwach ist.

Zum Nachweis der Zuverlässigkeit ist ein Führungszeugnis nach dem Bundeszentralregistergesetz vorzulegen. Sind Tatsachen bekannt, die Bedenken gegen die Zuverlässigkeit im Sinne des Gesetzes begründen, so kann die zuständige Behörde vom Halter ein amts- oder fachärztliches Gutachten verlangen.

### *Sachkunde*

Sachkundig ist eine Person, die über die Kenntnisse und Fähigkeiten verfügt, einen gefährlichen Hund so zu halten und zu führen, dass von diesem keine Gefahr für Leben oder Gesundheit von Menschen oder Tieren ausgeht. Zum Nachweis dieser Sachkunde ist der zuständigen Behörde bei der erstmaligen Erlaubnis die Bescheinigung einer zugelassenen Person oder Stelle vorzulegen.

Die Bescheinigung gilt jeweils nur für den bestimmten gefährlichen Hund, für den die Sachkunde erfolgt ist.

### *Wesensprüfung*

Die Wesensprüfung ist Voraussetzung zur Haltung eines gefährlichen Hundes.

Die sachverständige Person oder Stelle stellt eine Bescheinigung über eine positive Wesensprüfung zur Vorlage bei der Erlaubnisbehörde aus oder teilt der zuständigen Behörde mit, dass eine positive Wesensprüfung nicht bescheinigt worden ist.

Auf eine Wesensprüfung kann insbesondere wegen Alter, Gebrechlichkeit oder Krankheit des Hundes aus tiermedizinischen Gründen verzichtet werden.

### *Kennzeichnung*

Gefährliche Hunde sind durch einen elektronisch lesbaren Chip dauerhaft und unverwechselbar so zu kennzeichnen, dass ihre Identität und Gefährlichkeit festgestellt werden kann. Die Kennzeichnung hat durch einen praktizierenden Tierarzt zu erfolgen. Der Halter des gefährlichen Hundes hat der örtlichen Ordnungsbehörde die Kennzeichnung des gefährlichen Hundes durch eine Bescheinigung des Tierarztes, der die Kennzeichnung vorgenommen hat, nachzuweisen. Auf dem Chip wird lediglich eine Codenummer gespeichert; diese ist auf der Bescheinigung anzugeben.

### *Auflagen*

Die zuständige Behörde kann – trotz positiver Wesensprüfung – für jeden Hund das Tragen einer Vorrichtung, die das Beißen zuverlässig verhindert (Maulkorb), anordnen, wenn Tatsachen die Annahme rechtfertigen, dass der Hund eine über das natürliche Maß hinausgehende Aggressivität und Gefährlichkeit gegenüber Menschen oder Tieren aufweist. Ein Leinenzwang kann zusätzlich neben einem

Maulkorb oder anstatt eines solchen als milderes Mittel angeordnet werden. Durch die Möglichkeit dieser Auflagen können Sicherstellungen vermieden werden.

## *Ausnahmen*

Diese Verordnung findet auf Diensthunde von Behörden keine Anwendung. Dies gilt auch für Blindenführ- und Behindertenbegleithunde, Hunde der Rettungsdienste und des Katastrophenschutzes sowie Jagd- und Herdengebrauchshunde im Rahmen ihres bestimmungsgemäßen Einsatzes oder ihrer Ausbildung.

Die Erlaubnispflicht gilt nicht für Hunde in Tierheimen in gemeinnütziger oder öffentlicher Trägerschaft.

Für Inhaber eines im Inland erworbenen und gültigen Jagdscheins gilt die Zuverlässigkeit als nachgewiesen.

Der Nachweis der Sachkunde muss erst erbracht und die Wesensprüfung erst vorgenommen werden, wenn der Hund 15 Monate alt ist, soweit er nicht vorher auffällig geworden ist oder einer Aggressionszucht entstammt. Bis dahin kann jeweils eine vorläufige Erlaubnis erteilt werden, wenn die übrigen Voraussetzungen erfüllt sind.

Die in einem anderen Land erworbene Sachkundebescheinigung kann von der zuständigen Behörde anerkannt werden, wenn sie den in Hessen gestellten Anforderungen entspricht. Bei einem nicht länger als vier Wochen dauernden Aufenthalt des Hundes mit einer Begleitperson in Hessen ist der Sachkundenachweis entbehrlich, wenn der Hund mit einer Vorrichtung geführt wird, die das Beißen zuverlässig verhindert. Tierärzte sind in ihrer Eigenschaft als Halter eines eigenen Hundes sachkundig.

Auf die im Rahmen der Sachkundeprüfungen geforderten Gehorsamsleistungen des Hundes kann insbesondere wegen Alter, Gebrechlichkeit oder Krankheit des Hundes verzichtet werden, wenn nachgewiesen wird, dass aus tiermedizinischen Gründen hiervon abzusehen ist.

## *Führen/Halten gefährlicher Hunde*

Ein gefährlicher Hund darf außerhalb des eingefriedeten Besitztums nur geführt werden, wenn dem Halter eine Erlaubnis erteilt worden ist.

Einen gefährlichen Hund darf nur führen, wer

- das 18. Lebensjahr vollendet hat,
- den Nachweis der Sachkunde besitzt und
- körperlich und geistig in der Lage ist, den Hund sicher zu führen.

Gefährliche Hunde dürfen nur einzeln geführt werden.

Ein gefährlicher Hund darf außerhalb des eingefriedeten Besitztums keiner Person überlassen werden, welche die Voraussetzungen des § 8 Abs. 2 HundeVO nicht erfüllt.

Die Erlaubnis ist mitzuführen. Die Person, die den Hund führt, aber nicht auch Halter ist, hat zusätzlich ihre Sachkundebescheinigung mitzuführen.

Außerhalb des eingefriedeten Besitztums oder der Wohnung des Halters sind gefährliche Hunde an der Leine zu führen. Hiervon ausgenommen sind Hunde mit positiver Wesensprüfung. Leine, Halsband und Halskette müssen so beschaffen sein, dass der Hund sicher gehalten werden kann. Die Leine darf nur so lang sein, dass keine Gefahr von dem Hund ausgehen kann, höchstens jedoch zwei Meter.

Grundstücke oder Zwinger, auf oder in denen ein gefährlicher Hund gehalten wird, sind zu kennzeichnen. Außerdem sind sie so einzuzäunen und zu sichern, dass Personen außerhalb dieser Grundstücke und Zwinger nicht gefährdet werden, insbesondere ein Entweichen des Hundes ausgeschlossen ist. Gleiches gilt für Wohnungen, in denen ein gefährlicher Hund gehalten wird. Die Vorschrift gilt nicht für Hunde mit positiver Wesensprüfung.

Alle Zugänge zu dem eingefriedeten Besitztum oder der Wohnung sind mit deutlich sichtbarem Warnschild in Signalfarbe mit der Aufschrift „Vorsicht Hund!" zu versehen. Auf Nachfrage von Haltern sollte z.B. ein Format DIN A5 quer oder 15 × 21 cm empfohlen werden. Die Vorschrift gilt nicht für Hunde mit positiver Wesensprüfung.

## *Sicherstellung/Tötung gefährlicher Hunde*

### *Sicherstellung und Verwahrung*

Die zuständige Behörde kann die Sicherstellung sowie die Verwahrung nach den §§ 40, 41 HSOG anordnen, wenn die nach dieser Verordnung bestehenden Verbote oder Gebote nicht eingehalten werden oder den Anordnungen oder Auflagen der zuständigen Behörde nicht nachgekommen wird.

### *Tötung eines Hundes*

Die zuständige Behörde kann die Tötung eines Hundes nach § 42 HSOG anordnen, wenn Tatsachen die Annahme rechtfertigen, dass von dem Hund eine Gefahr für Leben oder Gesundheit von Menschen oder Tieren ausgeht. Die Tötung ist (Mussvorschrift) anzuordnen, wenn der Hund einen Menschen getötet oder ohne begründeten Anlass ernstlich verletzt hat.

## *Abgabeverbote für gefährliche Hunde*

Handel, Erwerb und die Abgabe von gefährlichen Hunden sind verboten, wenn die Wesensprüfung nicht positiv war; zulässig bleibt die Abgabe an und die Annahme eines gefährlichen Hundes durch Tierheime in gemeinnütziger oder öffentlicher Trägerschaft.

## *Mitwirkungspflichten und Mitteilungspflichten von Hundehaltern*

Erhält der Halter Kenntnis davon, dass es sich bei seinem Hund um einen gefährlichen Hund handeln könnte, hat er der zuständigen Behörde dies unverzüglich anzuzeigen.

Der Halter ist verpflichtet, die nach dieser Verordnung erforderlichen Feststellungen und Begutachtungen zuzulassen und alle dafür notwendigen Unterlagen und Bescheinigungen vorzulegen sowie alle für die Durchführung eines Erlaubnis-, Untersagungs- oder Sicherstellungsverfahrens erforderlichen Daten an die zuständige Behörde und die zur Sachverhaltsermittlung eingeschalteten Sachverständigen oder sachverständigen Stellen zu übermitteln.

Wer einen gefährlichen Hund veräußert oder abgibt, hat dem Erwerber oder dem Annehmenden mitzuteilen, dass es sich um einen solchen Hund handelt.

Der zuständigen Behörde sind innerhalb einer Woche anzuzeigen:

- Handel, Erwerb, Abgabe und Aufgabe der Haltung eines gefährlichen Hundes unter Angabe von Name und Anschriften neuer und früherer Halter sowie Ort der Haltung des Hundes, falls dieser von der Anschrift des Halters abweicht,
- durch den Halter Zuzug, Wegzug oder Umzug des Halters eines gefährlichen Hundes sowie dessen Abhandenkommen oder Tod.

Die bisher zuständige Behörde hat die neu zuständige Behörde über die Sachverhalte unter Angabe der Namen der Halter der Hunde zu unterrichten.

Die zuständige Behörde teilt der für die Erhebung der Hundesteuer zuständigen Stelle innerhalb der Gemeinde Namen und Anschriften von Haltern gefährlicher Hunde mit.

### *Halterpflichten für „alle" Hunde*

An der Leine zu führen sind alle Hunde, die mitgeführt werden

- bei öffentlichen Versammlungen, Aufzügen, Volksfesten, Märkten, Messen und sonstigen Veranstaltungen mit Menschenansammlungen sowie in Gaststätten und in öffentlichen Verkehrsmitteln sowie
- auf von den Gemeinden zu bestimmenden, der Allgemeinheit zugänglichen umfriedeten oder anderweitig begrenzten Grundstücken, insbesondere Park-, Garten- und Grünanlagen sowie Fußgängerzonen oder Teilen davon.

Hunde sind so zu halten und zu führen, dass von ihnen keine Gefahr für Leben oder Gesundheit von Menschen oder Tieren ausgeht.

Wer außerhalb des eingefriedeten Besitztums des Halters einen Hund führt oder laufen lässt, hat diesem ein Halsband anzulegen, auf oder an dem Name und Anschrift des Halters anzugeben sind; besteht ein Telefonanschluss, ist auch die Telefonnummer anzugeben.

### *Untersagungsmöglichkeit zum Halten/Führen aller Hunde*

Die zuständige Behörde kann jedermann das Halten und Führen eines bestimmten Hundes dauerhaft untersagen, wenn Tatsachen die Annahme rechtfertigen, dass davon eine Gefahr für Leben oder Gesundheit von Menschen oder Tieren ausgeht.

### *Ausbildung von „allen" Hunden*

Es ist verboten, Hunde mit dem Ziel einer gesteigerten Aggressivität und Gefährlichkeit gegenüber Menschen oder Tieren auszubilden. Über Ausnahmen entscheidet auf Antrag des Halters die zuständige Behörde.

Die Erlaubnis kann erteilt werden, wenn nachgewiesen wird, dass die Ausbildung Schutzzwecken oder dem jagdlichen Einsatz dient und ansonsten die Voraussetzungen nach § 11 Abs. 2 HundeVO gegeben sind.

### *Ordnungswidrigkeiten*

Hessen hat die einzelnen Vorschriften der HundeVO bußgeldbewehrt gestellt. Sehen Sie hierzu im Einzelnen § 18 HundeVO.

Die jeweilige Ordnungswidrigkeit kann im Einzelfall mit bis zu 5.000 Euro geahndet werden.

In den Fällen des § 18 Abs. 1 Nr. 3, 14, 21, 23 HundeVO können die Hunde auch eingezogen werden.

Die örtlichen Ordnungsbehörden sind auch zuständig für die Verfolgung und Ahndung von Ordnungswidrigkeiten nach dem Hundeverbringungs- und -einfuhrbeschränkungsgesetz sowie für die Durchsetzung dieses Gesetzes.

### *Zuständigkeiten*

Zuständige Behörde für die Durchführung dieser Verordnung sind grundsätzlich die Bürgermeister (Oberbürgermeister) als örtliche Ordnungsbehörden.

## *B/3.9 Mecklenburg-Vorpommern*

### *Relevante Norm*

Verordnung über das Führen und Halten von Hunden (Hundehalterverordnung – HundehVO MV) vom 11.07.2022

> **Hinweis**
>
> Die Verordnung enthält auch Vorschriften für alle Hunde.

### *Gefährliche Hunde*

Gefährlich sind Hunde,

- bei denen eine durch Zucht, Ausbildung oder Abrichten herausgebildete, über das natürliche Maß hinausgehende Kampfbereitschaft, Angriffslust,

Schärfe oder eine andere, in ihrer Wirkung vergleichbare Mensch oder Tier gefährdende Eigenschaft besteht,

- die einen Menschen oder ein Tier durch Biss geschädigt haben, ohne selbst angegriffen oder dazu durch Schläge oder in ähnlicher Weise provoziert worden zu sein (bissige Hunde),
- die wiederholt Menschen gefährdet haben, ohne selbst angegriffen oder provoziert worden zu sein, oder wiederholt Menschen in gefahrdrohender Weise angesprungen haben,
- die durch ihr Verhalten wiederholt gezeigt haben, dass sie unkontrolliert Wild oder andere Tiere hetzen oder reißen, soweit dies nicht die Grundsätze weidgerechter Jagd erfordern.

Die örtliche Ordnungsbehörde stellt bei Vorliegen der Voraussetzungen die Gefährlichkeit eines Hundes fest. Der zuständige Amtstierarzt oder eine andere geeignete sachverständige Person soll vor der Entscheidung angehört werden. Auf Antrag kann die Einstufung nach frühestens zwei Jahren zurückgenommen werden, wenn die Voraussetzungen dafür nicht mehr vorliegen.

### *Unveränderliche Kennzeichnung*

Ein gefährlicher Hund, der im Geltungsbereich der HundehV gehalten wird, ist dauerhaft auf Kosten des Hundehalters mit einer unveränderlichen Kennzeichnung, z.B. einem Mikrochip-Transponder, zu versehen. Mindestens die Art und die individuelle Nummer der Registrierung sowie Name und Wohnanschrift des Halters sind der örtlichen Ordnungsbehörde unverzüglich mitzuteilen.

### *Verbote und Gebote für den Umgang mit gefährlichen Hunden*

- Die Mitnahme gefährlicher Hunde auf Kinderspielplätze, an Badestellen oder auf Flächen, die als Liegeplatz für Menschen ausgewiesen sind, ist verboten.
- Zugänge zu befriedetem Besitztum sind vom Besitzer durch deutlich sichtbare Warnschilder mit der Aufschrift „Vorsicht, gefährlicher Hund!" oder „Vorsicht, bissiger Hund!" kenntlich zu machen, wenn auf ihm gefährliche Hunde gehalten werden.
- Für gefährliche Hunde besteht außerhalb des befriedeten Besitztums generell Leinenzwang. Hundeleinen und -halsbänder müssen hinreichend fest sein und eine ununterbrochene Kontrolle des Führenden über die Bewegungen des Hundes gewährleisten. Die Länge der Leine darf höchstens zwei Meter betragen. Die Regelung gilt auch für das Führen gefährlicher Hunde auf den Zuwegen und in den Treppenhäusern von Mehrfamilienhäusern.

- Außerhalb des eigenen befriedeten Besitztums ist zusätzlich ein das Beißen verhindernder Maulkorb anzulegen. Die Regelung gilt auch für das Führen gefährlicher Hunde auf den Zuwegen und in den Treppenhäusern von Mehrfamilienhäusern.
- Im befriedeten Besitztum Dritter dürfen gefährliche Hunde nur mit Zustimmung des Inhabers des Hausrechts ohne Leine und ohne Maulkorb geführt werden.
- Eine Person darf nicht gleichzeitig mehrere gefährliche Hunde führen.
- Die tatsächliche Gewalt über einen gefährlichen Hund darf nur solchen Personen eingeräumt werden, die die Gewähr dafür bieten, dass die Bestimmungen dieser Verordnung beachtet werden.
- Wer einen gefährlichen Hund nicht nur vorübergehend einem anderen privaten Halter überlässt, hat Namen und Wohnanschrift des neuen Halters unverzüglich der für den gewöhnlichen Aufenthaltsort des bisherigen Halters zuständigen örtlichen Ordnungsbehörde mitzuteilen.
- Die Pflicht zur unverzüglichen Benachrichtigung der örtlichen Ordnungsbehörde besteht auch für den Fall, dass ein gefährlicher Hund dauerhaft aus dem Einwirkungsbereich seines Halters entwichen ist, der Hund verstorben ist, sich die Wohnanschrift des Halters geändert hat oder es zur Geburt von Nachkommen gekommen ist.

### *Erlaubnispflichten*

Das nicht gewerbsmäßige Züchten, Halten und Führen gefährlicher Hunde bedarf der Erlaubnis der örtlichen Ordnungsbehörde. Eine Erlaubnis zum nicht gewerbsmäßigen Züchten von gefährlichen Hunden berechtigt gleichzeitig zum Halten und Führen gefährlicher Hunde. Eine Erlaubnis kann auch für das Führen aller in einem bestimmten Tierheim gehaltenen gefährlichen Hunde erteilt werden, wenn ein berechtigtes Interesse nachgewiesen wird.

Die Ausbildung zu einer gesteigerten Aggressivität und Gefährlichkeit gegenüber Menschen oder Tieren ist untersagt und kann auch nicht erlaubt werden. Einer Erlaubnis bedürfen nicht Inhaber einer Erlaubnis nach § 11 Abs. 1 Satz 1 Nr. 3, 6 oder 8f TierSchG.

### *Voraussetzungen*

Die Erlaubnis wird nur erteilt, wenn

- die antragstellende Person die erforderliche Sachkunde besitzt und das 18. Lebensjahr vollendet hat,

- keine Tatsachen die Annahme rechtfertigen, dass die antragstellende Person die erforderliche Zuverlässigkeit oder körperliche Eignung nicht besitzt, und
- die der Zucht oder dem Halten dienenden Räumlichkeiten, Einrichtungen und Freianlagen eine verhaltensgerechte und ausbruchsichere Unterbringung ermöglichen, sodass die körperliche Unversehrtheit von Menschen oder Tieren nicht gefährdet wird.

Die Erlaubnis ist auf diejenigen Hunderassen oder -gruppen zu beschränken, für welche die Sachkunde nachgewiesen wurde. Die Erlaubnis kann befristet und unter dem Vorbehalt des Widerrufs erteilt sowie mit Bedingungen und Auflagen verbunden werden.

Gegenstand einer Auflage soll die Verpflichtung zur Nachweisführung über den Hundebestand sein. Auflagen können auch nachträglich aufgenommen, geändert oder ergänzt werden. Beim Führen gefährlicher Hunde außerhalb des befriedeten Besitztums ist die Erlaubnis mitzuführen und den zur Personenkontrolle Befugten auf Verlangen zur Prüfung auszuhändigen.

Auf die besondere Pflicht zur Erlaubnisbeantragung nach § 5 Abs. 3 HundehVO MV wird hingewiesen.

Bis zur Entscheidung über den Antrag können gefährliche Hunde ohne die erforderliche Erlaubnis gehalten werden. Anstelle der Erlaubnis genügt ein schriftlicher Nachweis darüber, dass ein Antrag nach dieser Vorschrift gestellt worden ist.

Inhaber von Erlaubnissen sind spätestens nach fünf Jahren erneut auf ihre Zuverlässigkeit hin zu überprüfen.

### *Untersagung des nicht gewerbsmäßigen Züchtens und des Haltens gefährlicher Hunde*

Die örtliche Ordnungsbehörde kann das nicht gewerbsmäßige Züchten und Halten sowie Führen gefährlicher Hunde untersagen, wenn

- die Erlaubnis vor Erwerb des Hundes nicht unverzüglich beantragt worden ist oder
- eine dringende Gefahr für Leben oder körperliche Unversehrtheit von Menschen oder Tieren nicht anders beseitigt werden kann.

Darüber hinaus kann die örtliche Ordnungsbehörde anordnen, dass die Hunde des von der Untersagungsverfügung betroffenen Halters binnen angemessener, von ihr zu bestimmender Frist einem Berechtigten überlassen oder tierschutzgerecht getötet werden. Nach fruchtlosem Ablauf der Frist können die Hunde sichergestellt und verwertet werden. Ein Erlös aus der Verwertung steht nach Abzug der Verwaltungskosten dem bisherigen Halter zu.

Diese Voraussetzungen gelten sinngemäß, wenn die Erteilung der erforderlichen Erlaubnis unanfechtbar versagt wurde, eine Erlaubnis zurückgenommen oder widerrufen wurde oder eine Erlaubnis auf andere Weise unwirksam geworden ist. Im Falle einer dringenden Gefahr für Leben oder körperliche Unversehrtheit von Menschen oder Tieren können die Hunde sofort sichergestellt werden.

## *Sachkundenachweis*

Den Nachweis der erforderlichen Sachkunde hat erbracht, wer eine Prüfung vor der zuständigen Behörde bestanden oder eine gleichwertige Ausbildung bei staatlichen oder nicht staatlichen Stellen absolviert hat.

Zuständige Behörde ist die Kreisordnungsbehörde. Sie bildet für die Abnahme der Sachkundeprüfung einen Prüfungsausschuss.

Die Sachkunde braucht nur für die Hunderasse oder -gruppe nachgewiesen zu werden, deren nicht gewerbsmäßige Haltung beabsichtigt ist. Antragsteller, die gefährliche Hunde nicht gewerbsmäßig züchten wollen, haben außerdem gefestigte, auf die jeweilige Zucht bezogene kynologische Kenntnisse nachzuweisen. In den Sachkundebescheinigungen sind die Hunderassen oder -gruppen, für welche die Sachkunde nachgewiesen wurde, anzugeben.

## *Zuverlässigkeit und körperliche Eignung*

### *Zuverlässigkeit*

Die erforderliche Zuverlässigkeit besitzen in der Regel Personen **nicht,** die

- wegen eines Verbrechens oder wegen sonstiger vorsätzlicher Straftaten zu einer Freiheitsstrafe von mindestens einem Jahr,
- wiederholt wegen einer im Zustand der Trunkenheit begangenen Straftat oder
- wegen einer Straftat gegen das Tierschutzgesetz, das Waffengesetz, das Betäubungsmittelgesetz oder das Bundesjagdgesetz rechtskräftig verurteilt worden sind, wenn seit dem Eintritt der Rechtskraft der letzten Verurteilung fünf Jahre noch nicht verstrichen sind.

Gleiches gilt für Personen, die wiederholt oder gröblich gegen die Vorschriften des Tierschutzgesetzes, des Waffengesetzes, des Betäubungsmittelgesetzes, des Bundesjagdgesetzes oder der HundehV MV verstoßen haben.

Zur Prüfung der Zuverlässigkeit hat der Hundehalter ein Führungszeugnis zur Vorlage bei einer Behörde nach § 30 Abs. 4 BZRG zu beantragen. Die örtliche Ordnungsbehörde kann im Rahmen der Prüfung der Zuverlässigkeit eine unbeschränkte Auskunft aus dem Bundeszentralregister einholen.

### *Eignung*

Die erforderliche körperliche Eignung i.S.v. § 4 Abs. 2 Nr. 2 HundehVO MV besitzen in der Regel Personen **nicht,** die

- aufgrund einer psychischen Krankheit oder einer geistigen oder seelischen Behinderung nach § 1896 BGB betreut werden oder
- von Alkohol oder anderen berauschenden Mitteln abhängig sind.

Sind Tatsachen bekannt, die Bedenken gegen die körperliche Eignung begründen, so kann die zuständige Behörde verlangen, dass der Antragsteller ein amts- oder fachärztliches Zeugnis über seine körperliche Eignung vorlegt.

### *Ausnahmeregelungen*

Die Verordnung gilt nicht für Blindenführhunde, Behindertenbegleithunde, Hunde des Rettungsdienstes und des Katastrophenschutzes und Diensthunde, die von juristischen Personen des öffentlichen Rechts oder von fremden Streitkräften gehalten werden.

Das Verbot des freien Auslaufs (§ 2 Abs. 1 HundehVO MV), der Leinen- und Maulkorbzwang nach § 4 Abs. 3 HundehVO MV und das Ausführverbot für mehrere gefährliche Hunde (§ 4 Abs. 5 Satz 2 HundehVO MV) gilt nicht für Jagd- und Herdengebrauchshunde, soweit diese im Rahmen ihrer jeweiligen Zweckbestimmung eingesetzt werden.

Die örtliche Ordnungsbehörde kann auf Antrag weitere Ausnahmen von den Verboten und Geboten dieser Verordnung zulassen, wenn unter Berücksichtigung der örtlichen Verhältnisse sichergestellt ist, dass Menschen, Tiere oder Sachen durch die Hundezüchtung oder -haltung nicht gefährdet werden.

### *Vorübergehender Aufenthalt in Mecklenburg-Vorpommern*

Hundehalter und Hundeführer, die sich nur vorübergehend mit einem gefährlichen Hund im Geltungsbereich dieser Verordnung aufhalten, sind von der Erlaubnispflicht befreit. Sie haben bei einem Aufenthalt von mehr als einem Monat der örtlich zuständigen Ordnungsbehörde das Mitführen des gefährlichen Hundes und die Dauer des Aufenthalts anzuzeigen.

### *Verordnungen/kommunale Satzungen*

Die Kreis- und örtlichen Ordnungsbehörden können für ihren Bereich ergänzende Verordnungen erlassen, wenn dies aufgrund der örtlichen Verhältnisse erforderlich ist.

Die Bestimmungen kommunaler Satzungen über die Benutzung öffentlicher Einrichtungen bleiben unberührt.

### *Allgemeine Vorschriften für „alle" Hundehaltungen*

- Gefährliche Hunde dürfen nicht gezüchtet (nicht gewerbsmäßige Zucht), gehalten und geführt werden, es sei denn, es liegt eine Erlaubnis vor. Die Ausbildung zu einer gesteigerten Aggressivität und Gefährlichkeit gegenüber Menschen oder Tieren ist untersagt.
- Wer Hunde außerhalb des befriedeten Besitztums führt, muss körperlich und geistig in der Lage sein, den Hund jederzeit so zu beaufsichtigen, dass Menschen, Tiere oder Sachen nicht gefährdet werden.
- Es ist verboten, Hunde außerhalb des befriedeten Besitztums ohne Aufsicht frei laufen zu lassen. Hunde, die zu Versammlungen, Umzügen, Volksfesten, sonstigen öffentlichen Veranstaltungen sowie an Orte mit großen Menschenansammlungen und in öffentliche Verkehrsmittel, Verkaufsstätten oder Tiergärten mitgenommen werden, sind an der Leine zu führen.
- Außerhalb des befriedeten Besitztums müssen Hunde ein Halsband mit Namen und Wohnanschrift des Hundehalters oder eine gültige Steuermarke tragen.
- Hunde sind so zu halten, dass sie das befriedete Besitztum nicht gegen den Willen des Hundehalters verlassen können.

### *Ordnungswidrigkeiten*

Mecklenburg-Vorpommern hat die Ge- und Verbotstatbestände regelmäßig bußgeldbewehrt gestellt. Sehen Sie hierzu § 10 Abs. 1 HundehVO MV.

Ordnungswidrigkeiten können im Einzelfall mit einer Geldbuße bis zu 5.000 Euro geahndet werden.

Verwaltungsbehörden i.S.v. § 36 Abs. 1 Nr. 1 OWiG sind die örtlichen Ordnungsbehörden.

Nach § 10 Abs. 4 HundehVO MV können Gegenstände oder Tiere bei bestimmten Verstößen nach § 19 Abs. 4 SOG eingezogen werden.

### *Zuständigkeiten*

Grundsätzlich besteht eine Zuständigkeit für die Ausführung der Verordnung durch die Bürgermeister der kreisfreien Städte und Bürgermeister der amtsfreien Gemeinden als örtliche Ordnungsbehörden.

## *B/3.10 Niedersachsen*

### *Relevante Norm*

Niedersächsisches Gesetz über das Halten von Hunden (NHundG) vom 26.05.2011

> **Hinweis**
>
> Dieses Gesetz enthält auch Vorschriften zum Halten von allen Hunden.

### *Geltungsbereich*

Dieses Gesetz gilt für das Halten von Hunden in Niedersachsen durch Hundehalter, die

- in Niedersachsen mit alleiniger Wohnung oder mit Hauptwohnung gemeldet sind,
- sich länger als zwei Monate ununterbrochen in Niedersachsen aufhalten, wobei unwesentliche Unterbrechungen unberücksichtigt bleiben, oder
- den Sitz, eine Niederlassung oder eine Betriebsstätte in Niedersachsen haben und der Hund sich dort aufhält,

sowie für das Führen von Hunden in Niedersachsen.

## *Vorschriften für „alle" Hunde*

### *Allgemeine Pflichten*

Alle Hunde sind so zu halten und zu führen, dass von ihnen keine Gefahren für die öffentliche Sicherheit ausgehen.

### *Sachkunde*

Wer einen Hund hält (also alle Hunde), muss die dafür erforderliche Sachkunde besitzen. Diese ist auf Verlangen der Gemeinde durch die erforderliche Sachkundeprüfung nachzuweisen. Die theoretische Prüfung ist vor der Aufnahme der Hundehaltung, die praktische Prüfung während des ersten Jahres der Hundehaltung abzulegen. Das Gesetz regelt näher die erforderlichen Kenntnisse und die Stellen und Personen, die eine Sachkundeprüfung abnehmen können.

Sachkundeprüfungen anderer Bundesländer gelten in Niedersachsen als anerkannt.

Hat die zuständige Fachbehörde nicht innerhalb von drei Monaten über den Antrag auf Anerkennung entschieden, so gilt die Anerkennung als erteilt.

Die erforderliche Sachkunde besitzt auch, wer nachweislich

- innerhalb der letzten zehn Jahre vor der Aufnahme der Hundehaltung oder Betreuung über einen Zeitraum von mindestens zwei Jahren ununterbrochen einen Hund gehalten oder betreut hat,
- Tierarzt oder Inhaber einer Erlaubnis nach § 2 Abs. 2 BTÄO zur vorübergehenden Ausübung des tierärztlichen Berufs ist,
- Brauchbarkeitsprüfungen für Jagdhunde abnimmt oder eine solche Prüfung mit einem Hund erfolgreich abgelegt hat,
- eine sonstige Prüfung bestanden hat, die vom Fachministerium als den normalen Sachkundeprüfungen gleichwertig anerkannt worden ist,
- eine Erlaubnis nach § 11 Abs. 1 Satz 1 Nr. 2 oder 2b TierSchG zum Halten von Hunden in einem Tierheim oder einer ähnlichen Einrichtung für die dort gehaltenen Hunde oder zur Ausbildung von Hunden zu Schutzzwecken für Dritte zur Unterhaltung einer Einrichtung hierfür besitzt,
- für die Betreuung eines von einer juristischen Person des öffentlichen Rechts oder fremder Streitkräfte gehaltenen Diensthundes verantwortlich ist oder
- einen Blindenführhund oder einen Behindertenbegleithund hält.

### *Kennzeichnung*

Jeder Hund, der älter als sechs Monate ist, ist durch ein elektronisches Kennzeichen (Transponder) mit einer Kennnummer zu kennzeichnen. Das Gesetz regelt näher die Art dieser Kennzeichnung.

### *Haftpflichtversicherung*

Wer einen über sechs Monate alten Hund hält, hat eine Haftpflichtversicherung mit einer Mindestversicherungssumme von 500.000 Euro für Personenschäden und 250.000 Euro für Sachschäden abzuschließen (Ausnahme: Diensthunde der juristischen Personen des öffentlichen Rechts und fremder Dienstkräfte).

### *Mitteilungspflicht*

Wer einen Hund hält, hat vor Vollendung des siebten Lebensmonats des Hundes gegenüber der das zentrale Register führenden Stelle Folgendes anzugeben:

- seinen Namen, bei natürlichen Personen auch Vorname, Geburtstag und Geburtsort,
- seine Anschrift,
- Geschlecht und Geburtsdatum des Hundes,
- Rassezugehörigkeit des Hundes,
- Kennnummer des Hundes.

Ist der Hund bei der Aufnahme der Hundehaltung älter als sechs Monate, so sind die Angaben innerhalb eines Monats nach Aufnahme der Hundehaltung zu machen.

Die folgenden Änderungen hat der Hundehalter innerhalb eines Monats gegenüber der das zentrale Register führenden Stelle anzugeben:

- Aufgabe des Haltens des Hundes,
- Abhandenkommen und Tod des Hundes,
- Änderungen der Anschrift.

### *Mitwirkungspflichten, Betretungsrecht*

Soweit es zur Durchführung dieses Gesetzes erforderlich ist, haben Personen, die einen Hund halten oder führen, auf Verlangen der Gemeinde oder der Fachbehörde die den Hund betreffenden Feststellungen zu ermöglichen, Auskünfte zu erteilen und Unterlagen vorzulegen. Die zur Auskunft verpflichtete Person kann die Auskunft auf solche Fragen verweigern, deren Beantwortung sie oder eine der in § 383 Abs. 1 Nr. 1 bis 3 ZPO bezeichneten Personen der Gefahr strafrechtlicher Verfolgung oder eines Verfahrens nach dem Gesetz über Ordnungswidrigkeiten aussetzen würde.

Beschäftigte und sonstige Beauftragte der Gemeinde und der Fachbehörde dürfen, soweit es zur Wahrnehmung ihrer Aufgaben erforderlich ist, Grundstücke mit Ausnahme von Wohngebäuden jederzeit und Betriebsräume während der Betriebszeiten betreten.

### *Zentrales Register*

Das Fachministerium oder eine von diesem übertragene Landesbehörde führt ein zentrales Register, in dem die Angaben der Hundehalter nach den Mitteilungspflichten gespeichert werden. Das Register dient der Identifizierung eines Hundes, der Ermittlung des Hundehalters und der Gewinnung von Erkenntnissen über die Gefährlichkeit von Hunden in Abhängigkeit von Rasse, Geschlecht und Alter.

Das Fachministerium kann auch eine juristische Person des Privatrechts mit deren Einverständnis durch Verwaltungsakt oder durch öffentlich-rechtlichen Vertrag mit dem Führen des zentralen Registers beauftragen, wenn die beauftragte Person die Gewähr für eine sachgerechte Erfüllung der Aufgabe bietet. Das Fachministerium macht die Übertragung oder Beauftragung im Niedersächsischen Ministerialblatt bekannt. Die beauftragte Person unterliegt der Fachaufsicht des Fachministeriums.

Die Fachbehörde und die Gemeinde können im Rahmen ihrer Aufgabenerfüllung nach diesem Gesetz Auskunft aus dem zentralen Register einholen.

## *Gefährliche Hunde*

Erhält die Fachbehörde einen Hinweis darauf, dass ein Hund, der von einem Hundehalter gehalten wird, eine gesteigerte Aggressivität aufweist, insbesondere

- Menschen oder Tiere gebissen oder sonst eine über das natürliche Maß hinausgehende Kampfbreitschaft, Angriffslust oder Schärfe gezeigt hat oder
- auf Angriffslust, auf über das natürliche Maß hinausgehende Kampfbereitschaft oder Schärfe oder auf ein anderes in der Wirkung gleichstehendes Merkmal gezüchtet, ausgebildet oder abgerichtet ist,

so hat (Mussvorschrift) sie den Hinweis zu prüfen. Ergibt die Prüfung Tatsachen, die den Verdacht rechtfertigen, dass von dem Hund eine Gefahr für die öffentliche Sicherheit ausgeht, so stellt die Fachbehörde fest, dass der Hund gefährlich ist. Die Klage gegen die Feststellung hat keine aufschiebende Wirkung.

Wer einen Hund hält, der außerhalb des Geltungsbereichs dieses Gesetzes durch Verwaltungsakt als gefährlich eingestuft worden ist, hat dies der Fachbehörde unverzüglich mitzuteilen. Die Fachbehörde hat zu prüfen, ob der Hund gefährlich ist. Das Land unterscheidet damit nicht zwischen „gefährlichen Hunden/Kampfhunden" und „normalen" Hunden. Dies ist eine Situation in Niedersachsen, die grundsätzlich vorbildlich ist, denn damit werden nicht einzelne Rassen, sondern einzelne Hunde beurteilt.

### *Erlaubnisvorbehalt für das Halten gefährlicher Hunde*

Das Halten eines Hundes, dessen Gefährlichkeit festgestellt worden ist, bedarf der Erlaubnis der Fachbehörde.

Diese Erlaubnispflicht besteht nicht für

- die Inhaber einer Erlaubnis nach § 11 Abs. 1 Satz 1 Nr. 2 TierSchG zum Halten von Hunden in einem Tierheim oder einer ähnlichen Einrichtung für die dort gehaltenen Hunde und
- juristische Personen des öffentlichen Rechts und fremde Streitkräfte für die von ihnen gehaltenen Diensthunde.

### *Beantragung der Erlaubnis*

Der Hundehalter hat unverzüglich nach der Feststellung der Gefährlichkeit des Hundes eine Erlaubnis nach § 8 NHundG zu beantragen oder das Halten des Hundes aufzugeben. Wird die Erlaubnis beantragt, so gilt das Halten des gefährlichen Hundes bis zur Entscheidung über den Antrag als erlaubt. Wird die Haltung des Hundes aufgegeben, so sind der Fachbehörde Name und Anschrift des neuen Halters anzugeben; dieser ist darauf hinzuweisen, dass die Gefährlichkeit des Hundes festgestellt worden ist. Ab Feststellung der Gefährlichkeit ist der Hund außerhalb ausbruchsicherer Grundstücke anzuleinen und hat einen Beißkorb zu tragen.

### *Voraussetzungen und Inhalt der Erlaubnis*

Die Erlaubnis darf (Mussvorschrift) nur erteilt werden, wenn der Hundehalter

- das 18. Lebensjahr vollendet hat,
- die zum Halten des Hundes erforderliche Zuverlässigkeit und persönliche Eignung besitzt (diese Begriffe sind im Gesetz näher definiert; sind Tatsachen bekannt, die Bedenken gegen die persönliche Eignung begründen, so kann die Fachbehörde die Beibringung eines fachärztlichen oder fachpsychologischen Gutachtens anordnen),
- nach der Feststellung der Gefährlichkeit des Hundes eine praktische Sachkundeprüfung mit dem Hund bestanden hat,
- die Fähigkeit des Hundes zu sozialverträglichem Verhalten durch einen Wesenstest nachgewiesen ist (der Wesenstest wird grundsätzlich von vom Fachministerium zugelassenen Tierärzten durchgeführt; gleichwertige Wesenstests anderer Bundesländer werden regelmäßig anerkannt) und
- der Hund gekennzeichnet (siehe oben) und für ihn eine Versicherung nachgewiesen (siehe oben) ist.

Ist der Hundehalter eine juristische Person, so sind die Anforderungen durch die für die Betreuung des Hundes verantwortliche Person zu erfüllen.

Der Hundehalter hat der Behörde innerhalb von drei Monaten nach Antragstellung die Unterlagen vorzulegen, die erforderlich sind, um das Vorliegen der Erlaubnisvoraussetzungen zu prüfen. Die Frist kann auf Antrag einmal um höchstens drei Monate verlängert werden. Nach Ablauf der Frist ist die Erlaubnis zu versagen.

Die Erlaubnis kann befristet und unter Vorbehalt des Widerrufs erteilt sowie mit Bedingungen und Auflagen verbunden werden. Auflagen können auch nachträglich aufgenommen, geändert oder ergänzt werden. Die Klage gegen die Versagung der Erlaubnis hat keine aufschiebende Wirkung.

### *Zuverlässigkeit*

Die erforderliche Zuverlässigkeit besitzt in der Regel **nicht,** wer

- wegen einer vorsätzlich begangenen Straftat zu einer Geldstrafe von mehr als 60 Tagessätzen oder zu einer Freiheitsstrafe rechtskräftig verurteilt worden

ist, wenn seit Eintritt der Rechtskraft der letzten Verurteilung fünf Jahre noch nicht verstrichen sind, oder
- wiederholt oder gröblich gegen Vorschriften dieses Gesetzes verstoßen hat.

Zur Prüfung der Zuverlässigkeit ist bei der Behörde eine Auskunft nach § 30 Abs. 5 BZRG vorzulegen. Die Behörde kann auch eine unbeschränkte Auskunft beim Bundeszentralregister beantragen.

### *Persönliche Eignung*

Die persönliche Eignung besitzt in der Regel **nicht,** wer

- geschäftsunfähig ist,
- von Alkohol- und Betäubungsmitteln abhängig ist oder
- aufgrund körperlicher Kräfte den Hund nicht sicher führen kann.

Bei entsprechenden bekannten Tatsachen kann die Fachbehörde die Beibringung eines fachärztlichen oder fachpsychologischen Gutachtens anordnen.

### *Wesenstest*

Die Fähigkeit eines sozialverträglichen Verhaltens ist durch einen Wesenstest nachzuweisen. Näheres ist in § 13 NHundG festgelegt.

### *Führen eines gefährlichen Hundes*

Ein gefährlicher Hund darf nur vom Hundehalter persönlich oder von einer Person geführt werden, die eine Bescheinigung der Fachbehörde besitzt. Voraussetzung für die Erteilung einer derartigen Bescheinigung sind Volljährigkeit, Zuverlässigkeit, persönliche Eignung und Ablegung einer Sachkundeprüfung.

Beim Führen des gefährlichen Hundes außerhalb eines ausbruchsicheren Grundstücks hat

- der Hundehalter die erforderliche Erlaubnis und
- die beauftragte Person die erforderliche Erlaubnis und die Bescheinigung mitzuführen und der Gemeinde auf Verlangen zur Prüfung auszuhändigen.

Außerhalb ausbruchsicherer Grundstücke ist ein gefährlicher Hund anzuleinen. Auf Antrag kann die Fachbehörde den Leinenzwang – insbesondere unter Berücksichtigung des Wesenstests – ganz oder teilweise aufheben.

### *Zuständigkeit*

Die Gemeinde überwacht die Einhaltung der §§ 2 bis 6, 14 NHundG (allgemeine Pflichten, Sachkunde, Kennzeichnung, Haftpflichtversicherung, Mitteilungspflichten, Führung gefährlicher Hunde). Die Fachbehörde überwacht die Einhaltung der Vorschriften dieses Gesetzes im Übrigen.

Die Aufgaben der Fachbehörde nach diesem Gesetz werden von den Landkreisen und kreisfreien Städten wahrgenommen. Eine Zuständigkeit der großen selbstständigen Städte und der selbstständigen Gemeinden wird ausgeschlossen.

Die Gemeinden und Fachbehörden erfüllen ihre Aufgaben im übertragenen Wirkungskreis.

### *Sonstige Maßnahmen*

Die zuständigen Behörden können die zur Einhaltung der Vorschriften dieses Gesetzes im Einzelfall erforderlichen Maßnahmen treffen. Die Gemeinde kann Hundehaltern (aller Hunde), insbesondere wenn sie

- sich strafrechtlich (nach § 17 Abs. 4 Satz 1a NHundG) schuldig gemacht haben,
- geschäftsunfähig sind,
- wiederholt oder gröblich gegen dieses Gesetz verstoßen haben,
- von Alkohol oder Betäubungsmitteln abhängig sind oder
- aufgrund geringer körperlicher Kräfte den Hund nicht sicher führen können,

aufgeben, den Hund außerhalb ausbruchsicherer Grundstücke anzuleinen oder mit einem Beißkorb zu versehen, oder das Halten des Hundes untersagen. Sehen Sie aber auch die speziellen Führungsvorschriften für gefährliche Hunde.

Die Aufzählung der Voraussetzungen ist nicht abschließend. Die Behörde kann auch die Beibringung eines fachärztlichen oder fachpsychologischen Gutachtens anordnen. Sämtliche Anordnungen stellen Verwaltungsakte dar.

### *Verordnungen der Behörden*

Die zuständigen Behörden können auch weitergehende Verordnungen allgemeiner Art zur Abwehr abstrakter Gefahren, die von Hunden ausgehen, erlassen.

### *Ordnungswidrigkeiten*

Einzelne Verstöße gegen die Vorschriften dieses Gesetzes sind bußgeldbewehrt gestellt. Eine Ordnungswidrigkeit kann mit einer Geldbuße bis zu 10.000 Euro geahndet werden.

## *B/3.11 Nordrhein-Westfalen*

### *Relevante Normen*

- Hundegesetz für das Land Nordrhein-Westfalen (LHundG NRW) vom 18.12.2002
- Verwaltungsvorschriften zum Landeshundegesetz (VV LHundG NRW) vom 02.05.2003
- Ordnungsbehördliche Verordnung zur Durchführung des Landeshundegesetzes NRW (DVO LHundG NRW) vom 19.12.2003

**Hinweise**

- Das LHundG NRW enthält auch Vorschriften für alle Hunde.
- Die VV LHundG NRW gibt weitere Erläuterungen zum Gesetz.
- Zur Sachkunde, zur Verhaltensprüfung und zum zentralen Register lesen Sie Weiteres in der DVO LHundG NRW.

### *Allgemeine Grundpflichten für „alle" Hunde*

Hunde sind so zu halten, zu führen und zu beaufsichtigen, dass von ihnen keine Gefahr für Leben oder Gesundheit von Menschen oder Tieren ausgeht.

Hunde sind an einer zur Vermeidung von Gefahren geeigneten Leine zu führen

- in Fußgängerzonen, Haupteinkaufsbereichen und anderen innerörtlichen Bereichen, Straßen und Plätzen mit vergleichbarem Publikumsverkehr,
- in der Allgemeinheit zugänglichen, umfriedeten Park-, Garten- und Grünanlagen einschließlich Kinderspielplätzen mit Ausnahme besonders ausgewiesener Hundeauslaufbereiche,
- bei öffentlichen Versammlungen, Aufzügen, Volksfesten und sonstigen Veranstaltungen mit Menschenansammlungen,
- in öffentlichen Gebäuden, Schulen und Kindergärten.

Die Anleinpflicht besteht auch für Halter und Aufsichtspersonen, die sich nur vorübergehend, z.B. zum Urlaub, als Gäste in Nordrhein-Westfalen aufhalten. Eine Befreiung von der Anleinpflicht sieht das LHundG NRW nicht vor.

Es ist verboten, Hunde mit dem Ziel einer gesteigerten Aggressivität zu züchten, zu kreuzen oder auszubilden. Dies gilt nicht für Inhaber einer Erlaubnis nach § 34a GewO im Rahmen eines zugelassenen Bewachungsgewerbes.

## *Gefährliche Hunde*

Es gibt zwei Kategorien gefährlicher Hunde:

Gefährliche Hunde im Sinne dieses Gesetzes sind Hunde, deren Gefährlichkeit nach der Kategorie 1 vermutet wird oder im Einzelfall nach der Kategorie 2 festgestellt worden ist.

### *Kategorie 1*

Gefährliche Hunde sind Hunde der Rassen Pitbull-Terrier, American Staffordshire Terrier, Staffordshire-Bullterrier und Bullterrier und deren Kreuzungen untereinander sowie deren Kreuzungen mit anderen Hunden. Kreuzungen hierbei sind Hunde, bei denen der Phänotyp (äußere Erscheinung) einer der dort genannten Rassen deutlich hervortritt. Die Ordnungsbehörde sollte in Zweifelsfällen Zuchtwarte oder den amtlichen Tierarzt hinzuziehen. Die Kosten hierbei können als Auslagen geltend gemacht werden. In Zweifelsfällen hat der Halter nachzuweisen, dass eine Kreuzung hierzu nicht vorliegt.

Dabei steht zu beachten, dass der Miniatur-Bullterrier von Bullterriern zu unterscheiden ist und daher weder zu den in § 2 des Hundeverbringungs- und -einfuhrbeschränkungsgesetzes noch zu den gefährlichen Hunden der Kategorie 2 gehört. Zur Unterscheidung der beiden Rassen kann im Grundsatz einzig die Widerristhöhe herangezogen werden, die bei Miniatur-Bullterriern bei maximal 37,5 cm liegt. Überschreitet ein Hund diese Höhe erheblich, handelt es sich um einen (Standard-)Bullterrier.

### *Kategorie 2*

Im Einzelfall gefährliche Hunde sind

- Hunde, die mit dem Ziel einer gesteigerten Aggressivität ausgebildet, gezüchtet oder gekreuzt worden sind,

- Hunde, mit denen eine Ausbildung zum Nachteil des Menschen, zum Schutzhund oder auf Zivilschärfe begonnen oder abgeschlossen worden ist,
- Hunde, die einen Menschen gebissen haben, sofern dies nicht zur Verteidigung anlässlich einer strafbaren Handlung geschah,
- Hunde, die einen Menschen in gefahrdrohender Weise angesprungen haben,
- Hunde, die einen anderen Hund durch Biss verletzt haben, ohne selbst angegriffen worden zu sein, oder die einen anderen Hund trotz dessen erkennbarer artüblicher Unterwerfungsgestik gebissen haben,
- Hunde, die gezeigt haben, dass sie unkontrolliert Wild, Vieh, Katzen oder andere Tiere hetzen, beißen oder reißen (das Verhalten von Jagdhunden während des jagdlichen Einsatzes sowie das bestimmungsgemäße Verhalten von Hütehunden, die vom Schäfer für das Hüten der Herdentiere eingesetzt werden, erfüllen diesen Tatbestand nicht).

Die Feststellung der Gefährlichkeit der Hunde nach der Kategorie 2 erfolgt durch die zuständige Ordnungsbehörde nach Begutachtung durch den amtlichen Tierarzt. Gründliche Ermittlungen zum Sachverhalt oder des Geschehensablaufs sind im Einzelfall außerordentlich wichtig.

## *Erlaubnispflicht für gefährliche Hunde*

### *Erlaubnispflicht und Voraussetzungen*

Wer einen gefährlichen Hund hält oder halten will, bedarf der personenbezogenen Erlaubnis (Verbot mit Erlaubnisvorbehalt) der zuständigen Behörde. Die Erlaubnis wird (Mussvorschrift) nur erteilt, wenn die den Antrag stellende Person

- das 18. Lebensjahr vollendet hat,
- die erforderliche Sachkunde besitzt,
- die erforderliche Zuverlässigkeit besitzt,
- in der Lage ist, den Hund sicher an der Leine zu halten und zu führen,
- sicherstellt, dass die der Ausbildung, dem Abrichten oder dem Halten dienenden Räumlichkeiten, Einrichtungen und Freianlagen eine ausbruchsichere und verhaltensgerechte Unterbringung ermöglichen, sowie
- den Abschluss einer besonderen Haftpflichtversicherung und
- die fälschungssichere Kennzeichnung des Hundes nachweist.

Personen, die ihren Wohnsitz nicht in Nordrhein-Westfalen haben und sich nur vorübergehend dort aufhalten, bedürfen keiner Erlaubnis.

Leitern von Tierheimen oder ähnlichen Einrichtungen kann eine generelle Erlaubnis zum Halten von Hunden erteilt werden.

Stellt die zuständige Ordnungsbehörde fest, dass die erforderliche Erlaubnis nicht beantragt oder erteilt worden ist, soll vom Halter unter Fristsetzung verlangt werden, einen Erlaubnisantrag zu stellen. Wird diesem Verlangen nicht oder nicht fristgerecht nachgekommen, soll die Haltung des gefährlichen Hundes nach § 12 Abs. 2 Satz 1 LHundG NRW untersagt werden.

Welche Unterlagen dem Erlaubnisantrag beizufügen sind, ist in der VV LHundG NRW geregelt.

### *Eingeschränkte Erlaubniserteilung bei bestimmten Hundearten*

Die Erlaubnis zum Halten eines gefährlichen Hundes nach der Kategorie 1 oder der Kategorie 2, erster und zweiter Listenpunkt wird nur erteilt, wenn ein besonderes privates Interesse nachgewiesen wird oder ein öffentliches Interesse an der weiteren Haltung besteht. Ein besonderes privates Interesse kann vorliegen, wenn die Haltung des gefährlichen Hundes zur Bewachung eines gefährdeten Besitztums des Halters unerlässlich ist.

Ein öffentliches Interesse an der Haltung aus Gründen des Tierschutzes liegt in der Regel vor, wenn ein Hund aus einem Tierheim oder einer vergleichbaren Einrichtung an Privatpersonen vermittelt werden soll oder nach übereinstimmender Überzeugung der zuständigen örtlichen Ordnungsbehörde und des zuständigen Veterinäramts der Verbleib eines gefährlichen Hundes bei der antragstellenden Person aus Gründen des Tierschutzes, insbesondere zur Vermeidung eines Tierheimaufenthalts bei einer bereits länger andauernden, gefestigten Hund-Halter-Beziehung, angezeigt ist und eine Gefahr für die öffentliche Sicherheit nicht zu befürchten ist.

### *Nebenbestimmungen zur Erlaubnis*

Die Erlaubnis kann befristet erteilt und mit Bedingungen und Auflagen verbunden werden; sie soll unter dem Vorbehalt des Widerrufs erteilt werden. Auflagen können auch nachträglich aufgenommen, geändert oder ergänzt werden.

### *Geltungsbereich der Erlaubnis*

Die Erlaubnis gilt im gesamten Landesgebiet. Im Falle des Wechsels des Haltungsorts (Hauptwohnsitz des Halters) ist die für den neuen Haltungsort zuständige Behörde zur Rücknahme oder zum Widerruf der Erlaubnis und zur Erteilung, Änderung oder Ergänzung von Auflagen befugt.

### *Kennzeichnung*

Die fälschungssichere Kennzeichnung des Hundes erfolgt mit einer elektronisch lesbaren Marke (Mikrochip), auf der eine nicht sprechende Nummer gespeichert ist; eine vorhandene Tätowierung des Hundes begründet keine Befreiung hiervon. Die zuständige Behörde darf die gespeicherte Nummer im Rahmen der Erfüllung ihrer Aufgaben nach diesem Gesetz zur Feststellung der Person des Halters des Hundes nutzen. Die zuständige Behörde hat die gespeicherte Nummer der für die zentrale Erfassung nach diesem Gesetz registrierter Hunde zuständigen Behörde zu übermitteln. Sehen Sie hierzu auch § 5 DVO LHundG NRW.

### *Sachkunde*

Die erforderliche Sachkunde besitzt, wer über die Kenntnisse und Fähigkeiten verfügt, einen gefährlichen Hund so zu halten und zu führen, dass von diesem keine Gefahr für Leben oder Gesundheit von Menschen oder Tieren ausgeht.

Der Nachweis der Sachkunde ist durch eine Sachkundebescheinigung des amtlichen Tierarztes zu erbringen. Sehen Sie hierzu näher die DVO LHundG NRW.

Wer sachkundig ist, ist in § 6 Abs. 3 LHundG NRW aufgeführt. Zum Anerkennungsverfahren wird auf § 2 DVO LHundG NRW verwiesen.

### *Zuverlässigkeit*

Die erforderliche Zuverlässigkeit im Sinne dieses Gesetzes besitzen in der Regel Personen **nicht,** die insbesondere (nicht abschließend) die in § 7 Abs. 1 und 2 LHundG NRW aufgezählten Vorschriften nicht erfüllen bzw. gegen die dort aufgezählten Vorschriften verstoßen haben.

Zum Nachweis der Zuverlässigkeit hat der Halter eines gefährlichen Hundes ein Führungszeugnis zur Vorlage bei einer Behörde nach § 30 Abs. 5 BZRG zu beantragen. Unberührt bleibt die Befugnis der zuständigen Behörde, die nach dem Bundeszentralregistergesetz zuständige Registerbehörde um Erteilung eines Führungszeugnisses auch der Belegart R zu ersuchen.

In den Fällen von § 7 Abs. 2 Nr. 2, 3 LHundG NRW (Trunkenheitsstraftat, Verstoß gegen das Tierschutzgesetz, das Waffengesetz, das Sprengstoffgesetz und das

Bundesjagdgesetz) kann vom Halter die Vorlage eines amts- oder fachärztlichen Gutachtens verlangt werden.

### *Zutrittsrecht*

Soweit es zur Prüfung der Voraussetzung nach § 4 Abs. 1 Nr. 4 LHundG NRW (ausbruchsichere und verhaltensgerechte Unterbringung) erforderlich ist, hat die den Antrag stellende Person den Bediensteten der zuständigen Behörde oder dem amtlichen Tierarzt den Zutritt zu dem befriedeten Besitztum, in dem der gefährliche Hund gehalten wird oder gehalten werden soll, zu ermöglichen und die erforderlichen Feststellungen zu dulden.

### *Halter-/Führerpflichten und Ausnahmen hiervon*

- Beim Führen von gefährlichen Hunden außerhalb des befriedeten Besitztums hat die den Hund führende Person die Erlaubnis oder eine Kopie mit sich zu führen und den zur Kontrolle befugten Dienstkräften auf Verlangen auszuhändigen.
- Innerhalb eines befriedeten Besitztums sind gefährliche Hunde so zu halten, dass sie dieses gegen den Willen des Halters nicht verlassen können.
- Außerhalb eines befriedeten Besitztums sowie in Fluren, Aufzügen, Treppenhäusern und auf Zuwegen von Mehrfamilienhäusern sind gefährliche Hunde an einer zur Vermeidung von Gefahren geeigneten Leine (reißfest, nicht länger als eineinhalb Meter) zu führen. Dies gilt nicht innerhalb besonders ausgewiesener Hundeauslaufbereiche.
- Gefährlichen Hunden ist ein das Beißen verhindernder Maulkorb oder eine in der Wirkung gleichstehende Vorrichtung anzulegen (dies gilt nicht für Hunde bis zur Vollendung des sechsten Lebensmonats).
- Die zuständige Behörde kann für gefährliche Hunde der Kategorie 2 auf Antrag eine Befreiung von den Verpflichtungen zum Leinen- und Maulkorbzwang erteilen, wenn der Halter durch eine Verhaltensprüfung bei einem beamteten Tierarzt nachweist, dass eine Gefahr für die öffentliche Sicherheit nicht zu befürchten ist. Für große Hunde, die außerhalb des befriedeten Besitztums innerhalb im Zusammenhang bebauter Ortsteile auf öffentlichen Flächen und in Bereichen nach § 2 Abs. 2 LHundG NRW geführt werden, kann eine Befreiung von der Anleinpflicht nicht erteilt werden.
- Nebenbestimmungen zur Erlaubnis sind zulässig. Die Erlaubnis gilt im gesamten Landesgebiet. Bei Ortswechsel sind weitere Auflagen möglich.
- Die Erlaubnis (Kopie) ist beim Ausführen mitzuführen und berechtigten Personen auf Verlangen auszuhändigen. Sehen Sie Näheres zur Verhaltensprüfung in § 3 DVO LHundG NRW.

- Der Halter muss in der Lage sein, den gefährlichen Hund sicher an der Leine zu halten und zu führen. Eine andere Aufsichtsperson darf außerhalb des befriedeten Besitztums einen gefährlichen Hund nur führen, wenn sie zuverlässig ist, das 18. Lebensjahr vollendet hat und in der Lage ist, den gefährlichen Hund sicher zu halten und zu führen. Der Halter oder eine Aufsichtsperson darf einen gefährlichen Hund außerhalb des befriedeten Besitztums keiner Person überlassen, welche die Voraussetzungen von § 5 Abs. 4 Satz 2 LHundG NRW nicht erfüllt. Das gleichzeitige Führen von mehreren gefährlichen Hunden durch eine Person ist unzulässig.
- Der Halter des gefährlichen Hundes ist verpflichtet, eine Haftpflichtversicherung zur Deckung der durch den Hund verursachten Personen- und Sachschäden mit einer Mindestversicherungssumme in Höhe von 500.000 Euro für Personenschäden und in Höhe von 250.000 Euro für sonstige Schäden abzuschließen und aufrechtzuerhalten. Erlischt der Versicherungsschutz z.B. durch Nichtleistung der Versicherungsbeiträge, so liegen die Erlaubnisvoraussetzungen nicht mehr vor. Die zuständige Ordnungsbehörde soll in diesen Fällen ein Verfahren zum Widerruf der Erlaubnis und zur Untersagung der Hundehaltung sowie ein Bußgeldverfahren einleiten, wenn eine entsprechende Haftpflichtversicherung nicht innerhalb von zwei Wochen nachgewiesen wird.
- Die Abgabe oder Veräußerung eines gefährlichen Hundes darf nur an Personen erfolgen, die im Besitz einer Erlaubnis sind. Dies gilt nicht für die Abgabe durch ein Tierheim im Rahmen eines befristeten Pflegevertrags zur Anbahnung der Vermittlung eines gefährlichen Hundes, wenn dies der zuständigen Behörde zuvor angezeigt wird und das Pflegeverhältnis einen Zeitraum von sechs Monaten nicht überschreitet. Die zuständige Behörde kann im Einzelfall notwendige Anordnungen treffen.
- Haltung, Erwerb und Abgabe eines gefährlichen Hundes sowie die Eigentumsaufgabe hat der Halter der zuständigen Behörde anzuzeigen, ebenso den Umzug innerhalb des Haltungsorts und den Wegzug an einen anderen Haltungsort sowie das Abhandenkommen und den Tod des Hundes. Im Falle des Wechsels des Haltungsorts besteht die Anzeigepflicht auch gegenüber der für den neuen Haltungsort zuständigen Behörde. Bei einem Wechsel in der Person des Halters sind Name und Anschrift des neuen Halters anzuzeigen.
- Wer einen gefährlichen Hund veräußert oder abgibt, hat dem Erwerber mitzuteilen, dass es sich um einen solchen Hund handelt.

Befriedetes Besitztum ist ein durch Zäune, Absperrungen, Wände usw. gegenüber öffentlichen oder anderen privaten Bereichen abgetrennter räumlicher Bereich.

Verstöße können überwiegend als Ordnungswidrigkeiten verfolgt werden. Zur Durchsetzung der Pflichten kann die zuständige Behörde Anordnungen nach § 12 Abs. 1 LHundG NRW treffen.

### *Anzeige- und Mitteilungspflichten der zuständigen Behörde*

Bei einem Wechsel des Haltungsorts unterrichtet die bisher zuständige Behörde die nunmehr zuständige Behörde über Feststellungen hinsichtlich der Gefährlichkeit eines Hundes nach der Kategorie 2 sowie die Erteilung von Erlaubnissen und Befreiungen.

Die für die Erhebung der Hundesteuer zuständige Stelle der Gemeinde kann der zuständigen Behörde die für den Vollzug dieses Gesetzes erforderlichen Namen und Anschriften der Halter von Hunden übermitteln.

### *Zucht und Handel mit gefährlichen Hunden, Unfruchtbarmachung*

Zucht, Kreuzung und Handel mit gefährlichen Hunden nach der Kategorie 2 sind verboten. Für Hunde der Kategorie 1 bestand ursprünglich ein bundesrechtlich geregeltes Zuchtverbot. Trotz einer nun fehlenden ausdrücklichen Regelung ist ein Zuchtverbot auch für Hunde der Kategorie 1 durch Auslegung des § 9 LHundG NRW zu erreichen.

Der Halter eines gefährlichen Hundes beider Kategorien hat sicherzustellen, dass eine Verpaarung des Hundes mit anderen Hunden nicht erfolgt.

Die zuständige Behörde kann die Unfruchtbarmachung eines gefährlichen Hundes von beiden Kategorien anordnen, wenn gegen diese Verbote verstoßen wird.

### *Geltung der Bestimmungen für bestimmte Hunderassen*

Für den Umgang mit Hunden der Rassen Alano, American Bulldog, Bullmastiff, Mastiff, Mastín Español, Mastino Napoletano, Fila Brasileiro, Dogo Argentino, Rottweiler und Tosa Inu sowie deren Kreuzungen untereinander sowie mit anderen Hunden gelten die Vorschriften über die Erlaubnispflicht und deren Voraussetzungen (ohne den Nachweis des berechtigten Interesses) und die Pflichten der Sachkunde und Zuverlässigkeit sowie die Anzeige- und Mitteilungspflichten nach den §§ 4, 5 bis 8 LHundG NRW.

Zur Bestimmung, ob es sich bei einem Hund um eine Kreuzung mit einem der genannten Hunde handelt, kommt es nicht nur auf das deutliche Hervortreten phänotypischer Merkmale an, sondern vielmehr auf eine Gesamtschau zur Verfügung stehender Erkenntnisquellen. Sehen Sie Näheres hierzu in Nr. 10 der VV LHundG NRW.

Die Verhaltensprüfung für diese Hunderassen kann abweichend von der Zuständigkeit der Tierschutzbehörden auch von einem anerkannten Sachverständigen oder einer anerkannten sachverständigen Stelle durchgeführt werden. Dies gilt auch für die Erteilung der Sachkundebescheinigung.

### *Große Hunde*

Die Haltung eines Hundes, der ausgewachsen eine Widerristhöhe (Schulterhöhe) von mindestens 40 Zentimeter oder ein Gewicht von mindestens 20 Kilogramm erreicht (großer Hund), ist der zuständigen Ordnungsbehörde vom Halter anzuzeigen, damit diese die Haltungsvoraussetzungen prüfen kann.

Eine Erlaubnispflicht zur Haltung großer Hunde besteht nicht, es sei denn, es handelt sich um einen gefährlichen Hund.

Große Hunde dürfen nur gehalten werden, wenn der Halter die erforderliche Sachkunde und Zuverlässigkeit besitzt, den Hund fälschungssicher mit einem Mikrochip gekennzeichnet und für den Hund eine Haftpflichtversicherung abgeschlossen hat und dies gegenüber der zuständigen Behörde nachweist.

Die Art und Weise der Überprüfung der Zuverlässigkeit obliegt der zuständigen Behörde, wobei die zu stellenden Zuverlässigkeitskriterien hier etwas weniger streng zu handhaben sind als bei Haltern gefährlicher Hunde. Sehen Sie zur Zuverlässigkeit auch den Abschnitt „Erlaubnispflicht für gefährliche Hunde“.

§ 4 Abs. 7 LHundG NRW (Kennzeichnung), § 5 Abs. 5 LHundG NRW (Haftpflichtversicherung) und § 6 Abs. 3 LHundG NRW (Sachkunde) gelten entsprechend.

Der Nachweis der Sachkunde kann auch durch die Sachkundebescheinigung eines anerkannten Sachverständigen, einer anerkannten sachverständigen Stelle oder von durch die Tierärztekammern benannten Tierärzten erteilt werden. Näheres über die Sachkunde und die Sachkundeprüfung finden Sie in der DVO LHundG NRW.

Die zuständige Behörde kann die Beantragung eines Führungszeugnisses der Belegart 0 nach § 30 Abs. 5 BZRG zum Nachweis der Zuverlässigkeit anordnen, wenn Anhaltspunkte vorliegen, die Zweifel an der Zuverlässigkeit des Halters begründen.

Große Hunde sind außerhalb eines befriedeten Besitztums innerhalb im Zusammenhang bebauter Ortsteile i.S.v. § 34 BauGB auf öffentlichen Straßen, Wegen und Plätzen (also nicht auf reinen Privatgrundstücken) angeleint zu führen. Dies gilt nicht für besonders ausgewiesene Hundeauslaufwiesen. Die Leine muss reißfest und darf höchstens 1,5 Meter lang sein. Die Leinenpflicht gilt auch für Halter und Aufsichtspersonen, die sich nur vorübergehend in Nordrhein-Westfalen aufhalten. Eine Befreiung von der Leinenpflicht sieht das LHundG NRW nicht vor. Die Gemeinden können weitergehende Vorschriften erlassen, soweit diese dem hier aufgeführten Leinenzwang nicht widersprechen. Ordnungswidrigkeiten gegen diese Pflicht sollen verfolgt werden.

## *Anordnungen im Einzelfall*

Die zuständige Behörde kann die notwendigen Anordnungen treffen, um eine im Einzelfall bestehende Gefahr für die öffentliche Sicherheit, insbesondere Verstöße gegen Vorschriften des LHundG NRW, abzuwehren. § 12 Abs. 1 LHundG NRW beinhaltet diesbezüglich eine spezialgesetzliche Ermächtigungsgrundlage, sodass ein Rückgriff auf die Befugnisklausel in § 14 Abs. 1 OBG nicht möglich ist. Es kann beispielsweise die Vorführung eines Hundes zur Begutachtung beim Veterinär angeordnet werden.

Das Halten eines gefährlichen Hundes oder eines Hundes der bestimmten Rassen nach § 10 Abs. 1 LHundG NRW soll (bedingte Mussvorschrift) untersagt werden, wenn ein schwerwiegender Verstoß oder wiederholte Verstöße gegen Vorschriften des LHundG NRW oder aufgrund dieses Gesetzes getroffener Anordnungen vorliegen, die Erlaubnisvoraussetzungen nicht erfüllt sind, eine erforderliche Erlaubnis nicht innerhalb einer behördlich bestimmten Frist beantragt oder eine Erlaubnis versagt wurde. Beispielsweise kommt dies in Betracht, wenn wiederholt ein derartiger Hund rechtswidrig unangeleint oder ohne Maulkorb ausgeführt wird. Auch bei einer Versagung der erforderlichen Erlaubnis ist die Hundehaltung zu untersagen.

Das Halten eines großen Hundes i.S.v. § 11 Abs. 1 LHundG NRW kann nach pflichtgemäßem Ermessen untersagt werden, wenn ein schwerwiegender Verstoß oder wiederholte Verstöße gegen Vorschriften des LHundG NRW oder aufgrund dieses Gesetzes getroffener Anordnungen vorliegen, die Haltungsvoraussetzungen nicht erfüllt sind oder die Haltungsvoraussetzungen nicht innerhalb einer behördlich bestimmten Frist der zuständigen Behörde nachgewiesen wurden.

Mit der Untersagung kann auch die Untersagung einer künftigen Haltung gefährlicher Hunde, von Hunden i.S.v. § 10 Abs. 1LHundG NRW (Hunde bestimmter Rassen) und § 11 Abs. 1 ALHundG NRW (große Hunde) verbunden werden. Im Falle der Untersagung kann angeordnet werden, dass der Hund dem Halter entzogen wird und an eine geeignete Person oder Stelle abzugeben ist.

Mit Zustimmung des amtlichen Tierarztes kann die Einschläferung eines zur Abwehr gegenwärtiger Gefahren für Leben oder Gesundheit sichergestellten Hundes angeordnet werden, wenn im Falle seiner Verwertung i.S.v. § 45 Abs. 1 PolG die Gründe, die zu seiner Sicherstellung berechtigten, fortbestehen oder erneut entstünden, oder wenn die Verwertung aus anderen Gründen nicht möglich ist.

### *Zuständigkeit*

Zuständige Behörden im Sinne dieses Gesetzes sind die örtlichen Ordnungsbehörden, in deren Bezirk der Hund gehalten wird (Haltungsort). Dies ist der Hauptwohnsitz des Halters. Die ihnen nach diesem Gesetz zugewiesenen Aufgaben nehmen die Gemeinden als Pflichtaufgaben zur Erfüllung nach Weisung wahr.

### *Erfassung registrierter Hunde*

Gespeicherte Daten zur fälschungssicheren Kennzeichnung dürfen von den zuständigen Behörden genutzt werden und sind im Einzelfall unverzüglich an das zentrale Register mitzuteilen. Weiter ist ein Wechsel der Behördenzuständigkeit dorthin mitzuteilen.

### *Erlaubnisse und Bescheinigungen anderer Bundesländer*

Erlaubnisse, Befreiungen und Sachkundebescheinigungen, die von zuständigen Stellen anderer Länder erteilt wurden, sollen von der zuständigen Behörde anerkannt werden, wenn sie den in diesem Gesetz und aufgrund dieses Gesetzes gestellten Anforderungen im Wesentlichen entsprechen. In Zweifelsfällen sollte eine ministerielle Entscheidung herbeigeführt werden.

## *Geltung allgemeinen Ordnungsrechts*

Soweit das LHundG NRW oder nach diesem Gesetz erlassene ordnungsbehördliche Verordnungen nicht Abweichendes bestimmen, gelten ergänzend die Vorschriften des Ordnungsbehördengesetzes.

Regelungen in ordnungsbehördlichen Verordnungen der örtlichen Ordnungsbehörden mit Bezug auf Hunde bleiben unberührt oder können darin neu aufgenommen werden, soweit diese Vorschriften zum LHundG NRW oder zu den aufgrund dieses Gesetzes erlassenen Verordnungen nicht in Widerspruch stehen.

## *Ausnahmen*

Dieses Gesetz gilt mit Ausnahme von § 2 Abs. 1 LHundG NRW (allgemeine Haltungs-, Führungs- und Beaufsichtigungspflicht) nicht für Diensthunde von Behörden, Hunde des Rettungsdienstes oder des Katastrophenschutzes und Blindenführhunde. Für Behindertenbegleithunde, Herdengebrauchshunde und brauchbare Jagdhunde gelten die nach dem Gesetz bestimmten Anleinpflichten im Rahmen ihres bestimmungsgemäßen Einsatzes nicht.

## *Ordnungswidrigkeiten*

Der Gesetzgeber hat in § 20 Abs. 1, 2 LHundG NRW die einzelnen Bußgeldtatbestände aufgelistet.

Ordnungswidrigkeiten können mit einer Geldbuße bis zu 100.000 Euro geahndet werden.

Hunde, auf die sich eine Ordnungswidrigkeit bezieht, können unter den Voraussetzungen von § 27 Abs. 2 Nr. 2 OWiG eingezogen werden.

Verwaltungsbehörde i.S.v. § 36 Abs. 1 Nr. 1 OWiG ist die zuständige Behörde, also die örtliche Ordnungsbehörde.

## *Strafvorschriften*

Das Gesetz enthält Strafvorschriften im Hinblick auf das Hetzen von Hunden auf Mensch oder Tier und die Ausbildung von Hunden mit dem Ziel gesteigerter Aggressivität.

## B/3.12 Rheinland-Pfalz

### Relevante Normen

- Landesgesetz über gefährliche Hunde (LHundG) vom 22.12.2004
- Rundschreiben zur Durchführung des Landesgesetzes über gefährliche Hunde vom 10.05.2006
- Verwaltungsvorschrift über die Befreiung gefährlicher Hunde vom Maulkorbzwang (MaulKZBefVwV) vom 10.05.2006

### Gefährliche Hunde

Es gibt zwei Kategorien gefährlicher Hunde. Kategorie 1 beinhaltet Hunde, die im Einzelfall als gefährlich gelten können. Bei Rassen der Kategorie 2 wird die Gefährlichkeit generell vermutet. Sind die Voraussetzungen der Gefährlichkeit gegeben, gilt der betroffene Hund kraft Gesetzes als gefährlich, ohne dass es eines Verwaltungsakts bedarf. Die zuständige Behörde kann jedoch, z.B. wenn der Hundehalter die Gefährlichkeit bestreitet, einen feststellenden, konkretisierenden Verwaltungsakt erlassen.

Als gefährliche Hunde im Sinne des LHundG gelten:

#### Kategorie 1

- Hunde, die sich als bissig erwiesen haben
- Hunde, die durch ihr Verhalten gezeigt haben, dass sie Wild oder Vieh hetzen oder reißen
- Hunde, die in aggressiver oder gefahrdrohender Weise Menschen angesprungen haben
- Hunde, die eine über das natürliche Maß hinausgehende Kampfbereitschaft, Angriffslust, Schärfe oder eine andere in ihrer Wirkung vergleichbare Eigenschaft entwickelt haben

#### Kategorie 2

Hunde der Rassen American Staffordshire Terrier und Staffordshire-Bullterrier, Hunde des Typs Pitbull-Terrier sowie Hunde, die von einer dieser Rassen oder diesem Typ abstammen, sind gefährliche Hunde.

Sieht sich die zuständige Behörde außerstande, die Voraussetzungen der Kategorie 1 oder die Abstammung nach der Kategorie 2 zu beurteilen, kann sie eine

Stellungnahme des amtlichen Tierarztes oder der Polizeidiensthundestaffel anfordern.

### *Zucht, Vermehrung und Handel mit gefährlichen Hunden*

Die Zucht, die Vermehrung und der Handel mit gefährlichen Hunden sind verboten. Das Zuchtverbot gilt sowohl für gewerbliche als auch nicht gewerbliche Zucht. Der Handel erfasst den gewerbsmäßigen Handel. Der private Verkauf einzelner Tiere durch Tierheime fällt nicht unter das Handelsverbot.

Die zuständige Behörde soll (bedingte Mussvorschrift) die Unfruchtbarmachung eines gefährlichen Hundes anordnen, wenn die Gefahr der Heranbildung gefährlicher Nachkommen besteht. Hiervon darf nur in ganz besonders begründeten Einzelfällen abgesehen werden (z.B. bei alten Hunden, die nicht mehr zeugungsfähig sind). Ein Ausnahmefall kann auch vorliegen, wenn ein gefährlicher Hund zu keinem Zeitpunkt mit einem anderen Hund in Kontakt kommen kann, z.B. bei einer reinen Zwingerhaltung.

Bei Hunden der Kategorie 1 kann von einer Unfruchtbarmachung abgesehen werden, wenn es für eine Vererbung einer konfliktträchtigen Eigenschaft keine Anhaltspunkte gibt. Zur Entscheidungsfindung kann die zuständige Behörde eine Stellungnahme des Veterinäramts einholen, soweit kein Sachverständigengutachten vorgelegt wird.

Hunde dürfen nicht durch Zuchtauswahl, Ausbildung oder Haltung zu gefährlichen Hunden herangebildet werden.

### *Erlaubnis und Voraussetzungen*

Wer einen gefährlichen Hund halten will, bedarf der Erlaubnis der zuständigen Behörde. Halter eines Hundes ist jede Person, bei welcher der Hund untergebracht ist, welche die Kosten von dessen Versorgung trägt und die Bestimmungsmacht über den Hund hat.

Die Erlaubnis wird (Mussvorschrift) nur erteilt, wenn

- ein berechtigtes Interesse an der Haltung eines gefährlichen Hundes besteht,
- die antragstellende Person die zur Haltung eines gefährlichen Hundes erforderliche Sachkunde besitzt und das 18. Lebensjahr vollendet hat,

- keine Tatsachen die Annahme rechtfertigen, dass die antragstellende Person die zur Haltung eines gefährlichen Hundes erforderliche Zuverlässigkeit nicht besitzt, und
- eine Haftpflichtversicherung (Mindestsumme: 500.000 Euro für Personenschäden, 250.000 Euro für sonstige Schäden) nachgewiesen wird.

Die Erlaubnispflicht besteht auch, wenn für einen Hund in einem anderen Bundesland bereits eine Erlaubnis erteilt wurde und der Hund danach in Rheinland-Pfalz gehalten wird, dies jedoch unter erleichterten Voraussetzungen (z.B. Anerkennung der Sachkundeprüfung des bisherigen Bundeslandes).

### *Ausnahme*

Die Erlaubnisvoraussetzungen gelten nicht für Personen, die mit einer nach § 11 TierSchG erteilten Erlaubnis ein Tierheim oder eine ähnliche Einrichtung betreiben, für die dort untergebrachten gefährlichen Hunde. Allerdings haben diese unverzüglich der zuständigen Ordnungsbehörde die Aufnahme eines gefährlichen Hundes anzuzeigen.

### *Berechtigtes Interesse*

Der Begriff des berechtigten Interesses ist eng auszulegen, sodass die Erteilung einer Erlaubnis für die Haltung eines gefährlichen Hundes nur in besonders gelagerten Einzelfällen in Betracht kommt. Näheres hierzu sehen Sie unter Nr. 3.1.6 bis 3.1.8 des Rundschreibens zur Durchführung des LHundG.

### *Sachkunde*

Der Nachweis der zur Haltung eines gefährlichen Hundes erforderlichen Sachkunde wird durch die Bescheinigung einer von der Landestierärztekammer Rheinland-Pfalz benannten sachverständigen Person oder Stelle über eine nach den Prüfungsstandards der Landestierärztekammer Rheinland-Pfalz erfolgreich abgelegte Sachkundeprüfung erbracht. Er gilt für den Halter nur in Verbindung mit dem Hund, mit dem die Sachkundeprüfung abgelegt worden ist.

Sachkundebescheinigungen, die von zuständigen Stellen anderer Länder erteilt wurden, werden anerkannt, sofern sie den von der Landestierärztekammer Rheinland-Pfalz festgelegten Prüfungsstandards entsprechen.

### *Zuverlässigkeit*

Die zur Haltung eines gefährlichen Hundes erforderliche Zuverlässigkeit besitzt in der Regel **nicht,** wer Tatbestände nach § 3 Abs. 3 LHundG (die Aufzählung ist nicht abschließend) erfüllt.

Zur Prüfung der Zuverlässigkeit hat die zuständige Behörde die unbeschränkte Auskunft aus dem Bundeszentralregister sowie eine Stellungnahme der örtlichen Polizeidienststelle einzuholen, ob Tatsachen bekannt sind, die Bedenken gegen die Zuverlässigkeit begründen.

Sind Tatsachen bekannt, die Bedenken gegen die Zuverlässigkeit begründen, dass der Hundehalter psychisch krank, debil, trunksüchtig oder rauschmittelsüchtig ist, kann die zuständige Behörde der betroffenen Person die Vorlage eines fachärztlichen oder fachpsychologischen Gutachtens auf deren Kosten aufgeben.

## *Halter-/Führerpflichten für gefährliche Hunde*

Gefährliche Hunde sind so zu halten, dass Menschen, Tiere und Sachen nicht gefährdet werden. Sie sind insbesondere in sicherem Gewahrsam zu halten. Beispielsweise müssen Briefkästen oder Mülltonnen ohne Kontakt mit dem gefährlichen Hund erreicht werden können, Türen oder Gartentore dürfen auch nicht kurzfristig offengelassen werden. Gegebenenfalls sind auch Warnschilder an Eingangstüren anzubringen. Der Halter eines gefährlichen Hundes hat einfach durch Sicherheitsvorrichtungen dafür zu sorgen, dass dieser nicht entweichen oder sich z.B. von einer Anbindung nicht lösen kann. Sehen Sie näher zu dieser allgemeinen Vorschrift die Erläuterungen in Nr. 4.1 des Rundschreibens zur Durchführung des LHundG.

Der Halter eines gefährlichen Hundes ist verpflichtet, eine Haftpflichtversicherung zur Deckung der durch den Hund verursachten Personen- und Sachschäden mit einer Mindestversicherungssumme in Höhe von 500.000 Euro für Personenschäden und in Höhe von 250.000 Euro für sonstige Schäden abzuschließen und aufrechtzuerhalten.

Gefährliche Hunde sind durch einen elektronisch lesbaren Chip (Transponder) dauerhaft und unverwechselbar so zu kennzeichnen, dass ihre Identität und Gefährlichkeit festgestellt werden kann. Die Kennzeichnung hat durch einen praktizierenden Tierarzt zu erfolgen. Der Halter des gefährlichen Hundes hat der zuständigen Behörde die Kennzeichnung des gefährlichen Hundes durch eine Bescheinigung des Tierarztes, der die Kennzeichnung vorgenommen hat, nachzuweisen. In der Bescheinigung sind die auf dem Chip gespeicherten Daten anzugeben.

Wer als Halter einen gefährlichen Hund einer anderen Person länger als vier Wochen zur Obhut überlässt, hat unter Angabe des Namens und der Anschrift dieser Person den dortigen Verbleib des Hundes unverzüglich der für den Wohnort des Halters zuständigen Behörde mitzuteilen. Der gefährliche Hund darf nur einer Person zur Obhut überlassen werden, die das 18. Lebensjahr vollendet hat und die erforderliche Zuverlässigkeit besitzt. Die zuständige Behörde kann die Überlassung untersagen, wenn Tatsachen die Annahme rechtfertigen, dass dadurch eine Gefahr für die öffentliche Sicherheit besteht (z.B. wenn die angegebene Person körperlich nicht in der Lage ist, den gefährlichen Hund sicher zu führen).

Bei einem Wohnortwechsel hat der Halter eines gefährlichen Hundes die Haltung unverzüglich der für den neuen Wohnort zuständigen Behörde anzuzeigen. Bei einem Halterwechsel hat der bisherige Halter den Namen und die Anschrift des neuen Halters unverzüglich der zuständigen Behörde anzuzeigen.

Das Abhandenkommen eines gefährlichen Hundes ist vom Halter unverzüglich der zuständigen Behörde mitzuteilen.

Außerhalb des befriedeten Besitztums sowie bei Mehrfamilienhäusern auf Zuwegen, in Treppenhäusern und Fluren sowie in sonstigen von der Hausgemeinschaft gemeinsam genutzten Räumen darf einen gefährlichen Hund nur führen, wer das 18. Lebensjahr vollendet hat, körperlich in der Lage ist, den Hund sicher zu führen, und die zur Führung eines gefährlichen Hundes erforderliche Zuverlässigkeit besitzt. Hundeführer ist, wer sich mit dem Hund außerhalb dessen sicheren Gewahrsams aufhält, insbesondere mit ihm spazieren geht und währenddessen auf ihn aufpasst.

Es ist unzulässig, einen gefährlichen Hund außerhalb des befriedeten Besitztums sowie bei Mehrfamilienhäusern auf Zuwegen, in Treppenhäusern und Fluren sowie in sonstigen von der Hausgemeinschaft gemeinsam genutzten Räumen von einer Person führen zu lassen, die nicht die oben genannten Voraussetzungen erfüllt.

Eine Person darf nicht gleichzeitig mehrere gefährliche Hunde führen.

Außerhalb des befriedeten Besitztums sowie bei Mehrfamilienhäusern auf Zuwegen, in Treppenhäusern und Fluren sowie in sonstigen von der Hausgemeinschaft gemeinsam genutzten Räumen sind gefährliche Hunde anzuleinen (sichere und reißfeste Leine, bei Personen in der Nähe höchstens 50 cm lang) und haben einen das Beißen verhindernden Maulkorb zu tragen. Die zuständige Behörde kann Ausnahmen vom Maulkorbzwang zulassen, wenn im Einzelfall eine Gefahr für die öffentliche Sicherheit nicht zu befürchten ist. Lesen Sie über die Voraussetzungen hierzu auch in der MaulKZBefVwV. Das LHundG sieht eine Befreiung vom Leinenzwang für gefährliche Hunde nicht vor.

### *Widerruf der Erlaubnis*

Die Erlaubnis kann von der zuständigen Behörde jederzeit widerrufen werden, wenn die Voraussetzungen für ihre Erteilung wegfallen. Hierbei sind die Vorschriften des Landesverwaltungsverfahrensgesetzes zu beachten.

### *Anordnungen*

Die zuständige Behörde kann die notwendigen Anordnungen treffen, um eine im Einzelfall bestehende Gefahr für die öffentliche Sicherheit – insbesondere Verstöße gegen Bestimmungen dieses Gesetzes – abzuwehren. Es bedarf hierbei umfassender Ermittlungen über den Sachverhalt. Diese spezielle Anordnungsbefugnis verdrängt als spezielle Vorschrift § 9 Abs. 1 POG. Soweit ansonsten keine spezialgesetzlichen Regelungen im LHundG vorhanden sind, erfolgt ein Rückgriff auf die Vorschriften des Polizei- und Ordnungsbehördengesetzes (POG).

**Beispiele für eine Anordnung**

- Untersagung der Hundeführung durch eine bestimmte Person
- Untersagung der Haltung eines gefährlichen Hundes ohne Erlaubnis

Liegen konkrete Anhaltspunkte für die Gefährlichkeit eines Hundes vor, kann die zuständige Behörde zur Überprüfung die Vorführung und Begutachtung durch die amtliche Tierärztin/den amtlichen Tierarzt oder die Polizeidiensthundestaffel anordnen.

**Beispiel für eine Anordnung**

- wenn die Rassezugehörigkeit eines Hundes zweifelhaft ist

Die Anordnung kann mit unmittelbarem Zwang durchgesetzt werden.

Wird ein gefährlicher Hund ohne Erlaubnis gehalten und kann die Erlaubnis nicht erlangt werden, ist die Haltung dieses Hundes zu untersagen. Da ein Verstoß gegen die Erlaubnispflicht eine Störung der öffentlichen Sicherheit darstellt, kann der Hund erforderlichenfalls ohne vorherigen Erlass einer Untersagungsverfügung sofort gemäß § 22 POG sichergestellt werden. Zur Verwahrung eines sichergestellten Hundes sehen Sie Nr. 7.1.5 des Rundschreibens zur Durchführung des LHundG.

Die zuständige Behörde kann als letztes Mittel die Tötung eines gefährlichen Hundes anordnen, wenn Tatsachen die Annahme rechtfertigen, dass durch die Haltung des Hundes eine erhebliche Gefährdung für Menschen oder Tiere ausgeht, der amtliche Tierarzt der Tötung zustimmt und mildere Mittel nicht gegeben sind. Die tierschutzrechtlichen Vorschriften bleiben unberührt. Kosten für die Unterbringung und Versorgung eines gefährlichen Hundes rechtfertigen die Tötung nicht.

### *Örtliche Verordnungen*

Die Befugnis, nach § 43 POG, Verordnungen zur Abwehr der von Hunden ausgehenden abstrakten Gefahren zu erlassen (z.B. allgemeine Anleingebote), bleibt unberührt, soweit diese Gefahrenabwehrverordnungen nicht zu diesem Gesetz in Widerspruch stehen.

### *Ausnahmen*

Diensthunde des Bundes, des Landes und der kommunalen Gebietskörperschaften, Herdengebrauchshunde und Jagdhunde dürfen abweichend vom allgemeinen Ausbildungsverbot mit dem Ziel einer gesteigerten Aggressivität und Gefährlichkeit gegenüber Menschen und Tieren ausgebildet werden, soweit dies für die jeweilige Zweckbestimmung erforderlich ist.

Für Herdengebrauchshunde und Jagdhunde gilt auch eine Bescheinigung über eine bestandene Jägerprüfung als Sachkundenachweis. Es dürfen auch mehrere dieser Hunde von einer Person im Rahmen ihrer jeweiligen Zweckbestimmung ausgeführt werden. Die Leinen- und Maulkorbpflicht gilt für diese Hunde ebenfalls nicht, soweit sie im Rahmen ihrer jeweiligen Zweckbestimmung eingesetzt werden.

Die Erlaubnispflicht sowie die Vorschriften über das Halten und Führen gefährlicher Hunde finden auf Diensthunde des Bundes, des Landes und der kommunalen Gebietskörperschaften keine Anwendung.

Die Vorschriften über die Unfruchtbarmachung, die Erlaubnispflicht, der Abschluss einer Haftpflichtversicherung, die Kennzeichnung durch Chip sowie die Anzeigepflicht bei einem Wohnungswechsel finden keine Anwendung auf Personen, die keine Wohnung in Rheinland-Pfalz haben und sich nicht länger als zwei Monate ununterbrochen mit einem gefährlichen Hund in Rheinland-Pfalz aufhalten; eine Verlängerung des vorübergehenden Aufenthalts kann zur Vermeidung unbilliger Härten durch die zuständige Behörde auf Antrag genehmigt werden.

### *Ordnungswidrigkeiten*

In § 10 LHundG sind die einzelnen Bußgeldtatbestände aufgelistet.

Ordnungswidrigkeiten können mit einer Geldbuße bis zu 10.000 Euro geahndet werden.

Verwaltungsbehörden i.S.v. § 36 Abs. 1 Nr. 1 OWiG sind die unten aufgeführten zuständigen Behörden.

### *Zuständigkeit*

Zuständige Behörden nach diesem Gesetz sind die Gemeindeverwaltungen der verbandsfreien Gemeinde, die Verbandsgemeindeverwaltungen sowie in kreisfreien und großen kreisangehörigen Städten die Stadtverwaltungen als örtliche Ordnungsbehörden.

## *B/3.13 Saarland*

### *Relevante Normen*

- Polizeiverordnung über den Schutz der Bevölkerung vor gefährlichen Hunden im Saarland (HuV SL) vom 15.12.2022
- Verwaltungsvorschriften zur Polizeiverordnung über den Schutz der Bevölkerung vor gefährlichen Hunden im Saarland (VVHuV SL) vom 15.12.2022

> **Hinweis**
>
> Die Polizeiverordnung enthält auch Vorschriften für alle Hunde.

### *Gefährliche Hunde*

Im Saarland sind Hunde im Einzelfall gefährlich, die

- sich als bissig erwiesen haben,
- in aggressiver und gefahrdrohender Weise Menschen oder Tiere angesprungen haben oder
- auf Angriffslust oder Schärfe oder andere in der Wirkung gleichstehende Zuchtmerkmale gezüchtet oder ausgebildet wurden.

Bei Zweifeln über die Gefährlichkeit eines dieser Hunde kann die zuständige Behörde das Vorliegen dieser Voraussetzungen feststellen.

Halter eines Hundes haben, nachdem sie ihren Hund als gefährlich im Sinne der Listenpunkte eins und zwei erkannt haben oder hätten erkennen müssen oder die Behörde diesen für gefährlich erklärt hat, unverzüglich die erforderliche Sachkundebescheinigung zu erwerben und eine Erlaubnis einzuholen.

Die nicht gewerbsmäßige Zucht, die Ausbildung und das Halten gefährlicher Hunde im Sinne des Listenpunkts 3 sowie jegliches Abrichten von Hunden auf Angriffslust oder Schärfe oder ein anderes in der Wirkung gleichstehendes Verhalten sind verboten.

**Hinweis**

Sehen Sie auch unten die Bestimmungen für besondere Hunderassen unter „Bestimmungen zur Ausbildung und Haltung bestimmter Rassen (gefährliche Hunde kraft Vermutung)". Diesbezüglich ist von einer weiteren Kategorie auszugehen, die besonderen Bestimmungen unterliegt. Es handelt sich hierbei um Hunderassen, bei welchen die Gefährlichkeit gesetzlich vermutet wird. Die Eigenschaft der Gefährlichkeit kann durch einen bestandenen Wesenstest widerlegt werden.

### *Erlaubnis*

#### *Erlaubnisvorbehalt*

Einer Erlaubnis bedarf die Ausbildung oder das Halten von Hunden, die sich als bissig erwiesen haben, oder solcher, die in aggressiver und gefahrdrohender Weise Menschen oder Tiere angesprungen haben.

### *Erlaubnisvoraussetzungen*

Die Erlaubnis wird (kein Ermessen) nur erteilt, wenn

- die antragstellende Person die erforderliche Sachkunde nachgewiesen und das 18. Lebensjahr vollendet hat,
- keine Tatsachen die Annahme rechtfertigen, dass die antragstellende Person die erforderliche Zuverlässigkeit nicht besitzt (ein aktuelles Führungszeugnis zur Vorlage bei einer Behörde ist vorzulegen),
- die der Ausbildung und dem Halten dienenden Räumlichkeiten, Einrichtungen und Freianlagen eine ausbruchsichere Unterbringung des Hundes ermöglichen, sodass die körperliche Unversehrtheit von Mensch oder Tier nicht gefährdet wird, und
- der Hundehalter den Nachweis des Bestehens einer Haftpflichtversicherung mit einer Mindestdeckungssumme von 1 Mio. Euro für Personenschäden und 500.000 Euro für Sachschäden erbringt und jeweils einmal jährlich deren Fortbestehen nachweist.

### *Nebenbestimmungen zur Erlaubnis*

Die Erlaubnis kann befristet und unter Vorbehalt des Widerrufs erteilt sowie mit Bedingungen und Auflagen verbunden werden. Auflagen können auch nachträglich aufgenommen, geändert und ergänzt werden. Die Erlaubnis kann wieder zurückgenommen werden, wenn eine der Voraussetzungen für die Erteilung nachträglich wegfällt.

### *Haltungsuntersagung*

Die zuständige Behörde hat (kein Ermessen) die Haltung eines gefährlichen Hundes zu untersagen, wenn die erforderliche Erlaubnis nicht eingeholt wurde, nicht erteilt werden konnte oder entzogen wurde. Das Gleiche gilt, wenn Tatsachen die Annahme rechtfertigen, dass durch das Halten eine Gefahr für Leben oder Gesundheit von Menschen oder Tieren besteht.

### *Zuverlässigkeit*

Die erforderliche Zuverlässigkeit besitzen in der Regel Personen nicht, die nach den in § 3 Abs. 1 HuV SL genannten Straftatbeständen rechtskräftig verurteilt worden sind.

Die erforderliche Zuverlässigkeit besitzen ferner in der Regel Personen nicht, die

- wegen vorsätzlichen Angriffs auf das Leben oder die Gesundheit, Vergewaltigung, Zuhälterei, Land- oder Hausfriedensbruch, Widerstands gegen die Staatsgewalt, einer gemeingefährlichen Straftat oder einer Straftat gegen das Eigentum oder das Vermögen,
- mindestens zweimal wegen einer im Zustand der Trunkenheit begangenen Straftat oder
- wegen einer Straftat nach dem Tierschutzgesetz, Waffengesetz, Kriegswaffenkontrollgesetz, Sprengstoffgesetz, Bundesjagdgesetz oder dem saarländischen Jagdgesetz

rechtskräftig verurteilt worden sind.

Die erforderliche Zuverlässigkeit besitzen ferner in der Regel Personen nicht, die wiederholt oder gröblich gegen Vorschriften des Tierschutzgesetzes, des Waffengesetzes, des Gesetzes über die Kontrolle von Kriegswaffen, des Sprengstoffgesetzes, des Bundesjagdgesetzes, des saarländischen Jagdgesetzes oder gegen das Ausbildungsverbot von gefährlichen Hunden, den Erlaubnisvorbehalt, § 6 Abs. 1, 5 oder 6 der HuV SL verstoßen haben.

### *Sachkundenachweis*

Der Nachweis über die erforderliche Sachkunde wird durch erfolgreiche Teilnahme an einem entsprechenden von der zuständigen Behörde anerkannten Lehrgang erbracht, dessen Kosten der Halter zu tragen hat.

Sehen Sie zum Sachkundenachweis die VVHuV SL.

Die zuständige Behörde benennt hierzu zugelassene Sachverständige.

Die Sachkundebescheinigung gilt für den Hundehalter jeweils nur in Verbindung mit dem gefährlichen Hund, für den die Sachkunde nachgewiesen wurde.

## *Halter-/Führungsvorschriften*

Gefährliche Hunde sind so zu halten, dass Menschen, Tiere oder Sachen nicht gefährdet werden.

Gefährliche Hunde sind innerhalb befriedeten Besitztums so zu halten, dass diese gegen den Willen des Hundehalters das befriedete Besitztum nicht verlassen können. An jedem Zugang zum Besitztum oder zur Wohnung ist ein Warnschild im Mindestformat 15 × 21 cm mit der deutlich lesbaren Aufschrift „Vorsicht – gefährlicher Hund" anzubringen.

Außerhalb befriedeten Besitztums sowie bei Mehrfamilienhäusern auf Zuwegen oder in Treppenhäusern sind gefährliche Hunde an der Leine zu führen und haben einen das Beißen verhindernden Maulkorb oder eine in der Wirkung gleichstehende Vorrichtung zu tragen. Die Leine muss so kurz und fest beschaffen sein, dass die führende Person die vom Hund ausgehende Gefahr unterbinden kann.

Es dürfen nicht gleichzeitig mehrere gefährliche Hunde geführt werden.

Jedem gefährlichen Hund ist außerhalb des befriedeten Besitztums ein Halsband anzulegen, anhand dessen Name, Anschrift und ggf. Telefonnummer der Person, die den Hund hält, feststellbar sind. Darüber hinaus sind gefährliche Hunde in geeigneter Weise dauerhaft zu kennzeichnen. Der Halter des gefährlichen Hundes hat der Ortspolizeibehörde die Kennzeichnung des gefährlichen Hundes durch eine Bescheinigung des Tierarztes, der die Kennzeichnung vorgenommen hat, nachzuweisen.

Lesen Sie zur Kennzeichnung auch die VVHuV SL.

Wer die Haltung eines gefährlichen Hundes aufgibt und diesen einem neuen Halter überlässt, hat dessen Namen und Anschrift zu erfragen und den Verbleib des Hundes unter Angabe des Namens und der Anschrift des neuen Halters unverzüglich der bisher zuständigen Behörde anzuzeigen. Auch das Abhandenkommen eines gefährlichen Hundes ist der zuständigen Behörde unverzüglich anzuzeigen.

### *Allgemeine Vorschriften für das Führen „aller" Hunde*

An der Leine zu führen sind „alle" Hunde, die mitgeführt werden

- bei öffentlichen Versammlungen, Aufzügen, Volksfesten und sonstigen Veranstaltungen mit Menschenansammlungen,
- in Gaststättenbetrieben, in Einkaufszentren, in Fußgängerzonen und in Haupteinkaufsbereichen oder
- in öffentlichen Verkehrsmitteln.

### *Örtliche Vorschriften*

Weitergehende ortspolizeiliche Regelungen bleiben hiervon unberührt. Diese dürfen jedoch nicht der HuV SL widersprechen.

### *Bestimmungen zur Ausbildung und Haltung bestimmter Rassen (gefährliche Hunde kraft Vermutung)*

Die Ausbildung und das Halten von Hunden der Rassen American Staffordshire Terrier, Staffordshire-Bullterrier sowie American Pit Bull Terrier bedürfen einer besonderen Erlaubnis, solange nicht der zuständigen Behörde für die einzelnen Hunde durch einen Wesenstest (Widerlegung der Vermutung der Gefährlichkeit) mittels eines für den Sachkundenachweis bestellten sachverständigen Tierarztes nachgewiesen wird, dass diese keine gesteigerte Aggressivität und Gefährlichkeit gegenüber Menschen oder Tieren aufweisen.

Die Kosten des Wesenstests sind vom Halter zu tragen.

Zur Sachkunde sehen Sie unter „Erlaubnis" weitere Erläuterungen. Lesen Sie zum Wesenstest auch die VVHuV SL.

Über den bestandenen Wesenstest erteilt die zuständige Behörde eine Bescheinigung. Alle drei Jahre nach der Erteilung der Bescheinigung hat der Hundehalter die Voraussetzungen für die Erteilung der Bescheinigung erneut nachzuweisen. Die Bescheinigung verliert mit dem Wechsel des Hundehalters sowie nach Feststellung der Gefährlichkeit des Hundes seine Gültigkeit.

Genannte Hunde, die den Wesenstest nicht bestehen, sind gefährlich. Für sie kann eine Erlaubnis nur erteilt werden, wenn die Voraussetzungen von § 2 Abs. 3 HuV SL vorliegen.

Die zuständige Behörde kann die Unfruchtbarmachung eines gefährlichen Hundes (gemeint ist wohl ein gefährlicher Hund der hier aufgeführten Rassen) anordnen, wenn die Gefahr der Heranbildung gefährlicher Nachkommen besteht.

Die nicht gewerbsmäßige Zucht von den hier aufgeführten gefährlichen Hunderassen und ihren Kreuzungen ist verboten.

Für die Haltung/Führung von diesen hier genannten gefährlichen Hunden gelten die Haltungsvorschriften von § 5 HuV SL.

## *Ausnahmen*

Die Verordnung gilt **nicht** für

- Diensthunde des Bundes, des Landes, der kommunalen Gebietskörperschaften und des Rettungswesens,
- Herdengebrauchshunde,
- Jagdhunde sowie
- Blindenhunde und Behindertenbegleithunde

beim Einsatz im Rahmen ihrer jeweiligen Zweckbestimmung oder während der Ausbildung im Hinblick auf die jeweilige Zweckbestimmung, soweit Ausbildung und Einsatz es im Hinblick auf die Zweckbestimmung erfordern.

### *Ausnahmen vom Maulkorbzwang*

Die Ortspolizeibehörde kann Ausnahmen vom Maulkorbzwang und von der Unfruchtbarmachung zulassen, wenn im Einzelfall eine Gefahr für die öffentliche Sicherheit nicht zu befürchten ist.

Lesen Sie Näheres zur Ausnahme vom Maulkorbzwang in der VVHuV SL.

## *Zucht und Ausbildung gefährlicher Hunde*

Die nicht gewerbsmäßige Zucht, die Ausbildung und das Halten gefährlicher Hunde in diesem Sinne sowie jegliches Abrichten von Hunden auf Angriffslust oder Schärfe oder ein anderes in der Wirkung gleichstehendes Verhalten sind verboten.

## *Zuständigkeit*

Zuständige Behörden im Sinne dieser Verordnung sind die Ortspolizeibehörden, also die Gemeinden.

## *Ordnungswidrigkeiten*

In § 10 HuV SL sind die einzelnen Bußgeldtatbestände aufgelistet.

Ordnungswidrigkeiten können mit einer Geldbuße bis zu 5.000 Euro geahndet werden.

## *B/3.14 Sachsen*

### *Relevante Normen*

- Gesetz zum Schutze der Bevölkerung vor gefährlichen Hunden (GefHundG) vom 24.08.2000
- Verordnung des Sächsischen Staatsministeriums des Innern zur Durchführung des Gesetzes zum Schutze der Bevölkerung vor gefährlichen Hunden (DVOGefHundG) vom 01.11.2000
- Verwaltungsvorschrift des Sächsischen Staatsministeriums des Innern zur Anwendung der Bestimmungen über gefährliche Hunde (Verwaltungsvorschrift Gefährliche Hunde – VwV GefHunde) vom 28.09.2001

### *Gefährliche Hunde*

Es gibt zwei Kategorien gefährlicher Hunde.

Gefährliche Hunde im Sinne des Gesetzes sind Hunde, deren Gefährlichkeit vermutet oder im Einzelfall festgestellt wird.

#### *Kategorie 1*

Bei nachfolgenden Hundegruppen sowie deren Kreuzungen untereinander wird die Gefährlichkeit nach § 1 Abs. 1 DVOGefHundG vermutet: American Staffordshire Terrier, Bullterrier und Pitbull-Terrier. Nicht hierunter fallen Welpen und Junghunde bis zu einem Alter von sechs Monaten.

Die Gefährlichkeit kann im Einzelfall widerlegt werden durch ein behördlich anerkanntes Gutachten. Die Entscheidung trifft die zuständige Kreispolizeibehörde auf Antrag des Hundehalters durch Verwaltungsakt.

Nach einem Halterwechsel ist vom neuen Halter des Hundes innerhalb eines Jahres nach Begründung der Haltereigenschaft ein weiteres Gutachten vorzulegen.

#### *Kategorie 2*

Im Einzelfall gefährliche Hunde sind insbesondere Hunde, die

- sich gegenüber Menschen oder Tieren als aggressiv erwiesen haben (als aggressiv gilt ein Hund, der einen Menschen oder ein Tier geschädigt hat, ohne dazu provoziert worden zu sein),

- zum Hetzen oder Reißen von Wild oder Nutztieren neigen oder
- durch Zucht, Haltung oder Ausbildung eine gesteigerte Aggressivität entwickelt haben und aus diesem Grund Menschen oder Tiere angreifen.

Die Feststellung der Gefährlichkeit im Einzelfall erfolgt durch die zuständige Kreispolizeibehörde. Falls erforderlich, können hierzu auch Sachverständigengutachten eingeholt werden.

### *Ausnahmen*

Dieses Gesetz gilt nicht für Diensthunde von Bundes- und Landesbehörden, für Hunde im Rettungsdienst oder Katastrophenschutz, für Blindenhunde, Herdengebrauchshunde und Jagdhunde, soweit sie im Rahmen ihrer jeweiligen Zweckbestimmung eingesetzt werden.

### *Zuchtverbot, Aggressionsausbildungsverbot und Handelsverbot*

- Es ist verboten, Hunde der Kategorie 1 für die Zucht zu verwenden.
- Es ist verboten, durch Zuchtauslese Hunde mit gesteigerter Aggressivität zu züchten.
- Es ist verboten, Hunde mit dem Ziel einer gesteigerten Aggressivität auszubilden.
- Es ist verboten, mit Hunden der Kategorie 1 zu handeln. Dieses Verbot gilt nicht für Hunde, die bis zum 31.12.2000 angezeigt wurden. Das Verbot gilt nicht für Tierheime und vergleichbare Einrichtungen. Nicht verboten ist der Handel mit Welpen und Junghunden bis zu einem Alter von sechs Monaten. Das Verbot gilt auch nicht für Hunde, bei denen die Gefährlichkeit widerlegt wurde.

### *Erlaubnis*

#### *Voraussetzungen*

Wer einen gefährlichen Hund halten will, bedarf der Erlaubnis der zuständigen Kreispolizeibehörde. Die Erlaubnis wird (kein Ermessen) nur erteilt, wenn der Antragsteller

- das 18. Lebensjahr vollendet hat,
- die erforderliche Sachkunde und Zuverlässigkeit besitzt,

- das Bestehen einer besonderen Haftpflichtversicherung nachweist und
- in den dem Halten dienenden Räumlichkeiten und Freianlagen eine verhaltensgerechte und ausbruchsichere Unterbringung ermöglicht, sodass die körperliche Unversehrtheit von Menschen und Tieren nicht gefährdet wird.

Die Erlaubnis ist an einen bestimmten Hund und eine bestimmte Person gebunden.

### *Nebenbestimmungen*

Die Erlaubnis kann befristet (wenn z.B. ein strafrechtliches Ermittlungsverfahren anhängig ist) und unter Vorbehalt des Widerrufs erteilt sowie mit Bedingungen und Auflagen (z.B. Erfüllung der Kennzeichnungspflicht) verbunden werden. Auflagen können auch nachträglich aufgenommen, geändert oder ergänzt werden.

### *Sachkunde*

Der Nachweis der erforderlichen Sachkunde umfasst theoretische Kenntnisse und praktische Fähigkeiten zu Haltung und Umgang mit der betreffenden Tierart. Hierzu zählen insbesondere Kenntnisse über die natürlichen Bedürfnisse und das Verhalten von Hunden und der vorausschauende und einfühlsame Umgang mit dem Individuum. Die Sachkunde wird in der Regel durch eine Prüfung festgestellt.

Nachweise anderer Stellen außerhalb des Landes Sachsen werden anerkannt, wenn sie gleichwertig sind.

Über das Bestehen der Prüfung der Sachkunde wird dem Antragsteller eine Bescheinigung erteilt.

Sehen Sie Näheres zur Sachkunde und zum Nachweis derselben näher die DVOGefHundG sowie Nr. 8 VwV GefHunde.

### *Zuverlässigkeit*

Die erforderliche Zuverlässigkeit besitzen Personen **nicht,** die nach § 11 Abs. 1 GefHundG rechtskräftig verurteilt worden sind oder sonst Zuverlässigkeitsvoraussetzungen nach § 9 Abs. 1 oder 2 GefHundG nicht erfüllen.

## *Untersagung der Haltung gefährlicher Hunde/Auflagenerteilung*

Die zuständige Kreispolizeibehörde kann die Haltung eines Hundes, dessen Gefährlichkeit im Einzelfall festgestellt wurde (Kategorie 2), zur Verhütung von weiteren Gefahren für das Leben oder die körperliche Unversehrtheit von Menschen und Tieren untersagen oder mit Auflagen genehmigen. Sie kann insbesondere den Halter zur Vorlage eines Sachkundenachweises verpflichten. Sie kann unter Beachtung der Bestimmungen des Tierschutzgesetzes die Unterbindung der Fortpflanzungsfähigkeit des Hundes anordnen.

Auf der Grundlage des Polizeigesetzes des Freistaates Sachsen sind weitere Anordnungen, z.B. die Beschlagnahme eines Hundes, möglich. Zur möglichen Einziehung eines Hundes wird auf Nr. 5.1.7 VwV GefHunde verwiesen.

## *Haltungs-/Führungsvorschriften bei gefährlichen Hunden*

- Gefährliche Hunde sind so zu halten, dass Menschen, Tiere oder Sachen nicht gefährdet werden.
- Wer einen gefährlichen Hund hält, hat dies an den Zugängen zu seinem befriedeten Besitztum oder seiner Wohnung mit einem deutlich lesbaren Warnschild kenntlich zu machen.
- Gefährliche Hunde sind außerhalb entsprechend sicher umfriedeter Grundstücke sowie in Treppenhäusern und auf Zuwegen von Mehrfamilienhäusern an einer geeigneten Leine zu führen und haben einen Maulkorb zu tragen.
- Der Halter darf die Führung eines gefährlichen Hundes außerhalb seines befriedeten Besitztums nur Personen überlassen, die nach Alter sowie körperlicher und geistiger Verfassung zur Führung eines gefährlichen Hundes in der Lage sind.
- Das gleichzeitige Führen von mehreren gefährlichen Hunden durch eine Person ist unzulässig. Gefährliche Hunde dürfen nicht auf Kinderspielplätze, auf gekennzeichnete Liegewiesen oder in Badeanstalten mitgenommen werden. Weiterführende Regelungen für Hunde erlassen die allgemeinen Polizeibehörden (also auch die Ortspolizeibehörden).
- Der Hundehalter hat es der zuständigen Kreispolizeibehörde unverzüglich schriftlich anzuzeigen, wenn er die Haltung eines gefährlichen Hundes aufgibt. Er hat die Behörde unverzüglich über den Verbleib des Hundes sowie über den Namen und die Anschrift des neuen Halters zu unterrichten. Dies gilt auch, soweit im Zuständigkeitsbereich einer Polizeibehörde eine elektronische Kennzeichnung von Hunden erfolgt.

### *Hundesteuerdaten*

Die für die Erhebung der Hundesteuer zuständige Stelle der Gemeinde übermittelt die Abmeldedaten und die Daten über den Verbleib des Hundes der zuständigen Kreispolizeibehörde.

### *Nachschau/Überprüfung*

Die zuständige Kreispolizeibehörde kann die sichere Haltung gefährlicher Hunde und die Beachtung von Auflagen durch Nachschau prüfen. Zum Zwecke der Nachschau hat der Halter den Beauftragten der Behörde das Betreten der Räumlichkeiten und Freianlagen zu gestatten, in denen der gefährliche Hund gehalten wird. Das Ergebnis der Nachschau ist in einer Niederschrift festzuhalten. Bei Weigerung der Überprüfung kann diese mittels einer mit Zwangsmitteln versehenen Anordnung durchgesetzt werden. Weiter kann in so einem Fall auch die Zuverlässigkeit des Hundehalters infrage gestellt sein mit der Folge einer Haltungsuntersagung.

### *Strafvorschriften/Einziehung eines Hundes*

§ 11 GefHundG beinhaltet Strafvorschriften hinsichtlich der Zucht gefährlicher Hunde und des Hetzens dieser auf Mensch oder Tier.

In der Entscheidung kann angeordnet werden, dass der Hund eingezogen wird.

### *Ordnungswidrigkeiten*

In § 12 Abs. 1 GefHundG sind die einzelnen Bußgeldtatbestände aufgelistet.

Ordnungswidrigkeiten können mit einer Geldbuße bis zu 25.000 Euro geahndet werden.
Verwaltungsbehörde i.S.v. § 36 Abs. 1 Nr. 1 OWiG ist die Kreispolizeibehörde.

### *Zuständigkeit*

Nach dem Gesetz sind regelmäßig die Kreispolizeibehörden zuständig für die Ausführung der Vorschriften.

### *Erlass weiterer Vorschriften*

Die allgemeinen Polizeibehörden können zur Abwehr weiterer Gefahren durch Hunde Polizeiverordnungen nach den §§ 9, 10 SächsPolG erlassen (z.B. Leinenzwang in Gemeindeteilen).

## *B/3.15 Sachsen-Anhalt*

### *Relevante Normen*

- Gesetz zur Vorsorge gegen die von Hunden ausgehenden Gefahren (GefHuG) vom 23.01.2009
- Verordnung zur Durchführung des Gesetzes zur Vorsorge gegen die von Hunden ausgehenden Gefahren (GefHuVO) vom 30.03.2016

> **Hinweis**
>
> Das GefHuG enthält auch Vorschriften für alle Hunde.

### *Gefährliche Hunde*

Es gibt zwei Kategorien gefährlicher Hunde. Gefährliche Hunde im Sinne dieses Gesetzes sind Hunde, deren Gefährlichkeit vermutet oder im Einzelfall festgestellt wird.

#### *Kategorie 1*

Für Hunde, die nach dem Hundeverbringungs- und -einfuhrbeschränkungsgesetz des Bundes nicht in die Bundesrepublik eingeführt oder verbracht werden dürfen, wird die Gefährlichkeit vermutet. Es sind dies Hunde der Rassen Pitbull-Terrier, American Staffordshire Terrier, Staffordshire-Bullterrier, Bullterrier sowie deren Kreuzungen untereinander oder mit anderen Hunden. Dies gilt auch für Hunde weiterer Rassen sowie deren Kreuzungen untereinander oder mit anderen Hunden, für die nach den Vorschriften des Landes, in dem der Hund ständig gehalten werden soll, eine Gefährlichkeit vermutet wird.

### *Kategorie 2*

Im Einzelfall gefährliche Hunde sind insbesondere Hunde, die

- auf Angriffslust oder über das natürliche Maß hinausgehende Kampfbereitschaft oder Schärfe oder auf andere in der Wirkung gleichstehende Merkmale gezüchtet, ausgebildet oder abgerichtet sind,
- sich als bissig erwiesen und eine nicht nur geringfügige Verletzung verursacht haben, ohne selbst angegriffen worden zu sein, oder die einen anderen Hund trotz dessen offensichtlich erkennbarer artüblicher Unterwerfungsgestik gebissen und nicht nur geringfügig verletzt haben,
- wiederholt in gefahrdrohender Weise Menschen angesprungen haben oder
- durch ihr Verhalten gezeigt haben, dass sie unkontrolliert andere Tiere hetzen oder reißen,
- gemeinsam einen Menschen oder ein Tier angreifen oder jagen und von denen einer einen Menschen oder ein Tier beißt.

## *Haltung gefährlicher Hunde*

### *Hunde der Kategorie 1*

Diese Hunde dürfen nur gehalten werden, wenn durch einen Wesenstest gegenüber der zuständigen Behörde nachgewiesen wird, dass der Hund zu sozialverträglichem Verhalten in der Lage ist, also von ihm keine Gefahren für die öffentliche Sicherheit ausgehen. Der Nachweis ist innerhalb von sechs Monaten ab Haltungsbeginn der Behörde vorzulegen. Die zuständige Behörde bescheinigt die Vorlage.

Die Zucht, die Vermehrung und der Handel mit Hunden dieser Kategorie sind verboten.

### *Hunde der Kategorie 2*

Derartige Hunde dürfen nur mit Erlaubnis gehalten werden.

## *Ausnahmen zum Halten von Hunden der Kategorien 1 und 2*

Die Voraussetzung zum Halten gefährlicher Hunde gelten **nicht** für

- Personen, die mit einer nach § 11 TierSchG erteilten Erlaubnis ein Tierheim oder eine ähnliche Einrichtung betreiben,

- Körperschaften des öffentlichen Rechts und Halter von Blindenbegleit- und Behindertenbegleithunden sowie
- Personen, die in Sachsen-Anhalt keine Hauptwohnung im Sinne des Melderechts haben und sich mit ihrem Hund nicht länger als zwei Monate ununterbrochen im Land aufhalten.

### *Prüfung der Behörde*

Erhält die zuständige Behörde einen Hinweis über einen Hund nach der Kategorie 2, hat sie den Hinweis von Amts wegen zu prüfen. Bei Feststellung der Gefährlichkeit hat die Behörde durch feststellenden Verwaltungsakt die Gefährlichkeit anzuordnen. Widerspruch und Anfechtungsklage gegen diese Feststellung haben keine aufschiebende Wirkung.

### *Beantragung der Erlaubnis für Hunde der Kategorie 2*

Die Erlaubnis für einen derartigen gefährlichen Hund ist schriftlich zu beantragen. Erforderliche Unterlagen hat der Hundehalter innerhalb von drei Monaten (Frist kann auf Antrag angemessen verlängert werden) nach Feststellung der Gefährlichkeit beizubringen. Nach Ablauf der Frist ist die Erlaubnis zu versagen.

Die Behörde erteilt über die Antragstellung eine Bescheinigung. Das Halten des Hundes gilt bis zu einer Entscheidung dann als erlaubt. Allerdings darf dann der Hund nur in Begleitung des Halters und nur an der Leine und mit Maulkorb außerhalb ausbruchsicherer Grundstücke ausgeführt werden. Beim Ausführen sind ein Ausweis/Pass und die Bescheinigung der Behörde mitzuführen und auf Verlangen zur Prüfung auszuhändigen.

### *Erlaubnis*

#### *Voraussetzungen*

Die Erlaubnis für Hunde ist zu erteilen (Soll-Vorschrift), wenn

- der Hundehalter das 18. Lebensjahr vollendet hat und die erforderliche Zuverlässigkeit, persönliche Eignung und Sachkunde nachweist,
- der Hundehalter durch einen Wesenstest nachweist, dass der Hund keine gesteigerte Aggressivität oder Gefährlichkeit gegenüber Menschen oder Tieren aufweist (sozialverträgliches Verhalten),

- der Hund unveränderlich so gekennzeichnet ist, dass seine Identifizierung gewährleistet ist, und
- der Abschluss einer Haftpflichtversicherung nachgewiesen ist.

Ist der Hundehalter eine juristische Person, muss eine für die Betreuung des Hundes verantwortliche Person die Anforderungen erfüllen.

### *Inhalt*

Die Erlaubnis kann befristet und unter Widerrufsvorbehalt erteilt werden. Bedingungen und Auflagen sind möglich. Auflagen können auch nachträglich erteilt, geändert oder ergänzt werden. Widerspruch und Klage gegen die Versagung der Erlaubnis haben keine aufschiebende Wirkung.

### *Zuverlässigkeit*

Die erforderliche Zuverlässigkeit besitzt nicht, wer wegen in § 7 GefHuG aufgeführter Straftatbestände rechtskräftig verurteilt worden ist oder wiederholt oder gröblich gegen die Vorschriften des GefHuG verstoßen hat.

Eine Vorlage eines Führungszeugnisses nach § 30 Abs. 5 BZRG bei der Behörde ist ein Muss zur Prüfung der Zuverlässigkeit.

### *Persönliche Eignung*

Die persönliche Eignung besitzt **nicht,** wer

- geschäftsunfähig ist,
- aufgrund einer psychischen Krankheit oder einer geistigen oder seelischen Behinderung nach § 1896 BGB betreut wird,
- von Alkohol oder Betäubungsmitteln abhängig ist oder
- nicht in der Lage ist, den Hund sicher an der Leine zu halten oder zu führen.

Bei Bedenken gegen die persönliche Eignung kann die zuständige Behörde die Beibringung eines fachärztlichen oder fachpsychologischen Gutachtens durch Verwaltungsakt anordnen.

### *Sachkunde*

Sachkundig ist, wer über die erforderlichen Kenntnisse und Fähigkeiten verfügt, einen Hund der Kategorie 2 so zu halten und zu führen, dass von diesem keine

Gefahr für Leben und Gesundheit von Menschen und Tieren ausgeht. Die Sachkunde wird durch eine theoretische und praktische Prüfung nachgewiesen.

Zum Sachkundeverfahren sehen Sie näher die §§ 3 Abs. 1, 5 ff. GefHuVO.

### *Wesenstest für Hunde der Kategorie 1*

Durch einen Wesenstest können Hunde der Kategorie 1 ihre Gefährlichkeit widerlegen. Der gleichwertige Nachweis anderer Bundesländer wird anerkannt. Sehen Sie näher § 10 Abs. 1, 2 GefHuG und die §§ 3 Abs. 2, 8 ff. GefHuVO. Erfolgt ein Wechsel der Hundehalter, muss innerhalb von sechs Monaten erneut ein Wesenstest nachgewiesen werden.

### *Führen eines gefährlichen Hundes der Kategorie 2*

Ein gefährlicher Hund der Kategorie 2 darf außerhalb ausbruchsicherer Grundstücke nur persönlich vom Hundehalter oder von einer Person mit einer Bescheinigung nach § 11 Abs. 4 GefHuG (Voraussetzungen nach § 6 Abs. 1 Abs. 1 GefHuG zur Erlaubniserteilung sind von dieser Person zu erfüllen) geführt werden. Personaldokumente, die Bescheinigung und die Erlaubnis sind mitzuführen und der Behörde auf Verlangen vorzuzeigen.

Bei Hunden der Kategorie 2 kann in Einzelfällen eine Leinen- und Maulkorbpflicht außerhalb ausbruchssicherer Grundstücke angeordnet werden.

### *Mitwirkungspflichten der Hundehalter*

Halter eines gefährlichen Hundes der Kategorie 2 haben der Behörde

- die Aufgabe der Hundehaltung einschließlich der Daten des neuen Hundehalters,
- das Abhandenkommen oder den Tod des Hundes und
- melderechtliche An- und Abmeldungen

unverzüglich schriftlich mitzuteilen. Die Behörde bescheinigt dies.

Hundehalter haben zur Durchführung des Gesetzes den Behördenbediensteten oder amtlichen Tierärzten Zutritt zum Grundstück zu gewähren, auf dem der gefährliche Hund gehalten wird. Feststellungen sind zu ermöglichen, Auskünfte zu erteilen und Unterlagen vorzulegen.

## *Meldebefugnisse und Meldepflichten*

### *Ärzte*

Ärzte sind berechtigt, die zuständige Behörde über Bissvorfälle und Verletzungen zu informieren, die auf Angriffen durch Hunde basieren. Die ärztliche Schweigepflicht ist diesbezüglich aufgehoben.

### *Tierärzte*

Tierärzte sind zur Meldung verpflichtet, wenn sie Kenntnis von Bissvorfällen und Verletzungen, die auf Angriffe durch Hunde basieren, erlangen – dies jedoch dann nicht, wenn ihnen der Nachweis vorliegt, dass eine Meldung bereits erfolgt ist (z.B. Nachweis durch Hundehalter, polizeiliche Aufnahme).

## *Weitere Maßnahmen nach dem Gefahrenabwehrgesetz*

Die zuständige Behörde kann unabhängig von diesem Gesetz auch nach dem Gesetz über die öffentliche Sicherheit und Ordnung des Landes Sachsen-Anhalt erforderliche Maßnahmen treffen, um eine von einem Hund oder der Haltung und Führung eines Hundes ausgehende Gefahr für die öffentliche Sicherheit abzuwehren (dies ist eigentlich selbstverständlich und gilt für alle Regelungen der anderen Bundesländer, hat also nur deklaratorischen Wert).

## *Örtliche Verordnungen*

Die Befugnis der Gefahrenabwehrbehörden, nach § 94 SOG LSA Verordnungen zur Abwehr abstrakter, von Hunden ausgehender Gefahren zu erlassen, bleibt unberührt.

**Beispiel**

Leinenpflicht für alle Hunde in der Fußgängerzone

## *Zentrales Register*

Das zentrale Register führt alle in Sachsen-Anhalt gehaltenen Hunde mit den in § 15 GefHuG aufgeführten Daten. Es werden daraus Statistiken erstellt und es dient z.B. auch der Ermittlung letzter Halter von verlorenen Hunden und der Durchführung der Vorschriften des Sicherheits- und Ordnungsgesetzes. Daten dürfen auch der Steuerbehörde zur Hundesteuer oder zur Durchführung des

Tierschutzgesetzes bekannt gegeben werden. Sehen Sie näher zum zentralen Register auch die §§ 11 ff. GefHuVO.

### *Verpflichtung von Hundehaltern über Mitteilungspflichten*

Hundehalter sind verpflichtet, unverzüglich (d.h. ohne schuldhaftes Verhalten nach § 121 BGB) nach Aufnahme ihrer Hundehaltung den zuständigen Behörde die in § 15 Abs. 3 GefHuG aufgeführten Angaben zu machen und die geforderten Unterlagen zu übermitteln. Die Angaben beinhalten auch die Anmeldung zur Hundesteuer. Über die Anmeldung muss eine Bescheinigung erteilt werden.

Hundehalter haben der zuständigen Behörde über den Tod oder die Abgabe des Hundes unter Angabe des Todes- oder Abgabetags, über eine Änderung der Anschrift des Hundehalters sowie über einen Wechsel des Haftpflichtversicherers zu unterrichten. Diese Daten werden dem zentralen Register übermittelt. Die Behörde hat eine Änderungsmitteilungsbescheinigung zu erteilen.

### *Allgemeine Pflichten „aller" Hundehalter*

Hunde sind so zu halten und zu führen, dass von ihnen keine Gefahren für die öffentliche Sicherheit ausgehen.

Jeder Hundehalter ist verpflichtet, den Hund spätestens sechs Monate nach der Geburt durch einen Tierarzt mit einem Transponder (elektronisch lesbarer Mikrochip) kennzeichnen zu lassen. Der zuständigen Behörde ist auf deren Verlangen der Hund zum Auslesen des Transponders vorzuführen. Der Hundehalter hat bei der Auslesung eine Mitwirkungspflicht.

Hundehalter sind verpflichtet, spätestens drei Monate nach der Geburt des Hundes eine Haftpflichtversicherung von der in § 2 Abs. 3 GefHuG genannten Höhe abzuschließen und aufrechtzuerhalten.

### *Zuständigkeiten*

Die Aufgaben nach diesem Gesetz werden von den Einheitsgemeinden, Verwaltungsgemeinschaften oder Verwaltungsgemeinden im übertragenen Wirkungskreis wahrgenommen.

### Ordnungswidrigkeiten

In § 16 GefHuG sind die einzelnen Bußgeldtatbestände über Ordnungswidrigkeiten nach diesem Gesetz aufgelistet. Ordnungswidrigkeiten können mit einer Geldbuße bis zu 10.000 Euro geahndet werden. Verwaltungsbehörde i.S.v. § 36 Abs. 1 Nr. 1 OWiG ist nach § 1 ZustVO OWi die zur Ausführung des Gesetzes bestimmte Behörde. Dies sind nach § 17 GefHuG die Einheitsgemeinden, Verwaltungsgemeinschaften oder Verbandsgemeinden im übertragenen Wirkungskreis.

## B/3.16 Schleswig-Holstein

### Relevante Normen

- Gesetz über das Halten von Hunden (HundeG) vom 26.06.2015
- Landesverordnung über den Wesenstest nach dem Gesetz über das Halten von Hunden vom 26.11.2019
- Verwaltungsvorschrift zum Hundegesetz des Landes Schleswig-Holstein (VwV-HundeG) vom 09.12.2021

**Hinweis**

Das HundeG enthält auch Vorschriften für alle Hunde.

### Allgemeine Hundehalter-/Hundeführungspflichten für alle Hunde

#### Allgemein

Hunde sind so zu halten und zu führen, dass von ihnen keine Gefahren für die öffentliche Sicherheit ausgehen.

Ein Hundehalter darf einen Hund nur solchen Personen überlassen, welche die Gewähr dafür bieten, den Hund sicher zu führen.

Darüber hinaus hat jeder Hundehalter sachkundig zu sein, wobei die Sachkunde nur von Haltern gefährlicher Hunde nachzuweisen ist (s.u.).

### *Leinenpflicht*

Hunde sind (in Bereichen mit typischerweise erhöhtem Publikumsverkehr) an einer zur Vermeidung von Gefahren geeigneten Leine zu führen

- in Fußgängerzonen, Haupteinkaufsbereichen und anderen innerörtlichen Bereichen, Straßen und Plätzen mit vergleichbarem Publikumsverkehr,
- bei öffentlichen Versammlungen, Aufzügen, Volksfesten und sonstigen Veranstaltungen mit Menschenansammlungen,
- in der Allgemeinheit zugänglichen umfriedeten oder anderweitig begrenzten Park-, Garten- und Grünanlagen mit Ausnahme besonders ausgewiesener Hundeauslaufgebiete,
- bei Mehrfamilienhäusern auf dem gesamten Grundstück und im Gebäude mit Ausnahme der nicht dem Gemeingebrauch unterliegenden selbstgenutzten Räume oder Flächen,
- in öffentlichen Gebäuden und öffentlichen Verkehrsmitteln,
- in Sportanlagen und auf Zelt- und Campingplätzen,
- auf Friedhöfen,
- auf Märkten und Messen.

### *Ausnahmen von der Anleinpflicht*

Die zuständige Behörde kann hiervon Ausnahmen zulassen, wenn im Einzelfall Menschen, Tiere oder Sachen nicht gefährdet werden. Ein besonderes Interesse hieran ist glaubhaft zu machen; dieses muss das öffentliche Interesse überwiegen (z.B. die Unzumutbarkeit bei kranken, altersschwachen Hunden). Für gefährliche Hunde darf keine Ausnahme zugelassen werden.

### *Mitnahmeverbote*

Es ist verboten, Hunde in Kirchen, Kindergärten, Schulen und Krankenhäuser, Theater, Lichtspielhäuser, Konzert-, Vortrags- und Versammlungsräume sowie in Badeanstalten und auf Badeplätze, Kinderspielplätze und Liegewiesen mitzunehmen. Der Inhaber des Hausrechts (nicht in Badeanstalten, auf Kinderspielplätzen und Liegewiesen) kann Ausnahmen zulassen, wenn im Einzelfall Menschen, Tiere oder Sachen nicht gefährdet werden.

### *Anleinpflichten und Mitnahmeverbote weitergehender Art*

Durch andere Rechtsvorschriften begründete Anleinpflichten und Mitnahmeverbote (z.B. durch örtliche Verordnung, Einzelanordnung, Naturschutzrecht oder Wasserrecht), die über diese Regelungen hinausgehen, bleiben unberührt.

### *Kennzeichnungspflicht*

Wer einen Hund außerhalb des befriedeten Besitztums des Hundehalters führt oder laufen lässt, hat ihm ein Halsband, eine Halskette oder eine vergleichbare Anleinvorrichtung mit einer Kennzeichnung anzulegen, aufgrund welcher der Hundehalter ermittelt werden kann.

### *Verbot der Ausbildung*

Es ist verboten, Hunde mit dem Ziel einer gesteigerten Aggressivität und Gefährlichkeit auszubilden. Eine Aggressionsausbildung liegt vor, wenn mit dem Hund gezielt geübt wird, bei bestimmten Signalen des Ausbilders oder in einer spezifischen Situation Menschen oder Tiere anzugreifen. Inhaber einer Erlaubnis nach § 34a GewO dürfen Hunde im Rahmen eines zugelassenen Bewachungsgewerbes einer ordnungsgemäßen Schutzdienstausbildung unterziehen.

### *Kotbeseitigungspflicht*

Wer einen Hund auf öffentlichen Straßen oder Anlagen innerhalb einer geschlossenen Ortschaft ausführt, ist verpflichtet, Hinterlassenschaften des Hundes aufzunehmen und ordnungsgemäß zu entsorgen. Hierunter fällt in erster Linie der Kot, im Einzelfall allerdings auch Erbrochenes des Hundes. Den Vollzugskräften der zuständigen Ordnungsbehörde ist es gestattet, den Hundeführer zur Feststellung der Personalien anzuhalten.

## *Gefährliche Hunde*

Erhält die Fachbehörde einen Hinweis darauf, dass ein Hund

- einen Menschen gebissen hat, sofern dies nicht zur Verteidigung anlässlich einer strafbaren Handlung oder aus dem elementaren Selbsterhaltungstrieb des Hundes geschah,
- außerhalb des befriedeten Besitztums der Hundehalterin oder des Hundehalters wiederholt in gefahrdrohender Weise Menschen angesprungen hat oder

ein anderes aggressives Verhalten zeigt, das nicht dem elementaren Selbsterhaltungstrieb des Hundes entspringt,
- ein anderes Tier durch Biss geschädigt hat, ohne selbst angegriffen worden zu sein, oder einen anderen Hund trotz dessen erkennbarer artüblicher Unterwerfungsgestik gebissen hat oder
- durch sein Verhalten gezeigt hat, dass er unkontrolliert Tiere hetzt oder reißt,

so hat (Mussvorschrift) sie den Hinweis zu prüfen. Ergibt die Prüfung Tatsachen, die den Verdacht rechtfertigen, dass von dem Hund eine Gefahr für die öffentliche Sicherheit ausgeht, so stellt die Fachbehörde fest, dass der Hund gefährlich ist. Der Widerspruch und die Klage gegen die Feststellung haben keine aufschiebende Wirkung.

Wer einen Hund hält, der außerhalb des Geltungsbereichs dieses Gesetzes durch Verwaltungsakt als gefährlich eingestuft worden ist, hat dies der Fachbehörde unverzüglich mitzuteilen. Die Fachbehörde hat zu prüfen, ob der Hund gefährlich ist. Das Land unterscheidet damit nicht zwischen „gefährlichen Hunden/Kampfhunden“ und „normalen“ Hunden. Dies ist eine Situation, die grundsätzlich vorbildlich ist, denn damit werden nicht einzelne Rassen, sondern einzelne Hunde beurteilt.

### *Begutachtung*

Zur Prüfung, ob es sich um einen gefährlichen Hund handelt, kann die zuständige Behörde eine Begutachtung des Hundes bei einem Tierarzt, der in der Verhaltenskunde von Hunden erfahren ist, auf Kosten des Hundehalters anordnen, wobei es sich nicht um einen Verwaltungsakt, sondern um eine unselbstständige Verfahrenshandlung handelt, die der Vorbereitung der Entscheidung über die Gefährlichkeit des Hundes dient. Das Gutachten ist vom Hundehalter in Auftrag zu geben.

Zusätzlich kann die Fachbehörde den zuständigen Amtstierarzt um Amtshilfe bei der Entscheidung bitten, ob eine Begutachtung tatsächlich erforderlich ist. Verweigert der Halter die Mitwirkung an der Sachverhaltsaufklärung, kann die Ordnungsbehörde aus dem Verhalten Schlüsse ziehen und zu der Annahme gelangen, dass der Halter Tatsachen verbergen will, die die Gefährlichkeit des Hundes belegen. Ein Vorbringen des Halters, ihm fehlten die finanziellen Mittel zur Bezahlung des Gutachtens, kann eine Weigerung nicht rechtfertigen. Die Anordnung sollte einen Hinweis über die Auswirkungen einer Weigerung enthalten. Geeignete Tierärzte vermittelt die Tierärztekammer.

## *Erlaubnispflicht für gefährliche Hunde*

Wer einen gefährlichen Hund hält, bedarf der Erlaubnis, die persönlich zu beantragen ist. Hierbei sind vom Halter die in Nr. 9.1 VwV-HundeG aufgeführten Antragsunterlagen der Behörde beizubringen.

### *Ausnahme für Tierheime*

Personen, die mit einer nach § 11 TierSchG erteilten Erlaubnis ein Tierheim oder eine ähnliche Einrichtung betreiben, bedürfen für die dort untergebrachten Hunde keiner Erlaubnis.

### *Weitere Ausnahme*

Einer Erlaubnis bedarf ferner nicht, wer seine alleinige Wohnung oder Hauptwohnung außerhalb Schleswig-Holsteins hat und sich nicht länger als zwei Monate ununterbrochen in Schleswig-Holstein aufhält.

### *Beantragung der Erlaubnis*

Beantragt ein Hundehalter eine Erlaubnis, gilt das Halten des Hundes bis zur Entscheidung über den Antrag als erlaubt.

Die Person, die den Hund führt, hat eine von der zuständigen Behörde auszustellende Bescheinigung über die Antragstellung mitzuführen und auf Verlangen zur Prüfung auszuhändigen.

### *Voraussetzungen und Inhalt der Erlaubnis*

Die Erlaubnis ist (kein Ermessen) nur zu erteilen, wenn

- der Hundehalter das 18. Lebensjahr vollendet hat und
- die zum Halten des gefährlichen Hundes erforderliche Zuverlässigkeit, persönliche Eignung und Sachkunde besitzt,
- der Hund mit einer elektronisch lesbaren Marke (Mikrochip) unveränderlich gekennzeichnet ist und
- der Abschluss einer Haftpflichtversicherung zur Deckung der durch den Hund verursachten Schäden nachgewiesen ist.

Bei juristischen Personen sind diese Anforderungen durch die für die Betreuung des Hundes verantwortliche Person zu erfüllen. Die Erlaubnis ist personenbezogen.

Der Hundehalter hat der Behörde innerhalb von drei Monaten nach Antragstellung die Unterlagen vorzulegen, die erforderlich sind, um das Vorliegen der Erlaubnisvoraussetzungen zu prüfen. Die Frist kann auf Antrag um höchstens drei Monate verlängert werden. Werden die Unterlagen bis zum Ablauf der Frist nicht vorgelegt, ist die Erlaubnis zu versagen.

### *Nebenbestimmungen/Widerruf*

Die Erlaubnis kann befristet sowie mit Bedingungen und Auflagen verbunden werden. Angesichts des gesetzlichen Widerrufsvorbehalts ist die Erlaubnis nur im Ausnahmefall zu befristen. Auflagen können auch nachträglich aufgenommen, geändert oder ergänzt werden. Etwaige Bedingungen oder Auflagen müssen der Gefahrenvorsorge oder -abwehr dienen, z.B. zur sicheren Verwahrung des Hundes, zu Schließ- und Anleinvorrichtungen, zu Warnschildern oder zur Anzeige einer dauerhaften Betreuung des Hundes durch Dritte.

Die Erlaubnis ist zu widerrufen, wenn die Erlaubnisvoraussetzungen nicht mehr vorliegen.

### *Versagung der aufschiebenden Wirkung bei Ablehnung*

Widerspruch und Klage gegen die Versagung der Erlaubnis haben keine aufschiebende Wirkung.

### *Zuverlässigkeit*

Die erforderliche Zuverlässigkeit besitzen in der Regel Personen **nicht**, die wegen

- unerlaubten Umgangs mit gefährlichen Hunden,
- einer Straftat nach dem Tierschutzgesetz, dem Waffengesetz, dem Kriegswaffenkontrollgesetz, dem Sprengstoffgesetz oder dem Bundesjagdgesetz oder
- einer anderen vorsätzlich begangenen Straftat rechtskräftig mit einer Geldstrafe von mehr als 50 Tagessätzen oder zu einer Freiheitsstrafe verurteilt worden sind.
- Unzuverlässig ist auch, wer wiederholt gegen Vorschriften dieses Gesetzes oder eines der unter dem zweiten Punkt genannten Gesetze verstoßen hat.

Zur Prüfung der Zuverlässigkeit hat der Hundehalter ein Führungszeugnis zur Vorlage bei einer Behörde nach § 30 Abs. 5 BZRG zu beantragen.

***Persönliche Eignung***

Die erforderliche persönliche Eignung besitzt eine Person **nicht,** wenn Tatsachen die Annahme rechtfertigen, dass sie

- geschäftsunfähig ist,
- aufgrund einer psychischen Krankheit oder einer geistigen oder seelischen Behinderung nach § 1814 des Bürgerlichen Gesetzbuchs betreut wird,
- von Alkohol oder Betäubungsmitteln abhängig ist oder
- aufgrund geringer körperlicher Kräfte den Hund nicht sicher führen kann.

Sind Tatsachen bekannt, die Bedenken gegen die persönliche Eignung begründen, kann die zuständige Behörde die Beibringung eines fachärztlichen oder fachpsychologischen Gutachtens auf Kosten der betreffenden Person anordnen.

***Sachkunde***

Die erforderliche Sachkunde besitzt, wer aufgrund seiner Kenntnisse und Fähigkeiten den Hund so halten und führen kann, dass von diesem voraussichtlich keine Gefahr für die öffentliche Sicherheit ausgeht.

Zur Prüfung der Sachkunde kann (bedingte Mussvorschrift) die zuständige Behörde die Vorlage einer Sachkundebescheinigung einer geeigneten sachverständigen Person oder Einrichtung verlangen (z.B. Hundeführerschein der Tierärztekammer, des Verbands für das Deutsche Hundewesen, des Berufsverbands der Hundeerzieher und Verhaltensberater).

Sachkundig ist, wer ausreichende theoretische Kenntnisse über

- das Sozialverhalten und die Ausdrucksformen des Hundes, rassespezifische Eigenschaften,
- das Erkennen und Beurteilen typischer Gefahrensituationen mit Hunden,
- die Erziehung und Ausbildung des Hundes,
- Rechtsvorschriften zum Umgang mit Hunden sowie
- die praktische Fähigkeit besitzt, diese beim Halten und Führen des Hundes zur Abwehr von Gefahren für die öffentliche Sicherheit anzuwenden.

Sehen Sie näher auch Nr. 4.1 VwV-HundeG.

Als sachkundig gelten kraft Gesetzes

- Tierärzte sowie Inhaber einer Berufserlaubnis nach § 11 BTÄO,
- Personen, die eine Erlaubnis nach § 11 TierSchG zum Halten von Hunden in einem Tierheim oder einer ähnlichen Einrichtung für die dort gehaltenen Hunde oder zur Ausbildung von Hunden zu Schutzzwecken für Dritte zur Unterhaltung einer Einrichtung hierfür besitzen,
- Personen, die zur Abnahme von Brauchbarkeitsprüfungen für Jagdhunde berechtigt sind,
- Rettungshundeführer,
- Polizeihundeführerinnen und Polizeihundeführer.

## *Halter-/Führerpflichten bei gefährlichen Hunden*

- Gefährliche Hunde sind so zu halten, dass sie ein befriedetes Besitztum gegen den Willen des Hundehalters nicht verlassen können. Ein befriedetes Besitztum ist ein Bereich, der durch Zäune, Absperrungen, Wände, Zwinger usw. gegenüber öffentlichen und privaten Bereichen abgetrennt ist.
- Der Einzelfall ist zu betrachten (z.B. Hunderasse, Sprungkraft, Art der Sperrvorrichtung).
- Der Hundehalter darf einen gefährlichen Hund außerhalb eines befriedeten Besitztums nur persönlich führen oder eine Person damit beauftragen, die eine unten aufgeführte Bescheinigung der zuständigen Behörde besitzt.
- Außerhalb eines befriedeten Besitztums sind gefährliche Hunde an einer zur Vermeidung von Gefahren geeigneten Leine zu führen, die höchstens zwei Meter lang sein darf. Die Anleinpflicht gilt nicht in den als Hundeauslaufgebiet gekennzeichneten Gebieten, wenn das Hundeauslaufgebiet eingezäunt ist und der Hund einen das Beißen verhindernden Maulkorb trägt.
- Gefährlichen Hunden ist außerhalb eines befriedeten Besitztums sowie bei Mehrfamilienhäusern auf dem gesamten Grundstück und im Gebäude mit Ausnahme der nicht dem Gemeingebrauch unterliegenden selbstgenutzten Räume oder Flächen ein das Beißen verhindernder Maulkorb (dies ist untechnisch zu verstehen, es genügt z.B. auch eine geeignete Maulbinde) anzulegen. Dies gilt nicht für Hunde bis zur Vollendung des sechsten Lebensmonats. Die zuständige Behörde erteilt für gefährliche Hunde mit Ausnahme gefährlicher bissiger Hunde im Sinne des zur Einstufung relevanten ersten Listenpunkts („einen Menschen gebissen hat, […]") auf Antrag eine Befreiung von der Maulkorbpflicht, wenn die Fähigkeit des Hundes zu sozialverträglichem Verhalten durch einen Wesenstest nachgewiesen ist. Bei der Befreiung von der Maulkorbpflicht können Nebenbestimmungen aufgenommen wer-

den. Die Befreiung ist zu widerrufen, wenn die Voraussetzungen hierfür nicht mehr vorliegen.

- Der Hundehalter hat beim Führen eines gefährlichen Hundes die Erlaubnis sowie eine eventuell erteilte Bescheinigung über die Befreiung von der Maulkorbpflicht mitzuführen und auf Verlangen zur Prüfung auszuhändigen.

Die zuständige Behörde hat einer anderen Person als dem Hundehalter auf Antrag eine Bescheinigung darüber auszustellen, dass sie einen gefährlichen Hund außerhalb eines befriedeten Besitztums führen darf, wenn die Person die Voraussetzungen von § 10 Abs. 1 Nr. 1 Buchst. a bis c HundeG erfüllt. Die Person hat beim Führen des Hundes diese Bescheinigung, die Erlaubnis und die Bescheinigung über eine erteilte Befreiung von der Maulkorbpflicht mitzuführen und auf Verlangen zur Prüfung auszuhändigen.

## *Wesenstest zur Befreiung von der Maulkorbpflicht*

Bei einer beantragten Befreiung von der Maulkorbpflicht ist die Sozialverträglichkeit des Hundes durch einen Wesenstest nachzuweisen, der von einer von der Tierärztekammer Schleswig-Holstein zugelassenen Person oder Stelle durchgeführt worden ist. Der Nachweis der Sozialverträglichkeit kann auch durch einen in einem anderen Land durchgeführten Test erbracht werden, wenn dieser Test als dem Wesenstest gleichwertig anerkannt wird. Sehen Sie hierzu die Aufzählung der anerkannten Wesenstests anderer Länder in Anlage 3 zur VwV-HundeG.

Näheres zum Wesenstest lesen Sie in der Landesverordnung über den Wesenstest nach dem Gesetz über das Halten von Hunden.

## *Züchtungsverbot*

Es ist verboten, Hunde mit dem Ziel einer gesteigerten Aggressivität und Gefährlichkeit gegenüber Menschen oder Tieren zu züchten. Dies gilt insbesondere, wenn damit gerechnet werden muss, dass bei den Nachkommen erblich bedingte Aggressionssteigerungen auftreten. Eine Aggressionssteigerung liegt bei Hunden vor, die ein übersteigertes Angriffs- und Kampfverhalten aufweisen, das durch artgemäße Signale nicht hinreichend gesteuert wird. Hierbei werden nicht bestimmte Rassen oder Rassekreise, sondern alle Hunde bzw. alle Züchter angesprochen.

Der Hundehalter eines Hundes, der nicht zur Zucht eingesetzt werden darf, hat sicherzustellen, dass eine Vermehrung mit diesem Hund nicht erfolgt.

## *Mitwirkungspflichten, Betretungsrecht*

### *Auskunftspflicht/Vorlage von Unterlagen*

Soweit es zur Durchführung dieses Gesetzes erforderlich ist, haben Hundehalter die ihren Hund betreffenden Feststellungen zu ermöglichen, Auskünfte zu erteilen und Unterlagen vorzulegen. Die zur Auskunft verpflichtete Person kann die Auskunft über solche Fragen verweigern, deren Beantwortung sie oder eine der in § 383 Abs. 1 Nr. 1 bis 3 ZPO bezeichneten Personen der Gefahr strafrechtlicher Verfolgung oder eines Verfahrens nach dem Ordnungswidrigkeitengesetz aussetzen würde.

Bei einem Wechsel des Haltungsorts eines gefährlichen Hundes unterrichtet die bisher zuständige Behörde die nunmehr zuständige Behörde über eine Entscheidung, Erteilung einer Erlaubnis oder eine Ausnahme vom Maulkorbzwang nach diesem Gesetz.

Die Mitteilungspflichten von Haltern gefährlicher Hunde umfassen dementsprechend auch die Mitteilung über einen Wechsel des Haltungsorts des Hundes. Anderenfalls könnte schließlich die zuvor genannte Mitteilung an die nach dem Umzug zuständige Behörde nicht erfolgen.

### *Betretungsrecht*

Bedienstete und sonstige Beauftragte der zuständigen Behörde dürfen, soweit dies zur Wahrnehmung ihrer Aufgaben nach diesem Gesetz erforderlich ist, das Grundstück oder die Betriebsräume des Pflichtigen zur Gefahrerforschung betreten. Pflichtiger in diesem Sinne ist nicht nur der Hundehalter, sondern kann beispielsweise auch der Betreuer des Hundes sein.

Sehen Sie zum Umfang der Betretungsrechte Nr. 16.2 der VwV-HundeG.

## *Erlaubnisse anderer Länder*

Erlaubnisse, Sachkundebescheinigungen und Befreiungen, die von zuständigen Stellen anderer Länder erteilt wurden, sollen von der zuständigen Behörde anerkannt werden, wenn sie den durch dieses Gesetz gestellten Anforderungen im Wesentlichen entsprechen.

### *Ausnahmen*

Dieses Gesetz gilt mit Ausnahme der Pflichten nach § 3 Abs. 1 und §§ 5 und 6 HundeG nicht für Diensthunde von Behörden, Hunde des Such- und Rettungsdienstes sowie des Katastrophenschutzes, Blindenführhunde, Behindertenbegleithunde, Herdengebrauchshunde und Jagdhunde im Rahmen ihres bestimmungsgemäßen Einsatzes und ihrer Ausbildung.

### *Weitere Anordnungen/Verordnungen*

Unbeschadet der Vorschriften dieses Gesetzes können die zuständigen Behörden nach Maßgabe des Landesverwaltungsverfahrensgesetzes die im Einzelfall notwendigen Maßnahmen treffen, um eine von einem Hund ausgehende Gefahr für die öffentliche Sicherheit abzuwehren.

Die Befugnis der nach § 175 Abs. 1 LVwG zuständigen Ordnungsbehörden – auch der örtlichen –, zur Abwehr abstrakter von Hunden ausgehender Gefahren weitergehende Regelungen in Verordnungen über die öffentliche Sicherheit zu erlassen, bleibt unberührt.

### *Zuständigkeiten*

Die Aufgaben nach diesem Gesetz mit Ausnahme der Vorschriften über den Wesenstest sind den amtsfreien Gemeinden und Ämtern zur Erfüllung nach Weisung übertragen.

Zuständige Behörden im Sinne dieses Gesetzes sind die Bürgermeister der amtsfreien Gemeinden und die Amtsvorsteher als örtliche Ordnungsbehörden, in deren Bezirk der Hund gehalten wird (Haltungsort).

Der Wesenstest wird durch die von der Tierärztekammer Schleswig-Holstein zugelassenen Personen oder Stellen durchgeführt.

### *Ordnungswidrigkeiten*

In § 20 Abs. 1 HundeG sind die einzelnen Bußgeldtatbestände bei Verstößen gegen dieses Gesetz aufgelistet.

Eine Ordnungswidrigkeit kann mit einer Geldbuße bis zu 10.000 Euro geahndet werden.

Verwaltungsbehörden i.S.v. § 36 Abs. 1 Nr. 1 OWiG sind die oben genannten zuständigen Behörden.

## *B/3.17 Thüringen*

### *Relevante Normen*

- Thüringer Gesetz zum Schutz der Bevölkerung vor Tiergefahren (ThürTierGefG) vom 22.06.2011
- Verwaltungsvorschrift zur Anwendung der ordnungsbehördlichen Verordnung zur Abwehr von Gefahren durch Zucht, Ausbildung, Abrichten und Halten gefährlicher Hunde (ThürGefHuVO) i.d.F. vom 30.09.2003
- Thüringer Sachkundeprüfungsverordnung (ThürSachkundePrüfVO) vom 19.01.2012
- Thüringer Wesenstestverordnung (ThürWesenstestVO) vom 29.02.2012

**Hinweise**

- Das GefTierG enthält auch Vorschriften für alle Hunde und sonstigen Tiere. In diesem Abschnitt wird nur auf die Vorschriften hinsichtlich von Hunden eingegangen.
- Die Verwaltungsvorschrift zur Anwendung der ordnungsbehördlichen Verordnung zur Abwehr von Gefahren durch Zucht, Ausbildung, Abrichten und Halten von gefährlichen Hunden bezieht sich noch auf die durch das Gesetz abgelöste ThürGefHuVO, ist jedoch derzeit noch gültig.

### *„Allgemeine" Regelungen*

Tiere sind so zu halten, dass Menschen und Sachen nicht gefährdet werden. Sie sind insbesondere in sicherem Gewahrsam zu halten.

Der Halter eines Hundes ist verpflichtet, den Hund (alle Hunde) auf seine Kosten dauerhaft und unverwechselbar mit einem fälschungssicheren elektronisch lesbaren Transponder nach ISO-Standard (Mikrochip) durch einen Tierarzt kennzeichnen zu lassen. Diese Kennzeichnung ist der zuständigen Behörde anzuzeigen.

Hundehalter haben eine Haftpflichtversicherung zur Deckung der durch den Hund verursachten Schäden abzuschließen. Näheres hierzu in § 2 Abs. 5 ThürTierGefG.

### *Gefährliche Hunde*

Als gefährliche Hunde im Sinne dieses Gesetzes gelten Hunde, die aufgrund ihres Verhaltens durch die zuständige Behörde nach Durchführung eines Wesenstests im Einzelfall als gefährlich festgestellt wurden, weil sie

- eine über das natürliche Maß hinausgehende Kampfbereitschaft, Angriffslust, Schärfe oder eine andere in ihrer Wirkung vergleichbare Eigenschaft entwickelt haben,
- einen Menschen gebissen haben, sofern dies nicht zur Verteidigung anlässlich einer strafbaren Handlung oder aus dem elementaren Selbsterhaltungstrieb des Hundes geschah,
- ein Tier gebissen haben, ohne selbst angegriffen worden zu sein, oder einen anderen Hund trotz dessen offensichtlich erkennbarer, artüblicher Unterwerfungsgestik gebissen und nicht nur geringfügig verletzt haben,
- außerhalb des befriedeten Besitztums des Halters wiederholt in aggressiver oder gefahrdrohender Weise Menschen angesprungen oder ein anderes aggressives Verhalten gezeigt haben, das nicht dem elementaren Selbsterhaltungstrieb des Hundes entspringt, oder
- durch ihr Verhalten gezeigt haben, dass sie Vieh, Katzen oder Hunde sowie unkontrolliert Wild hetzen oder reißen.

Widerspruch und Klage gegen die Feststellung der Gefährlichkeit eines Hundes der Kategorie 2 haben keine aufschiebende Wirkung.

### *Erlaubnispflicht*

#### *Erlaubnisvorbehalt*

Wer einen gefährlichen Hund halten will, bedarf der Erlaubnis der zuständigen Behörde. Wer einen gefährlichen Hund im Zuge eines Wohnungswechsels nach Thüringen verbringt, hat die Erlaubnis innerhalb einer durch die von der Fachbehörde festgesetzten Frist nach der Begründung der neuen Wohnung zu beantragen.

#### *Erlaubnisvoraussetzungen*

Die Erlaubnis ist (Mussvorschrift) zu erteilen, wenn

- der Hundehalter das 18. Lebensjahr vollendet hat,

- der Tierhalter die erforderliche Sachkunde besitzt (die erforderliche Sachkunde wird durch eine bestandene Sachkundeprüfung nachgewiesen),
- keine Tatsachen die Annahme rechtfertigen, dass die antragstellende Person die erforderliche Zuverlässigkeit nicht besitzt,
- eine Haftpflichtversicherung zur Deckung der durch den Hund verursachten Personen- und Sachschäden mit einer Mindestversicherungssumme in Höhe von 500.000 Euro für Personenschäden und 250.000 Euro für sonstige Schäden nachgewiesen wird,
- der gefährliche Hund unveränderlich elektronisch mit einem fälschungssicheren lesbaren Transponder nach ISO-Standard (Mikrochip) gekennzeichnet ist und dies durch eine Bescheinigung des Tierarztes, der die Kennzeichnung vorgenommen hat, nachgewiesen wird.

### *Sachkunde*

Die erforderliche Sachkunde besitzt, wer aufgrund seiner Kenntnisse und Fähigkeiten ein gefährliches Tier so halten oder führen kann, dass von diesem keine Gefahr für die öffentliche Sicherheit oder Ordnung ausgeht.

Der Nachweis ist durch eine erfolgreiche Sachkundeprüfung nachzuweisen und wird durch die zuständige Behörde bescheinigt.

Sachkundeprüfungen anderer Bundesländer werden anerkannt, sofern diese einen gleichwertigen Prüfungsstandard wie Thüringen haben.

Sehen Sie näher hierzu § 5 ThürTierGefG, die ThürSachkundePrüfVO und die VwV zur Anwendung des Gesetzes (vormals zur Anwendung der abgelösten ThürGefHuVO).

### *Zuverlässigkeit*

Die zur Haltung eines gefährlichen Hundes erforderliche Zuverlässigkeit besitzen in der Regel (also nicht abschließend) Personen **nicht,** die

- wegen in § 6 Abs. 1 ThürTierGefG aufgeführten Straftatbeständen rechtskräftig verurteilt worden sind,
- alkohol-, arzneimittel- oder drogenabhängig sind,
- keinen festen Wohnsitz haben,
- wiederholt gegen bestimmte Vorschriften des ThürTierGefG verstoßen haben oder
- aufgrund einer psychischen Krankheit oder einer geistigen oder seelischen Behinderung einen Betreuer nach § 1896 BGB haben.

Zur Prüfung der Zuverlässigkeit sind eine unbeschränkte Auskunft aus dem Bundeszentralregister, eine Stellungnahme der örtlichen Polizeidienststelle sowie eine Auskunft der zuständigen Veterinär- und Lebensmittelüberwachungsbehörde einzuholen.

Werden nachträglich Bedenken bekannt, dass die Person alkohol-, arzneimittel- oder drogenabhängig ist, kann die zuständige Behörde die Vorlage eines fachärztlichen oder fachpsychologischen Gutachtens auf Kosten dieser Person aufgeben. Wird dieses Gutachten nicht fristgerecht vorgelegt, wird grundsätzlich vermutet, dass die Person unzuverlässig ist.

### *Ausnahmen von der Erlaubnispflicht*

Personen, die eine Erlaubnis nach § 11 Abs. 1 Nr. 2, 2a TierSchG zum Betreiben einer dort genannten Einrichtung haben (z.B. Tierheime), bedürfen keiner weiteren Erlaubnis zum Halten gefährlicher Hunde.

### *Nebenbestimmungen zur Erlaubnis*

Die Erlaubnis kann befristet, mit Widerrufsvorbehalt sowie mit Bedingungen und Auflagen verbunden werden. Auflagen können auch nachträglich aufgenommen, geändert, ergänzt oder erteilt werden.

### *Widerruf der Erlaubnis*

Die Erlaubnis kann von der zuständigen Behörde widerrufen werden, wenn die Voraussetzungen für ihre Erteilung nicht mehr vorliegen (Ermessensentscheidung).

## *Anordnungsbefugnisse*

Beim Vorliegen konkreter Anhaltspunkte für die Gefährlichkeit eines Hundes kann die zuständige Behörde zur weiteren Überprüfung die Durchführung eines Wesenstests auf Kosten des Hundehalters durch Verwaltungsakt anordnen. Widerspruch und Anfechtungsklage hiergegen haben keine aufschiebende Wirkung.

Die zuständige Behörde kann unabhängig von tierschutzrechtlichen Bestimmungen die Tötung eines gefährlichen Hundes anordnen, wenn

- Tatsachen die Annahme rechtfertigen, dass von dem Hund eine erhebliche Gefährdung für Menschen oder Tiere ausgeht, und (kumulativ)
- das für das Halten des gefährlichen Hundes zuständige Veterinär- und Lebensmittelüberwachungsamt der Tötung zustimmt.

Tierschutzrechtliche Vorschriften bleiben hiervon unberührt.

### *Wesenstest für Hunde der Kategorie 2*

Hunde gelten als gefährlich, wenn sie im Einzelfall durch einen Wesenstest als gefährlich festgestellt werden. Der Test dient der Feststellung, ob der Hund zu sozialverträglichem Verhalten fähig ist. Eine Wiederholung des Wesenstests kann frühestens neun Monate nach Ablegung des vorangegangenen Wesenstests erfolgen. Über den Nachweis der Fähigkeit eines Hundes zu sozialverträglichem Verhalten stellt die Fachbehörde eine Bescheinigung aus, die zumindest die in § 9 Abs. 2 ThürTierGefG aufgeführten Angaben enthalten muss. Nach einem Halterwechsel hat der neue Halter unverzüglich die Berichtigung der Bescheinigung zu beantragen. Der Nachweis der Sozialverträglichkeit selbst wird durch einen Halterwechsel nicht berührt.

Wurde bereits ein Nachweis über die Sozialverträglichkeit eines Hundes in einem anderen Bundesland erbracht, wird dieser anerkannt, sofern er mit den in Thüringen festgelegten Prüfungsstandards gleichwertig ist.

Die Prüfungsstandards und die Einzelheiten zur Durchführung des Wesenstests sind durch die ThürWesenstestVO festgelegt.

### *Haltungsvoraussetzungen für gefährliche Hunde*

Der gefährliche Hund darf nur einer Person zur Obhut überlassen werden, die das 18. Lebensjahr vollendet hat und die erforderliche Zuverlässigkeit im Sinne des Gesetzes besitzt.

Wer als Halter eines gefährlichen Hundes einer anderen Person den Hund länger als vier Wochen zur Obhut überlässt, hat unter Angabe des Namens und der Anschrift dieser Person den Verbleib des Hundes der für den Wohnort des Halters zuständigen Behörde mitzuteilen. Die zuständige Behörde hat die Überlassung zu untersagen, wenn Tatsachen die Annahme rechtfertigen, dass dadurch eine Gefahr für die öffentliche Sicherheit und Ordnung begründet wird.

Der Halter eines gefährlichen Hundes hat der bisher zuständigen Behörde einen Wohnungswechsel innerhalb einer Woche anzuzeigen. Dies gilt auch für die neue Wohnsitzgemeinde.

Bei einem Halterwechsel hat der bisherige Halter Namen und Anschrift des neuen Halters innerhalb einer Woche der zuständigen Behörde anzuzeigen.

Das Abhandenkommen eines gefährlichen Hundes ist vom Halter oder der Person, der es in Obhut gegeben wurde, unverzüglich (ohne schuldhaftes Verzögern nach § 121 BGB) mitzuteilen.

Wer einen gefährlichen Hund hält, hat dies an jedem Zugang des eingefriedeten Besitztums oder der Wohnung durch ein Warnschild kenntlich zu machen.

### *Führen gefährlicher Hunde*

Einen gefährlichen Hund darf außerhalb der Wohnung oder des befriedeten Besitztums des Halters nur führen, wer körperlich hierzu in der Lage ist und die erforderliche Zuverlässigkeit nach diesem Gesetz hierzu besitzt.

Eine Person darf nicht gleichzeitig mit einem gefährlichen Hund weitere Hunde führen.

Innerhalb der Wohnung oder des eingefriedeten Besitztums des Halters ist durch geeignete Maßnahmen durch den Halter sicherzustellen, dass gefährliche Hunde nicht oder nur unter Aufsicht des Halters in Kontakt zu minderjährigen Personen kommen.

Gefährliche Hunde sind außerhalb des eingefriedeten Besitztums oder der Wohnung des Halters an einer höchstens zwei Meter langen Leine zu führen; dieser Leinenzwang besteht nicht auf als Hundeauslaufgebiet gekennzeichneten Flächen, wenn diese eingezäunt sind und eine Gefährdung Dritter ausgeschlossen ist.

Gefährlichen Hunden ab Beginn des siebten Lebensmonats ist beim Führen außerhalb des eingefriedeten Besitztums oder der Wohnung des Halters ein ausreichender Maulkorb anzulegen.

In einem fremden eingefriedeten Besitztum oder einer fremden Wohnung kann mit Zustimmung des Hausrechtsinhabers der gefährliche Hund auch ohne Leine gehalten werden, wenn eine Gefährdung Dritter gegen ihren Willen ausgeschlossen ist und kein Kontakt zu minderjährigen Personen besteht.

Beim Führen von gefährlichen Hunden hat der Hundehalter oder eine Führungsperson ein gültiges Personaldokument sowie die Erlaubnis mitzuführen und auf Verlangen zur Prüfung den zuständigen Personen zur Prüfung auszuhändigen.

## *Zucht- und Handelsverbot für gefährliche Hunde*

Die Zucht und die Vermehrung von sowie der Handel mit als gefährlich festgestellten Hunden sind verboten. Ausnahmen hiervon können vom zuständigen Ministerium für Zwecke der Wissenschaft und Forschung zugelassen werden. Die zuständige Behörde ist hiervon zu unterrichten. Es kann auch direkt von dieser auf Antrag eine Ausnahme aus wichtigem Grund nach pflichtgemäßem Ermessen zugelassen werden.

Hunde dürfen nicht durch Zuchtauswahl, Ausbildung oder Haltung zu gefährlichen Hunden herangebildet werden. Eine gesteigerte Aggressivität und Angriffsbereitschaft in diesem Sinne liegt vor, wenn das Angriffs- und Kampfverhalten des Hundes durch artgemäße Signale nicht hinreichend gesteuert werden kann. Hierbei werden nicht bestimmte Rassen oder Rassekreise, sondern alle Hunde bzw. alle Züchter angesprochen.

## *Ausnahmen vom Gesetz*

Im Gesetz aufgeführte Vorschriften (in § 13 Abs. 1 ThürTierGefG aufgezählt) finden keine Anwendung auf Personen, die keine Wohnung in Thüringen haben und sich nicht länger als zwei Monate ununterbrochen mit einem gefährlichen Hund in Thüringen aufhalten.

Mit Ausnahme des § 2 Abs. 1 ThürTierGefG (allgemeine Haltungsvorschrift) gilt dieses Gesetz nicht für Diensthunde von Behörden, Hunde des Rettungsdienstes oder des Katastrophenschutzes und Blindenführhunde.

Für Behindertenbegleithunde, Herdengebrauchshunde und brauchbare Jagdhunde gelten die nach dem Gesetz bestimmten Anleinpflichten im Rahmen ihres bestimmungsgemäßen Einsatzes nicht.

### *Ordnungswidrigkeiten*

Das Gesetz zählt im Einzelnen auf, welche Verstöße gegen dieses Gesetz Ordnungswidrigkeiten darstellen. Ordnungswidrigkeiten können mit einer Geldbuße bis zu 10.000 Euro geahndet werden. Ahndungsbehörden sind grundsätzlich die zuständigen Behörden.

### *Zuständigkeiten*

Zuständig nach dem Gesetz sind die Gemeinden, Verwaltungsgemeinschaften oder erfüllenden Gemeinden jeweils im übertragenden Wirkungskreis, in welchem der Halter des gefährlichen Hundes wohnt oder wo sich der Halter ansonsten überwiegend aufhält.

Zuständige Behörden für die Feststellung der Vergleichbarkeit und die Anerkennung der Sachkundebescheinigungen anderer Länder ist das Landesverwaltungsamt.

## B/4 Zuständigkeiten nach den landesrechtlichen Bestimmungen

Überwiegend sind die örtlichen Ordnungsbehörden für die Ausführung der Hundegesetze/-verordnungen im ordnungsrechtlichen Bereich zuständig, teilweise ist aber auch eine Aufsplittung z.B. zwischen Ordnungsbehörden und Veterinärämtern gegeben. Hier ein Überblick zu den Ordnungsbehörden:

| | |
|---|---|
| Baden-Württemberg | Gemeinden als Ortspolizeibehörden |
| Bayern | Gemeinden als Sicherheitsbehörden |
| Berlin | Bezirksämter als Ordnungsbehörden |
| Brandenburg | Ämter, amtsfreie Gemeinden, kreisfreie Städte als örtliche Ordnungsbehörden |
| Bremen | Gemeinden als Ortspolizeibehörden |
| Hamburg | Verwaltungsbehörden |
| Hessen | Bürgermeister als örtliche Ordnungsbehörden |
| Mecklenburg-Vorpommern | Bürgermeister der kreisfreien Städte und Bürgermeister der amtsfreien Gemeinden als örtliche Ordnungsbehörden |
| Niedersachsen | Landkreise und kreisfreie Städte als Verwaltungsbehörden |
| Nordrhein-Westfalen | Gemeinden als örtliche Ordnungsbehörden |
| Rheinland-Pfalz | Gemeindeverwaltungen der verbandsfreien Gemeinden, Verbandsgemeindeverwaltungen und Stadtverwaltungen der kreisfreien und großen kreisangehörigen Städte als örtliche Ordnungsbehörden |
| Saarland | Bürgermeister als Ortspolizeibehörden |
| Sachsen | Landratsämter und kreisfreie Städte als Kreispolizeibehörden |
| Sachsen-Anhalt | Landkreise und kreisfreie Städte als Verwaltungsbehörden |
| Schleswig-Holstein | Bürgermeister der amtsfreien Gemeinden als örtliche Ordnungsbehörden |
| Thüringen | Gemeinden oder Verwaltungsgemeinschaften als örtliche Ordnungsbehörden |

## B/5 Rechtsprechung von A bis Z zu Kampfhunden/gefährlichen Hunden sowie teilweise zu sonstigen Hunden

Im Folgenden finden Sie eine detaillierte Rechtsprechung zu einschlägigen Themen im Bereich der gefährlichen Hunde/Kampfhunde.

Teilweise sind in dieser Aufzählung auch andere Hunde betroffen (z.B. Untersagung einer Hundehaltung bei „normalen" Hunden, Fragen der Zuverlässigkeit oder Verwertung/Einziehung/Beschlagnahme/Sicherstellung von Hunden).

**Hinweise**

- Sie müssen im Einzelfall stets beachten, ob diese Rechtsprechung Ihrem Landesrecht zugrunde gelegt werden kann.
- Die Rechtsprechung wird in Orientierungs-/Leitsätzen dargestellt.

**Beispiele**

- Teilweise ist ein – im Einzelfall – bissiger Hund landesgesetzlich ein Kampfhund/gefährlicher Hund mit der Folge von Leinen- und Maulkorbzwang. Ein Wesenstest kann dann die Gefährlichkeit regelmäßig nicht widerlegen, aber dann ergibt sich die Frage weiterer Auflagen.
- Eine Hundehaltung kann auch untersagt werden, wenn der Hundehalter polizei-/ordnungsrechtlich hinsichtlich „normaler" Hunde unzuverlässig ist. Die Rechtsgrundlage ist dann in den meisten Bundesländern das Landes-Gefahrenabwehrgesetz, ansonsten die jeweilige Landes-Hundevorschrift, je nach Landesrecht.

Beachten Sie auch teilweise die Verzweigung „Kampfhund" – „normaler" Hund. Außerdem ist bei den Entscheidungen der Gerichte zu prüfen, ob die Hinweise zur Gesetzgebung in einzelnen Bundesländern dem heutigen Stand entsprechen.

## *B/5.1 Anspruch auf Halten eines gefährlichen Hundes*

### Ehemaliger Hundehalter hat keinen Anspruch auf Herausgabe gegenüber Tierheim

Der Antragsteller verzichtete auf das Eigentum an einem jungen Kampfhund, welchen er in einem Tierheim abgab. Ein Rückgabeanspruch wurde vom Gericht abgelehnt.

*(VG Mainz, Beschluss vom 25.04.2007, Az. 1 L 223/07)*

### Kein Anspruch auf Haltung eines gefährlichen Hundes, wenn dieser vorher im Tierheim war

Ein Hundehalter hat auch dann keinen Anspruch auf Erlaubnis zum Halten eines gefährlichen Hundes, wenn das Tier zwar so vor dem Tierheim bewahrt würde, die Ursache für das Verbringen ins Tierheim jedoch in der eigenen Verantwortlichkeit des Halters liegt.

**Hinweis**

Das VG bringt mit diesem Urteil zum Ausdruck, dass eventuell ein Bedürfnis zum Halten eines gefährlichen Hundes dann bestehen kann, wenn dieser von einer Person „aus dem Tierheim befreit wird". Diese Aussage muss sehr in Zweifel gezogen werden.

*(VG Koblenz, Urteil vom 13.08.2008, Az. 5 K 223/08)*

### Auswirkungen der Gefährlichkeitsfeststellung eines Hundes bei Umzug in ein anderes Bundesland

Ein Bescheid, mit dem die Fachbehörde die Gefährlichkeit eines Hundes nach § 7 Abs. 1 NHundG festgestellt hat, erledigt sich prozessual nicht ohne Weiteres dadurch, dass der Hundehalter nach Erlass des Bescheids in ein anderes Bundesland umzieht und die Hundehaltung dadurch nicht länger in den Anwendungsbereich des NHundG fällt. Die Rechtmäßigkeit einer Gefährlichkeitsfeststellung nach § 7 Abs. 1 NHundG beurteilt sich nach der Sachlage im Zeitpunkt des Bescheiderlasses.

*(VG Braunschweig, Urteil vom 23.09.2015, Az. 5 A 188/14)*

### Antrag auf Erteilung einer Erlaubnis zur Haltung einer American-Staffordshire-Terrier-Hündin

Die gesetzlichen Regelungen über das Halten von Kampfhunden dienen nicht der Abwehr von (abstrakten oder konkreten) Gefahren, sondern der Vermeidung von Risiken im Vorfeld. Die den Normen über das Halten von Kampfhunden zugrunde liegende Annahme eines „Besorgnispotenzials" bzw. „Gefahrenverdachts" wird nicht aufgrund neuerer wissenschaftlicher Kenntnisse ausgeräumt. Der Gesetzgeber ist nicht gehalten, noch (immer) ungeklärte oder jedenfalls weitgehend ungeklärte naturwissenschaftliche Wirkungszusammenhänge bei aggressivem Verhalten von Hunden und dessen Ursachen selbst aufzuklären bzw. einen Erkenntnisfortschritt der Wissenschaft herbeizuführen.

Beißstatistiken sind angesichts der nur äußerst geringen Anzahl der Kampfhunde, des Umstands, dass Zwischenfälle mit Hunden statistisch nur teilweise erfasst werden und dass Kampfhunde nur unter äußerst strengen Voraussetzungen von hierfür besonders geeigneten Personen gehalten werden dürfen, zur Überprüfung der prognostischen Beurteilung der Gefährlichkeit der Hunderassen allenfalls eingeschränkt geeignet.

*(VGH München, Urteil vom 19.03.2019, Az. 10 BV 18.1917)*

### Erlaubnis zur Haltung eines Kampfhundes

Die Tatsache, dass bereits mit der Hundehaltung begonnen wurde, kann für sich genommen nicht dazu führen, dass ein berechtigtes Interesse an der Haltung entsteht. Eine Ermessensreduzierung dahingehend, dass allein die Hinnahme einer formell rechtswidrigen Haltung eines Kampfhundes rechtmäßig wäre, kommt nur in extremen Ausnahmefällen in Betracht, etwa wenn die der Regelung des Art. 37 LStVG zugrunde liegende Annahme eines „Gefahrenverdachts" bzw. eines „Besorgnispotenzials" im Einzelfall aufgrund außergewöhnlicher Umstände (z.B. sehr hohes Alter oder erhebliche Erkrankung des Tiers) für jedermann offensichtlich nicht (mehr) gerechtfertigt ist.

*(VGH München, Beschluss vom 19.03.2020, Az. 10 ZB 19.459)*

## *B/5.2 Auflagen/Anordnungen für Kampfhunde/Feststellung der Gefährlichkeit*

### Auflagen zur Haltung eines Bullterriers auch bei positivem Wesenstest möglich

Es erscheint nicht von vornherein ausgeschlossen, dass für die Haltung eines Hundes, der unter § 1 Abs. 2 KampfhundeV fällt und den Wesenstest bestanden hat, Anordnungen nach Art. 18 Abs. 2 LStVG zulässig sind, selbst wenn von einem solchen Hund noch kein Angriff auf Menschen und Tiere bekannt geworden ist.

*(VGH München, Beschluss vom 11.07.2001; NVwZ, S. 1313)*

### Unterschiedlich strenge landesrechtliche Regelungen zu gefährlichen Hunden sind zulässig

Unterschiedliche landesrechtliche Regelungen im Hunderecht sind Ausdruck des föderalen Systems der Bundesrepublik Deutschland, in der den Bundesländern die Gesetzgebungskompetenz für das Polizei- und Ordnungsrecht zugewiesen ist. Folglich kann ein Halter nicht mit für ihn günstigeren Regelungen anderer Bundesländer argumentieren.

*(BVerwG, Beschluss vom 04.04.2022, Az. 6 B 23/21)*

### Negativtest ist auch dann möglich, wenn der Hund vorher noch nicht aufgefallen ist

Ein Negativtest nach § 1 Abs. 2 KampfhundeV kann mit Einzelanordnungen nach Art. 18 Abs. 2 LStVG auch dann verbunden werden, wenn der Hund (hier: Bullterrier) noch nicht negativ aufgefallen ist. Eine vom Hund ausgehende konkrete Gefahr i.S.v. Art. 18 Abs. 2 LStVG liegt auch dann vor, wenn der ohne Maulkorb frei herumlaufende Bullterrier Angst bei Passanten hervorruft.

*(VGH München, Urteil vom 18.02.2004, Az. 24 B 03.645)*

### Leinenzwang auch bei positivem Wesenstest möglich

Auch nach einem abgelegten positiven Wesenstest verbunden mit der Erteilung eines Negativzeugnisses ist die Anordnung eines Leinenzwangs möglich.

*(BayVGH, Beschluss vom 07.04.2004; NVwZ-RR 2004, S. 490)*

### Behördlich angeordneter Leinenzwang muss Ausnahme für ausgewiesene Hundebereiche enthalten

Ein behördlich angeordneter Leinenzwang muss wegen § 5 Abs. 5 Satz 2 LHundG NRW eine Ausnahme für besonders ausgewiesene Hundeauslaufbereiche enthalten.

*(VG Aachen, Beschluss vom 10.03.2022, Az. 6 L 557/21)*

### Annahme einer konkreten Gefahr auch bei Vorliegen eines positiven Wesenstests

Das Vorliegen eines positiven Wesenstests für einen Kampfhund (Rottweiler) ändert nichts an den für das Vorliegen einer konkreten Gefahr zu prüfenden Voraussetzungen.

*(VGH München, Urteil vom 15.03.2005, Az. 24 BV 04.2755)*

### Ordnungsamt bei Feststellung der Gefährlichkeit eines Hundes: nicht an Tierarztgutachten gebunden

Es ist stets im Einzelfall zu prüfen, ob die jeweilige Anordnung geeignet ist, die Wahrscheinlichkeit der Beeinträchtigung von Rechtsgütern in relevanter Weise herabzusetzen. Dies ist etwa bei der Verpflichtung, den Hund anzuleinen oder ihn ausbruchsicher unterzubringen, grundsätzlich der Fall.

*(VG Aachen, Urteil vom 06.03.2008, Az. 6 K 1352/07)*

### Anordnung eines Leinenzwangs ist möglich, ohne dass der Hund gefährlich ist

Die Ordnungsbehörde ist im Hinblick auf die Feststellung der Gefährlichkeit eines Hundes im Einzelfall nicht an das Ergebnis der Begutachtung durch den amtlichen Tierarzt gebunden. Ist jedoch die Gefährlichkeit festgestellt, kann die Ordnungsbehörde zur Gefahrenabwehr bis zur Erteilung einer Haltungserlaubnis Sicherungsmaßnahmen wie einen Leinen- und Maulkorbzwang (in Nordrhein-Westfalen) anordnen.

*(OVG Lüneburg, Beschluss vom 13.08.2009, Az. 11 ME 287/09)*

### Zwangsgeldbewehrte Auflage muss hinreichend bestimmt sein

Ein Leinenzwang kann auf der Grundlage des § 13 Abs. 1 HundG i.V.m. § 11 Nds. SOG unabhängig davon angeordnet werden, ob ein Hund gefährlich i.S.v. § 3 NHundG ist (hier: Auseinandersetzungen ohne Bissvorfälle, welche der Hundehalter nicht unterbinden konnte).

*(OVG LSA, Beschluss vom 19.06.2012, Az. 3 M 293/11)*

### Halterwechsel: frühere Einstufung des Hundes bleibt bestehen

**Hinweis**

In den meisten Bundesländern beruht diese Entscheidung mit diesem Sachverhalt auf der Grundlage des Gefahrenabwehrgesetzes.

*(VG Magdeburg, Beschluss vom 12.12.2012, Az. 1 B 349/12)*

### Zusätzliche Auflagen müssen auf konkrete Gefahr gegründet sein

Eine zwangsgeldbewehrte Anordnung, mit der einem Hundehalter aufgegeben wird, beim Führen der Hunde „besonders darauf zu achten, dass der Hund keine Personen oder Tiere anspringt, anfällt oder beißt" ist nicht hinreichend bestimmt.

*(OVG LSA, Beschluss vom 21.01.2013)*

### Anordnung des Leinenzwangs bei bereits angeordneter Verhinderung des Entweichens unverhältnismäßig

In Fällen, in denen die von einem Hund ausgehende Gefahr darin besteht, dass dieser regelmäßig dem Grundstück entweicht und unbeaufsichtigt umherläuft, ist eine Anordnung zur Verhinderung der konkreten Gefahr des Entweichens ausreichendes Mittel. Ein daneben angeordneter Leinenzwang ist unverhältnismäßig.

*(VG Bayreuth, Beschluss vom 07.11.2022, Az. B 1 S 22.972)*

### Reichweite von Generalklauseln

Die Generalklausel in § 12 Abs 1 LHundG NRW ermächtigt die Behörde neben Gefahrerforschungsmaßnahmen auch zu vorläufigen Maßnahmen der Gefahrenabwehr. Vorläufige, auf die Generalklausel gestützte Maßnahmen setzen lediglich einen Gefahrenverdacht voraus, müssen aber zeitlich begrenzt sein.

*(VG Gelsenkirchen, Beschluss vom 03.07.2024, Az. 19 L 960/24)*

### Leinen- und Maulkorbzwang für einen Hund als vorläufige Sicherungsmaßnahme

Vorläufige Sicherungsmaßnahmen sind ebenso wie Gefahrerforschungsmaßnahmen von der Rechtsgrundlage des § 12 SächsPBG, die hier auch nicht durch eine speziellere Rechtsgrundlage des Gesetzes zum Schutz der Bevölkerung vor gefährlichen Hunden verdrängt wird, gedeckt.

*(OVG Sachsen, Beschluss vom 11.12.2023, Az. 6 B 46/23)*

### Leinen- und Maulkorbzwang für einen Hund als vorläufige Sicherungsmaßnahme

Von in Rudeln ausgeführten Hunden geht eine konkrete Gefahr aus, ohne dass es auf die Gefährlichkeit oder Größe der einzelnen Hunde ankommt und ohne dass es zuvor zu Beiß- oder sonstigen Vorfällen gekommen sein muss. Bei einer größeren Anzahl von Hunden ist es regelmäßig nicht mehr gewährleistet, dass der Halter im Ernstfall noch Zugriff auf jeden einzelnen Hund hat.

*(Bayerischer VGH, Beschluss vom 13.12.2022, Az. 10 ZB 21.2487)*

### Kombination von Leinen- und Maulkorbzwang begründungsbedürftig

In Bezug auf einzelne hunderechtliche Anordnungen ist zu unterscheiden und jeweils zu prüfen, ob die Maßnahme zur Abwehr der konkret in Rede stehenden Gefahr geeignet, erforderlich und angemessen ist. Die Kombination von Leinenzwang und Maulkorbzwang ist nur unter besonderen Umständen ermessensgerecht.

*(VG Göttingen, Beschluss vom 27.11.2023, Az. 1 B 200/23)*

### Kombination von Leinen- und Maulkorbzwang begründungsbedürftig

In ständiger Rechtsprechung wird zwar grundsätzlich die Möglichkeit bejaht, einen Leinenzwang in bewohnten Gebieten anzuordnen. Eine zusätzliche Maulkorbpflicht bzw. ein kombinierter Leinen- und Maulkorbzwang kann jedoch nur verfügt werden, wenn es im Einzelfall zur effektiven Gefahrenabwehr notwendig ist, wenn also ein bloßer Leinenzwang zur Abwehr der von dem konkreten Hund ausgehenden Gefahr nicht genügt.

*(VG Augsburg, Beschluss vom 17.04.2023, Az. Au 8 S 23.347)*

## *B/5.3 Begutachtung Amtstierarzt*

**Vorführung eines Hundes beim Amtstierarzt, nur um seine Rassenzugehörigkeit festzustellen, unterliegt nicht der Generalklausel**

Auf die Generalklausel des § 3 SOG lässt sich die als vollziehbares Handlungsgebot getroffene Anordnung, einen Hund beim Amtstierarzt vorzuführen, jedenfalls dann nicht stützen, wenn hinreichende Anhaltspunkte für eine konkrete Gefährlichkeit dieses Hundes nicht bestehen und nur zu prüfen ist, ob der Hund einer Rasse zuzuordnen ist, für deren Vertreter nach § 1 HundeVO die Vermutung der Gefährlichkeit gilt. Die HundeVO enthält keine Regelung über die Mitwirkungspflicht.

*(OVG Hamburg, Beschluss vom 11.12.2000; NVwZ, S. 1311)*

**Anordnung der Durchführung einer Begutachtung durch den amtlichen Tierarzt**

Die Einschätzung eines privaten Tierarztes, von einem Hund gehe keine Gefahr aus, wird regelmäßig eine amtstierärztliche Begutachtung nicht entbehrlich machen können.

*(OVG NRW, Beschluss vom 06.01.2023, Az. 5 B 252/22)*

## *B/5.4 Berechtigtes Interesse*

**Berechtigtes Interesse an der Haltung eines gefährlichen Hundes liegt vor, wenn Erlaubnispflicht neu eingeführt wurde**

§ 2 Abs. 1 HundeVO ist verfassungskonform dahin gehend auszulegen, dass ein berechtigtes Interesse an der Haltung eines gefährlichen Hundes in der Regel zu bejahen ist, wenn die Erlaubnis beantragt wird, um eine vor Einführung der Erlaubnispflicht begonnene Hundehaltung fortsetzen zu können.

*(OVG Hamburg, Beschluss vom 16.05.2001; NVwZ, S. 1309)*

### Auch altersschwache Kampfhunde bedürfen zur Haltung einer Erlaubnis

Auch altersschwache Kampfhunde bedürfen zur Haltung einer Erlaubnis. Gegebenenfalls ist eine Haltungsuntersagung gerechtfertigt.

*(VG Würzburg, Beschluss vom 29.01.2007, Az. W 5 S 07.51; BayVGH, Beschluss vom 16.11.2004, Az. 24 CS 04.3062)*

### Wesenstest eines Hundes unterliegt nur eingeschränkter richterlicher Kontrolle

Ähnlich wie „gewöhnliche" Prüfungsentscheidungen unterliegt die Bewertung einer Verhaltensprüfung (Wesenstest), die mit einem Kampfhund durchgeführt wird, nur einer eingeschränkten gerichtlichen Kontrolle.

Ein berechtigtes Interesse an der Haltung eines Kampfhundes liegt nur dann vor, wenn es ausschließlich durch einen Kampfhund erfüllt werden kann. Bei einem American Staffordshire Terrier kann die vermutete Gefährlichkeit nur durch eine bestandene Verhaltensprüfung widerlegt werden. Hinsichtlich der Zuverlässigkeit bei der Haltung eines Kampfhundes ist ein strenger Maßstab anzulegen. Bei wiederholten Verstößen gegen Halterpflichten ist die Zuverlässigkeit nicht gegeben.

*(VG Freiburg, Urteil vom 07.03.2007, Az. 2 K 1674/06)*

### Herkunft eines gefährlichen Hundes aus dem Tierheim eines anderen Bundeslandes unmaßgebend

Einem Landesbürger kann die Haltung eines gefährlichen Hundes nicht mit der Begründung untersagt werden, das Tier stamme nicht aus einem rheinland-pfälzischen Tierheim (berechtigtes Interesse). Die Herkunft aus einem Tierheim, egal woher, ist unmaßgebend. „Das Gericht geht hier auf das berechtigte Interesse näher ein."

*(VG Neustadt, Beschluss vom 22.12.2008, Az. 5 L 1418/08)*

### Begriff „berechtigtes Interesse" an der Haltung eines gefährlichen Hundes ist eng auszulegen

Der Begriff des berechtigten Interesses ist eng auszulegen. Die Erlaubnis zur Haltung eines gefährlichen Hundes kommt nur in besonders gelagerten Einzelfällen in Betracht. Dies kann z.B. bei Abnahme von Tierheimhunden der Fall sein.

*(OVG RP, Beschluss vom 02.03.2009, Az. 7 A 11077/08)*

### Vertrauensschutz und Tierschutzaspekte bei der Haltung eines Kampfhundes

Haltung eines Kampfhundes der Kategorie 1, Rücknahme einer Zusicherung, berechtigtes Interesse, Vertrauensschutz aufgrund Zusicherung.

*(VGH München, Beschluss vom 30.03.2020, Az. 10 ZB 19.460)*

### Berechtigtes Interesse an Kampfhundhaltung ist restiktiv auszulegen

Der Begriff des berechtigten Interesses ist im Hinblick auf das gesetzgeberische Ziel, die Haltung von Kampfhunden wegen der von ihnen ausgehenden Gefahren „auf wenige Ausnahmetatbestände" zu beschränken, grundsätzlich restriktiv auszulegen. Mit der Haltung muss über ein reines Liebhaberinteresse hinaus ein Zweck verfolgt werden, der es rechtfertigt, das stets bestehende „Restrisiko", das auch bei Zuverlässigkeit des Halters und sachgerechter und sicherer Unterbringung der Tiere besteht, hinzunehmen. Die Haltung eines Kampfhundes muss demnach für die Befriedigung des „berechtigten Interesses" nicht nur geeignet, sondern auch erforderlich sein. Wird ein berechtigtes Interesse erstmals behauptet, nachdem der Hund bereits angeschafft wurde, sprechen in der Regel gewichtige Gründe dafür, dass die Haltung vorrangig der Liebhaberei dient.

*(VGH München, Beschluss vom 19.08.2024, Az. 10 ZB 24.1053)*

## *B/5.5 Beschlagnahme/Sicherstellung/Einziehung*

Siehe „Bissigkeit" bzw. „Untersagung der Hundehaltung".

### Beschlagnahme eines aus dem Ausland stammenden vermutet gefährlichen Hundes

Es ist nicht Sinn und Zweck des § 4 Abs. 1 Satz 1 GefHundG LSA, dass illegal nach Deutschland eingeführte Hunde durch das Ablegen eines positiven Wesenstests legal in Deutschland gehalten werden können. Mittels eines Wesenstests soll ermittelt werden, ob ein potenziell gefährlicher Hund der „Rasseliste" als ungefährlich einzustufen ist, allerdings erfordert das zuvor den legalen Aufenthalt in Deutschland.

*(OVG Magdeburg, Beschluss vom 21.03.2013, Az. 3 M 125/12)*

### Old English Bulldog als gefährlicher Hund

Sicherstellung wegen unwiderlegbarer Gefährlichkeit einer „Leavitt Bulldog" Hündin mit einem 1/6-Anteil eines „American Pitbull Terriers"; Begriff der „Kreuzungen"; fehlendes Sachverständigengutachten.

*(OVG Berlin Brandenburg, Beschluss vom 03.08.2015, Az. 5 S 36/14)*

### Bedeutung der Ahnentafel bei Mini-Bullterrier

Verstoß gegen das Verbringungs- und Einfuhrverbot von gefährlichen Hunden in das Inland (HundVerbrEinfVO). Bei einem Verstoß ist die Behörde berechtigt, den Hund zu beschlagnahmen. Ein Verstoß ist dann gegeben, wenn Hunde der Rasse American Staffordshire Terrier, Staffordshire Bullterrier, Bullterrier und deren Kreuzungen aus einem anderen Mitgliedstaat der EU in das Inland verbracht werden.

Vorliegend handelte es sich bei dem streitgegenständlichen Hund entgegen der Auffassung der Klägerin nicht um einen Miniatur-Bullterrier, sondern um einen Bullterrier, der nicht ins Inland eingeführt werden durfte. Ein Mini-Bullterrier darf nur ein maximales Maß von 35,5 cm aufweisen, der Hund besaß eine Widerristhöhe von 38 cm. Auch wurden für den Hund Papiere ausgestellt, obwohl der Hund nicht tätowiert oder gechipt war. Die Exportahnentafel war damit nicht gültig und wurde nicht anerkannt. Die Beschlagnahme des unrechtmäßig eingeführten Hundes nach Deutschland war rechtmäßig und ermessensfehlerfrei erfolgt.

*(VG Magdeburg, Beschluss vom 14.10.2016, Az. 1 B 429/16 MD)*

## *B/5.6 Bissigkeit/Aggressivität eines Hundes/Einstufung als gefährlich/Anordnungen*

Lesen Sie mehr dazu in Abschnitt A/2.36 „Untersagung der Hundehaltung“.

### Maulkorb kann angeordnet werden, wenn andere Hunde erheblich verletzt wurden

Eine Ordnungsverfügung mit der Aufforderung an den Eigentümer eines Schäferhundes, der andere Hunde erheblich verletzt bzw. getötet hat (hier: zwei Vorfälle), dem Schäferhund außerhalb des befriedeten Besitztums einen Maulkorb anzulegen, kann rechtmäßig sein.

*(OVG Münster, Urteil vom 18.10.1979; NJW 1980, S. 956)*

### Einmaliges Beißen gilt bereits als „bissig“

Ein Hund, der bereits einmal im Beisein seines Hundehalters oder einer Person, welcher der Hund überlassen wurde, einen Menschen gebissen und dabei erheblich verletzt hat, ist regelmäßig als bissig im Sinne der Verordnung anzusehen. Dies gilt auch bei einem Hund, der andere Tiere, insbesondere Hunde gebissen hat.

*(VGH BW, Beschluss vom 10.12.1992; NVwZ-RR 1993, S. 187; VGH BW, Beschluss vom 03.03.1993; BWGZ, S. 306; AG Maulbronn, Urteil vom 03.03.1994; BWGZ 95, S. 733)*

### Anspringen von Menschen durch Hunde ist gefahrdrohend, wenn das menschliche Wohlbefinden beeinträchtigt ist

Das Anspringen von Menschen durch Hunde erfüllt auch dann das Tatbestandsmerkmal „in gefahrdrohender Weise“ (§ 2 Abs. 1 Satz 1 Nr. 2 HundeVO), wenn der Hund den angegriffenen Menschen nicht verletzen will, der Mensch sich aber – objektiv nachvollziehbar – durch das Anspringen in seinem körperlichen oder seelischen Wohlbefinden beeinträchtigt sieht.

*(VGH Kassel, Beschluss vom 21.10.1996; NJW 1997, S. 961)*

### Erschrecken stellt keinen begründeten Anlass für einen Biss dar

Mit dem Begriff des elementaren Selbsterhaltungstriebs in § 7 Abs. 1 Nr. 1 HundG stellt das Gesetz darauf ab, dass sich ein Hund selbst verteidigen darf, der Biss also einer Situation entspringt, in der sich der Hund angegriffen, bedrängt, eingesperrt oder auf andere Weise bedroht fühlt. Weder ein Erschrecken des Hundehalters noch das seines Hundes rechtfertigen den sofortigen Biss eines anderen Menschen, wenn trotz des Erschreckens keine tatsächliche oder vermeintliche Situation vorliegt, bei der von einer irgendwie gearteten Bedrohungslage für den Halter oder den Hund auszugehen ist.

*(OVG SH, Beschluss vom 25.06.2021, Az. 4 MB 25/211)*

### Aggressiver Hund ist als „bissig" einzustufen

Bei einem Beißvorfall zwischen zwei Hunden erweist sich ein Hund insbesondere dann als „bissig" i.S.v. § 1b GefHuVO NRW, wenn er einen anderen Hund gebissen und verletzt hat, ohne selbst von diesem angegriffen worden zu sein, oder wenn er einen anderen Hund trotz dessen erkennbarer artüblicher Unterwerfungsgestik gebissen hat.

*(OVG Münster, Beschluss vom 06.03.1997; NVwZ, S. 806)*

### Kein Halten und auch kein Ausführen bei Unzuverlässigkeit des Hundehalters

Durch Bissvorfälle und Alkoholeinfluss des Hundehalters wurde zu Recht der Schäferhund des Halters eingezogen. Ein daraufhin gehaltener Pitbull wurde auf Passanten gehetzt. Das Hundehaltungsverbot und -ausführverbot hat das Gericht als geeignete Maßnahme angesehen.

*(VG Göttingen, Urteil vom 11.06.1999, Az. 1 A 1184/97)*

### Untersagung der Haltung gefährlicher Hunde bereits bei einmaligem Hundebiss

Einem Hundehalter, der die von seinem Hund ausgehenden Gefahren nicht beherrscht, kann das Halten des Hundes untersagt werden. Unter Umständen kann bereits ein einmaliger Beißvorfall belegen, dass dem Betreffenden die persönlichen Haltervoraussetzungen fehlen.

*(OVG Bremen, Beschluss vom 28.06.2000, Az. 1 B 227/00)*

### Unzuverlässigkeit bei Missachtung des Maulkorbzwangs und Nichtbezahlung von Bußgeldbescheiden

Ein Hundehalter, der trotz gravierender Beißvorfälle den angeordneten Maulkorbzwang missachtet und sich auch durch wiederholte Bußgeldbescheide nicht zur Befolgung seiner Pflichten als Hundehalter anhalten lässt, ist unzuverlässig i.S.v. § 2 Abs. 3 Nr. 2 GefHuVO NRW, § 4 Abs. 2 Nr. 3 LHV NRW.

*(OVG Münster, Beschluss vom 31.10.2000; NVwZ 2001, S. 227)*

### Einziger Bissvorfall ausreichend für Qualifizierung als „gefährlicher Hund"

Ein Hund, der einmal einen anderen Hund gebissen hat, ist in der Regel als bissig im Sinne der PolVOgH anzusehen.

*(VG Karlsruhe, Urteil vom 18.12.2000, Az. 11 K 1896/00)*

### Einziger Bissvorfall während eines langen Zeitraums ausreichend für Qualifizierung als „gefährlicher Hund"

Auch ein einziger Bissvorfall innerhalb eines längeren Zeitraums rechtfertigt die Qualifizierung eines Hundes als gefährlichen Hund.

*(VG Hamburg, Beschluss vom 05.04.2001, Az. 4 VG 1036/2001)*

### Bissigkeit eines Hundes wird angenommen, wenn keine Konkurrenzrituale mit anderem Hund vorausgegangen sind

Auch ein einmaliger Beißvorfall kann die Bissigkeit und damit die Eigenschaft eines gefährlichen Hundes begründen, wenn der Beißerei mit dem anderen Hund atypisch keine Konkurrenzrituale vorausgegangen sind.

*(VG Freiburg, Beschluss vom 10.09.2001, Az. 1 K 1138/01)*

### Bissiger Hund: Zuschnappen genügt – auch ohne Verletzung

Ein Hund ist im Sinne der GefHuVO gefährlich, wenn er einen Menschen gebissen hat und keiner der in der Vorschrift genannten Rechtfertigungsgründe vorliegen.

Für das Vorliegen eines Hundebisses ist nicht erforderlich, dass eine blutende Wunde verursacht wurde, es genügt das Zuschnappen der Kiefer eines Hundes an einem menschlichem Körper, der diesem eine nicht unerhebliche Verletzung bzw. Beeinträchtigung zufügt.

*(OVG SH, Urteil vom 24.06.2002, Az. 4 L 20/02)*

### Schwere der Verletzung ist kein Kriterium zur Feststellung eines Bisses

Für die Annahme eines Hundebisses im gefahrenabwehrrechtlichen Sinne bedarf es keiner schwerwiegenden Verletzung (hier: offene sichelförmige Wunde von 2 mm mal 2 mm).

*(VG Gießen, Urteil vom 20.03.2023, Az. 4 K 3391/21. GI)*

### Anknurren oder Anbellen nicht ausreichend für Qualifizierung als gefährlicher Hund

Ein Rückgriff auf die polizeiliche Generalklausel nach §§ 1, 3 PolG für die Anordnung eines Maulkorbzwangs ist ausgeschlossen, wenn es sich um einen Kampfhund oder gefährlichen Hund – jeweils im Sinne der PolVOgH – handelt. Ein bloßes Anknurren oder Anbellen von Personen ist für die Qualifizierung als „gefährlich" unzureichend.

*(VG Stuttgart, Beschluss vom 04.08.2003, Az. 5 K 1950/03)*

### Einstufung als gefährlicher Hund bei Biss ohne Provokation

Die Einstufung als gefährlicher Hund ist zulässig, wenn er einen anderen Hund gebissen hat, ohne dass dies zur Verteidigung anlässlich einer strafbaren Handlung geschah, ohne provoziert worden zu sein. Die anderweitige Stellungnahme des Veterinäramts ist hierbei unmaßgebend.

*(VG Arnsberg, Beschluss vom 03.09.2003, Az. 3 L 1358/03; juris)*

### Gefährlicher Hund, wenn er sich in gefahrdrohender Weise auf kleinere Hunde stürzt und sie am Genick packt

Ein Dobermann, dem eine anerkannte Sachverständige nach Durchführung eines Wesenstests bescheinigt hat, dass er ungefährlich sei, kann ein gefährlicher Hund im Sinne der gesetzlichen Vorschrift sein, wenn sein Halter es wiederholt zugelassen hat, dass er sich in gefahrdrohender Weise auf kleinere Hunde gestürzt und diese am Genick gepackt hat.

*(VG Karlsruhe, Urteil vom 28.10.2004, Az. 2 K 2015/03)*

### Ein Hund ist gefährlich, wenn er ein anderes Tier durch Biss leicht geschädigt hat, ohne selbst angegriffen worden zu sein

Trotz anderer Behauptung der Klägerin sah es das Gericht aufgrund von Zeugenaussagen, auch eines Tierarztes, als erwiesen an, dass der Rottweiler einen Border-Collie gebissen hat. Auch leichtere gesundheitliche Schädigungen fallen unter den Begriff der Gefährlichkeit nach der HundeVO, es muss sich nicht um eine „schwere" Schädigung handeln.

*(VGH Kassel, Beschluss vom 19.11.2004, Az. 11 ZU 294/04; VGH Kassel, Urteil vom 10.05.2005, Az. 11 UE 3488/04)*

### Grundloser Biss eines Rottweilers rechtfertigt Maulkorbzwang

Zwei Rottweiler griffen einen Pudel grundlos an. Die Halterin flüchtete mit dem Pudel auf ein umzäuntes Grundstück. Die Rottweiler ließen sich davon nicht abhalten und bissen den Pudel. Die Ordnungsbehörde ordnete zu Recht einen Leinen- und Maulkorbzwang an, da es sich um gefährliche Hunde handelte.

*(OVG Koblenz, Beschluss vom 28.12.2004, Az. 12 A 11709/04)*

### Rottweiler ist nach Biss eines anderen Hundes als gefährlich einzustufen, wenn er grundlos zubeißt

Gefährlich ist ein Hund, wenn er ein anderes Tier durch Biss geschädigt hat, ohne selbst angegriffen worden zu sein. Ein anderes Tier kann auch ein anderer Hund sein. Eine Schädigung liegt nur bei ganz geringfügiger Verletzung nicht vor.

*(VGH Kassel, Urteil vom 10.05.2005, Az. 11 UE 3488/04)*

### Sicherstellung eines bissigen Hundes bei Verstoß gegen Maulkorbzwang

Sicherstellung eines Hundes wegen Verstoß gegen den Maulkorbzwang.

*(VGH Kassel, Beschluss vom 07.02.2005, Az. 11 TG 3519/04)*

### Sicherstellung eines bissigen Hundes gerechtfertigt, wenn er trotz Anordnung des Maulkorbzwangs weiterhin beißt

Untersagung der Haltung eines (gefährlichen) Hundes, der trotz Anordnung des Leinen- und Maulkorbzwangs nochmals eine Person biss. Sicherstellung des Hundes rechtens.

*(OVG RP, Beschluss vom 20.09.2005, Az. 12 B 11219/05. OVG)*

### Halter eines gefährlichen Hundes kann nicht verpflichtet werden, einen Erlaubnisantrag zu stellen

Für die Feststellung der Gefährlichkeit eines Hundes ist eine Stellungnahme des Veterinärs nicht zwingend erforderlich.

Zur Tierhaltereigenschaft: Verdacht auf Gefährlichkeit ist ausreichend.

Anordnungspflicht von Maßnahmen bereits vor einer Erlaubnisantragstellung (Leinen- und Maulkorbpflicht). Ermessensreduzierung auf null.

Der Halter eines gefährlichen Hundes kann nicht verpflichtet werden, einen Erlaubnisantrag zu stellen.

*(VG Oldenburg, Beschluss vom 17.10.2005, Az. 2 B 3417/05)*

### Power-Walking rechtfertigt keinen Hundebiss

Die Anordnung eines Leinen- und Maulkorbzwangs ist gerechtfertigt, wenn ein Hund, der in der Öffentlichkeit geführt wird, mit im öffentlichen Verkehr ständig zu erwartendem Verhalten Dritter nicht sicher umgehen kann. So darf er „Power-Walking" nicht als Angriff empfinden und mit Beißen reagieren.

*(VG Berlin, Beschluss vom 03.11.2005, Az. 11 A 724/05)*

### Hund beißt Hunde – nicht immer „gefährlich"

Nicht jede Beißerei zwischen Hunden muss die behördliche Einstufung als gefährlich zur Folge haben. Ein Hund, der einen anderen beißt, ist erst dann als gefährlich einzustufen, wenn er nicht die artübliche Unterwerfungsgeste des gegnerischen Hundes beachtet und zubeißt.

*(VG Schleswig, Beschluss vom 23.03.2006, Az. 3 A 74/05)*

### Untersagung der Hundehaltung bei hartnäckiger Anleinweigerung und Bissigkeit des Hundes

Einem Halter, der seine beiden Hunde unter dauerhafter und hartnäckiger Weigerung, einer bestehenden Anleinverpflichtung nachzukommen, hält, kann die Hundehaltung im Allgemeinen untersagt werden. Dies ist insbesondere der Fall, wenn einer der Hunde bereits einen Passanten gebissen hat. Es gilt auch, wenn der Halter angibt, die Hunde würden in seine Tätigkeit als Straßenmaler im Rahmen eines Gesamtkunstwerks einbezogen und die Untersagung verstoße gegen seine künstlerische Betätigungsfreiheit. Denn der Schutz der künstlerischen Betätigung findet jedenfalls dort seine Grenzen, wo das Recht auf körperliche Unversehrtheit der übrigen Bevölkerung beeinträchtigt wird.

*(VG Ansbach, Urteil vom 20.06.2006, Az. 5 K 06.00075)*

### Anordnung Leinen- und Maulkorbzwang nach Hundebiss ist ermessensgerecht

Anordnung des Leinen- und Maulkorbzwangs bei schwerwiegendem Bissvorfall rechtmäßig. Die Behörde handelt dann ermessensgerecht.

*(VG Meiningen, Urteil vom 25.07.2006, Az. 2 K 290/05)*

### Mischlingshund muss nach Beißerei zum Wesenstest

Ein Mischlingshund, der einem anderen Hund erhebliche Bisswunden zugefügt hat, muss sich einem Wesenstest unterziehen

*(VG Neustadt, Beschluss vom 18.10.2006, Az. 5 L 1662/06)*

### Anordnung von Maulkorbzwang und ausbruchsicherer Unterbringung für einen Schäferhund ist nach Bissvorfällen rechtmäßig

Fällt ein Schäferhund mehrfach durch Bissvorfälle auf, stellt er eine konkrete Gefahr für die öffentliche Sicherheit dar. Es besteht ein öffentliches Interesse daran, dass jede denkbare von dem Hund ausgehende Gefahr nach Möglichkeit von vornherein ausgeschlossen wird. Maulkorbzwang und ausbruchsichere Unterbringung sind dazu geeignet und konkret erforderliche Maßnahmen, die ein verantwortungsbewusster Hundehalter von sich aus ergreifen würde.

*(BayVGH, Urteil vom 09.11.2006, Az. 24 CS 06.2766)*

### Maßnahmen gegen bissigen Hund müssen verhältnismäßig sein

Anordnungen, einem Hund, der zusammen mit einem anderen Hund eine Schafherde angefallen und Schafe getötet und verletzt hat, außerhalb von Wohnungen einen Maulkorb anzulegen sowie mit ihm regelmäßige Trainingsmaßnahmen zu absolvieren und über deren Inhalt und Ergebnis eine schriftliche Einschätzung vorzulegen, können unverhältnismäßig sein, wenn zusätzlich das freilaufende Halten des Hundes untersagt und ein Leinenzwang angeordnet wurde.

*(VG Weimar, Beschluss vom 26.02.2007, Az. 2 E 58/07)*

### Anordnung des Leinenzwangs gegen einen bissigen Hund im gesamten Gebiet NRW gültig

Einzelfallanordnungen zur Abwehr von Hundegefahren haben Gültigkeit für das gesamte Bundesland. Eine rechtliche Notwendigkeit zu einer betragsmäßigen Koppelung von Zwangsgeld und Bußgeld bei Verstößen gegen Pflichten aus dem Landeshundegesetz besteht nicht. Die Anordnung eines Leinenzwangs für einen gefährlichen Hund, welcher mehrfach andere Hunde gebissen hat, ist rechtmäßig.

*(VG Aachen, Urteil vom 02.05.2007, Az. 6 K 1485/06)*

### Einstufung als gefährlicher Hund bei Anspringen und Beißen eines Zeitungsjungen sind rechtens

Anspringen und Biss an einem Zeitungsjungen führt berechtigt zur Einstufung des Hundes als gefährlich mit der Folge von Leinen- und Maulkorbzwang.

*(VG Freiburg, Urteil vom 01.06.2007, Az. 1 K 1972/06)*

### Jagdterrier, der einen Kater zu Tode gebissen hat, ist zu Recht als gefährlich eingestuft worden

Ein Hund ist dann als gefährlich einzustufen, wenn er ohne angegriffen zu werden eine Katze zu Tode beißt.

*(VG Mainz, Beschluss vom 07.10.2008, Az. 1 L 737/08)*

### Einziger Bissvorfall ausreichend für Wesenstest

Nach einem einzigen Bissvorfall kann regelmäßig nicht schon die Feststellung getroffen werden, ein daran beteiligter Hund habe sich gegenüber Mensch oder Tier als bissig erwiesen und sei deswegen als gefährlicher Hund i.S.v. § 2 Abs. 2 HundG einzustufen. Ein solcher Vorfall dürfte allerdings in der Regel ein ausreichender Anlass dafür sein, dass der Hund einem Wesenstest i.S.v. § 5 HundG unterzogen wird.

**Hinweis**

Dies gilt natürlich nicht für Bundesländer, in denen eine „Bissigkeit" nicht durch einen Wesenstest widerlegt werden kann.

*(OVG Hamburg, Beschluss vom 29.10.2008, Az. 4 Bs 149/08)*

### Beschlagnahme und Einziehung eines bissigen Schäferhundes bereits zulässig, wenn noch nicht über Widerspruch entschieden worden ist

Eine Beschlagnahme und Einziehung eines bissigen Hundes ist zulässig, wenn die Verfügung zur Einstufung als gefährlicher Hund bestandskräftig oder sofort vollziehbar ist, wenn auch über den Widerspruch noch nicht entschieden ist.

Nach einem Biss- und Angreifvorfall ist die Einstufung und die Beschlagnahme und Einziehung zulässig. Eine Herausgabe des Hundes kommt nicht infrage, da sich der Halter in der Vergangenheit sehr uneinsichtig zeigte.

*(VG Karlsruhe, Urteil vom 24.08.2009, Az. 2 K 742/09)*

### Jagdhund nach Bissvorfall gefährlich

Ein Hund gilt als gefährlich, wenn er bissig ist. Bissigkeit ist gegeben, wenn der Hund ein Bissverhalten zeigt, wenn auch keine Provokation vorausgegangen ist.

*(VG Mainz, Beschluss vom 02.10.2009, Az. 1 L 825/09)*

### Bissige Schäferhündin darf beschlagnahmt und eingezogen, nicht aber sofort eingeschläfert werden

Die Anordnung, einen Schäferhund nach dem dritten Bissvorfall, eingestuft als gefährlicher Hund, zu beschlagnahmen und einzuziehen, ist rechtmäßig. Die Beaufsichtigungspflicht (hier: Entweichen aus dem geöffneten Gartentor) ist verletzt. Allerdings ist das öffentliche Interesse an einer Einschläferung des Hundes nicht dargetan.

*(VG Freiburg, Beschluss vom 29.10.2009, Az. 1 K 1686/09)*

### Biss muss beweisbar sein

Ein bestrittener und nicht beweisbarer Biss durch einen Hund gegenüber einem anderen Hund führte zur Aufhebung des Feststellungsbescheids der Ordnungsbehörde.

*(VG Gießen, Beschluss vom 11.03.2010, Az. 9 K 717/09)*

### Gefährlicher Hund darf außerhalb des befriedeten Besitztums ohne Erlaubnis nicht geführt werden

Beim konkreten Vorfall handelte es sich nicht nur um ein „Beißverhalten unter Artgenossen". Ein konkretisierender Verwaltungsakt ist nach ständiger Rechtsprechung in solchen Fällen zulässig. Der angegriffene Bescheid ist jedoch insofern rechtswidrig, als er einen Leinen- und Maulkorbzwang anordnet und die Überlassung nur an volljährige qualifizierte Personen zulässig ist. Hieran fehlt es an einer Ermächtigungsgrundlage. Ein gefährlicher Hund darf (in Hessen) nur geführt werden, wenn eine Erlaubnis hierzu vorliegt. Hat diese der Inhaber der Erlaubnis nicht, so darf der Hund außerhalb des befriedeten Besitztums/der Wohnung nicht ausgeführt werden. Diese Anordnungen finden auch keine Rechtsgrundlage in der polizeilichen Generalklausel, da eine spezialgesetzliche Regelung in der HundeVO vorliegt.

*(VG Kassel, Beschluss vom 21.04.2010, Az. 4 L 421/10)*

### Gefahrenverdacht reicht aus

Eine derartige Anordnung ist rechtens, wenn ein Gefahrenverdacht vorliegt.

*(OVG RP, Beschluss vom 17.08.2010, Az. 7 B 10860/10)*

### Einstufung als gefährlicher Hund nach Beißvorfällen, aber kein Maulkorbzwang erforderlich

Kann den von einem gefährlich eingestuften Hund ausgehenden Gefahren für die Gesundheit von Menschen bereits durch die Anordnung des Leinenzwangs wirksam begegnet werden, kann es hinsichtlich des zugleich verfügten Maulkorbzwangs an dem erforderlichen Vollzugsinteresse fehlen.

**Hinweis**

Diese Entscheidung ist einerseits schwer verständlich, da die Gesetzgebung dann für solche Fälle einen Maulkorbzwang zwingend vorgeschrieben hat, andererseits es sich hier um eine Entscheidung im Eilverfahren handelte. Trotzdem hat das Gericht Zweifel am Maulkorbzwang im Hauptsacheverfahren angemeldet. Das ist vollkommen unverständlich.

*(VGH BW, Beschluss vom 29.12.2010, Az. 1 S 2322/10; juris)*

### Anordnung des Leinenzwangs für bissigen Rottweiler gerechtfertigt

Die Anordnung der Behörde, dass eine Hundehalterin, deren Rottweiler zuvor mehrfach andere Hunde gebissen hatte, ihren Hund außerhalb der Wohnung ständig nur mit einer maximal drei Meter langen Leine halten darf, ist zulässig.

*(VG Göttingen, Beschluss vom 11.07.2011, Az. 1 B 101/11)*

### Feststellung der Gefährlichkeit eines Hundes auch bei einmaligen Beißvorfällen

Für die Feststellung des Tatbestandsmerkmals „bissig" ist nicht erforderlich, dass der betroffene Hund wiederholt Menschen oder Tiere gebissen hat.

*(OVG LSA, Beschluss vom 08.11.2011, Az. 3 M 397/11; juris)*

### Feststellung der Gefährlichkeit schon bei Bedrohung von Personen

Allein das Bedrängen und die Bedrohung von Personen, insbesondere von Kindern, durch Hunde kann die Feststellung der Gefährlichkeit der Hunde rechtfertigen.

*(VG Magdeburg, Beschluss vom 24.05.2012, Az. 1 B 122/12; juris)*

### Hundebiss muss zuordenbar sein

Die Feststellung der Gefährlichkeit eines Hundes setzt voraus, dass die festgestellten Tatsachen den Schluss auf die Gefährlichkeit eines bestimmten Hundes zulassen. Daran fehlt es, wenn bei der Haltung von zwei Hunden zwar feststeht, dass ein Hund gebissen hat, aber nicht geklärt werden kann, welches der beiden Tiere zugebissen hat.

*(OVG LSA, Beschluss vom 19.06.2012, Az. 3 M 293/11; juris)*

### Schäferhunde reißen Reh – als gefährliche Hunde eingestuft

Schäferhunde, die ein trächtiges Reh gehetzt und gebissen haben, dürfen von der Behörde zu Recht unter Anordnung der sofortigen Vollziehung als gefährliche Hunde eingestuft werden.

*(VG Mainz, Urteil vom 11.07.2012, Az. 1 L 828/12)*

### Feststellung der Gefährlichkeit eines Hundes: Folgen eines Halterwechsels

Anordnung als gefährlicher Hund nach Bissvorfall und eine Erlaubnis zu beantragen. Bis zur Entscheidung u.a. Leinen- und Maulkorbzwang außerhalb ausbruchsicheren Grundstücks. Veräußerung des Hundes und Rechtsschutzbedürfnis.

*(VG Magdeburg, Beschluss vom 12.12.2012, Az. 1 B 349/12; juris)*

### Gefährlicher Hund: Chip und Sachkundenachweis erforderlich

Hat sich ein Hund gegenüber einem anderen Hund als bissig erwiesen und stellt er eine Gefahr gegen die öffentliche Sicherheit dar, rechtfertigt er die Einstufung als gefährlich, verbunden mit der Anordnung eines Leinen- und Maulkorbzwangs sowie der Kennzeichnungspflicht durch Chip. Weiter ist für diesen Hund (nach Landesrecht) ein Sachkundenachweis vorzulegen.

*(VG Trier, Beschluss vom 16.01.2013, Az. 1 L 1740/12)*

### Feststellung der Gefährlichkeit eines Hundes: Angriff nicht ausreichend

Für die Feststellung der Bissigkeit ist die bloße Feststellung eines „Angriffs" durch einen Hund nicht ausreichend. Nicht jeder Körperkontakt bzw. jede aggressive Verhaltensweise zwischen Hunden führt zur Feststellung der Gefährlichkeit.

Die Feststellung der Bissigkeit setzt jedoch nicht das Zufügen einer (blutenden) Wunde oder sonstiger schwerer Verletzungen voraus, sondern lediglich das

Zuschnappen der Kiefer eines Hundes an einem menschlichen oder tierischen Körper.

*(OVG LSA, Beschluss vom 22.01.2013, Az. 3 M 754/12; juris)*

### Nachträglicher Wesenstest zählt nicht

Die aufgrund eines zu Recht angenommenen Gefahrenverdachts erfolgte Feststellung der Gefährlichkeit eines Hundes kann nicht nachträglich dadurch infrage gestellt werden, dass sich etwa bei einem später durchgeführten Wesenstest keine tatsächlichen Hinweise auf eine gesteigerte Aggressivität des Hundes ergeben.

*(OVG Lüneburg, Beschluss vom 25.01.2013, Az. 11 PA 294/12)*

### Geringfügige Verletzungen reichen nicht aus, um einen Hund als „gefährlich" einzustufen

Für die Feststellung der Gefährlichkeit eines Hundes reicht es aus, dass dieser ein anderes Tier, insbesondere einen anderen Hund, nicht nur ganz geringfügig verletzt hat. Nur ganz geringfügige Verletzungen, wie etwa einzelne ausgerissene Haare oder sehr kleine oberflächliche Kratzer, bleiben außer Betracht.

*(VG Osnabrück, Urteil vom 22.02.2013, Az. 6 A 125/12 und Az. 6 A 136/11)*

### Feststellung der Gefährlichkeit eines Hundes

Die aufgrund eines zu Recht angenommenen Gefahrenverdachts (Verbellen und Bedrängen von Passanten durch einen Rottweilerrüden) erfolgte Feststellung der Gefährlichkeit eines Hundes kann nicht nachträglich dadurch infrage gestellt werden, dass sich etwa bei einem später durchgeführten Wesenstest keine tatsächlichen Hinweise auf eine gesteigerte Aggressivität des Hundes ergeben.

*(OVG Lüneburg, Beschluss vom 25.01.2013, Az. 11 PA 294/12)*

### Verteidigungsverhalten gegen allein laufenden und angreifenden Hund als evident artgerechtes Verhalten

Während einer Unterhaltung stürmte ein unangeleinter Hund auf die angeleinte Hündin des Antragstellers zu und begann sie zu attackieren, woraufhin sich dessen Hündin zur Wehr setzte. Der Antragsteller war der Ansicht, seine Hündin habe sich lediglich artgerecht verteidigt, weshalb eine Einstufung zur gefährlichen Hündin unrechtmäßig sei.

Grundsätzlich genügt für die Feststellung der Gefährlichkeit eines Hundes nach der Rechtsprechung bereits der bloße Verdacht der Gefährlichkeit des betreffenden Hundes, sodass dieser wie ein tatsächlich gefährlicher Hund behandelt wird. Da die Hündin des Antragstellers angeleint war, wurde sie nach der Ansicht des Gerichts derart in ihrer Bewegungsfreiheit eingeschränkt, dass die Möglichkeit der Hündin für aggressionsvermeidende und ausweichende Verhaltensweisen nur eingeschränkt vorhanden war. Die Einstufungsverfügung war rechtswidrig.

*(VG Osnabrück, Beschluss vom 30.07.2015, Az. 6 B 51/15)*

### Feststellung der Gefährlichkeit als Maßstab für die Annahme eines Gefahrenverdachts

Ein Gefahrenverdacht i.S.d. § 7 Abs. 1 Satz 1 NHundG wird bereits durch glaubhafte Schilderungen der oder des Geschädigten und dokumentierte Bissverletzungen begründet. Einer vollständigen Sachaufklärung hinsichtlich der hypothetischen Möglichkeit, dass die Bissverletzungen später durch einen anderen Hund hervorgerufen worden sind, bedarf es nicht. Der Einwand des Hundehalters, er habe selbst keine sichtbaren Verletzungen wahrgenommen, bleibt daher ohne Erfolg.

*(VG Hannover, Beschluss vom 16.06.2016, Az. 10 B 1562/16)*

### Für die Feststellung der Gefährlichkeit müssen keine erheblichen Verletzungen entstanden sein

Nach der Neufassung des § 3 Abs. 3 HundeG LSA (i.d.F. vom 27.10.2015) setzt die Feststellung der Gefährlichkeit im Einzelfall neben der wie bisher zu beurteilenden Bissigkeit nicht voraus, dass erhebliche Verletzungen durch den Biss entstanden sind. Ausgeschieden werden sollen lediglich ganz geringfügige Verletzungen wie einzelne herausgerissene Haare oder sehr kleine oberflächliche Kratzer. Bei Tieren sind geringfügige Verletzungen solche, die ohne wesentliche Beeinträchtigungen der Lebensführung und ohne Dauerfolgen sind.

Im zu beurteilenden Fall hatte auch eine Passantin leichte Verletzungen wie blaue Flecken und kleine Bissverletzungen, weshalb die Anordnung von Leinen- und Maulkorbzwang rechtmäßig war. Einer sachverständigen Begutachtung, ob der beißende Hund zuvor angegriffen worden ist, bedarf es nur, wenn greifbare Anhaltspunkte für eine Abwehrhandlung des Hundes vorliegen.

*(OVG Magdeburg, Beschluss vom 06.03.2017, Az. 3 M 245/16)*

**Feststellung der Bissigkeit eines Hundes**

Leinen- und Maulkorbzwang sind rechtmäßig, da ein Hund als gefährlich i.S.d. § 1 Abs. 1 LHundG einzuordnen ist, welcher sich bissig und aggressiv gegenüber Mensch und Tier gezeigt hat. Es war im konkreten Fall nicht ersichtlich, dass der Hund bei zwei schweren Beißvorfällen, bei denen ein Hund verstarb, aufgrund eines bewusst herausgeforderten Verhaltens gehandelt hat und dies als artgerechtes Abwehrverhalten einzuordnen war.

*(VG Mainz, Urteil vom 30.11.2017, Az. 1 K 166/17. MZ)*

**Mangelnde konkrete Gefahr im Zeitpunkt des Bescheiderlasses**

Die Generalklausel des Art. 18 Abs. 2 LStVG bedarf einer konkreten Gefahr. Nicht ausreichend ist es, wenn alleine ein Gefahrverdacht vorliegt. Die genannten Voraussetzungen müssen jeweils im Einzelfall vorliegen. Abzustellen ist bei der erforderlichen Gefahrenprognose auf den Zeitpunkt des Erlasses des Bescheids.

*(VG Bayreuth, Urteil vom 28.05.2024, Az. B 1 K 22.952)*

**Bellen kein begründeter Anlass für Biss**

Ein Bellen stellt als arttypisches Verhalten ohne Hinzutreten weiterer Umstände keinen Angriff oder eine Provokation i.S.d. § 8 Abs. 1 Nr. 2 HundehV dar. Es müssen weitere Umstände hinzutreten. Dazu genügt auch nicht eine „erhebliche Vorbeziehung" zwischen den Hunden durch etwa wiederkehrendes Anbellen.

*(VG Potsdam, Beschluss vom 15.03.2024, Az. 3 L 149/24)*

## B/5.7 Einstufung als gefährlicher Hund

Lesen Sie mehr hierzu bei „Bissigkeit".

**Konkrete Gefahr eines Hundes durch gesteigerten Spieltrieb**

Ein Australian-Shepard-Rüde sprang im Ladengeschäft des Klägers ein kleines Kind an, weil er spielen wollte, und verletzte es leicht. Nach dem Vorfall wurde der Kläger durch Verfügung verpflichtet, Kontakt zwischen dem Hund und seinen Kunden zu vermeiden, ihn während der Öffnungszeiten separat unterzubringen sowie anzuleinen. Der VGH sah in den Anordnungen der Behörde sicherheitsrechtliche Aspekte, die zur Aufrechterhaltung der öffentlichen Sicherheit dienten, sodass der Kläger sie hinnehmen musste.

*(VGH München, Urteil vom 25.11.2014, Az. 10 BV 13.1151)*

### Definition des gemeinsamen Angriffs

Ein gemeinsamer Angriff liegt vor, wenn mehrere Hunde in eine Konfrontation mit Menschen oder anderen Hunden verwickelt sind. Verwickelt sind Hunde in eine Konfrontation jedenfalls dann, wenn sie sich gemeinsam zeitgleich in unmittelbarer Nähe des gebissenen Menschen oder Tiers aufhalten und nicht feststellbar ist, dass sie sich der Konfrontation vor etwaigen Bisshandlungen vollständig entzogen haben.

*(VG Magdeburg, Urteil vom 20.03.2023, Az. 1 A 139/22 MD)*

### Begriff des begründeten Anlasses bei einer Hundeattacke

Ein Dackel biss eine Person, nachdem er zuvor (ca. eine Woche) von dieser mit Steinen beworfen und getreten worden war. Laut Angaben des Klägers hatte sich dieser Vorfall bei dem Hund eingeprägt, sodass der Biss zwar nicht im unmittelbaren zeitlichen Zusammenhang stand, allerdings hundetypisches Verhalten sei, wenn er sich dieser Person gegenüber aggressiv verhalte.

Ein berechtigter Anlass liegt nach Ansicht des Gerichts vor, wenn ein Hund seinem natürlichen Trieb der Verteidigung von Haus und Hof des Halters in zu duldender Weise und in zeitlich engem Zusammenhang nachkommt. Wenn Aktion und Reaktion in beachtlicher Weise zeitlich auseinanderfallen, liegt gerade kein begründeter Anlass vor. Die Einstufung war mithin rechtmäßig.

*(VGH Kassel, Beschluss vom 29.01.2015, Az. 5 A 804/14. Z)*

### Gefährlichkeit eines Hundes nach Hundebiss, Ablehnung eines Sachverständigengutachtens für die Wahrscheinlichkeit der Verhaltensänderung des Hundes

Der Halter eines Boxermischlings klagte gegen die Einstufung seines Hundes als gefährlicher Hund i.S.d. § 2 PolVOgH und gegen die ihm auferlegte Anordnung zur Leinen- und Maulkorbpflicht für seinen Hund gemäß § 4 PolVOgH. Der

Kläger beantragte, hinsichtlich der Ungefährlichkeit seines Hundes ein Sachverständigengutachten einzuholen.

Das Gericht lehnte den Antrag ab, da sich die Frage, ob von dem Hund Gefahren ausgehen, grundsätzlich nicht stelle. Wenn der Hund bereits einen Menschen oder ein Tier gebissen hat und das Gutachten dazu dienen soll, Behauptungen und Vermutungen zu stützen, die erkennbar ohne jede tatsächliche Grundlage erhoben werden, sind Beweisanträge unzulässig.

*(VGH Baden-Württemberg, Beschluss vom 24.05.2018, Az. 1 S 432/18)*

### Verwirklichung des Merkmals „gefährlicher Hund"

Das OVG lehnte den Antrag auf Wiederherstellung der aufschiebenden Wirkung ab. Die Einstufung als „gefährlich" gemäß § 8 Abs. 1 Nr. 2 HundhV war rechtmäßig, da es für die Einordnung ausreicht, dass der Hund sich bissig gegenüber einem Menschen oder einem Tier gezeigt hat. Für die Einstufung als „gefährlicher" Hund war es unerheblich, ob die Hunde zuvor nicht auffällig waren, keine Listenhunde waren und vom Tierarzt als „nicht-aggressiv" bescheinigt wurden. Entscheidend ist allein der Umstand, dass ein Mensch oder Tier durch einen Beißvorfall geschädigt wurde.

*(OVG Berlin-Brandenburg, Beschluss vom 04.12.2018, Az. OVG 5 S 19.18)*

### Einordnung des Mini-Bullterriers als nicht gefährlicher Hund

Die Vermutung des § 1 Abs. 2 PolVOgH findet auf Hunde der Rasse Miniature Bull Terrier keine Anwendung; Leinen- und Maulkorbzwang.

*(VG Karlsruhe, Beschluss vom 11.12.2018, Az. 9 K 8673/18)*

### Artgerechtes Verteidigungshandeln und Beurteilungskompetenz des Amtstierarztes

Bei der Gefährlichkeitsbewertung nach § 7 Abs 1 NHundG ist allein auf die konkrete Situation abzustellen, die zu dem von der Behörde zu prüfenden Hinweis geführt hat. Das gilt auch für die Frage, ob von der Regel der Gefährlichkeitsfeststellung nach einem Beißvorfall durch die Annahme eines Ausnahmefalles in Form des sogenannten „eindeutig artgerechten Abwehrverhaltens" abzusehen ist.

Bei der Prüfung kann sich die Behörde eigenen Sachverstandes, etwa durch den amtlichen Tierarzt, oder auch externen Sachverstandes bedienen. Soweit

Amtstierärzte hinsichtlich der zu beurteilenden Fragen über eine besondere Expertise verfügen, ist ihnen eine vorrangige Beurteilungskompetenz zuzugestehen. Eine den zu stellenden Anforderungen genügende amtstierärztliche Einschätzung kann aber durch eine substanziierte fachliche Stellungnahme infrage gestellt werden.

*(OVG Lüneburg, Urteil vom 27.05.2024, Az. 11 LB 341/22)*

**Anordnung zur Hundehaltung: Gefährlichkeit eines Hundes bei einem Beißvorfall**

Hat ein Hund durch einen Beißvorfall seine Gefährlichkeit unter Beweis gestellt, kann diese auch durch nachträgliche Umstände nach der Konzeption des BremHundeHG nicht entfallen.

*(VG Bremen, Urteil vom 14.11.2024, Az. 5 K 2304/23)*

## B/5.8 Gefahrenabwehrverordnung, örtliche

Mehr hierzu lesen Sie auch in den Teilen C bis F.

**Gesetzgeber überschreitet Gestaltungsraum seiner Typisierungsbefugnis**

Der Verordnungsgeber überschreitet seinen mit der Typisierungsbefugnis einhergehenden Gestaltungsspielraum, wenn er alle Hunde bestimmter Rassen aufgrund von Zuchtmerkmalen normativ abschließend als gefährlich einstuft, ohne dem einzelnen Hundehalter, obwohl dies unschwer möglich wäre, die Widerlegbarkeit dieser gesetzlichen Vermutung zu ermöglichen.

*(VGH Baden-Württemberg, Urteil vom 22.04.2002; VBlBW, S. 423)*

## B/5.9 Hundetrainer/Hundeschule/Sachkundenachweis

Aufgrund der dritten Novellierung des Tierschutzgesetzes 2013 hat sich die Rechtslage für Hundetrainer und Betreiber von Hundeschulen mit Wirkung zum August 2014 geändert.

Wer eine Hundeschule betreiben möchte oder als Hundetrainer für Dritte gewerbsmäßig Hunde ausbildet, trainiert oder diese bei der Hundeerziehung unterstützt, benötigt gemäß § 11 Abs. 1 Nr. 8f TierSchG eine Erlaubnis.

Gewerbsmäßige Hundeausbildung ist dann gegeben, wenn der Hundetrainer dieser Tätigkeit selbstständig, planmäßig, fortgesetzt und mit Gewinnerzielungsabsicht nachgeht.

Ferner muss der Hundetrainer, der seine Trainingsstätte gewerbsmäßig betreibt, nachweisen, dass er die nötige Sachkunde gemäß § 21 Abs. 5 Satz 1 TierSchG i.V.m. § 11 Abs. 2 Nr. 1 TierSchG besitzt.

Die Erteilung einer Erlaubnis kann mit einem Antrag und den entsprechenden Qualifikationsnachweisen erteilt werden. Dabei sollten die beigefügten Unterlagen belegen, welche Ausbildung der Trainer und in welchen Tätigkeitsfeldern er bereits gearbeitet hat. Dazu zählen Abschlusszeugnisse, der Lebenslauf, Beschreibungen der bisherigen Tätigkeitsgebiete, Praktika, Seminare und Lehrgänge.

Zudem muss der Hundetrainer deutlich machen, dass er die Zuverlässigkeit i.S.d. § 11 Abs. 1 Nr. 1 TierSchG besitzt. Der Trainer ist zuverlässig, wenn die Behörde keine Zweifel an seiner Zuverlässigkeit/Sachkunde hat und auch sonst keine Verfahren wegen Verstößen gegen das Tierschutzgesetz oder sonstige Rechtsvorschriften aus diesem Bereich bekannt sind.

Die prüfende Behörde verlangt aus diesem Grund die Vorlage eines polizeilichen Führungszeugnisses.

Der Antrag wird binnen vier Monaten von der zuständigen Behörde bearbeitet, wobei diese Frist um zwei Monate verlängert werden kann, wenn die Prüfung der Angelegenheit aufgrund ihrer Schwierigkeit dies rechtfertigt.

Wird die Frist nicht gewahrt, steht dem Antragsteller der Verwaltungsrechtsweg offen und er kann mit der Untätigkeitsklage gegen die Behörde vorgehen (§ 11 Abs. 1 Nr. 8f TierSchG).

Sinn und Zweck der Erlaubnispflicht ist es, dass nur Personen gewerblich Hunde ausbilden oder die Ausbildung anleiten können, die über die nötige Fachkunde verfügen und auch sonst aufgrund ihrer bisherigen beruflichen Erfahrung mit Tieren umgehen können.

Nach § 11 Abs. 2 Nr. 1 TierSchG darf die Erlaubnis nur an sachkundige Personen mit der entsprechenden Erfahrung erteilt werden.

Dieses vom Gesetzgeber geforderte Mindestmaß an Fachkunde besitzen demnach Personen, die bereits als Tierpfleger, Tiermedizinische Fachangestellte, Tierärzte, Angestellte in Tierärztekammern oder in sonstigen Berufen rund um die Versorgung und Betreuung von Tieren gearbeitet haben.

Die Darlegungslast hat dabei der Antragsteller, der die Erlaubniserteilung begehrt.

Wer keine Ausbildung in einem solchen Berufsgebiet nachweisen kann, hat die Möglichkeit, über Lehrgänge und Seminare der IHK einen Ausbildungslehrgang zum „Hundeerzieher und Verhaltensberater IHK" zu absolvieren.

Die Veterinärbehörden überprüfen, ob die Hundetrainer über die nötigen Fachkenntnisse aufgrund ihrer bisherigen beruflichen Tätigkeit oder ihres sonstigen Umgangs mit Tieren verfügen, und können, wenn berechtigte Zweifel bestehen, zu einem Fachgespräch einladen.

Die zweifelhaften Punkte muss die Behörde darlegen und begründen, sodass das Fachgespräch lediglich zur Klärung der Zweifel und Problempunkte dient.

Die Einladung zum Fachgespräch kann erforderlich werden, wenn der Hundetrainer keine anerkannte oder gleichgestellte Ausbildung vorweisen kann und aufgrund der bisherigen beruflichen Tätigkeit oder des sonstigen Umgangs mit Tieren die Fachkenntnisse und Fähigkeiten nicht mit Gewissheit bestehen.

Das Fachgespräch darf folglich nur in Ausnahmefällen durchgeführt werden, wenn die eingereichten Unterlagen nicht bereits überzeugend die fachlichen Kenntnisse widerspiegeln.

### Sachkundenachweis/Anerkennung Abschlüsse privater Institutionen

Das VG Lüneburg beschäftigte sich mit dem Sachkundenachweis gemäß § 11 Abs. 1 Satz 1 Nr. 8f TierSchG, der im Rahmen des Erlaubnisverfahrens erbracht werden muss.

Das Gericht war der Ansicht, dass die geforderte Sachkunde auch gegeben ist, wenn der Hundetrainer Ausbildungen und Qualifikationen durch private Institutionen erwerben kann und diese geeignet sind, die geforderte Sachkunde zu belegen. Die Veterinärbehörde hat die Anträge einzelfallorientiert zu prüfen und entsprechende Erkundigungen und Belege bei den verantwortlichen Institutionen einzuholen, bei denen der Antragsteller die Qualifikationen erworben hat.

Eine Erlaubnis nur zu erteilen, wenn die Qualifikation durch eine öffentliche Institution erlangt wurde, erklärte das Gericht für ermessensfehlerhaft. Dennoch hat die Behörde die Möglichkeit, bestehende Zweifel hinsichtlich der Sachkunde punktuell in einem Fachgespräch zu erklären. Das Fachgespräch kann somit ergänzend verlangt werden, wenn Zweifel an der Fachkompetenz des Hundetrainers bestehen.

Die zweifelhaften Punkte müssen punktuell abgearbeitet werden und die Veterinärbehörde muss ihre Zweifel entsprechend belegen und begründen.

*(VG Lüneburg, Beschluss vom 10.12.2014, Az. 6 A 414/14)*

### Sachkundenachweis/Antragsteller trifft Darlegungslast

Das OVG Berlin-Brandenburg bestätigte in seiner Entscheidung im Verfahren über die Gewährung des einstweiligen Rechtsschutzes eine Entscheidung des VG Berlin (24 K 379.15).

Das Gericht stellte fest, dass sowohl abgeschlossene Ausbildungen und erworbene Qualifikationen von nicht öffentlichen Institutionen als auch beruflicher Umgang mit der erlaubnispflichtigen Tätigkeit als Sachkundenachweis geeignet sind. Das Gericht betonte, dass der konkrete Einzelfall entschieden werden muss und die Beurteilung erhebliche Schwierigkeiten mit sich bringen kann.

Den Antragsteller trifft dabei die Darlegungslast, dass er über die nötige Sachkunde verfügt. Bestehen Zweifel an der Gewissheit, ob die Fachkunde tatsächlich vorhanden ist, darf die Behörde zu einem Fachgespräch einladen. Im konkreten Fall hatte die Behörde berechtigte Zweifel an der Fachkompetenz des Antragstellers, weshalb die Einladung zum Fachgespräch rechtmäßig war.

*(OVG Berlin-Brandenburg, Urteil vom 22.02.2017, Az. OVG 5 S 6.16)*

### Fehlender Sachkundenachweis hinsichtlich des Umgangs mit Hunden – Gleichwertigkeitsanerkennung von Lehrgängen

Eine Gleichwertigkeitsanerkennung der Lehrgänge von Verbänden zum Fachgespräch nach § 11 TierschG a.F. durch die oberste Landesbehörde erfolgt stets unter der Bedingung, dass bei der Prüfung ein Amtstierarzt beteiligt ist. Unter der Beteiligung eines Amtstierarztes bei den Prüfungen kann nur die aktive Teilnahme eines Tierarztes gemeint sein. Ein abstrakter Vorrang bestimmter Beweismittel vor anderen Beweismitteln lässt sich dem Grundsatz der materiellen Unmittelbarkeit der Beweisaufnahme nach § 96 Abs. 1 VwGO nicht entnehmen.

*(VGH München, Beschluss vom 29.06.2018, Az. 9 ZB 14.2869)*

### Betrieb einer Hundeschule – Sachkundenachweis

Für die Erteilung der Erlaubnis für die gewerbsmäßige Ausbildung von Hunden für Dritte sowie für die gewerbsmäßige Anleitung von Hunden durch den Tierhalter müssen die Nachweise, Urkunden und Teilnahmebescheinigungen, die die erforderliche Sachkunde belegen sollen, ergiebig sein im Hinblick auf die Fragen, welche Inhalte in welchem Umfang vermittelt wurden, und ob diese Inhalte vom Erlaubnisbewerber auch verinnerlicht wurden und wiedergegeben werden können, sowie welche Fachkompetenz die jeweiligen Ausbilder hatten.

Ein mehrjähriger beanstandungsfreier Betrieb einer Hundeschule kann zwar ein Anhaltspunkt für das Bestehen der gesetzlich geforderten Sachkunde sein, ist aber kein hinreichender Nachweis dafür, dass der Betreiber tatsächlich auch über die erforderlichen sachlichen Kenntnisse und Fähigkeiten verfügt.

*(VG Würzburg, Urteil vom 17.09.2018, Az. W 8 K 18.469)*

### Anspruch auf Erteilung der Erlaubnis für die gewerbsmäßige Ausbildung von Hunden für Dritte

Die Erlaubnispflicht für die gewerbsmäßige Ausbildung von Hunden für Dritte oder für die Anleitung der Ausbildung der Hunde durch den Tierhalter begegnet keinen durchgreifenden verfassungsrechtlichen Bedenken. Nach der Systematik des § 11 Abs. 2 Nr. 1 TierSchG a.F. obliegt es demjenigen, der eine Erlaubnis zum Führen einer gewerblichen Hundeschule beantragt, seine Sachkunde hinreichend nachzuweisen.

Allein aus Teilnahmebescheinigungen lassen sich keine verlässlichen Aussagen zu den tatsächlich vermittelten Inhalten und über die Qualität der Ausbildung gerade aus tierschutzrechtlicher Sicht ziehen. Die Teilnahme bietet des Weiteren keine Gewähr für das Vorhandensein von Kenntnissen und Fähigkeiten, sondern erst der erfolgreiche Abschluss einer entsprechenden Prüfung unter Beteiligung unabhängiger Prüfer. Allein ein langjähriger bisheriger beruflicher oder sonstiger Umgang mit Hunden genügt für sich nicht, um auf die nötigen fachlichen Kenntnisse zu schließen.

*(VG Würzburg, Urteil vom 11.02.2019, Az. W 8 K 18.1005)*

### Gewerbsmäßige Ausbildung von Hunden – Verbot mit Erlaubnisvorbehalt

Das in § 11 Abs. 1 Nr. 8 Buchst. f TierSchG geregelte präventive Verbot mit Erlaubnisvorbehalt für die Ausbildung von Hunden für Dritte und für die Anleitung einer Ausbildung von Hunden durch den Tierhalter ist durch das verfassungsrechtliche Staatsziel des Tierschutzes verfassungsrechtlich gerechtfertigt. Die Unterscheidung zwischen gewerbsmäßiger und nicht gewerbsmäßiger Hundeausbildung in § 11 Abs. 1 Nr. 8 Buchst. f TierSchG stößt auf keine verfassungsrechtlichen Bedenken.

Die Durchführung des sogenannten „Dog Owners Qualification Test"-Verfahrens (D.O.Q.-Test) in einem Erlaubnisverfahren nach § 11 Abs. 2 TierSchG a.F. i.V.m. § 11 Abs. 1 Nr. 8 Buchst. f, § 21 Abs. 5 TierSchG stellt keine berufsbezogene Prüfung dar. Die in § 21 Abs. 4b TierSchG getroffene Übergangsregelung eröffnete bestehenden Hundeschulbetrieben die ausreichende Möglichkeit für die Durchführung des Erlaubnisverfahrens und die hierfür notwendige Vorbereitung.

*(VG Karlsruhe, Urteil vom 16.10.2019, Az. 5 K 6914/17)*

**Tierschutzrechtliche Erlaubnis für eine Hundeschule unter der Auflage eines Impfgebots**

Die Erlaubnis zum Betrieb einer Hundeschule kann nicht mit der Auflage verbunden werden, den Impfschutz der teilnehmenden Hunde zu kontrollieren.

*(OVG NRW, Beschluss vom 11.10.2024, Az. 20 A 1550/20)*

## *B/5.10 Kennzeichnungs- und Registrierungspflicht eines Hundes*

**Kennzeichnung von Hunden mit Mikrochip ist trotz Tätowierung verhältnismäßig**

Die in § 11 Abs. 2 Nr. 1 LHundG NRW angeordnete generelle Verpflichtung, große Hunde i.S.v. § 11 Abs. 1 LHundG NRW fälschungssicher mit einem Mikrochip zu kennzeichnen, ist verhältnismäßig. Dies gilt auch dann, wenn der Hund bereits eine Tätowierung zur Kennzeichnung aufweist.

*(OVG NRW, Beschluss vom 05.03.2004; NVwZ-RR, S. 489)*

**Pflicht zur Anmeldung beim Hunderegister, auch wenn dieses von beliehener GmbH geführt wird**

Es besteht kein Anspruch auf Nichteintragung ins Hunderegister, bloß weil dieses von einer privaten GmbH als Beliehene geführt wird.

*(VG Berlin, Urteil vom 28.09.2023, Az. 37 K 256/22)*

## B/5.11 Kreuzung, Abstammung, Mischling

### Alle Nachfahren eines reinrassigen Hundes gelten als Kreuzungen

Kreuzungen i.S.v. § 2 Abs. 1 Nr. 2 HundeVO sind neben den direkten Abkömmlingen eines Hundes der in dieser Vorschrift benannten Rassen und Gruppen dem Grundsatz nach sämtliche weitere Nachfahren eines solchen „reinrassigen" Hundes unabhängig vom jeweiligen Verwandtschaftsgrad (umstritten in der Rechtsprechung).

Für einen aus der zweiten oder aus einer der in § 2 Abs. 1 Nr. 2 HundeVO bezeichneten Rassen oder Gruppen darauf folgender Generation stammenden Abkömmling bedarf es als Einstufung als „Kreuzung" und damit als gefährlicher Hund der Feststellung, dass das Tier in seinem äußeren Erscheinungsbild noch signifikant durch die Merkmale eines oder mehrerer „Listenhunde" geprägt ist.

Die zuständige Behörde ist im Zweifelsfall diesbezüglich beweispflichtig.

**Hinweis**

Die zuständige Ordnungsbehörde kann diese Beurteilung fachlich nicht vornehmen und bedarf deshalb der Amtshilfe des staatlichen Veterinärs.

*(VGH Kassel, Urteil vom 14.03.2006, Az. 11 UE 1426/04)*

### Rassezuordnung eines Hundes durch Sachverständige

Untersagungsverfügung rechtmäßig. Rassezugehörigkeit ist durch Sachverständige festzustellen.

*(BayVGH, Beschluss vom 21.12.2006, Az. 24 ZB 06.2008)*

### Mischlinge sind nicht automatisch Kampfhunde

Eine Kreuzung setzt nach § 1 Abs. 2 PolVOgH voraus, dass der fragliche Hund aus einer Paarung zwischen einem in der Verordnung gelisteten Rassenhund und anderen Mischlingen entstammt. Nicht ausreichend ist, dass sich Mischlinge – auch mit einem „Kampfhundeanteil" – mit anderen Hunden paaren.

*(VG Stuttgart, Urteil vom 09.10.2007, Az. 5 K 4370/06)*

### Begriff der Kreuzung beim American Pitbull Terrier

Das Gericht legt bei der Beurteilung der Einkreuzung eines American Pitbull Terriers den „Official UKC Breed Standard" des United Kennel Club (UKC) mit Stand vom 01.05.2017 zugrunde (in der Rechtsprechung umstritten). Legt die amtstierärztliche oder private Begutachtung jedoch nicht diesen Rassestandard zugrunde, kann dem betreffenden Gutachten auch keine Aussagekraft entnommen werden.

*(VG Düsseldorf, Urteil vom 19.01.2022, Az. 18 K 4119/20)*

### Gleichbehandlung von Miniatur-Bullterrier und Standard-Bullterrier als „Listenhund" ist zulässig

Ein Miniatur-Bullterrier ist im Rechtssinne der Vorschriften des § 3 Abs. 2 HundeG LSA i.V.m. § 4a HundeVO LSA i.V.m. Anlage 6 zu § 4a HundeVO LSA als Bullterrier einzuordnen und damit – wie der Bullterrier – ein Hund, dessen Gefährlichkeit vermutet wird. Die prognostische Einschätzung des Verordnungsgebers, hinsichtlich des Miniatur-Bullterriers die (gesteigerte) Gefährlichkeit im Gleichlauf mit dem (Standard-)Bullterrier zu vermuten, begegnet keinen durchgreifenden rechtlichen Bedenken. Der Normgeber hat zulässigerweise auf ein bei der Rasse des Miniatur-Bullterriers bestehendes Besorgnispotenzial reagiert. Dieses lässt sich aus seiner genetischen Disposition, seinen körperlichen Merkmalen und seinem Beißverhalten ableiten.

*(OVG Magdeburg, Urteil vom 23.06.2021, Az. 3 L 107/19)*

### Äußeres Erscheinungsbild für Einstufung als gefährliche Hunderasse maßgeblich

Jedenfalls solche Kreuzungen und Mischlinge sind als abstrakt gefährlich anzusehen, bei denen das äußere Erscheinungsbild einer gefährlichen Hunderasse noch zu erkennen ist. Die Zugehörigkeit eines Tieres zu einer Rasse ist durch genetische Analysen nicht einwandfrei nachweisbar, sondern kann nur in der Regel durch Analyse äußerlich erkennbarer, sogenannter rassetypischer Merkmale festgestellt werden.

*(OVG Magdeburg, Urteil vom 12.02.2008, Az. 4 L 384/05)*

### Äußere Erscheinungsmerkmale müssen markant sein

Das Gericht hat Zweifel an der restriktiven Auslegung zu „Hundekreuzungen“ des VG Stuttgart vom 09.10.2007. Es ist nicht immer zuverlässig feststellbar, ob ein Hundemischling gerade aus einer Paarung zwischen einem reinrassigen Kampfhund und einem anderen Hund entstammt. Von einer Kreuzung dürfte nur dann gesprochen werden können, wenn sich phänotypische Merkmale eines der aufgelisteten Rassehunde auch bei den Mischlingen wiederfindet, wobei sich bestimmte, die Rasse besonders charakterisierende Merkmale bei dem betreffenden Hund in einer markanten und signifikanten Weise zeigen sollten.

*(VG Karlsruhe, Urteil vom 05.12.2008, Az. 6 K 2295/08)*

### Behörde trägt Beweislast für Nachweis der Abstammung

Die Rassezugehörigkeit eines Mischlingshundes, dessen Eltern unbekannt sind, kann nicht allein nach phänotypischen Ähnlichkeiten mit einem Kampfhund bestimmt werden, soweit dies nicht genetisch zweifelsfrei (durch Gutachten) festzustellen ist.

Nur Mischungen/Kreuzungen der ersten Generation fallen unter den gesetzlichen Begriff, weil in weiter entfernten Generationen keine verlässlichen Anhaltspunkte für eine spezifische Gefährlichkeit mehr vorliegen. Die klare Abstammungsfrage muss nachgewiesen werden.

Die Behörde trägt die Beweislast.

*(BayVGH, Beschluss vom 17.07.2009, Az. 10 B 09.89)*

### Rassezugehörigkeit bestimmt sich nach Phänotyp

Die Rassezugehörigkeit eines gefährlichen Hundes bestimmt sich nach dem äußeren Erscheinungsbild (Phänotyp).

Für Kreuzungen der in § 1 Abs. 2 LHundG genannten Rassen und Typen untereinander oder mit anderen Hunden ist entscheidend, ob die maßgebenden Merkmale einer oder mehrerer der betreffenden Rassen oder des betreffenden Typs noch signifikant in Erscheinung treten.

Eine gegenwärtige Gefahr i.S.v. § 22 Abs. 1 POG ist gegeben, wenn der Halter eines gefährlichen Hundes im Zeitpunkt der Sicherstellung und während ihrer

Dauer die Voraussetzungen des § 3 LHundG (Voraussetzungen für die Erteilung einer Erlaubnis) nicht erfüllt.

*(OVG RP vom 30.10.2009, Az. 7 A 10723/09)*

### Auch weitere Nachfahren eines Kampfhundes gelten als Kreuzungen

Handelt es sich nach Einschätzung der Behörde um einen Hund i.S.v. § 4 Abs. 2 HundeG, fehlt es für den Erlass eines entsprechenden feststellenden Verwaltungsaktes wegen der bereits gesetzlich bestehenden Fiktion der Gefährlichkeit an einer Ermächtigungsgrundlage.

Kreuzungen i.S.v. § 4 Abs. 2 HundeG sind neben den direkten Abkömmlingen eines Hundes der in § 4 Abs. 2 Nr. 1 bis 10 genannten Rassen auch die weiteren Nachfahren eines solchen Hundes.

*(VG Berlin, Beschluss vom 17.05.2011, Az. 23 K 171.10)*

### Mini-Bullterrier ist kein gefährlicher Hund

Ein „Mini-Bullterrier" unterfällt nicht § 3 Abs. 2 Nr. 1 des Thüringer Gesetzes zum Schutz der Bevölkerung vor Tiergefahren (ThürTierGefG). Er ist kein gefährlicher Hund im Sinne dieser Vorschrift. Der „Mini-Bullterrier" ist eine eigenständige Rasse und kein Bullterrier. Miniatur-Bullterrier sind seit 2011 in einem eigenen FCI-Rassestandard (FCI-Standard Nr. 359) beschrieben und bereits bei Inkrafttreten des Landeshundegesetzes allgemein als eigenständige Rasse neben dem Bullterrier angesehen worden, vgl. OVG NRW, Beschluss vom 12.12.2017, Az. 5 A 2152/16.

*(VG Meiningen, Urteil vom 26.03.2013, Az. 2 K 361/12 Me)*

### Haltung eines großen Hundes

Aufgrund eines Beißvorfalls beantragte der Kläger eine Halteerlaubnis. Mangels offizieller Anerkennung der Rasse Alauntbull veranlasste er die tiermedizinische Feststellung der Rassezugehörigkeit seines Hundes. Das Gutachten ergab, dass es sich phänotypisch zumindest um einen American-Bulldog-Mischling handelte, der gemäß § 10 Abs. 4 LHundGNRW einer Halteerlaubnis bedarf. Diese wurde aufgrund strafrechtlicher Verurteilung in der Vergangenheit abgelehnt. Der mögliche zukünftige Einsatz des Rüden als Deckrüde eröffnet für sich genommen noch nicht den Schutzbereich des Art. 12 GG.

*(VG Arnsberg, Urteil vom 29.04.2016, Az. 3 K 734/15)*

### Hervortreten des Phänotyps führt zur Gefahreneinstufung

Ein deutliches Hervortreten des Phänotyps eines American Staffordshire Terriers führt zur Einstufung des Hundes als gefährlich i.S.d. § 3 Abs. 2 LHundG NRW. An das Vorliegen eines besonderen privaten oder öffentlichen Interesses i.S.d. § 4 Abs. 2 LHundG NRW sind strenge Anforderungen zu stellen. Ein öffentliches Interesse entfällt nicht nur, wenn der Hundehalter tatsächlich keine Kenntnis von der Rassezugehörigkeit hatte, sondern bereits dann, wenn er die Kenntnis grob fahrlässig nicht erworben hat.

*(OVG Aachen, Urteil vom 08.06.2016, Az. 6 K 558/15)*

### Zur Abgrenzung der Hunderassen Miniatur-Bullterrier und (Standard-)Bullterrier

Anerkennung des Miniatur-Bullterriers als eigenständige Rasse, Untersagung des Haltens eines gefährlichen Hundes, Voraussetzungen für die Haltung eines gefährlichen Hundes.

*(OVG NRW, Urteil vom 12.12.2017, Az. 5 A 2152/16)*

### Bestimmung der Zugehörigkeit eines Mischlingshundes zu einer als gefährlich eingestuften Hunderasse

Zur Bestimmung der Zugehörigkeit eines Mischlingshundes zu einer bestimmten, vom Gesetz als gefährlich eingestuften Hunderasse und zur Verwertbarkeit eines Sachverständigengutachtens, welches nicht von der mit seiner Erstellung beauftragten Person herrührt und daher zunächst nicht verwertbar ist, durch nachträgliche Änderung des Beweisbeschlusses.

*(OVG Berlin-Brandenburg, Beschluss vom 14.11.2018, Az. OVG 5 N 4.16)*

### Phänotypische Rassefeststellung (hier: American Bully)

Im Verwaltungsverfahren zur Feststellung von gefährlichen Hunden nach § 5 Abs. 1 i.V.m. § 32 HundeG Berlin (Listenhunden) reicht es aus, dass wesentliche Merkmale des Phänotyps eines Hundes mit dem Rassestandard eines Listenhundes in gefahrenspezifischer Hinsicht übereinstimmen. Abweichende Rassebezeichnungen und Merkmale anderer Hunderassen hindern die Zuordnung nicht. Der Halter eines Hundes kann allerdings die Abklärung der Rassenzuordnung durch Sachverständigengutachten beantragen oder selbst veranlassen.

Der American Bully ist gegenwärtig kein anerkannter Hunderassenstandard im Geltungsbereich des HundeG.

*(VG Berlin, Urteil vom 10.11.2022, Az. 37 K 517/20)*

### Rassebestimmung American Bulldog – Old English Bulldog, § 10 Abs. 1 LHundG NRW

Der Begriff der Kreuzung i.S.v. § 10 Abs. 1 LHundG NRW setzt nicht voraus, dass ein Elternteil ein reinrassiger Hund der in der Vorschrift genannten Rassen ist. Erfasst werden daher nicht nur Mischlingshunde der ersten (F1-)Generation, sondern grundsätzlich auch Mischlinge der nachfolgenden Generationen. Das Vorliegen einer Kreuzung bestimmt sich im Einzelfall auch im Anwendungsbereich des § 10 Abs. 1 LHundG NRW nicht allein aufgrund der genetischen Verwandtschaft, sondern danach, ob bei dem betreffenden Hund der Phänotyp einer der dort bezeichneten Rassen deutlich hervortritt. Ein deutliches Hervortreten in diesem Sinne ist gegeben, wenn ein Hund nach seiner äußeren Erscheinung trotz der erkennbaren Einkreuzung anderer Rassen in markanter und signifikanter Weise die Merkmale einer der in § 10 Abs. 1 LHundG NRW genannten Rassen zeigt.

Davon ausgehend sind Hunde der Züchtung Old English Bulldog keine eigenständige Rasse im Sinne des Landeshundegesetzes NRW, weil der Gesetzgeber diese angesichts der erst im Jahr 2014 erfolgten Rasseanerkennung durch den amerikanischen Zuchtverband United Kennel Club bei Inkrafttreten des Landeshundegesetzes NRW im Jahr 2003 noch nicht als eigenständige Rasse eingeordnet hat. Vielmehr handelt es sich bei ihnen um eine Kreuzung i.S.v. § 10 Abs. 1 LHundG NRW, sofern im Einzelfall der Phänotyp einer der in der Vorschrift gelisteten Rassen deutlich hervortritt.

*(OVG NRW, Urteil vom 12.03.2019, Az. 5 A 1210/17 – Vorinstanz VG Köln vom 30.03.2017, Az. 20 K 5754/16)*

### Rassezuordnung eines Mischlingshundes aufgrund DNA-Bluttest und Begutachtung des Phänotyps

Bei dem Mischlingsrüden des Klägers handelte es sich weder aufgrund seiner rassespezifischen Merkmale noch aufgrund der Zucht um einen gefährlichen Hund gemäß § 8 Abs. 2 HundehV des Landes Brandenburg. Anhand eines DNA-Gutachtens wurde zwar festgestellt, dass der Hund ein Nachfahre des American Stafforshire Terriers war, jedoch wies der Hund keine rassespezifischen Gefährlichkeitsmerkmale auf, die eine Einstufung rechtfertigten.

*(VG Frankfurt (Oder), Urteil vom 11.06.2019, Az. VG K 1000/15)*

**Feststellung der Gefährlichkeit eines Hundes (hier Einstufung als Bullterrier) – Abgrenzung zwischen Mini-Bullterrier und Standard-Bullterrier nicht nur nach der Widerristhöhe**

Die Verweisung auf durch private Verbände verantwortete Rassedefinitionen in § 3 Abs. 2 Satz 1 ist keine dynamische Verweisung, sondern nimmt grundsätzlich auf die bei Inkrafttreten des Landeshundegesetzes bestehenden Standards Bezug. Die Rasse des Miniatur-Bullterriers ist als eigenständige Hunderasse im Sinne des Landeshundegesetzes anzusehen. Hunde dieser Rasse gehören dementsprechend nicht zu der in § 3 Abs. 2 Satz 1 LHundG NRW genannten Rasse des (Standard-)Bullterriers.

Erstes Abgrenzungskriterium zwischen Standard-Bullterriern und Miniatur-Bullterriern stellt grundsätzlich die Widerristhöhe des Hundes dar. Auch bei einer Überschreitung der im Rassestandard des Miniatur-Bullterriers in einer Soll-Vorschrift genannten Widerristhöhe von 35,5 cm kann ein Hund als Miniatur-Bullterrier einzustufen sein. Der Senat geht davon aus, dass die in der Zuchtordnung des Verbands aufgeführte Zuchtbeschränkung, die erst für Hunde über 39 cm, also bei einer Abweichung von 10 % gegenüber der Soll-Größe greift, eine grundsätzlich geeignete Konkretisierung der Soll-Bestimmung des Rassestandards enthält.

Liegt die Widerristhöhe des Hundes oberhalb von 39 cm, ist angesichts der deutlichen Überschreitung der Soll-Größe des Rassestandards regelmäßig nicht mehr von einem Miniatur-Bullterrier auszugehen. Zu prüfen ist dann, ob ein „Kreuzungshund" vorliegt, bei dem phänotypisch die Rasse des Miniatur-Bullterriers oder des Standard-Bullterriers deutlich hervortritt. Nach der Zweifelsregel des § 3 Abs. 2 Satz 3 LHundG NRW ist grundsätzlich von einer Zuordnung zur Rasse des Standard-Bullterriers auszugehen.

Die gesetzliche Vermutung des § 3 Abs. 2 Satz 3 LHundG NRW kann zum einen durch den Nachweis widerlegt werden, dass die Überschreitung der Widerristhöhe nicht durch die Einkreuzung eines Standard-Bullterriers, sondern eines anderen größeren Hundes erfolgt ist bzw. im Rahmen der üblichen genetischen Varianz liegt.

*(OVG NRW, Urteil vom 17.02.1020, Az. 5 A 1631/18)*

**Feststellung der Gefährlichkeit eines Hundes (hier Einstufung als Bullterrier) – Abgrenzung zwischen Mini-Bullterrier und Standard-Bullterrier maßgeblich nach der Widerristhöhe**

Der Rechtsanwender ist bei der Prüfung, ob ein Hund zu einer sogenannten Kampfhunderasse gehört oder als „Kreuzung" einer Kampfhunderasse i.S.v. § 1 Abs. 2 PolVOgH anzusehen ist, nicht auf eine bestimmte Methode zum Vergleich des Hundes mit Tieren der in Betracht kommenden Kampfhunderasse beschränkt. Für diese Prüfung stehen vielmehr mehrere Methoden zur Verfügung, die je nach Lage des Einzelfalls allein oder kumulativ anzuwenden und deren Ergebnisse zusammenschauend und wertend zu würdigen sind, was eine schematische Betrachtung einzelner Merkmale oder ein rein mathematisches „Abzählen" von Übereinstimmungen ausschließt.

Maßgebliches Abgrenzungskriterium stellt grundsätzlich die Widerristhöhe des Hundes dar. Liegt die Widerristhöhe oberhalb von 39 cm, ist angesichts der deutlichen Überschreitung der Sollgröße des Rassestandards in aller Regel nicht mehr von einem Miniatur-Bullterrier auszugehen

*(VGH Baden-Württemberg, Beschluss vom 07.11.2023, Az. 2 S 572/23)*

**Deutliches Hervortreten von Merkmalen nur bei markanten und signifikanten Rassemerkmalen**

Ein deutliches Hervortreten des Phänotyps einer Rasse i.S.v. § 3 Abs. 2 Satz 2 LHundG NRW kann (nur) dann angenommen werden, wenn ein Hund nach seiner äußeren Erscheinung trotz der erkennbaren Einkreuzung anderer Rassen in markanter und signifikanter Weise die Merkmale einer der in der Vorschrift genannten Rassen zeigt.

*(OVG NRW, Beschluss vom 21.11.2023, Az. 5 B 44/23)*

## *B/5.12 Prüfung der Gefährlichkeit*

**Strenge Prüfungsanforderungen an Wesenstest**

Bei der Prüfung der Frage, ob ein Hund ein gefährlicher Hund ist, sind strenge Anforderungen zu stellen.

*(LG Köln, Urteil vom 23.03.1999; NVwZ, S. 1027)*

### Amtsermittlungspflicht: Behörde muss Umstände ermitteln

Zur Qualifizierung eines Hundes als gefährlich sind die Umstände des Vorfalls, bei dem es zu einer Verletzung eines Kindes kam, durch die Ermittlung und Einvernahme unbeteiligter Zeugen oder auch bezüglich der Verletzungen durch unmittelbare Befragung des behandelnden Arztes aufzuklären.

*(VG SL, Beschluss vom 18.01.2001, Az. 6 F 100/00)*

### Tatverdacht für behördliches Einschreiten ausreichend

Für das Einschreiten der Behörde ist nicht erforderlich, dass bereits Tatsachen vorliegen, welche die Gefährlichkeit eines Hundes belegen, ein Gefahrenverdacht ist ausreichend.

*(OVG Lüneburg, Beschluss vom 12.05.2005, Az. 11 ME 92/05)*

### Privates Interesse überwiegt öffentliches Interesse

Es kann erst im Hauptsacheverfahren geklärt werden, ob der Hund noch als Miniatur-Bullterrier anzusehen ist. Es kommt darauf an, ob der Hund gegenüber einem Standard-Bullterrier eine geringere Knochenstärke und -substanz, eine phänotypisch etwas schrillere Stimme, eine kleinere Kopfform oder einen kleineren Körperbau bzw. kleinere Pfoten aufweist. Das sofortige überwiegende öffentliche Interesse überwiegt deshalb nicht das private Interesse.

*(VG Berlin, Beschluss vom 10.05.2010, Az. 23 L 95.10)*

### Nachträglicher Wesenstest beeinflusst nicht den angenommenen Gefahrenverdacht

Die aufgrund eines zu Recht angenommenen Gefahrenverdachts erfolgte Feststellung der Gefährlichkeit eines Hundes kann nicht nachträglich dadurch infrage gestellt werden, dass sich etwa bei einem später durchgeführten Wesenstest keine tatsächlichen Hinweise auf eine gesteigerte Aggressivität des Hundes ergeben.

*(OVG Lüneburg, Beschluss vom 25.01.2013, Az. 11 PA 294/12)*

## *B/5.13 Tötung von Hunden*

### Tötung extrem gefährlicher Tiere ist rechtmäßig

Das OVG Münster hat in seinem Beschluss bestimmt, dass extrem gefährliche Tiere, bei denen es als unwahrscheinlich erscheint, dass sie wieder friedlich werden, aufgrund ordnungsrechtlicher Verfügung getötet werden dürfen. In diesem Sinne hat auch der Hess. VGH entschieden.

*(OVG Münster, Beschluss vom 31.10.2000; NVwZ 2001, S. 227; Hess. VGH, Beschluss vom 05.04.2001; HSGZ, S. 309 f.)*

### Einschläferung oder Verbringen eines gefährlichen Hundes in ein Tierheim? Verhältnismäßigkeit maßgeblich!

Ein angeordnetes Hundehalteverbot mangels Erlaubnis und das damit verbundene Weggabegebot, alternativ das Gebot, das Tier einschläfern zu lassen, erscheinen zur Gefahrenabwehr erforderlich, insbesondere geeignet und verhältnismäßig. Da das Gebot des Einschläferns nur alternativ zur Verbringung des Tieres in ein Tierheim angeordnet wurde, Letzteres zumindest geboten erscheint, ist ein Verstoß gegen das Übermaßverbot nicht gegeben.

*(VG Sigmaringen, Beschluss vom 24.01.2002, Az. 8 K 2032/01; VGH BW, Beschluss vom 06.05.2003; VBlBW, S. 354)*

### Wann ist die Anordnung zur Tötung eines gefährlichen Hundes gerechtfertigt?

Zur Frage, wann die behördlich angeordnete Tötung eines gefährlichen Hundes gerechtfertigt sein kann.

*(VG Frankfurt a.M., Beschluss vom 11.06.2002, Az. 5 G 1396/02)*

### Abgabe an Dritten vor Tötung eines Kampfhundes

Dem Halter eines Kampfhundes, der die Verhaltensprüfung nicht bestanden hat, muss unter dem Blickwinkel des Übermaßverbots die Möglichkeit eingeräumt werden, binnen angemessener Frist eine Erlaubnis zu erhalten, den Hund an einen Dritten abzugeben, dem eine solche Erlaubnis erteilt ist oder erteilt werden kann, oder rechtmäßig in andere Hände, etwa in ein anderes Bundesland, zu vermitteln, wenn in der Zwischenzeit der Hund in einem Tierheim oder einer sonstigen geeigneten Einrichtung sicher gehalten werden kann.

*(VG Sigmaringen, Urteil vom 28.04.2003, Az. 6 K 1329/01)*

### Rechtmäßige Tötungsanordnung für Hund mit „negativen Verhaltensmerkmalen"

Die Anordnung ist rechtmäßig für einen Hund (hier: Rottweiler) mit „negativen Verhaltensmerkmalen".

*(VG Hannover, Beschluss vom 15.02.2007, Az. 10 B 426/07)*

### Tötungsanordnung für im Tierheim untergebrachten Hund

Streitig war im vorliegenden Fall eine Tötungsanordnung gegenüber einem Hund, welcher aber in einem privaten Tierheim pfleglich untergebracht war. Die Tötungsanordnung erging richtigerweise gegenüber dem ursprünglichen Halter. Das private Tierheim verweigerte nun die Herausgabe des Tieres zur Tötung.

Um Konflikte aufzulösen, die sich in der Dreieckskonstellation zwischen der Behörde, dem Adressaten einer (bestandskräftigen) Grundverfügung und einem von dem Regelungsgegenstand der Grundverfügung mitbetroffenen Dritten ergeben, hat sich das gesetzlich nicht kodifizierte Rechtsinstitut der Duldungsanordnung herausgebildet. Dieses entstammt dem Baurecht.

Das Tierheim ist nicht berechtigt, sich auf eine etwaige Rechtswidrigkeit der Tötungsanordnung gegenüber dem ursprünglichen Halter zu berufen.

Aber es darf durch Maßnahmen aufgrund von Art. 7 Abs. 2, 3 LStVG die Unverletzlichkeit der Wohnung (Art. 13 GG, Art. 106 Abs. 3 BV) nicht eingeschränkt werden. Der Schutzbereich der Wohnung ist mit Blick auf die Entstehungsgeschichte sowie den Sinn und Zweck der Norm weit auszulegen und umfasst – neben der Wohnung im engeren Sinne – auch Arbeits-, Betriebs- und Geschäftsräume. Die Behörde hat also, solange das Tierheim ihr den Zutritt verweigert, trotz bestandskräftiger Tötungsanordnung keine Möglichkeit, Zugriff auf das betreffende Tier zu erlangen.

*(Bayerischer VGH, Beschluss vom 27.12.2022, Az. 10 CS 22.1799)*

**Kein milderes Mittel zur Tötungsanordnung bei fehlender Beißhemmung**

Ein milderes Mittel zur Tötungsanordnung besteht nicht, wenn ein Hund erwiesenermaßen einen Jagdtrieb bezüglich Menschen hat und dann auch bei einem sachkundigen Halter die Gefahr für Dritte etwa durch Fehler beim Anlegen des Maulkorbs überwiegt. Nach geltendem Tierschutzrecht ist eine Unterbringung etwa im Tierheim unter lebenslangem Leiden dem Töten jedenfalls nicht vorzuziehen.

*(VG Berlin, Beschluss vom 20.11.2023, Az. 37 L 547.23)*

## B/5.14 Untersagung der Hundehaltung/Unzuverlässigkeit/Sicherstellung/Beschlagnahme/Einziehung von Hunden

Lesen Sie mehr hierzu auch unter B/5.6 „Bissigkeit" und im Kapitel F „Lärm durch Hunde".

**Untersagung der Haltung eines gefährlichen Hundes, wenn behördliche Erlaubnis fehlt**

Die Haltung eines gefährlichen Hundes i.S.v. § 1 GefHuVO NRW ohne die erforderliche ordnungsbehördliche Erlaubnis rechtfertigt die Untersagung der Hundehaltung. Die Unzuverlässigkeitstatbestände in der Verordnung sind nicht erschöpfend aufgezählt.

*(OVG Münster, Beschluss vom 16.06.1999; NVwZ 2000, S. 458)*

**Haltungsuntersagung ist kein Druckmittel zur Antragstellung auf Halteerlaubnis**

Als potenzielles Druckmittel zur Herbeiführung einer erforderlichen Antragstellung für das Halten und Führen eines gefährlichen Hundes ist die Haltungsuntersagung nicht konzipiert.

*(VG Frankfurt, Beschluss vom 26.10.2021, Az. 5 L 2738/21. F)*

**Haltungsuntersagung wegen ständigen Verlassens des Besitztums durch einen Hund**

Eine konkrete Gefahr für die in Art. 7 Abs. 2 Nr. 3 LStVG genannten qualifizierten Rechtsgüter, insbesondere Leben und Gesundheit von Menschen, ergibt sich bereits daraus, wenn Hunde immer wieder frei umherlaufen und es dabei wiederholt zu gefährlichen Begegnungen bzw. Vorfällen mit Radfahrern, Kindern, Spaziergängern und anderen Hundehaltern kommt. Eine darauf gestützte Haltungsuntersagung nach Missachtung diverser Zwangsgelder ist rechtmäßig.

*(Bayerischer VGH, Beschluss vom 16.08.2022, Az. 10 ZB 22.786)*

### Verhältnismäßigkeit der Haltungsuntersagung ist abhängig von weiteren (erfolglosen) Zwangsmitteln

Vor Erlass einer Haltungsuntersagung muss die Behörde grundsätzlich zunächst erfolglos Zwangsmittel zur Durchsetzung von Anordnungen zur Haltung von Hunden eingesetzt haben. Je weniger ein Halter bereit ist, der von seinem Hund ausgehenden Gefahr durch andere Maßnahmen entgegenzuwirken, umso eher ist eine Untersagung verhältnismäßig. Es ist im konkreten Einzelfall genau zu begründen, weshalb die Haltungsuntersagung die einzig sinnvolle und erfolgversprechende Maßnahme ist.

*(Bayerischer VGH, Beschluss vom 08.08.2022, Az. 10 CS 22.1560)*

### Kostenersatz bei Beschlagnahme eines Hundes

Mit der Beschlagnahme entstand ein öffentlich-rechtliches Verwahrungsverhältnis (Hundeversorgung im Tierheim) mit der Folge eines Kostenersatzes für diesen Zeitraum, wenn die Beschlagnahme – wie hier – rechtmäßig war, dies durch den Eigentümer oder Inhaber der tatsächlichen Gewalt über die Hunde.

*(VG Stuttgart, Beschluss vom 01.03.2005, Az. 1 K 4166/04)*

### Untersagung der Hundehaltung und Anordnung der Sicherstellung wegen beharrlicher Verstöße gegen Rechtsvorschriften

Das Halten von Hunden bestimmter Rassen i.S.v. § 10 Abs. 1 LHundG NRW kann für die Zukunft u.a. dann untersagt werden, wenn schwerwiegende oder wiederholte Verstöße gegen das Gesetz vorliegen, die Erlaubnisvoraussetzungen nicht erfüllt sind oder die erforderliche Erlaubnis nicht beantragt wurde. In diesen Fällen kann die zuständige Behörde anordnen, dass der Hund dem Halter entzogen wird und an eine geeignete Stelle abzugeben ist. Bereits die Verletzung reiner Nachweispflichten reicht aus, um eine Hundeuntersagung aus präventiven Gründen auszusprechen.

*(VG Minden, Beschluss vom 08.02.2006, Az. 11 L 29/06)*

### Untersagung der Hundehaltung wegen andauernder Weigerung, einer Leinenpflicht nachzukommen

Zwei Hunde mit einer Schulterhöhe von mehr als 50 Zentimeter können eine Gefahr darstellen, wenn sie unangeleint in einer stark frequentierten Fußgängerzone gehalten bzw. mitgeführt werden. Es ist nicht unverhältnismäßig, einem Hundehalter die Haltung seiner Hunde zu untersagen, wenn er sich dauerhaft und hartnäckig weigert, einer bestehenden Anleinpflicht nachzukommen.

*(BayVGH, Beschluss vom 29.03.2006 und Az. 24 CS 06.600 und Az. 24 C 06.601)*

### Polizeiliches Verbot der Hundehaltung rechtmäßig – Interessenabwägung maßgebend

Das Verbot, eine Dobermannhündin zu halten, die ein Kind gebissen hatte, sowie die Sicherstellung und Verwahrung der Hündin in einem Tierheim sind rechtmäßig.

*(VG SL, Beschluss vom 17.07.2006, Az. 6 F 21/06; bestätigt durch OVG SL, Beschluss vom 04.09.2006, Az. 3 W 13/06)*

### Sicherstellung eines Hundes durch das Gericht: Anordnung durch Behörde notwendig

Die Sicherstellung eines gefährlichen Hundes zu Zwecken der Gefahrenabwehr und eine hierzu erforderliche Wohnungsdurchsuchung können nicht auf strafprozessuale Vorschriften gestützt werden.

**Hinweis**

Also ist eine Anordnung durch die Behörde notwendig; für die Wohnungsdurchsuchung: Landes-Gefahrenabwehrgesetz.

*(LG Gera, Beschluss vom 08.12.2006, Az. 1 Qs 505/06)*

### Eigentümer muss für Tierheimkosten nach Beschlagnahme eines Hundes aufkommen

Für die Unterbringung eines Hundes in einem Tierheim hat der Eigentümer nach einer Beschlagnahme die Tierheimkosten zu tragen.

*(VG Neustadt, Urteil vom 09.02.2007, Az. 5 K 1373/06)*

### Hundehaltungsverbot (eines Kampfhundes) nach nicht bestandenem Wesenstest rechtens

Unter diesen Voraussetzungen ist ein Haltungsverbot gerechtfertigt.

*(VG Freiburg, Urteil vom 07.03.2007, Az. 2 K 1674/06)*

### Einziehungsverfügung maßgeblich für Eigentumsübergang

Mit der rechtskräftigen Einziehungsverfügung tritt der Eigentumsübergang eines beschlagnahmten Hundes auf die zuständige Behörde ein. Ab dann kann die Behörde keine Verwahrkosten mehr verlangen.

*(VGH BW, Urteil vom 14.05.2007, Az. 1 S 1422/06)*

### Allgemeine Sicherstellungsbefugnis wird durch die HundehVO nicht verdrängt

Das Bestehen eines Wesenstests schließt nicht aus, dass ein Hund zu einem späteren Zeitpunkt aufgrund eines konkreten Sachverhalts als gefährlicher Hund eingestuft wird. (Eine Sicherstellung nach dem allgemeinen Gefahrenabwehrgesetz ist dann auch möglich.)

*(OVG MV, Beschluss vom 11.09.2008, Az. 3 M 81/08)*

### Bürgermeister zuständig für den Schutz der Bürger vor gefährlichen Hunden

Aus § 16 Abs. 1 HundeVO ergibt sich eine umfassende Aufgabenzuweisung an die Bürgermeister als örtliche Ordnungsbehörden für den gesamten Bereich des Haltens und Führens von Hunden zum Zweck des Schutzes Dritter gegen dadurch hervorgerufene Gefahren.

Eine generelle Untersagung der Hundehaltung kann auf § 11 HSOG gestützt werden, wenn die konkrete Gefahr besteht, dass beim Halten und Führen von Hunden durch eine Person gegen das Gebot des § 1 Abs. 1 Satz 1 HundeVO verstoßen wird, wonach Hunde so zu halten und zu führen sind, dass von ihnen keine Gefahr für Leben oder Gesundheit von Menschen oder Tieren ausgeht.

*(VGH Kassel, Beschluss vom 29.06.2009, Az. 8 B 1034/09)*

### Behörde muss innerhalb eines Jahres über weitere Unterbringung/ Verwertung entscheiden

Eine Behörde darf nicht unvermeidbar zögern, bis sie eine anderweitige Unterbringung beendet und Tiere weiterveräußert oder einer Verwertung in sonstiger Weise zuführt. Spätestens nach Ablauf eines Jahres müssen Maßnahmen zur Beendigung einer Sicherstellung unternommen und eine Entscheidung über eine Verwertung oder Vernichtung einer sichergestellten Sache (hier: American Staffordshire Terrier) getroffen werden.

*(VG Köln, Urteil vom 19.11.2009, Az. 20 K 1143/09)*

### Klare Beweisführung entscheidet über Hundehaltungsverbot

Bei klarer Beweisführung ist ein Hundehaltungsverbot bei offensichtlicher Unzuverlässigkeit des Hundehalters (hier: ein Ehepaar als gemeinsame Halter) gerechtfertigt.

*(VG Stuttgart, Beschluss vom 06.12.2010, Az. 1 K 3644/10)*

### Einziehung eines Hundes nach Bissvorfällen gerechtfertigt

Einziehung und Sicherstellung eines Hundes nach Bissvorfällen, Verstoß gegen die Halterpflichten (u.a. Leinenpflicht) und Versagung der beantragten Halteerlaubnis ist rechtmäßig.

*(VG Stade, Beschluss vom 28.06.2011, Az. 1 B 510/11)*

### Hundehaltungsverbot wegen nächtlichen Hundegebells gerechtfertigt

Aufgrund der bewiesenen Nachbarklagen sind erhebliche Belästigungen gegeben, die ein Hundehaltungsverbot rechtfertigen.

*(VG Würzburg, Beschluss vom 08.08.2012, Az. W 5 S 12.660; juris)*

### Rassegutachten nicht erforderlich für Hundehaltungsverbot

Ohne Rassegutachten, jedoch bei entsprechender Einschätzung der Behörde, kann diese die Haltung des gefährlichen Hundes untersagen, wenn auch eine Erlaubniserteilung nicht infrage kommt.

*(VG Neustadt, Beschluss vom 13.08.2012, Az. 5 L 624/12)*

### Sicherstellung eines gefährlichen Hundes nur zur Abwendung einer Gefahr zulässig

Besondere Begründungserfordernisse der Versagung der aufschiebenden Wirkung. Anhörungsmangel. Sicherstellung nur zur Abwendung einer gegenwärtigen Gefahr zulässig. Die Bestimmung „kann" verlangt eine Ermessensausübung.

*(OVG NRW, Beschluss vom 30.10.2012, Az. 5 B 669/12)*

### Untersagung einer Hundehaltung wegen Unzuverlässigkeit und Nichtreagieren des Hundehalters

Eine Hundehaltungs-Untersagungsverfügung wegen Unzuverlässigkeit ist gerechtfertigt, wenn klare, beweiswürdige Tatsachen hierfür sprechen und der Hundehalter auf behördliche Hinweise vorher nicht reagiert.

*(VG Stuttgart, Beschluss vom 06.12.2012, Az. 1 K 3644/10)*

### Haltungsuntersagung American-Bulldog-Mischling

Haltungsuntersagung für einen American-Bulldog-Mischling, der sich nachweislich aggressiv gegenüber Menschen und gesteigert aggressiv gegenüber anderen Hunden zeigte. Zuvor angeordneter Leinen- und Maulkorbzwang war nur bedingt geeignet, um Gefahren für die Gesundheit und das Eigentum abzuwehren. Die Halterin war nicht in der Lage, die Hündin zu halten und zu führen, ohne dass Gefahren für Dritte entstehen würden.

*(VGH München, Beschluss vom 30.06.2014, Az. 10 CS 14.1245)*

### Rechtmäßigkeit der Anordnung einer generellen Haltungsuntersagung

Eine Haltungsuntersagung und ein Verbot des Ausführens von Hunden sind als einschneidendste Maßnahmen zur Verhütung oder Unterbindung einer von einer Hundehaltung ausgehenden Gefahr in der Regel nur dann verhältnismäßig, wenn sich der Hundehalter dauerhaft und hartnäckig weigert, einer bestehenden sicherheitsrechtlichen Anordnung nachzukommen. Vor Erlass einer solchen Haltungsuntersagung muss die Behörde daher grundsätzlich zunächst erfolglos Zwangsmittel zur Durchsetzung von Anordnungen zur Hundehaltung eingesetzt haben.

*(VG München, Urteil vom 10.03.2016, Az. M 22 K 15.4341)*

### Anordnung zur Sicherstellung und Unterbringung von Hunden mit Kostengrundentscheidung

Nach Art. 7 Abs. 2 Nr. 3 LStVG kann die Sicherheitsbehörde mit der Untersagung der Hundehaltung eine Anordnung über die Herausgabe bzw. Sicherstellung und behördliche Unterbringung der Hunde verbinden. Die Behörde ist berechtigt, vorab eine persönliche und sachliche Kostengrundentscheidung zu treffen und die Konkretisierung der Kostenhöhe einem nachfolgenden Leistungsbescheid vorzubehalten.

*(VGH München, Urteil vom 18.09.2017, Az. 10 B 17.50)*

### Widerruf eines Negativtests für einen Kampfhund sowie der Haltungsuntersagung

Für den Widerruf (Art. 49 Abs. 2 Satz 1 Nr. 3 BayVwVfG) eines Attests, in dem einem „Kampfhund" fehlende Aggressivität und Gefährlichkeit bescheinigt wird (Art. 37 Abs. 1 LStVG i.V.m. § 1 Abs. 2 KampfhundeVO), ist nicht der Nachweis zu verlangen, dass der betreffende Hund tatsächlich gefährlich ist. Es genügt vielmehr, wenn Hinweise vorliegen, die die bisherige Annahme fehlender Aggressivität und Gefährlichkeit nachhaltig infrage stellen. Die für „Kampfhunde" geltenden Regelungen stehen neben den auf alle Hunde anwendbaren Normen und können parallel zur Anwendung gelangen. Ein Zwangsgeld scheidet zur Durchsetzung von Haltungsuntersagungen und Abgabeverfügungen nicht automatisch aus, nur weil es die beabsichtigte Maßnahme nicht unmittelbar herbeiführt.

*(VG Regensburg, Beschluss vom 08.01.2019, Az. RO 4 S 18.2008)*

### Untersagung der Kampfhundehaltung ohne erforderliche Erlaubnis

Die Haltung eines Kampfhundes ohne die erforderliche Erlaubnis erfüllt einen Ordnungswidrigkeitentatbestand, weswegen zur Verhütung oder Unterbindung dieser rechtswidrigen Taten die weitere Haltung nach Art. 7 Abs. 2 Nr. 1 LVStVG untersagt werden kann. Erweist sich eine Regelung aus anderen als in dem Bescheid angegebenen Gründen als rechtmäßig, ohne dass sie durch den Austausch der Begründung in ihrem Wesen geändert würde, ist der Verwaltungsakt i.S.d. § 113 Abs. 1 Satz 1 VwGO nicht rechtswidrig. Die Anordnung eines Leinen- oder Maulkorbzwangs stellt im Hinblick auf den eindeutigen Willen des

Gesetzgebers kein geeignetes Mittel zur Gefahrenabwehr einer nicht erlaubten Kampfhundehaltung dar.

*(VGH München, Beschluss vom 27.02.2019, Az. 10 CS 19.180)*

**Rechtmäßige Haltungsuntersagung betreffend einen gefährlichen Hund; fehlendes öffentliches Interesse**

Haltung einer Kreuzung eines American Staffordshire Terriers mit einem anderen Hund. Gentest sowie phänotypische Begutachtung weisen auf gefährlichen Hund i.S.d. § 3 Abs. 2 LHundG NRW hin. Vortrag, der Hund sei im Zeitpunkt der amtstierärztlichen Begutachtung noch zu jung für eine (endgültige) Rassefeststellung gewesen, ist unbeachtlich. Es stellt sich ausschließlich die Frage, ob ein bestimmter Umstand geeignet ist, übergeordneten Interessen der Öffentlichkeit zu dienen. Subjektive Interessen einzelner Individuen – wie z.B. die zu einem Hund bereits aufgebaute Bindung des bisherigen Halters – können mithin für die Begründung eines öffentlichen Interesses nicht herangezogen werden.

*(VG Düsseldorf, Beschluss vom 04.05.2020, Az. 18 L 470/20)*

**Kein Herausgabeanspruch gegen Behörde, wenn nach der Sicherstellung Schenkung erfolgt ist**

Wird ein sichergestellter Hund vom Adressaten der Sicherstellung (Halter) nach erfolgter Wegnahme einer dritten Person geschenkt, so hat diese keinen Herausgabeanspruch, denn der ursprüngliche Halter kann nicht mehr Rechte übertragen, als er selbst innehat.

*(VG Göttingen, Beschluss vom 04.04.2024, Az. 1 B 36/24)*

**Isolierte erweiterte Haltungsuntersagung**

Eine Haltungsuntersagung ist in ihrer regelnden Wirkung nicht auf den Haltungsort bei Erlass der Anordnung beschränkt. Entsprechende Maßnahmen sind nicht orts-, sondern vielmehr halter- bzw. hundbezogen. Eine generelle Untersagung der künftigen Hundehaltung ist auch ohne Anordnung einer konkreten, auf einzelne bestimmte Hunde bezogenen Haltungsuntersagung rechtmäßig. Zur Begründung ist jedoch ein Verweis auf die allgemeine Unberechenbarkeit von Tieren nicht ausreichend.

*(OVG NRW, Urteil vom 12.12.2023, Az. 5 A 3146/21)*

### Behördliches Veräußerungsverbot durch präventive Sicherstellung

Eine durch die allgemeine Sicherheitsbehörde angeordnete präventive Sicherstellung löst – ebenso wie eine polizeiliche präventive Sicherstellung – ein Veräußerungsverbot i.S.v. § 136 BGB i.V.m. § 135 BGB aus.

*(Bayerischer VGH, Beschluss vom 15.02.2023, Az. 10 AS 23.94)*

### Besuchsrecht nach Sicherstellung eines gefährlichen Hundes

Eine mit einer Haltungsuntersagung verbundene (vollzogene) Abgabe- und Entziehungsanordnung schließt nicht aus, dass die Eigentümer des Hundes (hier: die bisherigen Halter) diesen im Tierheim besuchen.

*(OVG NRW, Beschluss vom 14.11.2023, Az. 5 B 1277/22)*

## *B/5.15 Wesens-/Verhaltenstest*

### Wesenstest muss möglich sein

Den Haltern gefährlicher Hunde muss die Möglichkeit gegeben werden, mithilfe eines sogenannten Wesenstests (unter simulierter Stresssituation durchgeführter Verhaltenstest) die Gefährlichkeitsvermutung hinsichtlich ihres Hundes zu widerlegen.

**Hinweis**

Dies gilt nicht für im Einzelfall festgestellte gefährliche Hunde, wenn durch Landesrecht eine Widerlegung der Gefährlichkeit nicht vorgesehen ist (z.B. in BW).

*(OVG Bremen, Beschluss vom 21.09.2000; NVwZ, S. 1435; VG Mainz, Beschluss vom 20.12.2000, Az. 1 L 1193/00. MZ)*

### Wesensprüfung muss wiederholt werden

Ist die Haltererlaubnis für einen gefährlichen Hund auf zwei Jahre befristet worden, hat vor Erteilung einer weiteren Erlaubnis erneut eine positive Wesensprüfung des Hundes zu erfolgen.

*(VG Frankfurt, Beschluss vom 30.07.2003, Az. 5 G 2630/03)*

### Angst bei Passanten rechtfertigt Anlein- oder Maulkorbpflicht

Ein Negativtest kann mit Einzelanordnungen wie Anlein- oder Maulkorbpflicht auch dann verbunden werden, wenn der Hund noch nicht negativ aufgefallen ist. Eine vom Hund ausgehende konkrete Gefahr kann auch beispielsweise vorliegen, wenn ein ohne Maulkorb frei umherlaufender Kampfhund Angst bei Passanten herbeiruft.

*(BayVGH, Urteil vom 18.02.2004, Az. 24 B 03.645)*

### Negativtest auch bei bislang unauffälligem Hund möglich

Ein Negativtest kann mit Einzelanordnungen auch dann verbunden werden, wenn der Hund noch nicht negativ aufgefallen ist.

**Hinweis**

In anderen Bundesländern kann dies zwingend vorgeschrieben sein.

*(BayVGH, Urteil vom 18.02.2004, Az. 24 B 03.645; BayVGH, Urteil vom 15.03.2005, Az. 24 BV 04.2755; BVerwG, Beschluss vom 14.03.2005, Az. 6 B 40.05)*

### Wesenstest ist nur eine Momentaufnahme

Wesenstests, tierärztliche Begutachtungen und ähnliche Maßnahmen, wie sie das Landesrecht vielfach zur Überprüfung und Feststellung der Gefährlichkeit von Hunden vorsieht, bieten, selbst wenn sie von sachkundigen Personen durchgeführt werden, keine vollkommen verlässliche Grundlage für eine hinreichend sichere Gefährlichkeitsprognose. Wesensprüfungen sind ein denkbares, von den Ländern auch eingesetztes Instrument zur Überprüfung der Gefährlichkeit von Hunden. Sie ermöglichen aber nur eine Momentaufnahme vom Verhalten des überprüften Tiers in einer bestimmten „Krisensituation".

*(BVerfG, Urteil vom 16.03.2004, Az. 1 BvR 1778/01; BayVGH, Beschluss vom 07.04.2004; NVwZ-RR, S. 490)*

### Keine Anordnung des Wesenstests bei Zweifeln über die Gefährlichkeit des Hundes

Eine ordnungsrechtliche Verfügung betreffend die Anordnung eines Wesenstests für einen Hund (Husky) kann rechtlich zweifelhaft sein, wenn die Gefährlichkeit des Hundes und die zugrunde liegenden Tatsachen nicht feststehen.

*(VG Mainz, Beschluss vom 18.05.2005, Az. 1 L 250/05)*

### Nach Ablauf der Haltungserlaubnis Wiederholung des Wesenstests möglich

Eine abgelaufene Haltungserlaubnis für einen Kampfhund ist nicht automatisch zu verlängern, es besteht hierzu kein Rechtsanspruch. Die Voraussetzungen für eine Verlängerung einer vorläufigen Erlaubnis sind nach deren Ablauf neu zu prüfen. Hierzu zählt auch eine Wiederholung des Wesenstests.

*(VGH Kassel, Urteil vom 13.06.2006, Az. 11 UE 3367/04)*

### Berechtigtes Interesse an der Haltung eines Kampfhundes liegt nur dann vor, wenn es ausschließlich durch einen Kampfhund erfüllt werden kann

Ähnlich wie „gewöhnliche“ Prüfungsentscheidungen unterliegt die Bewertung einer Verhaltensprüfung (Wesenstest), die mit einem Kampfhund durchgeführt wird, nur einer eingeschränkten gerichtlichen Kontrolle. Ein berechtigtes Interesse an der Haltung eines Kampfhundes liegt nur dann vor, wenn es ausschließlich durch einen Kampfhund erfüllt werden kann. Bei einem American Staffordshire Terrier kann die vermutete Gefährlichkeit nur durch eine bestandene Verhaltensprüfung widerlegt werden. Hinsichtlich der Zuverlässigkeit bei der Haltung eines Kampfhundes ist ein strenger Maßstab anzulegen. Bei wiederholten Verstößen gegen Halterpflichten ist die Zuverlässigkeit nicht gegeben.

*(VG Freiburg, Urteil vom 07.03.2007, Az. 2 K 1674/06)*

### Weitere Auflagen auch nach bestandenem Wesenstest möglich

Weitere Auflagen nach einem bestandenen Wesenstest sind in Bayern möglich (aufgrund von Größe, Körperbau und Beißkraft) nach erfolgter Gefahrenprognose-Ermessensentscheidung.

*(BayVGH, Urteil vom 21.12.2011, Az. 10 B 10.2806)*

### Gefährlicher Hund trotz positiver Begutachtung durch Polizeihundestaffel

Wird ein Hund, der sich als bissig erwiesen hat, von der Polizeihundestaffel begutachtet und lautet das Ergebnis dieser Begutachtung, dass der Hund nicht als gesteigert und unkontrolliert aggressiv beurteilt wird, ändert das nichts an dem Umstand, dass es sich um einen gefährlichen Hund handelt. Die Einstufung als gefährlich erfolgt allein aus dem Umstand, dass der Hund sich als bissig erwiesen hat.

*(VG Neustadt [Weinstraße], Beschluss vom 30.09.2022, Az. 5 L 799/22. NW)*

### Positiver Wesenstest hat keinen Einfluss auf Feststellung der Gefährlichkeit (Hessen)

Für die Annahme einer Gefährlichkeit kommt es nicht darauf an, ob sich der Hund gesteigert aggressiv gegen Menschen/Tiere oder hundetypisch verhält. Eine positive Wesensprüfung i.S.d. § 7 HundeVO widerlegt nicht die Gefährlichkeit eines Hundes, sondern erleichtert lediglich sein Halten. Es bleibt rechtlicher – und nicht sachverständiger – Würdigung vorbehalten, ob ein gefährlicher Hund im Sinne der HundeVO vorliegt.

*(VGH Hessen, Beschluss vom 13.02.2023, Az. 8 B 2310/21)*

## *B/5.16 Zuverlässigkeit, Begriff*

### Entscheidung zur Zuverlässigkeit eines Kampfhundehalters

Zum Begriff der Zuverlässigkeit des Kampfhundehalters in der PolVOgH. Untersagung der Hundehaltung. Begriff der Unzuverlässigkeit. Zum Verwertungsverbot infolge Zeitablaufs nach § 51 BZRG.

*(VGH BW, Urteil vom 12.08.2004, Az. 1 S 564/04; VBlBW 2005, S. 28)*

### Anforderungen an die Zuverlässigkeit eines Hundehalters im Rahmen einer Haltungsuntersagung

Unerheblich ist, aus welchen Gründen der Hundehalter zu einer ordnungsgemäßen Hundehaltung nicht imstande ist. Unzuverlässigkeit setzt daher weder ein Verschulden noch einen Charaktermangel des Hundehalters voraus. Wegen der von einer unsachgemäßen Haltung oder Führung von Hunden ausgehenden Gefahren für die körperliche Unversehrtheit und das Leben anderer Menschen und Tiere muss die Zuverlässigkeit des jeweiligen Hundehalters positiv feststehen. Dementsprechend genügen bereits verbleibende Zweifel an dieser Zuverlässigkeit, um die Eignung als Hundehalter zu verneinen. Dies bedeutet allerdings nicht, dass schon die Möglichkeit eines pflichtwidrigen Verhaltens des Hundehalters in der Vergangenheit ausreichend ist, die Zuverlässigkeit zu verneinen. Vielmehr muss ein solches Verhalten entsprechend allgemeinen (Beweis-)Grundsätzen feststehen; dieses muss sodann fortbestehende Zweifel an der künftigen ordnungsgemäßen Hundehaltung seitens des Halters begründen.

*(OVG NRW, Urteil vom 07.12.2021, Az. 5 A 3371/19)*

### Beißvorfall durch Verletzung der Aufsichtspflicht des Hundehalters

Ein American-Staffordshire-Mischling riss sich los und griff einen anderen Hund an. Die Befreiung von der Maulkorbpflicht wurde aufgehoben, woran sich die Halterin jedoch nicht hielt. Mehrere Begutachtungen durch Amtsveterinäre ergaben keine gesteigerte Aggressivität, jedoch wurde festgestellt, dass der Klägerin aufgrund mehrerer Beißvorfälle die Zuverlässigkeit fehle, weshalb ihr die Halteerlaubnis gemäß §§ 3, 10, 11 LHundG NRW rechtmäßig entzogen wurde. Lediglich die Haltungsuntersagung künftiger Hunde sah das Gericht als rechtswidrig an, da keine eindeutigen Erwägungen vorlagen, ob bei einer künftigen Hundehaltung zu befürchten war, dass die Erlaubnis- bzw. Anzeigepflichten des Gesetzes nicht beachtet werden.

*(VG Gelsenkirchen, Urteil vom 08.03.2016, Az. 19 K 3630/15)*

### Unzuverlässigkeitsgründe sind nicht abschließend und stellen keinen Schuldvorwurf dar

Die Aufzählung von Gründen für die Unzuverlässigkeit eines Halters ist nicht abschließend; die Unzuverlässigkeit kann vielmehr auch auf anderen Gründen beruhen, die ein vergleichbares Gewicht oder eine vergleichbare Bedeutung für eine verhaltensgerechte und sichere Hundehaltung haben. Der jeweilige Hundehalter muss ohne Einschränkungen willens und in der Lage sein, seine Pflichten als Halter eines potenziell gefährlichen Hundes jederzeit und überall zu erfüllen. Das erfordert das Bewusstsein einer besonderen Verantwortung gegenüber den Belangen und Rechtsgütern der Allgemeinheit und Dritter; die Zuverlässigkeit fehlt demgegenüber etwa bei einer Person, die ohne Einsicht in die vom jeweiligen Hund ausgehenden Gefahren den durch Gesetz oder Ordnungsverfügung angeordneten Leinen- und Maulkorbzwang missachtet oder in sonstiger Weise ordnungsrechtlichen Anforderungen wiederholt oder gröblich zuwiderhandelt.

Mit dem Begriff der Unzuverlässigkeit ist dagegen keine Aussage über ein Verschulden des jeweiligen Hundehalters bei etwaigen anlassgebenden Vorfällen oder gar einen Charaktermangel verbunden.

*(VG Frankfurt [Oder], Urteil vom 03.05.2023, Az. 3 K 1235/20)*

# C Sonstige Gefährdung durch Hunde

## C/1 Kommunale Regelungen

Kommunale Rechtsvorschriften über das Halten von Hunden einschließlich von Anleingeboten oder der Notdurft von Hunden bleiben unberührt, soweit diese Vorschriften nicht abschließend in den Gesetzen/Verordnungen der Bundesländer geregelt sind.

Soweit diese örtlichen Vorschriften auch sonstige, nicht landesrechtlich aufgeführte „Rasselisten" als Kampfhunde/gefährliche Hunde einbeziehen, muss die Gefährlichkeit dieser Hunde gutachtlich belegt werden. Sehen Sie hierzu z.B. VGH BW, Urteil vom 22.04.2002, Az. 1 S 1667/00. Ohne derartige Vorgaben ist eine solche Regelung rechtswidrig und damit unwirksam.

Aber: Es ist der Gleichheitssatz zu beachten. Der Ortsgesetzgeber überschreitet seinen mit der Typisierungsbefugnis einhergehenden Gestaltungsspielraum, wenn er alle Hunde bestimmter Rassen aufgrund von Zuchtmerkmalen normativ abschließend als gefährlich einstuft, ohne dem einzelnen Hundehalter die Widerlegbarkeit dieser gesetzlichen Vermutung zu ermöglichen.

Aus diesem Grund kann den Kommunen nicht empfohlen werden, auf örtlicher Ebene rassespezifische Vorschriften zu gefährlichen Hunden zu erlassen. Die landesrechtlichen Regelungen sind regelmäßig ausreichend. Über die Landesvorschriften hinausgehende Regelungen bedürfen ausreichender, mit den grundgesetzlichen und landesverfassungsrechtlichen Vorschriften vereinbarer Begründungen, die kaum belegbar sind. Regelungen dürfen auch höherrangigem Recht nicht widersprechen.

Sehen Sie dazu auch die weitergehenden Erläuterungen zum jeweiligen Landesrecht unter Kapitel B/3.

Für die Praxis gilt es, hinsichtlich der kommunalen ordnungsrechtlichen Vorschriften zu beachten, dass diese neben den oben aufgeführten Landeshundegesetzen/-verordnungen anwendbar sind, vorausgesetzt, sie enthalten für alle Hunde – ungeachtet ihrer Rasse und ihrer Gefährlichkeit – Einschränkungen wie beispielsweise einen Anleinzwang in einer Fußgängerzone (mit den in Kapitel D/2 aufgeführten Einschränkungen).

### *Voraussetzungen für eine örtliche Verordnung*

- Eine derartige Verordnung bedarf einer landesrechtlichen Ermächtigung (z.B. im Polizei-/Ordnungsbehördengesetz oder den landesrechtlichen Hundevorschriften).
- Eine derartige Verordnung muss dem Bestimmtheitsgebot und der Verhältnismäßigkeit entsprechen und entsprechend begründet werden.
- Die formellen und materiellen Bestimmungen des Landes zu einer solchen Gefahrenabwehrverordnung sind zu beachten.

Es besteht die Möglichkeit, mittels einer bußgeldbewehrten örtlichen Verordnung Gefahren durch Tiere zu minimieren. Hier ein allgemeiner Formulierungsvorschlag:

> „Tiere sind so zu halten und zu beaufsichtigen, dass niemand gefährdet wird."

Dem Wortlaut nach betrifft dann diese Vorschrift nicht nur Hunde, sondern alle Tiere. Mit dieser Formulierung soll der Tierhalter verpflichtet werden, eine Gefährdung Dritter durch eine sichere Verwahrung von Tieren zu vermeiden. Eine solche Gefährdung ist z.B. nicht gegeben, wenn Tiere, also auch Hunde, auf fremde Grundstücke gelangen und dort Schaden anrichten, ohne Personen zu gefährden.

Weitergehende Regelungen, beispielsweise ein Gebot, Tiere so zu verwahren, dass sie nicht auf fremde Grundstücke gelangen können, sind nicht erforderlich, sondern sogar rechtlich bedenklich, da es sich hierbei um Sachverhalte privater Natur handelt, an denen in der Regel kein öffentliches Interesse besteht. Der private Eigentümer kann sich bei derartigen Fällen nach den Vorschriften des BGB zivilrechtlich selbst helfen.

**Hinweise**

- Es empfiehlt sich auch, einzelne in diesem Fachbuch aufgeführte Formulierungsvorschläge für eine kommunale Regelung in einem Paragrafen zusammenzufassen.
- § 121 OWiG enthält auch Regelungen über das Halten gefährlicher Tiere, ist jedoch ein Auffangtatbestand.
- Unter Umständen können gefährliche Tiere auch unter die Normen des BGB oder/und des StGB fallen.

## C/2 Andere gesetzliche Benutzungsregelungen

Den Gemeinden ist es auch unbenommen, Benutzungsordnungen/-satzungen für ihre Spielplätze, Grün- und Erholungsanlagen usw. zu erlassen (auch bezüglich Anleinpflicht oder Hundekot). Hierbei sind dann die kommunalen Verfassungsvorschriften (z.B. die Gemeindeordnungen) zu beachten. Bei Verstößen gegen eine Satzung/Verordnung können Verstöße bußgeldbewehrt gestellt werden, bei einer reinen Benutzungsordnung nicht; hier hilft nur das Hausrecht. Deshalb der Ratschlag: Beschließen Sie Benutzungen in Form einer Satzung oder Verordnung, damit Verstöße auch geahndet werden können.

## C/3 Einzelanordnungen

Ansonsten besteht die Möglichkeit, aufgrund der Gefahrenabwehrvorschriften im Landesbereich eine Einzelverfügung – auch eine konkretisierende Einzelverfügung – aufgrund der Befugnis-/Generalklausel zu erlassen, soweit dies die landesrechtlichen Bestimmungen nicht abschließend regeln.

**Beispiel**

Diese Einzelanordnungen können sich z.B. beziehen auf:

- Leinen- und Maulkorbzwang außerhalb des befriedeten Besitztums
- Untersagung der Hundehaltung wegen Unzuverlässigkeit
- Anforderung an eine ausbruchsichere Befriedung des Grundstücks
- Anordnung, Hunde während der Nachtzeit aus Lärmschutzgründen im Gebäude zu halten
- Unterlassen der Nichtbeseitigung von Hundekot im öffentlichen Bereich

## C/4 Rechtsprechung zu sonstigen gefährlichen Hunden

Sehen Sie hierzu die Rechtsprechung von A bis Z in Kapitel B/5.

# D Leinenzwang

## D/1 Allgemeines

Für Kampfhunde/gefährliche Hunde gilt grundsätzlich im gesamten Gemeindegebiet nach dem jeweiligen Landesrecht beim Verlassen des befriedeten Besitztums Leinenzwang aufgrund der landesrechtlichen Gesetze/Verordnungen. Näheres dazu siehe unter Kapitel B/3.2 ff. Dies gilt auch für Kampfhunde/gefährliche Hunde, die eine Verhaltensprüfung erfolgreich abgeschlossen haben. Bei „normalen" Hunden kann die Rechtslage anders sein.

## D/2 Gemeindliche Regelungen

Teilweise enthalten landesrechtliche Vorschriften einen Leinenzwang für alle Hunde z.B. auf Märkten (ist auch durch eine Marktsatzung möglich), bei Umzügen oder Veranstaltungen mit Menschenansammlungen. Näheres dazu siehe unter Kapitel B/3.2 ff. Ansonsten besteht die Möglichkeit, durch örtliche Verordnung bestimmte bußgeldbewehrte Vorschriften über den Leinenzwang für sonstige Hunde zu erlassen. Eine diesbezügliche Regelung könnte wie folgt aussehen:

> „Hunde
>
> (1) Im Innenbereich (§ 30 bis 34 Baugesetzbuch) sind auf öffentlichen Straßen und Gehwegen Hunde an der Leine zu führen. Ansonsten dürfen Hunde ohne Begleitung einer Person, die durch Zuruf auf das Tier einwirken kann, nicht frei umherlaufen.
>
> (2) Während der Nachtzeit sind im gesamten Gemeindegebiet Hunde an der Leine zu führen.
>
> (3) In Grün- und Erholungsanlagen ist es untersagt, Hunde frei umherlaufen zu lassen. Auf Kinderspielplätze und Liegewiesen dürfen Hunde nicht mitgenommen werden."

Ein Leinenzwang für die genannten Bereiche wird insbesondere deshalb als berechtigt angesehen, weil dort frei laufende Hunde regelmäßiger eine größere Gefahr darstellen können als in den anderen Bereichen des Gemeindegebiets. Die Regelungen dürfen jedoch nicht pauschal und ungeprüft übernommen werden. Die insoweit bestehende Gefahrenlage, der mindestens eine erhebliche Belästigung zugrunde liegen muss, muss **begründet** sein (hierzu sind z.B. Statistiken der Polizei hilfreich).

Ein derartiger Leinenzwang muss polizei-/ordnungsrechtlich (z.B. Vermeidung der Belästigung von Personen) begründet sein und darf nicht verkehrsrechtlich begründet werden. Die Begründung muss bei der Beschlussfassung durch das Gemeindeorgan diesem mitgeteilt werden. Ein genereller Leinenzwang für das gesamte Gemeindegebiet ist schlichtweg unzulässig, da unverhältnismäßig. Mittlerweile gibt es jedoch im Einzelfall Einschränkungen, sofern eine eingegrenzte Auslauffläche im Gemeindegebiet vorhanden ist, auf der Hundehalter ihre Hunde frei laufen lassen können.

Ausnahmen sind in einer derartigen Verordnung zumindest zuzulassen (möglich z.B. bei altersschwachen kleinen Hunden).

Der Bezug in einer Verordnung zum räumlichen Geltungsbereich auf den bauplanungsrechtlichen Begriff entspricht beim Erlass einer derartigen Norm der Bestimmtheit und Klarheit.

Regelungen, die einen Leinenzwang für alle Privatgrundstücke im Gemeindegebiet beinhalten, erscheinen rechtswidrig. Derartige Regelungen sind unverhältnismäßig. Im privaten Bereich gilt das private Recht. Es steht der Kommune nicht zu, hierzu Regelungen zu treffen. Im Einzelfall ist hier aber die Verpflichtung zur entsprechenden Einfriedung des Grundstücks anzudenken.

Ein Leinenzwang kann und soll (begründet) auch nur auf Gemeindeteile, Fußgängerbereiche oder Straßenzüge beschränkt werden. Ein Leinenzwang auch für Grün- und Erholungsanlagen ist unbedenklich, da dort eine größere Gefahr für Mensch und Tier durch frei laufende Hunde besteht. Dies stellt dann keine Benutzungsregelung dar, wenn die Gefahr begründet ist.

**Hinweis**

Achten Sie auch darauf, dass Sie in Ihrer Verordnung eine Ausnahmeregelung vom Verbot treffen. Eine Ausnahme ist z.B. nicht gerechtfertigt, wenn ein Hund an einer chronischen Darmentzündung leidet und dadurch erheblich geschwächt ist (Ausnahme ist Ermessensvorschrift – kein Ausnahmeanspruch).

Wird ein Leinenzwang festgelegt, so darf die örtliche Verordnung den landesrechtlichen Regelungen nicht widersprechen. Kommunale Vorschriften sind also auf die jeweiligen örtlichen Verhältnisse abzustimmen.

## D/3 Straßenverkehrs-Ordnung

### *D/3.1 § 28 Abs. 1 StVO*

Gemäß § 28 Abs. 1 StVO sind Haus- und Stalltiere, also auch Hunde, die den Verkehr gefährden können, von der Straße fernzuhalten. Sie sind dort nur zugelassen, wenn sie von geeigneten Personen begleitet werden, die ausreichend auf sie einwirken können (Gehorsam auf Zuruf oder Zeichen – im Blickfeld des Hundeführers). Ob die Aufsichtsperson als geeignet anzusehen ist, richtet sich nach ihrer Erfahrung, Geschicklichkeit und Kraft. Volljährigkeit der Begleitperson ist nicht vorgeschrieben. Mangelnde Aufsicht führt zum Verbot des Führens oder Treibens von Tieren im Straßenverkehr nach § 28 Abs. 1 Satz 1 StVO. Ungeeigneten kann das Tierführen untersagt oder unter Auflagen erlaubt werden (§ 3 FeV).

Bei einer Tierhaltung im eigenen Bereich müssen Tierhalter diese (z.B. Wiesen) ggf. genügend absichern.

### *D/3.2 Führen von Fahrzeugen aus (Mitlaufenlassen)*

Tiere, also auch Hunde, dürfen nicht von Kraftfahrzeugen aus geführt werden. Das Führverbot gilt sowohl angebunden als auch von Hand oder gar für das Mitlaufenlassen auf Zuruf. Die Vorschrift soll verkehrlichen Gefahrenquellen entgegenwirken und Tierquälerei im Verkehr unterbinden.

**Ausnahme**

Von Fahrrädern aus dürfen Hunde geführt werden. Dies gilt vor allem für größere, schnell laufende Hunde (vgl. OLG Köln, Urteil vom 13.08.2002, Az. 9 U 185/00). Die Vorschriften des Tierschutzgesetzes bleiben diesbezüglich unberührt und sind selbstverständlich einzuhalten. Zu den Fahrrädern gehören Pedelecs mit einem elektromotorischen Hilfsantrieb mit einer Nenndauerleistung von maximal 0,25 kW, dessen Unterstützung sich mit zunehmender Geschwindigkeit progressiv verringert und bei Erreichen von 25 km/h oder früher, wenn der Radfahrer nicht mehr tritt, unterbrochen wird. Dies gilt jedoch grundsätzlich nicht für das Führen von E-Bikes (maximal 0,5 kW), S-Pedelecs oder E-Scootern.

Zu beachten ist, dass lediglich Hunde vom Fahrrad aus geführt werden dürfen. Nach § 28 StVO ist dies beispielsweise für das Führen von Pferden, Kühen oder sogar Katzen verboten.

Sofern daher ein Hund vom Fahrrad aus geführt wird, muss dies immer im Einklang mit den tierschutzrechtlichen Vorschriften erfolgen, d.h., die Rasse, Größe, das Gewicht und die Gesundheit des Hundes sind beim Ausführen zu berücksichtigen. Der Hund muss dabei das Fahrrad und seine entsprechenden Geräusche kennen sowie an den Straßenverkehr gewöhnt sein.

## *D/3.3 Leinenpflicht für Hunde nach der Straßenverkehrs-Ordnung?*

Die Straßenverkehrs-Ordnung selbst schreibt eine Leinenpflicht für Hunde nicht vor. Wenn Hunde auf Straßen mit mäßigem Verkehr nicht an der Leine, sondern durch Zuruf und Zeichen geführt werden, ist dies in der Regel nicht zu beanstanden (VwV-StVO zu § 28 Rn 2). Lesen Sie mehr dazu weiter oben.

Ein Verstoß des Hundehalters gegen dieses Gebot der Straßenverkehrs-Ordnung ist nicht gegeben außerhalb verkehrsreicher Straßen, z.B. auf einem Feldweg, wenn der Hund durch Befehle und Zeichen sicher geführt wird.

## *D/3.4 Ordnungswidrigkeit nach der Straßenverkehrs-Ordnung*

Ein Verstoß gegen diese Vorschrift (§ 28 Abs. 1 StVO) stellt nach § 49 Abs. 2 Nr. 3 StVO eine Ordnungswidrigkeit dar und kann von der zuständigen Straßenverkehrsbehörde mit einer Geldbuße geahndet werden.

### *D/3.5 Zuständigkeiten*

Zur Ausführung des § 28 StVO sind (grundsätzlich die unteren, nicht die örtlichen) Straßenverkehrsbehörden zuständig. Die zuständige Straßenverkehrsbehörde kann im Einzelfall auch einen konkretisierenden Verwaltungsakt nach der Befugnis-/Generalklausel des Gefahrenabwehrgesetzes zur Erfüllung der Vorschriften in § 28 StVO erlassen und diesen mit Verwaltungszwangsmitteln durchsetzen.

**Beispiel**

Infolge eines beschädigten Zauns auf einem an der Straße anliegenden Grundstück gelangen regelmäßig Tiere (hier: Hunde) auf die Verkehrsfläche. Der Grundstückseigentümer weigert sich, den Zaun zu reparieren. Die Behörde erlässt eine Anordnung zur Beseitigung des Missstands.

Besteht im Einzelfall eine gegenwärtige, konkrete Gefahr für die öffentliche Sicherheit und Ordnung, so sind die Gefahrenabwehrbehörden nach den Gefahrenabwehrgesetzen der Bundesländer gefordert, sofort Eilmaßnahmen zu ergreifen. Dies sind in der Regel die örtlichen Ordnungsbehörden.

**Beispiel**

Bei einem ausgebrochenen Hund wird der Polizeivollzugsdienst die Straßenabsicherung zu übernehmen haben. Die Ordnungsbehörde hat das Verschaffen der Hunde zur eigentlichen Privatfläche (durch Beauftragte möglich) zu übernehmen, wenn ein Eilfall vorliegt, was jedoch regelmäßig der Fall sein dürfte. Notfalls muss das ungesicherte Grundstück provisorisch abgesichert werden. Kosten dieser Ersatzvornahme der Durchführung einer unmittelbaren Maßnahme im Einzelfall können dem Tierhalter auferlegt werden. Diesbezüglich gelten die landes- bzw. kommunalen Gebührenregelungen und das jeweilige Verwaltungsvollstreckungsrecht der Bundesländer. Siehe zu einem Einzelfall das Urteil des VG Stade vom 21.03.2007, Az. 1 A 1225/05.

## D/4 Jagd-/Waldgesetze

Weiterhin enthalten regelmäßig die Landesjagdgesetze (z.B. § 29 LJagdG BW) Vorschriften über Hunde als gefährliche Tiere i.S.v. § 2 BJagdG. Hierbei besteht jedoch für den Bereich der Jagdbezirke kein Leinenzwang; es ist von der Einwirkungsmöglichkeit des Hundeführers auf den einzelnen Hund auszugehen.

Manche Länder legen auch ein Erschießungsrecht von Hunden fest, wenn diese erkennbar dem Wild nachstellen oder es gefährden (z.B. Bayern – Art. 42 Abs. 1 Nr. 2 BayJagdG) oder wenn sie sich außerhalb der Einwirkung des Hundeführers aufhalten (z.B. Baden-Württemberg). Die Tatsache, dass sich ein Hund unangeleint im Wald aufhält, reicht für eine derartige Beurteilung jedoch nicht aus. Entscheidend ist, ob sich der Hund im Einwirkungsbereich des Hundeführers befindet, diesen auf sich einwirken lässt und eine objektiv erkennbare Gefährdungssituation für Wild besteht.

Erschießungsberechtigte sollten mit derartigen Vorschriften äußerst sorgsam umgehen, um zivilrechtliche Ansprüche und strafrechtliche Folgen zu vermeiden.

Unabhängig vom landesrechtlichen Erschießungsrecht besteht eine Ordnungswidrigkeit, wenn ein Hundeführer seinen Hund unbeaufsichtigt ohne Einwirkungsmöglichkeit im Wald frei laufen lässt.

Die waldrechtlichen Vorschriften der Bundesländer lassen in der Regel ein Verordnungsrecht zur Leinenpflicht von Hunden auf Waldwegen zu. Hier besteht jedoch keine Zuständigkeit der örtlichen Ordnungsbehörden, sondern der Forstbehörden.

## D/5 Einzelanordnung

Ansonsten besteht die Möglichkeit, aufgrund der Gefahrenabwehrvorschriften im Landesbereich eine Einzelverfügung – auch eine konkretisierende Einzelverfügung – über einen Leinenzwang bei einem konkreten Fall zu erlassen, soweit landesrechtliche Regelungen nicht abschließend sind. Zu beachten sind hierbei die landesrechtlichen Hundevorschriften, das Polizei-/Ordnungsbehördengesetz des Landes (Befugnis-/Generalklausel), die Landes-Verfahrensvorschriften des Bundeslandes und das Landes-Verwaltungsvollstreckungsrecht.

Bei Einzelanordnungen besteht im öffentlichen oder privaten Interesse in der Regel die Möglichkeit, die aufschiebende Wirkung eines Rechtsmittels zu versagen. Dies muss jedoch besonders begründet werden (§ 80 Abs. 2 Satz 1 Nr. 4 VwGO).

Nach der Rechtsprechung ist bei der Anordnung des Leinenzwangs zu beachten, dass die Länge der Leine der Körpergröße des Hundes entsprechen muss. Es empfiehlt sich daher, im Innenbereich der Ortschaft eine Leinenpflicht mit einer Leinenlänge von ca. 50 cm anzuordnen, ansonsten wäre eine Anordnung nicht bestimmt genug. Aber auch hier muss die Rasse des Hundes berücksichtigt werden. Hunderassen, die ein größeres Laufbedürfnis haben, sollten daher mit einer etwas längeren Leine geführt werden dürfen. Sie darf jedoch nicht so lang sein, dass die Eingriffsmöglichkeit und die Führbarkeit des Hundes beeinträchtigt werden. Hier sollte im Einzelfall an eine ca. 2 m lange Leine gedacht werden.

## D/6 Rechtsprechung

Im Folgenden sehen Sie einen Überblick über die bekannte Rechtsprechung zur Leinenpflicht in örtlichen Verordnungen/Satzungen mit Orientierungs-/Leitsätzen:

**Leinenzwang auf öffentlichen Wegen, Straßen und Plätzen**

Ein durch Verordnung angeordneter Leinenzwang für große Hunde ist nicht bloße Gefahrenvorsorge, sondern eine ordnungsrechtliche Maßnahme zur Abwehr einer abstrakten Gefahr. Eine solche Verordnung verstößt nicht gegen die bundesrechtliche Vorschrift des § 28 Abs. 1 StVO.

Der Begriff „innerhalb geschlossener Ortschaften" ist hinreichend bestimmt.

*(VGH München, Beschluss vom 15.04.2021, Az. 10 NE 20.2831)*

**Erlass einer gemeindlichen Hundehaltungssatzung mit Anleinpflicht**

Geklagt im Normenkontrollverfahren hatte die Betreiberin einer Hundeschule. Der Erlass einer gemeindlichen Hundehaltungssatzung mit angeordnetem Leinenzwang wird jedoch weder durch das geltende Jagdrecht gesperrt, noch liegt ein ungerechtfertigter Eingriff in die Berufsfreiheit oder den eingerichteten und ausgeübten Gewerbebetrieb vor.

*(VGH München, Urteil vom 25.01.2024, Az. 10 N 20.1227)*

### Leinenzwang in Fußgängerzone ist zulässig

Der in einer Polizeiverordnung für den Bereich einer Fußgängerzone im Innenstadtbereich geregelte Leinenzwang für Hunde verstößt grundsätzlich nicht gegen höherrangiges Recht.

*(VGH BW, Beschluss vom 31.01.1980; BWGZ 1980, S. 263; VGH BW, Beschluss vom 06.07.1989; NVwZ-RR 1990, S. 16)*

### Leinenzwang in städtischen Anlagen ist zulässig

Die Regelung über einen Leinenzwang für Hunde bei der Benutzung städtischer Anlagen durch eine kommunale Verordnung ist rechtmäßig.

*(OLG Hamm, Beschluss vom 03.12.1987, Az. 4 Ss OWi 971/87; NVwZ 1988, S. 671)*

### Leinenzwang in städtischen Anlagen begegnet keinen rechtlichen Bedenken

Das in einer Polizeiverordnung normierte Gebot, Hunde in öffentlichen Anlagen an der Leine zu führen, begegnet keinen rechtlichen Bedenken.

*(VGH BW vom 06.07.1989; BWGZ 1988, S. 823)*

### Anleinpflicht während der Hochsaison ist gerechtfertigt

Eine Anleinpflicht während der Hochsaison (in einem Ferienort) kann gerechtfertigt sein und verstößt nicht gegen höherrangiges Bundesrecht der Straßenverkehrs-Ordnung.

*(OVG Lüneburg, Urteil vom 08.02.1990, Az. 12 C 1/88; NVwZ 1991, S. 693; OLG Oldenburg, Beschluss vom 26.02.1991; NVwZ, S. 712)*

### Anordnung der Führung nur durch Hundeführer ist zulässig

Eine ordnungsbehördliche Verordnung über das Führen von angeleinten Hunden nur durch aufsichtstätige Personen verstößt nicht gegen das höherrangige Recht der Straßenverkehrs-Ordnung.

*(BGH, Beschluss vom 18.04.1991, Az. 4 StR 518/90; NVwZ 1991, S. 711)*

### In Grünanlagen dürfen Hunde nur angeleint auf Wegen geführt werden

Die Vorschrift (hier: Düsseldorfer Straßenordnung), nach der Hunde in Grünanlagen nur auf Wegen geführt werden dürfen und angeleint sein müssen, ist geltendes Recht.

*(OLG Düsseldorf, Beschluss vom 09.08.1991; ZMR 1992, S. 27; OLG Düsseldorf, Beschluss vom 30.06.1987; NVwZ 1988, S. 94)*

### Ungehindertes Joggen mit nicht angeleintem Hund muss zurückstehen

Gegenüber dem durch Gesetz (Verordnung) angeordneten Leinenzwang für Hunde in öffentlichen Grünanlagen muss das Interesse einer Privatperson am ungehinderten Joggen mit dem unangeleinten Hund zurücktreten.

*(OVG Berlin, Urteil vom 11.09.1992; LKV 1993, S. 169)*

### Leinenzwang im gesamten Gemeindegebiet ist unverhältnismäßig

Eine Regelung, wonach ohne Rücksicht auf Art und Größe der Hunderassen für das gesamte Gemeindegebiet ein genereller Leinenzwang besteht, ist unverhältnismäßig und damit als Verstoß gegen das verfassungsrechtliche Übermaßverbot unzulässig.

*(OLG Hamm, Beschluss vom 08.04.2001, Az. 5 Ss OWi 1225/00; NVwZ 2002, S. 765)*

### Ja zur Leinenpflicht in Grünlagen

Leinenpflicht in Grünanlage bejaht.

*(OLG Düsseldorf, Beschluss vom 28.02.2003 und Az. IV-sb Ss (OWi) 86/02 I und 201/02)*

### Bestimmtheit einer ordnungsbehördlichen Vorschrift

Eine ordnungsbehördliche Vorschrift, die lautet: „Tiere dürfen nicht ohne Aufsicht gelassen werden", ist noch als hinreichend bestimmt anzusehen.

*(OLG Hamm, Beschluss vom 17.07.2003, Az. 3 Ss OWi 439/03)*

### Verordnung zum Leinenzwang muss konkret sein

Eine derartige Verordnung „Leinenzwang grundsätzlich innerhalb der geschlossenen Ortschaft, in Sportanlagen sowie bei Umzügen und Veranstaltungen" ist unwirksam, wenn nicht Gefahren belegt werden können.

*(Nds. OVG, Urteil vom 27.01.2005, Az. 11 KN 38/04)*

### Verordnung zum Leinenzwang muss verhältnismäßig sein

Eine Rechtsverordnung, die einen Leinenzwang für Hunde ohne Rücksicht auf Art und Größe der Hunderasse und ohne zeitliche Ausnahme für das gesamte Gebiet der erlassenden Gemeinde anordnet, ist unverhältnismäßig und kann keine Ermächtigungsgrundlage eines Bußgeldbescheids sein.

*(AG Trier, Urteil vom 18.07.2005, Az. 8015 Js 5859/05; NJW, S. 3735)*

### Leinenzwang in öffentlichen Grün- und Erholungsanlagen ist rechtens

Die Anordnung eines Leinenzwangs in öffentlichen Grün- und Erholungsanlagen ist verfassungsgemäß.

*(KG Berlin, Beschluss vom 04.01.2006, Az. 2 Ss 300/05)*

### Anleinzwang „innerhalb der bebauten Ortslage" ist ausreichend bestimmt

Eine Gefahrenabwehrverordnung, die den Anleinzwang für Hunde innerhalb der bebauten Ortslage vorschreibt, ist inhaltlich hinreichend bestimmt.

Der Anleinzwang außerhalb bebauter Ortslage bei „nicht einsehbaren Flächen" ist regelmäßig unverhältnismäßig.

*(OVG Koblenz, Urteil vom 21.09.2006, Az. 7 C 10539/06; BeckRS 2006, Nr. 26005)*

### Leinenzwang im Stadtgebiet rechtmäßig, wenn sie Ausnahmen vorsieht

Eine sächsische Polizeiverordnung, die einen Leinenzwang für Hunde im Gemeindegebiet anordnet, ist verhältnismäßig, wenn sie Ausnahmen vom allgemeinen Leinenzwang vorsieht (hier: Freilaufflächen für Hunde, sogenannte Hundewiesen in beträchtlicher Anzahl).

*(OLG Dresden, Beschluss vom 07.02.2007 und Az. Ss (OWi) 301/06 und Ss (OWi) 395/06 und Ss (OWi) 188/06)*

### Anleinzwang im gesamten Gemeindegebiet nur zulässig, wenn Ausnahmen vorgesehen sind

Eine sächsische Polizeiverordnung, die einen Anleinzwang für Hunde im Gemeindegebiet anordnet, findet ihre Ermächtigungsgrundlage im Polizeigesetz des Freistaates Sachsen. Sie verstößt jedenfalls dann gegen den Verfassungsgrundsatz der Verhältnismäßigkeit, wenn sie keine Ausnahmen vom allgemeinen Anleinzwang vorsieht.

*(OLG Dresden, Urteil vom 13.02.2007, Az. Ss (OWi) 721/06)*

### Anleinzwang im gesamten Gemeindegebiet zur Nachtzeit

Eine ordnungsbehördliche Verordnung, die den generellen Leinenzwang für Hunde im gesamten Stadt- bzw. Gemeindegebiet – während der Nachtzeit – anordnet, ist grundsätzlich unverhältnismäßig.

*(ThOVG, Urteil vom 26.04.2007, Az. 3 N 699/05)*

### Allgemeiner Leinenzwang verstößt nicht gegen das Tierschutzrecht

Von unangeleinten Hunden geht eine abstrakte Gefahr aus. Ein allgemeiner Leinenzwang (auf Straßen und Anlagen) verstößt nicht gegen das Tierschutzrecht.

*(ThOLG, Beschluss vom 30.05.2007, Az. 1 Ss 103/06)*

### Anordnung des Leinenzwang „im Innenbereich" ist zulässig

Eine Polizeiverordnung, die zur Abgrenzung des räumlichen Geltungsbereichs des Leinenzwangs für Hunde auf den bauplanungsrechtlichen Begriff des Innenbereichs Bezug nimmt, genügt in der Regel den Anforderungen an die Bestimmtheit und Klarheit einer Norm. Die Anordnung des Leinenzwangs auch für nicht gefährliche Hunde steht im Einklang mit dem Grundsatz der Verhältnismäßigkeit.

*(VGH BW, Urteil vom 15.11.2007, Az. 1 S 2720/06)*

### Kein Leinenzwang für Hunde in einer Parkanlage zu Zwecken der Lärmvermeidung

Der Antrag der Kläger auf einen Leinenzwang in der Parkanlage wird abgelehnt. Es ist nicht nachzuvollziehen, inwieweit durch die Einführung eines Leinenzwangs für Hunde bei der Benutzung der Parkanlage eine Verbesserung der von den Antragstellern als unerträglich empfundenen Situation eintreten könne. Ein Erfahrungssatz des Inhalts, dass angeleinte Hunde weniger bellen als frei laufende Hunde, bestehe nicht und die Geeignetheit der begehrten Regelungsanordnung (Einführung des Leinenzwangs) zur Verminderung von Lärmbeeinträchtigungen sei im Übrigen nicht glaubhaft gemacht worden.

*(VG Frankfurt a.M., Beschluss vom 03.03.2008, Az. 8 G 3693/07(3))*

### Radunfall durch nicht angeleinten Hund zieht Schadensersatzansprüche nach sich

Eine städtische Hundeanleinverordnung ist ein Schutzgesetz i.S.v. § 823 BGB. Begegnet auf öffentlicher Straße eine Radfahrerin einem Hund, der entgegen einer solchen Verordnung nicht angeleint ist, und kommt sie im unmittelbaren zeitlichen und örtlichen Zusammenhang damit zu Fall, so kann ein Anscheinsbeweis dafür sprechen, dass das Bewegungsverhalten des Hundes und damit die von ihm ausgehende Tiergefahr für ihren Sturz ursächlich waren.

**Hinweis**

Dies bedeutet in solchen Fällen eine Schadensersatzpflicht des Hundehalters/-führers.

*(OLG Hamm, Urteil vom 21.07.2008, Az. 6 U 60/08)*

### Leinenpflicht in Grünanlagen verfassungsgemäß; keine Ausnahme für kranken Hund

Die Grünanlagensatzung der Stadt ist wirksam. Für eine Ausnahme von der Leinenpflicht besteht kein Rechtsanspruch (Ermessensentscheidung). Das Gutachten des Veterinärs spricht nicht gegen diese Entscheidung. Eine Ausnahmegenehmigung beeinträchtigt die allgemeine Akzeptanz des Leinengebots.

*(VG Ansbach, Beschluss vom 22.07.2011, Az. AN 4 K 10.01869)*

### Uneingeschränkter Anleinzwang für Hunde verstößt gegen Verhältnismäßigkeitsgrundsatz

Eine sächsische Polizeiverordnung, die einen Anleinzwang für Hunde im Gemeindegebiet anordnet, findet ihre Ermächtigungsgrundlage im Polizeigesetz des Freistaates Sachsen. Sie verstößt jedenfalls dann gegen den Verfassungsgrundsatz der Verhältnismäßigkeit, wenn sie keine Ausnahmen vom allgemeinen Anleinzwang vorsieht. Die geltende „Polizeiverordnung gegen umweltschädliches Verhalten und Lärmbelästigung, zum Schutz vor öffentlichen Beeinträchtigungen und über das Anbringen von Hausnummern in der Stadt Zwickau (PolVO)" vom 9. Oktober 2003 ist deshalb hinsichtlich der Anleinpflicht für Hunde unwirksam.

*(OLG Dresden, Beschlüsse vom 07.02.2012, Az. Ss (OWi) 395/06 und 188/06 und 301/06)*

### Normenkontrollantrag gegen Leinenzwangverordnung aus formellen Gründen erfolgreich

Nach Auffassung des OVG Lüneburg ist die Verordnung von der Stadt nicht ordnungsgemäß bekannt gemacht worden. Inhaltlich sei sie jedoch wohl nicht zu beanstanden.

*(Nds. OVG, Urteil vom 20.11.2012, Az. 4 KN 16/11)*

### Feststellung der Gefährlichkeit eines Hundes und zur nachträglichen Anordnung von Leinen- und Maulkorbpflicht

Die Klägerin und ihr Lebensgefährte sind Halter von zwei Mini-Bullterrier-Rüden und einem Kangal-Rüden. Im August 2008 ereignete sich ein Beißvorfall, bei dem ein anderer Hund verletzt wurde. Mit Bescheid wurde der Klägerin ein genereller Leinenzwang außerhalb des Privatgrundstücks auferlegt, da die Hunde als gefährlich i.S.d. § 3 NHUndG eingestuft wurden. Von einem Maulkorbzwang wurde zunächst abgesehen, da der eine Mini-Bullterrier den Wesenstest erfolgreich absolvierte und kein gesteigertes Aggressionsverhalten festgestellt wurde.

Einer der Mini-Bullterrier wurde im Folgejahr erneut auffällig, als er einen Golden Retriever biss, sodass der Maulkorbzwang angeordnet wurde. Auch der zweite Mini-Bullterrier wurde nach einem Beißvorfall als Gefahrenhund eingestuft und bekam Auflagen. Die Klägerin beantragte, die Einstufung ihrer Hunde als Gefahrenhunde aufzuheben.

Das Verwaltungsgericht stützte seine Entscheidung auf § 5 Abs. 4 Satz 2 NHundG, wonach Auflagen zu einer Erlaubnis zum Halten eines gefährlichen Hundes auch nachträglich aufgenommen, geändert oder ergänzt werden können. Die nachträgliche Auferlegung einer Maulkorbpflicht war der Behörde gestattet, wenn sich der Hund erneut aggressiv zeigt, und kann nachträglich geändert werden.

Somit genügte es, wenn nach feststellbarem Geschehensablauf eine hinreichende Wahrscheinlichkeit eines Verletzungseintritts gegeben war, sodass ein Maulkorb zukünftig notwendig ist, um Verletzungen zu vermeiden. Das Gericht vertrat die Auffassung, dass die Hunde mit einer Leinenpflicht nicht hinreichend beherrschbar waren, sodass eine Maulkorbpflicht eine geeignete Maßnahme war, um künftige vergleichbare Situationen zu vermeiden.

*(VG Osnabrück, Urteil vom 22.02.2013, Az. 6 A 183/10)*

### Anordnung von Leinen- und Maulkorbzwang

Der Kläger legte Berufung gegen die Anordnung eines Leinen- und Maulkorbzwangs für seine Rottweiler-Mischlingshündin ein. Das Verwaltungsgericht ging davon aus, dass sie eine konkrete Gefahr für die öffentliche Sicherheit und Ordnung darstelle. Im konkreten Fall kam es im Juli 2013 zu einem Vorfall mit einem kleineren Hund, bei dem sich die Hündin losriss, eine Frau biss und einen anderen Hund tödlich verletzte. Der Kläger stritt die Vorwürfe ab und gab an, dass ein anderer Hund die Frau verletzt habe.

Das Verwaltungsgericht lehnte die Berufung des Klägers ab und berief sich auf die obergerichtliche Rechtsprechung, wonach eine Leinen- und Maulkorbpflicht auch gemäß Art. 18 Abs. 2 LStVG bei großen und kräftigen Hunden angeordnet werden darf, wenn sich kein konkreter Beißvorfall ereignet hat. Für die Entscheidung des Gerichts kam es demnach nicht darauf an, ob die Hündin tatsächlich gebissen hatte.

*(VGH München, Urteil vom 20.08.2014, Az. 10 ZB 14.1184)*

### Anordnung von Leinenzwang

Die Antragstellerin war Halterin von zwei Husky-Mix-Hunden. Die Beklagte hatte per Bescheid eine generelle Anleinpflicht der Hunde angeordnet, da die Hündin einen anderen Hund gebissen hatte und die Hunde wiederholt Spaziergänger angesprungen hatten, die sich infolgedessen verletzt hatten. Die Hündin bekam zudem eine Maulkorbpflicht auferlegt, da laut Angaben der Beklagten von dem Hund eine Gefahr für das Eigentum und die Gesundheit von Menschen ausging. Das Gericht wies die Klage ab. Hundehalter müssen die Anordnung von Gemeinden hinnehmen, wenn gemäß § 18 Abs. 2 i.V.m. Abs. 1 Satz 1 LStVG zur Verhütung von Gefahren für Leben, Gesundheit und Eigentum Anordnungen für den Einzelfall zur Haltung von Hunden getroffen werden. Da im konkreten Fall von den großen Hunden der Antragstellerin wiederholt Gefahren ausgingen, ordnete die Behörde den Leinenzwang zu Recht an, da die hinreichende Wahrscheinlichkeit bestand, dass weitere Vorfälle durch die großen Hunde verursacht würden.

*(VGH München, Urteil vom 17.10.2018, Az. 10 CS 18.1717)*

### Leinen- und Maulkorbzwang im Ausland bei Unzuverlässigkeit des Hundehalters

Dem Halter wurde per Bescheid die Haltungserlaubnis gemäß §§ 3 Abs. 3, 4 Abs. 2, 5 LSAHundeG versagt, nachdem sein Hund bei einem Beißvorfall in Österreich auffällig wurde. Das OVG konnte nicht hinreichend bestimmt erkennen, dass der in der Vorschrift des § 5 Abs. 2 Satz 2 LSAHUndeG geregelte Leinen- und Maulkorbzwang auch für Auslandsaufenthalte gilt. Von einem im Inland gefährlich eingestuften Hund können auch im Ausland Gefahren ausgehen, jedoch unterfällt dies in den Geltungsbereich der ausländischen Rechtsordnung, sodass der Hundehalter in erster Linie für Verstöße gegen diese Rechtsordnung zur Rechenschaft gezogen werden kann. Dabei muss er nicht damit rechnen, dass auch sein eigener Staat sein Verhalten ahndet.

*(OVG Magdeburg, Urteil vom 29.03.2019, Az. 3 M 47/19)*

# E Hundekot

## E/1 Allgemeines

Verunreinigungen öffentlicher und privater Bereiche durch Hundekot sind ein Ärgernis im ganzen Bundesgebiet. Leider gibt es zahlreiche Hundehalter, welche die Hinterlassenschaften ihrer Lieblinge nicht beseitigen. Hundekot sieht nicht nur unschön aus, er ist eklig und birgt hygienische Gefahren, z.B. auf Kinderspielplätzen.

Dem Stuttgarter Oberbürgermeister a.D. Manfred Rommel wird die Äußerung nachgesagt: „Und der Verwaltung täglich Brot ist und bleibt der Hundekot." Dieser Spruch hat nach wie vor seine Daseinsberechtigung. Die Klagen aus der Bevölkerung lassen nicht nach. Der „Stein der Weisen" zur Verhinderung von Verunreinigungen durch Hundekot ist aber immer noch nicht gefunden worden. Überwiegend scheint man dem Problem machtlos gegenüberzustehen und überlässt die Beseitigung des Hundekots der Stadtreinigung.

Hilfen zur Eindämmung des Problems können z.B. sein: Presseveröffentlichungen, Rundschreiben oder die Aufstellung von Hundetoiletten sowie die Erstellung von Hundeauslaufflächen.

Wie nachfolgend aufgezeigt wird, bestehen rechtliche Möglichkeiten, gegen Hundekot vorzugehen. Aber: Diese sind schwierig umzusetzen. Meist fehlt es an einer entsprechenden Überwachbarkeit der Einhaltung der Vorschriften.

## E/2 Gemeindliche Regelungen

### *E/2.1 Gefahrenabwehrverordnung*

Die Gemeinden können nach den Landes-Gefahrenabwehrgesetzen Verordnungen zur Wahrnehmung ihrer örtlichen polizei-/ordnungsrechtlichen Aufgaben mittels abstrakter Ge- und Verbote auch gegen Hundekot erlassen.

Die meisten Gemeinden (Hamburg durch Gesetz) dürften eine diesbezügliche bußgeldbewehrte Verordnung haben, welche ein Einschreiten gegen unbelehrbare Hundehalter ermöglicht. Die darin enthaltenen Regelungen könnten wie folgt aussehen:

„Der Halter oder Führer eines Hundes hat dafür zu sorgen, dass dieser seine Notdurft nicht in Fußgängerzonen, auf Gehwegen, in Verkehrsgrünanlagen oder in Grün- und Erholungsanlagen verrichtet. Dennoch dort abgelegten Hundekot hat der Halter oder Führer unverzüglich zu beseitigen."

Eine derartige Regelung kann bußgeldbewehrt gestellt werden und wurde gerichtlich bislang als rechtlich zulässig bestätigt (abstrakte Gefahr: Gesundheit – Gefahr des Ausrutschens). Deshalb ist eine Ausdehnung des Verbots auf die Fahrbahnen im Hinblick auf die Verhältnismäßigkeit bedenklich.

Wichtig beim Verordnungserlass ist auch hier das **Begründungsgebot** der Gefahrenabwehr.

**Hinweis**

Bei einer derartigen Regelung wäre es nicht zu beanstanden, wenn der Hund seine Notdurft z.B. im Kandel (Entwässerungsrinne am Rand der Fahrbahn) verrichten darf, da dort wohl kein Gefahrenmoment zu erkennen wäre. Definieren Sie in einer derartigen Verordnung auch die Begriffe „Gehwege" (z.B. Verweis auf den Begriff im Landesstraßenrecht) und „Grün- und Erholungsanlagen". Beachten Sie auch die materiellen und formellen Voraussetzungen zum Erlass einer derartigen Verordnung nach Ihrem Landes-Gefahrenabwehrgesetz. Eine Vorschrift, die sich auf ein Privatgrundstück bezieht, z.B. Vorgärten eines Hauses, ist diesbezüglich nicht zulässig, da dann privatrechtliche Vorschriften greifen.

## *E/2.2 Satzung für Grün- und Erholungsanlagen*

Für kommunale Einrichtungen (z.B. Grün- und Erholungsanlagen, Parkanlagen, Brunnenplätze, Spielplätze) kann nach den kommunalverfassungsrechtlichen Vorschriften der Bundesländer (Gemeindeordnungen) auch eine eigene Benutzungssatzung durch das zuständige kommunale Organ erlassen werden. Diese kann mit entsprechender Begründung jedoch auch in eine Gefahrenabwehrverordnung integriert werden. Eine Satzung bietet sich in der Regel für bestimmte Anlagen an und enthält auch weitere Bestimmungen, z.B. Benutzung nach Alter, Spielplätze, Schulvorhöfe, Grillverbote, Mitbringen von Hunden.

In einer derartigen Satzung spielen die Gefahrentatbestände keine Rolle, sondern der Betrieb in einer derartigen Anlage (Benutzung, Sauberkeitsverlangen der Allgemeinheit). Die Benutzungsregelungen sind deshalb von Gefahrenregelungen zu unterscheiden. Letztere dürfen in einer Benutzungssatzung nicht geregelt werden. Es ist daher also auch stets ein Begründungserfordernis gegeben. Auch in einer Satzung können Beseitigungspflichten festgelegt und Verstöße bußgeldbewehrt werden.

Eine derartige Satzungsregelung sollte sich aus rechtlichen Gründen auf entsprechende Flächen beziehen, die regelmäßig von Menschen benutzt werden, da die „Gefahr" auf sonstigen Flächen in der Regel kaum vorhanden sein wird.

**Beispiel**

„Grün- und Erholungsanlagen sind allgemein zugängliche, gärtnerisch gestaltete Anlagen, die der Erholung der Bevölkerung oder der Gestaltung des Orts- und Landschaftsbildes dienen.

Anlagen dieser Art sind … (Begriffe)

Dort ist verboten …"

Eine reine Benutzungsordnung (also keine Satzung) wird dagegen nicht empfohlen, da Verstöße dann nicht bußgeldbewehrt sind und nur das zivilrechtliche Hausrecht gilt.

## E/3 Landwirtschaftliche Privatflächen

Für die Ausdehnung des Verbots z.B. auf landwirtschaftliche Privatflächen oder Streuobstwiesen in einer Verordnung oder Satzung fehlt es regelmäßig an einer abstrakten Gefahr für die öffentliche Sicherheit. Dies widerspräche dem Grundsatz der Verhältnismäßigkeit, da ein Gesundheitsrisiko nahezu auszuschließen ist. Weiter enthalten die Landesvorschriften (Landwirtschaftsgesetze) für landwirtschaftliche Flächen Vorschriften. Danach handelt ordnungswidrig, wer Tiere, für die er verantwortlich ist, außerhalb eingefriedeter Grundstücke ohne genügende Aufsicht oder Sicherung lässt, wenn dadurch die Nutzung eines fremden landwirtschaftlichen Grundstücks gefährdet wird. Ein einzelner Hundekot dürfte jedoch hierzu nicht genügen.

## E/4 Hundekot als Abfall

### *E/4.1 Allgemeines*

Abgelegter Hundekot ist grundsätzlich Abfall i.S.v. § 3 Abs. 1 KrWG. Es handelt sich hierbei um Abfall zur Beseitigung, da er nicht verwertet wird. Der Hundehalter/-führer gibt die tatsächliche Sachherrschaft über den Hundekot unter Wegfall jeder weiteren Zweckbestimmung auf.

Es ist von einem Entledigungswillen des Hundehalters auszugehen, wenn er den Hundekot liegen lässt, womit der subjektive Abfallbegriff zutrifft. Der Hundeführer hat in so einem Fall eine gewisse Sachherrschaft. Darüber hinaus ist Hundekot evtl. auch Abfall im objektiven Sinne, jedenfalls dann, wenn er auf öffentlichen Spiel- und Liegewiesen, Kinderspielplätzen, Gehwegen und anderen Orten, an denen andere besonders beeinträchtigt oder belästigt werden, abgelagert wird. Die öffentliche Ordnung oder Gesundheit wird dadurch beeinträchtigt.

### *E/4.2 Wann ist Hundekot kein Abfall?*

Der Abfallbegriff trifft nicht zu, wenn der Hundeführer den Abfall sofort beseitigt.

Dies dürfte auch dann kein Verstoß gegen abfallrechtliche Vorschriften sein, wenn der Hundekot auf Flächen liegen gelassen wird, die regelmäßig von Fußgängern nicht benutzt werden (hier: Kandel und Fahrbahn). Es ist dann das Wohl der Allgemeinheit oder der Umwelt wohl kaum beeinträchtigt und eine Gefährdung regelmäßig ausgeschlossen. Es ist also stets auf die Örtlichkeit bei Hundekotablagerungen abzustellen.

Bei Vorliegen von Tatbeständen können jedoch Ordnungswidrigkeiten im Verwarnungsgeldbereich verfolgt werden.

Möglich ist auch eine Regelung durch die zuständigen Behörden z.B. auf Kreisebene durch eine Abfallsatzung.

## E/5 Hundekot im Strafrecht

§ 326 Abs. 1 Nr. 1 StGB stellt u.a. unter Strafe, wer unbefugt Abfälle, und zwar solche, welche Gifte oder Erreger von auf Menschen oder Tiere übertragbaren gemeingefährlichen Krankheiten enthalten oder hervorbringen können, außerhalb einer dafür zugelassenen Anlage oder unter wesentlicher Abweichung von einem vorgeschriebenen oder zugelassenen Verfahren sammelt, befördert, behandelt, verwertet, lagert, ablagert, ablässt, beseitigt, handelt, makelt oder sonst bewirtschaftet.

### *E/5.1 Unterfällt Hundekot dem Strafrecht?*

Eine verhältnismäßig kleine Menge Tierkot – hier: Hundekot –, wie sie beim einmaligen Abkoten eines Hundes entsteht, erfüllt regelmäßig nicht die Eigenschaft gefährlichen Abfalls i.S.v. § 326 Abs. 1 Nr. 1 StGB.

Unter diese Vorschrift des Strafgesetzbuchs fallen nur gefährliche Abfälle im angegebenen Sinne. Die Gefährlichkeit des Abfalls müsste im Einzelfall gutachtlich festgestellt werden.

Also: Ein Hundehalter macht sich nur dann wegen umweltgefährdender Abfallbeseitigung strafbar, wenn es sich beim Hundekot um gefährlichen Abfall i.S.v. § 326 Abs. 1 Nr. 1 StGB handelt, der Hundekot also Erreger gemeingefährlicher Krankheiten oder übertragbarer Krankheiten im Sinne des Infektionsschutzgesetzes oder des Tierseuchengesetzes enthält oder hervorbringen kann. Dies festzustellen erfordert eine Sicherstellung des Kots durch die Polizei/Ordnungsbehörde sowie eine chemische Untersuchung.

Abfall im strafrechtlichen Sinne liegt weiter auch nicht vor, wenn u.a. Art, Beschaffenheit oder Menge nicht geeignet sind, nachhaltig ein Gewässer, die Luft oder den Boden zu verunreinigen oder sonst nachteilig zu verändern.

Aus der Praxis gesehen dürfte damit das Strafrecht bei Ablagerungen von Hundekot wohl äußerst selten zur Anwendung kommen.

## E/6 Hundekot im Verkehrs- und Straßenrecht

### *E/6.1 Straßenverkehrs-Ordnung*

#### *Allgemeines*

Das Straßenverkehrsrecht befasst sich mit der Ordnung und Teilnahme des Verkehrs und hat das Ziel, die Sicherheit und Leichtigkeit des Verkehrs zu gewährleisten.

Nach § 32 Abs. 1 StVO ist es verboten,

- die Straße zu beschmutzen oder zu benetzen oder
- Gegenstände auf die Straße zu bringen,

wenn dadurch der Verkehr gefährdet oder erschwert werden kann.

Der Verantwortliche hat derartige verkehrswidrige Zustände unverzüglich zu beseitigen und bis dahin ausreichend kenntlich zu machen.

### *Öffentliche Straße im Verkehrsrecht*

Zum Begriff der öffentlichen Straße (auch Gehweg) im Verkehrsrecht sehen Sie die VwV-StVO zu § 1.

### *Stellt abgelagerter Hundekot auf Straßen ein Hindernis dar?*

Zwar kann Viehkot im Einzelfall ein Hindernis im Sinne dieser Vorschrift sein, die Anwendung von § 32 StVO ist in der Regel jedenfalls bei Hundekot zu verneinen, da es sich bei einer geringfügigen Ablagerung von Hundekot um keine Verkehrsgefährdung oder eine Beeinträchtigung der Sicherheit oder Leichtigkeit des „öffentlichen" Verkehrs handeln dürfte. Damit entfällt auch die unverzügliche Beseitigungspflicht und Kennzeichnungspflicht nach Verkehrsrecht.

## *E/6.2 Straßenrechtliche Reinigungspflicht*

### *Allgemeines*

Straßenrecht ist auf gewidmete Straßen anzuwenden, es ist also nicht so weitgehend wie das Verkehrsrecht, das auf tatsächlich öffentliche Flächen anzuwenden ist. Das Straßenrecht befasst sich mit den Rechtsverhältnissen auf öffentlichen Straßen (Bereitstellung für den Verkehr durch Widmung).

Die Bundesländer haben in ihren Straßengesetzen/Straßenreinigungsgesetzen Vorschriften über Straßenverschmutzungen (dies betrifft z.B. auch Gehwege) erlassen. **Wichtig:** für gewidmete Straßen

Hier die Vorschriften (Bund und Bundesländer), die bei Verunreinigungen von Straßen relevant sind:

- Bundesfernstraßen: § 17 Abs. 3 FStrG
- Baden-Württemberg: § 42 StrG
- Bayern: Art. 16 BayStrG
- Berlin: § 8 BerlStrReinG
- Brandenburg: § 17 BbgStrG
- Bremen: § 40 BremLStrG
- Hamburg: § 36 HWG
- Hessen: § 15 HStrG
- Mecklenburg-Vorpommern: § 49 StrWG MV
- Niedersachsen: § 17 NStrG
- Nordrhein-Westfalen: § 17 StrWG NRW
- Rheinland-Pfalz: § 40 LStrG
- Saarland: § 16 StrG
- Sachsen: § 17 SächsStrG
- Sachsen-Anhalt: § 17 StrG LSA
- Schleswig-Holstein: § 46 StrWG
- Thüringen: § 17 ThürStrG

### *Beseitigungspflicht*

Die straßenrechtlichen Vorschriften enthalten regelmäßig kein Verunreinigungsverbot (im Gegensatz zu § 32 StVO), sondern eine konkrete unverzügliche Beseitigungspflicht (ohne schuldhaftes Verzögern) von Verunreinigungen. Die Beseitigungspflicht betrifft Verunreinigungen und Gegenstände jeglicher Art und jeglichen Ursprungs. Die Verantwortlichkeit richtet sich nach den „Störervorschriften" des jeweiligen Landes-Gefahrenabwehrgesetzes.

Die Beseitigungspflicht bezieht sich bei öffentlich gewidmeten Straßen z.B. auch auf das Zubehör (z.B. Verkehrszeichen, Seitenstreifen) oder Böschungen, Entwässerungsgräben, Durchlässe usw., also nicht nur auf die Fahrbahn oder den Gehweg.

Überschreitet eine Verunreinigung nicht „das übliche Maß", ist die Vorschrift nicht anzuwenden. Wann eine Verunreinigung das übliche Maß überschreitet, hängt von der Art der Benutzung sowie von der Zweckbestimmung und der Verkehrsbedeutung (Klassifizierung) der Straße ab.

Die wegerechtliche Beseitigungspflicht ist umfassender als die Vorschrift des § 32 StVO, denn sie setzt keine Gefährdung (Hindernis) voraus.

Die besonderen Pflichten nach § 32 StVO oder Abfallrecht bestehen zu straßenrechtlichen Verunreinigungsvorschriften unabhängig nebeneinander. Dies gilt auch für ordnungsrechtliche Vorschriften in örtlichen Verordnungen.

Die Beseitigungspflicht auf Bundesstraßen besteht nur für eine aus Anlass des Gemeingebrauchs verursachte Verunreinigung (§ 7 Abs. 3 FStrG), die Länderregelungen sind diesbezüglich jedoch weitergehend.

### *Beseitigung durch die Behörde*

Kommt der Verantwortliche seiner Pflicht nicht unverzüglich nach oder ist er hierzu nicht in der Lage, kann die Straßenbaubehörde (bei Gemeindestraßen die Gemeinde, ansonsten die Gemeinden bei klassifizierten Straßen nach dem Landesstraßenrecht) die Beseitigung auf Kosten des Verantwortlichen vornehmen oder vornehmen lassen (Kostenbescheid). Die Wahl des Mittels zur Beseitigung einer Verunreinigung steht im Ermessen der Behörde, allerdings muss sich der Aufwand im angemessenen Verhältnis zur Verunreinigung befinden (Verhältnismäßigkeitsgrundsatz). Es handelt sich dann um einen speziellen Fall der unmittelbaren Ausführung/Geschäftsführung ohne Auftrag (Ersatzvornahme).

### *Verstöße gegen die Beseitigungspflicht sind ordnungswidrig*

Ordnungswidrig handelt, wer vorsätzlich oder fahrlässig eine von ihm verursachte Verunreinigung nicht unverzüglich beseitigt. Sehen Sie hierzu die entsprechende Vorschrift in Ihrem Straßen-/Wege(reinigungs)gesetz; dies gilt auch für die Zuständigkeitsregelung. Die Ordnungswidrigkeit kann mit einem Verwarnungsgeld/Bußgeld geahndet werden. Die Vorschriften des Ordnungswidrigkeitengesetzes sowie entsprechende Landes-Bußgeldkataloge sind hierbei zu beachten.

Unabhängig von der Reinigungspflicht kann sich eine Pflicht zur Beseitigung von Hundekot aus einer Verkehrssicherungspflicht ergeben. Der Verantwortliche kommt hier seiner Pflicht nicht nach, die Verschmutzung zu beseitigen. Er macht sich dann schadensersatzpflichtig nach § 823 BGB, wenn der Straßenbaulastträger den Ersatz vornimmt. Auch hier gilt der Grundsatz der Verhältnismäßigkeit; bei einmaligem Hundekot wird wohl hier kein „Aufstand" gemacht werden.

### *Wie ist diesbezüglich Hundekot einzuordnen?*

Dass abgelegter Hundekot auf gewidmeten Straßenflächen eine Verunreinigung darstellt, ist keine Frage. Übersteigt er jedoch das übliche Maß? Konkrete

Rechtsprechung hierzu ist leider nicht bekannt. Zu beachten ist hierbei auch die Einstufung des Gebietscharakters. In einem Dorfgebiet gelten z.B. andere Maßstäbe als in einem Stadtgebiet.

Auf Gehwegen abgelagerter Hundekot übersteigt jedoch das übliche Maß mangels Gemeinverträglichkeit, da mit seinem Vorhandensein nicht gerechnet wird. Daher besteht eine straßenrechtliche Beseitigungspflicht. Kommt der Hundehalter jedoch im Einzelfall der Beseitigungspflicht (Reinigungspflicht) nicht nach, so kann dies eine Ordnungswidrigkeit darstellen. Die Behörde kann den Hundeführer durch Verwaltungsakt zur Beseitigung auffordern oder auf Kosten des Störers den Hundekot beseitigen (Kostenbescheid an den Störer). Es ist dies stets eine Ermessensfrage im Einzelfall. Auf Fahrbahnen wird der Träger der Straßenbaulast die Beseitigung im Rahmen der allgemeinen Straßenreinigung vornehmen.

Sehr häufig ist jedoch der Hundehalter als Störer nicht bekannt. Dann gilt, wenn straßenrechtlich die Reinigungspflicht bei Gehwegen auf Anlieger abgewälzt ist, dass den betroffenen Anlieger eine Beseitigungspflicht für den Hundekot trifft (ähnlich wie bei der allgemeinen Reinigungspflicht sowie der Pflicht zur Beseitigung von Schnee auf Gehwegen – hier ist jedoch die weitere Rechtsprechung abzuwarten).

## E/7 Kann abgelagerter Hundekot eine Ordnungswidrigkeit darstellen?

### *Allgemeines*

Nach § 118 Abs. 1 OWiG handelt ordnungswidrig, wer eine grob ungehörige Handlung (oder Unterlassung) vornimmt, die geeignet ist, die Allgemeinheit zu belästigen oder zu gefährden und die öffentliche Ordnung zu beeinträchtigen.

### *Was gilt diesbezüglich bei abgelagertem Hundekot?*

Diese Vorschrift ist eine Auffangvorschrift, gilt also, wenn keine speziellen Vorschriften gegeben sind.

Weiter: Die Ablagerung von Hundekot stellt zwar in der Regel eine grob ungehörige Handlung dar, widerspricht jedoch nicht den Grundsätzen unserer Gesellschaft, da seit Jahrhunderten einfach üblich und früher toleriert. Es wird diesbezüglich heute die öffentliche Ordnung nicht mehr tangiert, sondern die öffentliche Sicherheit in speziellen Gesetzen.

Ein Verstoß gegen § 118 OWiG ist bei abgelagertem Hundekot in der Regel zu verneinen. Frühere Rechtsprechung hierzu dürfte nicht mehr anwendbar sein.

## E/8 Hundekot im Zivilrecht (Bürgerliches Gesetzbuch)

Im privaten Bereich bestehen natürlich Abwehransprüche aus der Besitzstörung nach dem BGB.

**Beispiel**

Ein Hundehalter lässt seinen Hund in einem fremden Vorgarten Hundekot ablegen.

Bei abgelegtem Hundekot im Privatbereich wird der Besitzer durch verbotene Eigenmacht im Besitz gestört (§ 862 Abs. 1 BGB). Der Besitzer hat das Recht auf Beseitigung der Störung. Hinsichtlich des Beseitigungs- und Unterlassungsanspruchs aus dem Eigentum wird auf § 1004 Abs. 1 BGB verwiesen.

Entsteht durch den abgelegten Hundekot ein Schaden (wenn z.B. das Gras an dieser Stelle nicht mehr wächst), so kommt zusätzlich eine Schadensersatzpflicht nach § 823 Abs. 1 BGB infrage.

Gemäß § 1004 Abs. 1 i.V.m. § 862 Abs. 1 BGB können Beeinträchtigte auf Unterlassung vor den Zivilgerichten klagen.

Weiterhin kann die Weigerung zur Entferung von Hundekot auch zur Kündigung des Mietverhältnisses führen. Lässt ein Mieter seinen Hund im Gemeinschaftsgarten „das Geschäft verrichten" und wird hierdurch der Hausfrieden gestört, kann dies nach entsprechender Abmahnung zur fristlosen Kündigung des Mietverhältnisses führen. Das AG Steinfurt entschied 2009 (Az. 4 C 171/08), dass der Hundekot im Gemeinschaftsgarten nicht ansehnlich und unhygienisch ist. Eine Weiterführung des Mietverhältnisses sei für den Vermieter nicht tragbar, sodass die Kündigung gerechtfertigt sei.

## E/9 Einzelanordnungen

Ansonsten besteht die Möglichkeit, aufgrund der Befugnisklausel der Gefahrenabwehrvorschriften im Landesbereich eine Einzelverfügung – auch eine konkretisierende Einzelverfügung – über die künftige Unterlassung der Hundekotablagerungen bei einem konkreten Fall für den öffentlichen Bereich zu erlassen (Verwaltungsakt). Hierbei ist die Androhung von Verwaltungszwangsmaßnahmen (z.B. Zwangsgeld oder Ersatzvornahme auf Kosten des Hundehalters) zweckmäßig. Bei Versagung der aufschiebenden Wirkung ist diese gesondert zu begründen. Sehen Sie Weiteres auch in Kapitel C/5.

Ungeachtet aller rechtlichen Verpflichtungen sollte es für einen verantwortungsvollen Hundehalter selbstverständlich sein, den Hundekot zu entfernen.

## E/10 Rechtsprechung zum Hundekot

Im Folgenden erhalten Sie einen kleinen Überblick über die bekannte Rechtsprechung zum Hundekot im öffentlichen Bereich mit Orientierungs-/Leitsätzen.

### Kein abfallrechtlicher Verstoß, aber möglicherweise Verstoß nach der StVO

Kein Verstoß gegen die (damals geltenden) abfallrechtlichen Regelungen. Es lässt sich weder die Abfalleigenschaft eindeutig bejahen noch gibt es für Fäkalien geeignete Abfallbeseitigungsanlagen.

Eine Beseitigungspflicht kann sich aber aus anderen Bestimmungen ergeben (§ 32 StVO), auch aufgrund kommunaler Verordnungen über die öffentliche Sicherheit und Ordnung.

*(OLG Celle, Beschluss vom 18.08.1978, Az. 2 Ss (OWi) 104/78; NJW 1979, S. 227)*

### Bußgeldnorm in einer Polizeiverordnung zu Hundekot ist rechtmäßig

Eine derartige (Bußgeld-)Norm in einer Polizeiverordnung ist rechtmäßig.

**Hinweis**

Das Gericht befasste sich auch mit den Begriffen „Geh- und Fußweg", „Gehfläche" und „Fußgängerzone".

*(OLG Karlsruhe, Beschluss vom 18.02.1983, Az. 3 Ss 113/82; NJW 1984, S. 502)*

**Verunreinigung einer Spielwiese**

Das AG Düsseldorf hatte bereits 1989 entschieden, dass die Verunreinigung einer Spielwiese mit Hundekot eine Infektionsgefahr spielender Kinder mit den Erregern gemeingefährlicher und übertragbarer Krankheiten darstellt.

*(AG Düsseldorf, Urteil vom 11.08.1989, Az. 911 Js 1269/89)*

**Begriff der „Grünanlagen" muss hinreichend bestimmt sein**

Der Begriff der „Grünanlagen" muss hinreichend bestimmt sein. Soweit diese dem öffentlichen Verkehr (Betreten durch Menschen) nicht bestimmt sind, handelt es sich um keine öffentlichen Grünanlagen, da dort die Gefährdung durch Hundekot gering ist. Etwas anderes kann gelten, wenn der dort abgelagerte Hundekot zu erheblichen optischen und geruchlichen Belästigungen führt. In so einem Fall kann ein Verstoß gegen § 118 OWiG gegeben sein.

*(OLG Celle, Beschluss vom 04.05.1990, Az. 2 Ss (OWiG) 133/90; NVwZ-RR 1991, S. 245)*

## *E/10.1 Hundekot auf Spielwiese stellt Abfall dar*

### *Strafbarkeit des Hundebesitzers wegen umweltgefährdender Abfallbeseitigung nur bei „gefährlichem" Abfall*

**Wer seinen Hund auf eine Spielweise koten lässt, handelt ordnungswidrig**

Der von einem an der Leine geführten Hund auf einer Spiel- und Liegewiese abgesetzte und von dem Hundeführer nicht beseitigte Kothaufen stellt in der Regel Abfall im Sinne des subjektiven und des objektiven Abfallbegriffs dar.

Die Strafbarkeit des Hundeführers wegen umweltgefährdender Abfallbeseitigung nach § 326 StGB setzt neben der in der Regel zu bejahenden Abfalleigenschaft des von dem Hund abgesetzten Kothaufens die konkrete Feststellung durch einen chemischen Sachverständigen voraus, dass es sich bei dem Hundekot um gefährlichen Abfall i.S.v. § 326 StGB handelte, der Hundekot also Gifte oder Erreger gemeingefährlicher und übertragbarer Krankheiten enthielt oder hervorbringen konnte.

Wer seinen Hund auf einer Spiel- und Liegewiese seinen Kot absetzen lässt und den Kot nicht beseitigt, erfüllt den Tatbestand einer Ordnungswidrigkeit nach den abfallrechtlichen Vorschriften, wenn nicht die Voraussetzungen für eine Strafbarkeit nach § 326 StGB gegeben sind.

*(OLG Düsseldorf, Beschluss vom 01.03.1991; Az. 5 Ss 300/90, NVwZ-RR, S. 340)*

### Kein Verstoß gegen Abfallrecht, wenn Hund in Kandel oder auf Fahrbahn kotet

Dies ist dann kein Verstoß gegen abfallrechtliche Vorschriften, wenn der Hundekot auf Flächen beseitigt wird, welche regelmäßig von Fußgängern nicht benutzt werden (hier: Kandel und Fahrbahn).

*(OLG Frankfurt a.M., Beschluss vom 22.04.1992; Az. 3 Ws (B) 205/92, NVwZ-RR, S. 545)*

### Straßenreinigungspflicht

In kommunalen Satzungen steht meist, dass Laub, Staub und Unrat, der in einer Mülltonne entsorgt werden kann, auf Straßen und Gehwegen zu beseitigen ist. Ob hierzu auch der Hundekot gehört, hatte der VGH Bayern 2007 (Az. 8 B 05.319) zu entscheiden und meinte: Nein! Da Hundekot als gesundheitsschädlich und belästigend gilt, kann diese Art von Verschmutzung nicht als geringfügig angesehen werden, urteilten die Richter. Die Gemeinde und eben nicht der Anwohner sei daher regelmäßig für die Beseitigung auf öffentlichen Wegen zuständig.

*(VGH Bayern, Urteil vom 04.04.2007, Az. 8 B 05.319)*

### Kein „Recht auf Liegenlassen" wegen Hundesteuer

Mit der Hundesteuer wird lediglich das Halten von Hunden zu privaten Zwecken im Gemeindegebiet besteuert. Sie ist eine Abgabe, der keine bestimmte Leistung entgegensteht, und dient der Finanzierung sämtlicher kommunaler Aufgaben. Hundehaufen als „Gegenleistung" zur Zahlung von Hundesteuer zu hinterlassen, ist streng verboten.

*(In entsprechender Anwendung OVG Koblenz, Urteil vom 14.05.2013, Az. 6 C 11124/12)*

# F Lärm durch Hunde

## F/1 Allgemeines

Ein tägliches Problem bei den Ordnungsbehörden besteht darin, dass sie sich mit dem Gebell von Hunden auseinandersetzen müssen. Hundegebell kann unter Umständen eine Gefahr für die öffentliche Sicherheit sein, wenn sie gegen das Schutzgut „Gesundheit der Anwohner" verstößt. Voraussetzung ist, dass es sich nicht nur um eine geringfügige Belästigung handelt. Wesentlich ist die Auswirkung auf den Menschen von der bloßen Belästigung bis hin zu Gesundheitsschäden. Besteht „eine Gefahr für die öffentliche Sicherheit oder Ordnung"?

**Hinweis**

In diesem Kapitel wird nicht auf Baurecht oder bundesimmissionsschutzrechtliche Regelungen (Ausnahme: Zwingerhaltung bei Hunden) eingegangen.

Aufgabe der Ordnungsämter ist es, im Rahmen des pflichtgemäßen Ermessens Schäden vom Schutzgut Gesundheit abzuwehren. Schäden im ordnungsrechtlichen Sinne sind nicht unerhebliche Beeinträchtigungen eines Schutzguts; bloße Beeinträchtigungen, Nachteile, Unbequemlichkeiten und Geschmacklosigkeiten genügen nicht.

Ständige Lärmbelästigungen, insbesondere erhebliche Belästigungen durch anhaltendes Hundegebell, fallen regelmäßig unter den Gefahrenbegriff und rechtfertigen damit ein Eingreifen der Ordnungsbehörden wegen Störung der öffentlichen Sicherheit.

### *F/1.1 Was ist Hundelärm?*

Wie auch bei sonstigen Lärmquellen sind dies akustische Eindrücke einer bestimmten Intensität, die durch das Ohr vermittelt werden. Hierbei kommt es auf das Empfinden des normal empfindenden Menschen an. Wichtig sind hierbei bei allen Rechtsgebieten Intensität, Ort, Zeitpunkt und Dauer des Geräuschs.

## F/1.2 Lärm als Gesundheitsbeeinträchtigung

Der Hundelärm muss geeignet sein, die Allgemeinheit oder die Nachbarschaft zu belästigen oder die Gesundheit eines anderen zu schädigen, damit er öffentlich-rechtlich verfolgt werden kann. Sachverständige können eingeschaltet werden. Die TA Lärm kann nach Messungen hierbei zugrunde gelegt werden.

Die Behörde wird normalerweise nichts veranlassen, sondern Geschädigte auf den Zivilrechtsweg verweisen, wenn keine Gesundheitsbeeinträchtigung vorliegt und auch ansonsten die Allgemeinheit durch Hundegebell nicht stark belästigt wird. Der Geschädigte hat dann die Möglichkeit, gegen den Schädiger im Wege der zivilrechtlichen Unterlassung, notfalls auch gerichtlich, vorzugehen.

Bei Beeinträchtigung der Nachbarschaft (mindestens zwei Nachbarn) ist die Ordnungsbehörde gefordert (Zeugenbeweis), bei Gesundheitsbeeinträchtigung (ärztliches Attest) auch in anderen Fällen.

## F/1.3 Was macht der Praktiker?

Wichtig für den Praktiker: Stellen Sie durch polizeiliche Ermittlungen, Nachbarschaftserklärungen und eventuell durch die Einschaltung eines Veterinärs (auch diesbezüglich zu tierschutzrechtlichen Fragen) fest, ob es sich um eine wesentliche Beeinträchtigung handelt, die ein Einschreiten erfordert. Geräuschmessungen dürften sich trotz der mittlerweile einfachen Möglichkeiten durch Handy-Apps in aller Regel als zu kompliziert gestalten, da nicht jede Messung gerichtlich verwertbar ist.

Öffentlich rechtliche Normen, die Grenzwerte für Lärm festlegen, wie z.B. die technische Anleitung zum Schutz gegen Lärm, die für Straßenlärm in einem Wohngebiet einen Spitzenpegel von 80 dB(A) zulässt, geben allenfalls Entscheidungshilfen und Anhaltspunkte für die Wesentlichkeit der Beeinträchtigung. Für die Frage, ob die sogenannte Wesentlichkeitsgrenze überschritten wird, ist nach verschiedenen Urteilen weniger die Lautstärke als vielmehr deren Dauer von Bedeutung. Beurteilen Sie daher immer auch Dauer, Ort und Zeit der Lärmbeeinträchtigung unter Einbeziehung der besonderen Ruhe zur Nachtzeit. Die allgemeine Nachtruhe beginnt immissionsschutzrechtlich um 22.00 Uhr und endet um 6.00 Uhr. Berücksichtigen Sie bei Ihrer Entscheidung auch, ob eine Wiederholungsgefahr besteht.

Bei Beschwerden einiger überempfindlicher Nachbarn sollte eher auf den Zivilrechtsweg verwiesen werden. Dies gilt auch für Nachbarstreitigkeiten. Wird eine gewisse Allgemeinheit beeinträchtigt? Die Behörde kann hier von ihrem pflichtgemäßen Ermessen Gebrauch machen, soweit keine Gesundheitsbeeinträchtigung gegeben ist.

Oft reicht es aus, bei Beschwerden eine Ortsbesichtigung vorzunehmen und Hundehalter, aber auch Beschwerdeführer zu beschwichtigen und auf die Rechtsverhältnisse bei Hundelärm hinzuweisen.

## F/2 Gemeindliche Regelungen

### *F/2.1 Allgemeines*

Die Gemeinden können nach den Landes-Gefahrenabwehrgesetzen (oder dem Landes-Immissionsschutzrecht) Verordnungen zur Wahrnehmung ihrer örtlichen polizeirechtlichen/ordnungsrechtlichen Aufgaben mittels bußgeldbewehrter, abstrakter Ge- und Verbote erlassen. Soweit nicht in einem Landes-Immissionsschutzgesetz bereits geregelt, können diese Vorschriften auch bußgeldbewehrt werden.

Die meisten Gemeinden dürften eine diesbezügliche bußgeldbewehrte Verordnung haben, die ein Einschreiten gegen störende Hundehalter ermöglicht.

Beachten Sie die materiellen und formellen Voraussetzungen zum Erlass einer derartigen Verordnung (wichtig: Begründungsgebot der Gefahrenabwehr – Verhütung von Gefahren für Leben, Gesundheit und Eigentum). Gemeindliche wie landesimmissionsschutzrechtliche Regelungen enthalten unbestimmte Rechtsbegriffe zum Tierlärm, sind also abstrakter Art.

Eine derartige Regelung könnte wie folgt lauten:

> „Tiere, insbesondere Hunde, sind so zu halten, dass niemand durch anhaltende tierische Laute mehr als nach den Umständen unvermeidbar gestört wird."

### *F/2.2 Unvermeidbares, anhaltendes Bellen*

Die Regelung bezieht sich nur auf „unvermeidbare" Störungen. Sie bezieht sich also z.B. nicht auf einen Hund, der aus gegebenem (berechtigten) Anlass heraus bellt, z.B. wegen der Ankunft eines Besuchers oder des Postboten am Grundstück. Sie bezieht sich auch nicht auf Störungen durch Tierhaltungen, wie sie z.B. im landwirtschaftlichen Bereich auftreten. Lärm wird subjektiv von jeder Person anders wahrgenommen. Daher ist zum einen zu berücksichtigen, dass die Hundehaltung/Tierhaltung zum Grundrecht des Halters auf freie Entfaltung seiner Persönlichkeit gemäß Art. 2 Abs. 1 Grundgesetz gehört. Zum anderen ist immer zu berücksichtigen, dass das Bellen die natürliche Artikulation des Hundes darstellt. Sanktioniert wird daher nur, was über das übliche zumutbare Maß hinausgeht.

Die Vorschrift bezieht sich auch nur auf „anhaltende" tierische Laute. Das bedeutet, ein kurzes Bellen fällt nicht hierunter (anhaltend dürfte ein ununterbrochenes Gebell über zehn Minuten sein; darunter dürfte auch nicht von einer Erheblichkeit die Rede sein).

Die Vorschrift findet dann keine Anwendung, wenn Lärmbelästigungen von einer Anlage im Sinne des Bundes-Immissionsschutzgesetzes ausgehen. Ob ein Hundezwinger hierunter fällt, ist in der Rechtsprechung umstritten. Die Beweisführung zur „erheblichen und anhaltenden Belästigung" ist zu führen. Auch das Baurecht kann im Einzelfall, z.B. bei Zwingerhaltungen im Bereich von Wohngebieten, eine Rolle spielen. Gerade bei Zwingerhaltung bietet sich daher eine örtliche Begehung mit Vertretern des Bauamts an.

Regelmäßig ist man hierbei in Einzelfällen auf detaillierte Angaben der Nachbarschaft angewiesen, die jedoch im Einzelfall kritisch zu beurteilen sind. Das subjektive Lärmempfinden ist nicht maßgebend. Vielmehr kann nur ein beträchtliches Geräusch, das auf normal empfindende Menschen in der konkreten Situation störend wirkt, als Lärm bezeichnet werden. Die Ortsüblichkeit spielt eine große Rolle sowie die Tageszeit, z.B. die Einhaltung der Nachtruhe von 22.00 Uhr bis 6.00 Uhr, und die Intensität.

### F/2.3 *Maßnahmen*

**Beispiele**

Als Maßnahmen kommen im Einzelfall z.B. in Betracht:

- Durchführung eines Bußgeldverfahrens
- Anordnung, dass der Hund während der Nachtzeit nur im Gebäude gehalten werden darf
- Errichten eines Schutzzauns, damit der Hund vorübergehende Personen nicht bemerkt, also keinen Sichtkontakt hat
- bei weiteren Verstößen die Anordnung, dass der Hund beschlagnahmt/sichergestellt wird
- Untersagung einer Hundehaltung als letztes Mittel

## F/3 Landes-Immissionsschutzrecht

Folgende Bundesländer haben Landes-Immissionsschutzregelungen zum Tierlärm getroffen. Dort ist dann auch kein Platz für örtliche Vorschriften, wenn nicht ansonsten im Gesetz ausdrücklich übertragen:

- Berlin: § 14 LImSchG Bln
- Brandenburg: § 3 Abs. 2 LImSchG
- Niedersachsen: § 2 NLärmSchG (Ermächtigung zu ortsrechtlichen Verordnungen und bestimmte Befreiungen von der 32. BImSchV)
- Nordrhein-Westfalen: § 12 LImSchG
- Rheinland-Pfalz: § 10 LImSchG

Weshalb die Bundesländer keine weiteren Vorschriften hierzu erlassen, ist unerklärlich.

## F/4 Zivilrecht

Soweit sich ein Vorfall nur gegenüber einem einzelnen, sensiblen Nachbarn abgespielt hat, Gesundheitsbeeinträchtigungen nicht nachgewiesen sind oder der Sachverhalt nicht eindeutig ist, wird empfohlen, von dem zustehenden Ermessen Gebrauch zu machen und den Beschwerdeführer auf den **Zivilrechtsweg** zu verweisen. Gemäß § 1004 i.V.m. § 906 BGB können die Eigentümer der angrenzenden Wohngrundstücke eines Tierhalters die Beseitigung der Beeinträchtigung verlangen und auf Unterlassung der Lärmbelästigung klagen, soweit sie nicht zur Duldung verpflichtet sind, also z.B. wenn die Beeinträchtigungen nur unwesentlich sind. Für den Verweis auf den Zivilrechtsweg spricht auch, dass die sehr umfangreiche Rechtsprechung zu Lärmbeeinträchtigungen durch Hunde von Zivilgerichten stammt.

Zuwiderhandlungen gegen Vorschriften einer Verordnung zur Gefahrenabwehr können im Einzelfall auch Verstöße gegen zivilrechtliche Vorschriften darstellen, dies z.B. bei Beschwerden über Hundelärm. Das gilt auch für Verstöße allein gegen privatrechtliche Vorschriften. Deshalb ist auf § 906 BGB hinzuweisen, der u.a. den Umfang der Zuführung von Geräuschen als Immissionen auf Grundstücken regelt. Danach kann sich der Grundstückseigentümer gegen derartige Immissionen, soweit sie die Benutzung seines Grundstücks wesentlich beeinträchtigen, zur Wehr setzen und ggf. nach dem Bürgerlichen Gesetzbuch auf Unterlassung klagen. Voraussetzung ist immer, was ortsüblich ist, die Zeiten der Beeinträchtigung (z.B. Nachtruhezeit) und die Erheblichkeit der Beeinträchtigung. Es gibt hierzu eine immense Zahl an Gerichtsurteilen zu allen möglichen Tierarten von A bis Z; diese ist jedoch auch nicht immer einheitlich.

***Praxistipp***

Ordnungsbehörden sind gehalten, hinsichtlich des Lärms durch Hunde im privatrechtlichen Bereich keine Rechtsberatung vorzunehmen, sondern die Beschwerdeführer an die ordentlichen Gerichte bzw. Rechtsanwälte/-beistände zu verweisen. Dies nicht nur wegen der Unzuständigkeit, sondern auch aus Gründen der Haftung und weil der Einzelfall regelmäßig nicht ohne Weiteres beurteilt werden kann, soweit nicht das öffentliche Recht beeinträchtigt ist. Selbst im letzteren Fall haben jedoch die Ordnungsbehörden grundsätzlich ein Ermessen zur Verfolgung oder zur Verweisung auf den Zivilrechtsweg, soweit mit dem Hundegebell keine Gesundheitsbeeinträchtigungen einhergehen.

Im Zivilrechtsbereich spielen Tatbestände wie Feiertagsruhe, Sonn- und Feiertage oder Nachtruhe eine besondere Rolle hinsichtlich der privaten Wohnungsruhe. Die privatrechtliche Rechtsprechung ist deshalb hierbei zu beachten.

## F/5 Ordnungswidrigkeitengesetz

Grundsätzlich ist bei Lärmbeeinträchtigungen durch Hunde auch der Tatbestand von § 117 OWiG anwendbar (mittelbare Lärmverursachung durch den

Tierhalter). § 117 OWiG ist allerdings lediglich ein Auffangtatbestand, wenn z.B. eine örtliche Verordnung oder eine Landesvorschrift nicht vorhanden sind.

Zu beachten ist bei Anwendung dieser Vorschrift, dass die Eignung zur Belästigung nur eines einzelnen Nachbarn zum Einschreiten grundsätzlich nicht ausreicht. Vielmehr müssen es **mindestens zwei Nachbarn/Hausmitbewohner** (bzw. eine gewisse Allgemeinheit) sein, gegenüber denen der Hundelärm geeignet ist, erheblich zu stören. Oder aber der Lärm gefährdet die Gesundheit, dann reicht bereits ein Nachbar.

Voraussetzung einer Ordnungswidrigkeit gegen diese Vorschrift ist auch, dass der Lärm ohne berechtigten **Anlass** verursacht wird. Beispielsweise ist Hundegebell dann berechtigt, wenn es laufend provoziert wird.

Weiter muss der Lärm in einem unzulässigen oder vermeidbaren **Ausmaß** geschehen. Eine Gesundheitsschädigung ist gegeben, wenn die Lärmerregung solcher Art ist oder sein kann, dass die Nerven in einen krankhaften Zustand versetzt werden, wenn z.B. der Lärm über einen längeren Zeitraum andauert und so intensiv ist, dass er an das Unerträgliche grenzt. Bei Vorliegen der Voraussetzungen kann ein Bußgeldverfahren durchgeführt werden.

Soweit die Vorschrift des Ordnungswidrigkeitengesetzes im Einzelfall verletzt wird, ist eine entsprechende Anordnung aufgrund der Befugnis-/Generalklausel zur künftigen Unterlassung des Hundegebells mit entsprechenden Maßnahmen an den Hundehalter durch die örtliche Ordnungsbehörde möglich – dies unabhängig von der Durchführung eines Bußgeldverfahrens.

## F/6 Zwinger

Vielfach werden Hunde in Zwingern gehalten. Bei Lärmbeeinträchtigungen durch Hunde könnte, wenn es sich bei dem Zwinger um eine Anlage im Sinne des Bundes-Immissionsschutzgesetzes handelt, dieses Anwendung finden (Stichwort: genehmigungsbedürftige Anlage). Dann wäre die Ordnungsbehörde nicht mehr zuständig. Bei Hundelärm müsste dann die zuständige Immissionsschutzbehörde prüfen, welche Maßnahmen zu ergreifen sind.

Ob Hundezwinger jedoch Anlagen in diesem Sinne sind, ist umstritten. Ansonsten hat bei einer Zwingerhaltung eine Prüfung der bau- und planungsrechtlichen Zulässigkeit durch die Baurechtsbehörde zu erfolgen.

Häufig dürfte im Innenbereich in Wohngebieten planungsrechtlich eine Zwingerhaltung unzulässig sein.

**Hinweis**

Die örtliche Ordnungsbehörde sollte im Einzelfall die zuständige Baurechts- und Immissionsschutzbehörde einschalten.

## F/7 Einzelanordnung

Zur Verhinderung unzulässigen Hundegebells kann die Ordnungsbehörde Einzelanordnungen erlassen. Dazu müssen die rechtlichen Voraussetzungen vorliegen (z.B. Landes-Immissionsschutzgesetz, Ordnungswidrigkeitengesetz, örtliche Verordnung). Rechtsgrundlage ist dabei die entsprechende Vorschrift in Verbindung mit der Befugnis-/Generalklausel. Dies betrifft jedoch nicht Zwingerhaltungen, wenn Bau- und Planungsrecht greift.

**Beispiel**

Anordnung zur Unterbringung im Wohnhaus in der Zeit von 22.00 Uhr bis 6.00 Uhr (Nachtzeit)

Wenn keine Verordnung vorliegt, so ist dies möglich auf der Grundlage der General-/Befugnisklausel des Polizei-/Ordnungsbehördengesetzes. Unter Umständen kann per Verfügung auch auf dieser Rechtsgrundlage eine Hundehaltung untersagt werden, wenn andere Maßnahmen nicht ausreichend erscheinen (z.B. bei Unzuverlässigkeit des Hundehalters, bei Uneinsichtigkeit nach vorangegangenen Belehrungen oder Nichteinhaltung von Anordnungen). Dabei kann auch die Sicherstellung/Beschlagnahme angedroht und mit Verwaltungszwangsmaßnahmen ggf. durchgesetzt werden. In solchen Fällen empfiehlt es sich, die sofortige Vollziehung der Anordnungen anzuordnen und diese besonders zu begründen (§ 80 Abs. 2 Satz 1 Nr. 4 VwGO).

Bei Maßnahmen kommt es nicht auf eine festgestellte Lautstärke im Einzelfall an, es genügt die Empfindlichkeit der Allgemeinheit, also des durchschnittlich empfindenden Bürgers. Wichtig ist stets, dass der Beschwerdeführer ein Protokoll anfertigt das Datum, Uhrzeit, Dauer einer Belästigung durch Hundegebell und dessen Intensität (Dezibelzahl) festhält, am besten mit Zeugenaussagen. Polizei und/oder Ordnungsbehörde sollten sich hierzu ein ortsbezogenes Bild machen und dokumentieren.

Beim Erlass einer Anordnung sind die allgemeinen Rechtsgrundsätze bezüglich des Ermessens, der Verhältnismäßigkeit usw. zu beachten.

## F/8 Rechtsprechung zum Lärm durch Hunde

Hier ein paar interessante Gerichtsentscheidungen (Orientierungs-/Leitsätze), auch zu Hundezwingern im öffentlich-rechtlichen Bereich.

Beachten Sie jedoch bitte im Einzelfall, ob die Grundlagen der öffentlich-rechtlichen Rechtsprechung mit dem jeweiligen Landes- oder Gemeinderecht übereinstimmen – ansonsten auch einige wichtige zivilrechtliche Entscheidungen:

### Hundezwinger ist Anlage im Sinne des BImSchG

Der Begriff der Anlage ist weit auszulegen. Ein Hundezwinger fällt hierunter. Damit ist eine Zuständigkeit der unteren Verwaltungsbehörde und nicht der Ortspolizeibehörde (Ordnungsbehörde) gegeben.

*(VG Hannover, Urteil vom 12.05.1969, Az. VI A 123/68)*

### Ständig bellende Hunde müssen aus Tierheim entfernt werden

Dem Betreiber eines Tierheims kann aufgegeben werden, ständig bellende Hunde aus dem Haus zu entfernen und anderweitig unterzubringen sowie in Zukunft im Tierheim Hunde zu halten oder zur Pflege aufzunehmen, wenn andere Maßnahmen keinen Erfolg versprechen.

*(OVG Lüneburg, Urteil vom 29.12.1970, Az. V (OVG) A 105/68)*

### Ortspolizei darf auf Wiesengrundstück in der Nähe eines Wohngebiets gegen Hundehalter einschreiten

Befugnis der Ortspolizeibehörde, gegen eine Hundehaltung auf einem Wiesengrundstück in der Nähe eines Wohngebiets einzuschreiten (Verbot), aufgrund der Generalklausel bejaht.

*(VGH BW, Urteil vom 08.11.1974; BWGZ 1975, S. 146)*

### Immissionsschutzrecht bei Lärm aus Hundezwinger anwendbar?

Zur Frage, ob das Bundes-Immissionsschutzgesetz Rechtsgrundlage für die Untersagung eines Hundes in einem Hundezwinger sein kann.

*(VGH BW, Urteil vom 24.02.1981, Az. 10 S 745/80; VBlBW 1982, S. 142)*

### OWiG kann Anwendung auf Hundegebell finden

In Ermangelung eines speziellen Tatbestands kann eine Ordnungswidrigkeit nach § 117 Abs. 2 OWiG bestehen bei Lärmbeeinträchtigungen durch einen Nachbarhund.

*(BayOLG, Beschluss vom 08.05.1981, Az. 3 ObOWi 61/81)*

### Verhinderung von Lärm eines Hundespielplatzes

Bei einem Hundespielplatz handelt es sich um eine nicht genehmigungsbedürftige Anlage i.S.d. § 4 Abs. 1 Satz 1 BImSchG. Für die Bewertung der von einem Hundespielplatz ausgehenden Lärmimmissionen findet daher die TA Lärm Anwendung. Der Lärm eines Hundespielplatzes ist, gerade in einer öffentlichen Grünanlage einer Großstadt, herkömmlich und sozialadäquat und daher zu tolerieren.

*(VG Berlin, Urteil vom 09.06.2023, Az. 24 K 148.24)*

### Andauerndes und lautes Hundegebell berechtigt zum Einschreiten nach der polizeilichen Generalklausel sowie zu Ordnungswidrigkeitenverfahren nach § 117 OWiG

Lautes Hundegebell ist bereits aufgrund seiner Eigenart als ungleichmäßiges, lautes Geräusch dazu geeignet, das körperliche und seelische Wohlbefinden eines verständigen Durchschnittsmenschen zu beeinträchtigen. Belästigungen sind zudem erheblich, also nicht mehr geringfügig, wenn sie das übliche und zumutbare Maß übersteigen. Dies richtet sich nach Stärke, Häufigkeit und Dauer des Lärms sowie nach dem konkreten Zeitpunkt der Lärmimmission und deren Ortsüblichkeit.

## *Unterlassen des Tierhalters stellt aktives Tun dar*

**Begriff „Störung der Nachtruhe" abhängig vom Gebiet, von der Intensität und weiteren Faktoren**

Zum Unterlassen eines aktiven Tuns zählt auch das Halten von Tieren, wenn der Tierhalter keine Vorkehrungen gegen den die Nachtruhe störenden Tierlärm trifft.

Wann eine Störung der Nachtruhe vorliegt, richtet sich nach dem Charakter des Gebiets, in dem sich der Lärm auswirkt, nach der Intensität des Lärms, nach der Ortsüblichkeit, der Zeit und Dauer und ggf. auch nach der Anzahl der belästigten Personen sowie unter Umständen auch nach den Gründen der Tierhaltung (z.B. Tierzüchter, Wachhund).

*(OLG Düsseldorf, Beschluss vom 11.04.1983, Az. 5 Ss (OWi) 105/83 und 117/83; NVwZ 1984, S. 197)*

**Definition, wann eine mehr als geringfügige Belästigung vorliegt**

Bei mehr als nur geringfügiger Belästigung durch Hundegebell Bußgeld. Wann eine nicht nur geringfügige Belästigung eines anderen vorliegt, hängt von der Ortsüblichkeit entsprechender Beeinträchtigungen, der Tageszeit, der Art und Dauer des erzeugten Tierlärms und auch ggf. von der Zahl der belästigten Personen ab.

*(OLG Düsseldorf, Beschluss vom 28.07.1988, Az. 5 Ss (OWi) 251/88 und 208/88; NVwZ 1989, S. 94)*

**Verbot der Hundehaltung wegen Störung der Nachtruhe an einem Krankenhaus und einer Wohnanlage**

Zum Verbot einer Hundehaltung wegen Störung der Nachtruhe der Patienten eines nahe gelegenen Krankenhauses und der Bewohner einer benachbarten Wohnanlage durch häufiges länger anhaltendes Hundegebell.

*(VGH Bay, Urteil vom 01.12.1988, Az. 21 B 88.01683; juris)*

### Ordnungsverfügung gegen dauerndes grundloses Hundegebell möglich

Wenn ein Hund öfter und ohne erkennbaren Anlass (bis zu 60-mal am Tag) zu bellen pflegt, kann der Hundehalter durch polizeiliche Ordnungsverfügung angehalten werden, das Tier von 19.00 Uhr bis 8.00 Uhr morgens und zwischen 12.00 Uhr und 15.00 Uhr nicht im Garten herumlaufen zu lassen. Zum Beweis der Lärmstörungen durch Hundegebell sind Aufzeichnungen des belästigten Nachbarn als Beweismittel ausreichend.

*(VG Stade, Urteil vom 03.08.1989, Az. 1 A 188/88)*

### Hundezwinger als bauliche Anlagen können in Wohngebieten unzulässig sein

Zur Zulässigkeit der Unterbringung von zwei Schäferhunden in offenen Zwingern nahe der Nachbargrenzen in einem faktischen allgemeinen Wohngebiet (hier: verneint).

*(VGH BW, Beschluss vom 19.01.1989, Az. 3 S 3825/88; NVwZ-RR 1990, S. 64)*

### Anwohner müssen Bellen durch Wachhund nicht immer hinnehmen

Auch ein Wachhund muss so gehalten werden, dass durch sein Bellen die Anwohner nicht mehr als nur geringfügig gestört werden.

*(OLG Düsseldorf, Beschluss vom 06.06.1990, Az. 5 Ss (Owi) 170/90 und 87/90; NJW, S. 3160)*

### Anspruch auf bauaufsichtliches Einschreiten bei Hundegebell

Verstößt eine Grundstücksnutzung gegen nachbarschützende, der Wahrung der Wohnruhe in der Umgebung dienende Festsetzungen eines Bebauungsplans und wird ein Grundstückseigentümer hierdurch spürbar nachhaltig beeinträchtigt, so ist die Bauaufsichtsbehörde grundsätzlich zum Einschreiten gegen diese planwidrige Nutzung verpflichtet, wenn sie nicht ausnahmsweise sachliche Gründe für ein Untätigbleiben hat.

*(OVG Berlin, Beschluss vom 07.09.1990, Az. 2 S 14/90; LKV 1991, S. 108)*

### Unzumutbare Lärmbelästigung, wenn Wohnhaus nur 40 Meter entfernt ist

Unzumutbarkeit der Haltung von 15 Hunden im Außenbereich wegen Lärmbelästigung für ein 40 Meter entferntes Wohnhaus.

*(OVG Lüneburg, Beschluss vom 29.10.1990, Az. 6 A 209/88; OVG Lüneburg, Beschluss vom 27.09.1990, Az. 1L 169/89)*

### Anordnung zur Hundehaltung im Haus

Zur Frage ordnungsrechtlicher Maßnahmen bei nächtlicher Ruhestörung durch Hundegebell (hier: Anordnung der Hundehaltung im Wohnhaus in der Zeit von 22.00 Uhr bis 6.00 Uhr). Die Maßnahme ist verhältnismäßig.

*(VG Münster, Urteil vom 08.03.1991, Az. 1 K 623/90; NVwZ 1993, S. 297; BVerwG, Beschluss vom 20.12.1991, Az. 7 B 165/91; NVwZ 1993, S. 268)*

### Nachtruhe

Das Halten zweier Schäferhunde zur Nachtzeit außerhalb des Wohnhauses kann in einem allgemeinen Wohngebiet wegen der Störung der Nachtruhe durch das Bellen der Hunde untersagt werden.

*(BVerwG, Urteil vom 20.12.1991, Az. 7 B 165/91)*

### Ungenehmigter Hundezwinger muss sofort entfernt werden

Die Nutzung eines ungenehmigten Hundezwingers mit sieben Boxen für eine Doggenzucht ist in einem allgemeinen Wohngebiet bauaufsichtsbehördlich mit sofortiger Wirkung ohne Rücksicht auf die wirtschaftlichen Folgen für den Züchter zu untersagen, weil keine Baugenehmigung vorliegt und von unzumutbaren Lärmbelästigungen durch Hundegebell auszugehen ist.

*(OVG Lüneburg, Beschluss vom 02.07.1992, Az. 6 M 3244/92; NVwZ-RR 1993, S. 400)*

### Wie lange dürfen Hunde bellen? (1)

Der Nachbar muss Hunde so halten, dass sie insgesamt maximal 30 Minuten am Tag (ununterbrochen höchstens zehn Minuten) außerhalb der allgemeinen Ruhezeiten bellen. Es ist die Wesentlichkeitsgrenze zu berücksichtigen. Für die Frage, ob diese überschritten wird ist weniger die Lautstärke als vielmehr deren Dauer von Bedeutung. Auch ist zu berücksichtigen, ob eine Wiederholungsgefahr besteht.

*(OLG Köln, Urteil vom 07.06.1993, Az. 12 U 40/93)*

### Hunde müssen wegen ihres Gebells nachts im Gebäude gehalten werden

Rechtmäßigkeit einer ordnungsbehördlichen Anordnung aufgrund einer Polizeiverordnung, Hunde wegen anhaltenden Tierlärms in der Zeit von 22.00 Uhr abends bis 6.00 Uhr morgens in einem geschlossenen Gebäude zu halten.

*(VGH BW, Urteil vom 28.11.1995, Az. 1 S 3201/94; VBlBW 1996, S. 196)*

### Wie lange dürfen Hunde bellen? (2)

Ein Hundehalter ist nicht verpflichtet, seine Hunde so zu halten, dass sie nur zu bestimmten Zeiten, nicht länger als zehn Minuten am Stück und insgesamt nicht mehr als 30 Minuten am Tag bellen.

*(LG Schweinfurt, Urteil vom 21.02.1997, Az. 3 S 57/96)*

### Anspruch gegen Supermarktbetreiber wegen Lärms durch angeleinte Hunde

Zum Anspruch auf ein ordnungsrechtliches Einschreiten gegen den Betreiber eines Supermarkts in der Nachbarschaft, weil vor seinem Geschäft Hunde angeleint werden, die u.a. Lärm verursachen. Sich im Rahmen des allgemein Zumutbaren haltendes Gebell von Hunden in der Nachbarschaft ist als eine Begleiterscheinung des täglichen Lebens einzuordnen und daher hinzunehmen.

*(OVG Hamburg, Beschluss vom 20.07.2000, Az. 2 Bf 476/98; juris)*

### Verbot der Hundehaltung in einem Mischgebiet ist zulässig

Auch in einem Mischgebiet kann das Halten von mehr als einem Hund (Riesenschnauzer) im Freien bauplanungsrechtlich unzulässig sein.

*(VGH BW, Beschluss vom 13.03.2003, Az. 5 S 2771/02; NVwZ-RR, S. 724)*

### Nächtliches Hundegebell kann unterbunden werden

Anspruch auf Maßnahmen gegen nächtliches Hundebellen. „Bellattacken" müssen vom Hundehalter unterbunden werden.

*(Bbg. OLG, Urteil vom 11.01.2007, Az. 5 U 152/05)*

### Verbot einer Hundehaltung in einer Obdachlosenunterkunft

Mit einer Ordnungsverfügung kann die Abschaffung eines in einer Obdachlosenunterkunft gehaltenen Hundes mit Dreiwochenfrist angeordnet und bei Anordnung sofortiger Vollziehung eine Ersatzvornahme angedroht werden.

*(VG Düsseldorf, Urteil vom 22.07.2009, Az. 23 K 1531/08)*

### Sicherstellung eines Hundes wegen unzumutbarer Lärmbeeinträchtigungen ist möglich

Zu den Voraussetzungen, unter denen ein Hund, der wegen seines Bellens unzumutbare Lärmbeeinträchtigungen verursacht, sichergestellt werden darf.

Verursacht ein Hund fortdauernd unzumutbare Lärmbeeinträchtigungen und ist nicht ersichtlich, wie der Eigentümer für die Zukunft verlässlich eine Fortsetzung dieser Lärmbeeinträchtigungen ausschließen will, so kann dies die Sicherstellung des Hundes rechtfertigen.

*(OVG Bremen, Beschluss vom 03.09.2009, Az. 1 B 215/09 und 1 B 216/09; NJW 2010, S. 168)*

### Verwaltungsanordnung gegen Hundegebell muss bestimmt sein

Zu der Bestimmtheit einer Anordnung gegen Hundegebell. Übermäßig lautes und anhaltendes Hundegebell insbesondere zur Mittags- oder Nachtzeit kann den Tatbestand einer Ordnungswidrigkeit erfüllen.

*(VGH Bay, Beschluss vom 28.06.2010, Az. 10 AS 10.1074; juris)*

### Ordnungsbehörde zuständig für Untersagung von Hundegebell

Untersagung der Haltung von mehr als zwei Hunden aus immissionsschutzrechtlichen Gründen durch die Ordnungsbehörde auf dem Grundstück ist rechtmäßig.

> **Hinweis**
>
> Die örtliche Ordnungsbehörde ist rechtlich zuständig.

*(VG Frankfurt a.d.O., Beschluss vom 16.11.2011, Az. VG 5 L 130/10; BeckRS)*

### Haltung eines Hirtenhundes kann wegen nächtlichen Hundegebells untersagt werden

Haltungsverbot für Hirtenhund wegen nächtlichen Hundegebells, Gesundheitsgefährdung, Verstoß gegen Haltungsanordnung, Ordnungswidrigkeit, Ermessensausübung, Verhältnismäßigkeit.

*(VG Würzburg, Beschluss vom 08.08.2012, Az. W 5 S 12.660; juris)*

## *Anordnung zur Hundehaltung in geschlossenen Räumen nachts und an Sonn- und Feiertagen wegen übermäßigen Hundegebells zulässig*

### Häufiges und langanhaltendes Hundegebell stellt Lärmbelästigung und Ordnungswidrigkeit dar

Massive Lärmbelästigung durch die Haltung von sechs Hunden auf einem Grundstück. Die Hunde bellten häufig und langanhaltend u.a. in der Nacht und an Sonn- und Feiertagen. Die zuständige Ordnungsbehörde ordnete rechtmäßigerweise an, dass die Hunde an Sonn- und Feiertagen ganztägig und im Übrigen in der Zeit von 22.00 Uhr bis 7.00 Uhr **mit Ausnahme kurzzeitiger Auslaufzeiten** in geschlossenen Gebäuden zu halten sind.

*(OVG Lüneburg, Beschluss vom 05.07.2013, Az. 11 ME 148/13)*

### Haltungsverbot für Pyrenäischen Hirtenhund; (nächtliches) Hundegebell; Gesundheitsgefährdung; Verstoß gegen Haltungsanordnung

Gegenüber dem Hundehalter wurde angeordnet, dass er aufgrund von Lärmbelästigung seine pyrenäischen Hirtenhunde in den Zeiten der Nachtruhe (22.00 Uhr bis 6.00 Uhr) im geschlossenen Gebäude zu halten habe. Der Hundehalter hielt sich nicht daran, auch zwei Zwangsgelder in Höhe von 100 Euro bzw. 200 Euro halfen nichts. Das Landratsamt untersagte die Hundehaltung. Das Gericht bestätigte die Haltungsuntersagung.

*(VG Würzburg, Urteil vom 24.04.2014, Az. W 5 K 12.659)*

### Lärmschutz gegen nächtliches Hundegebell

Der Antragsteller ist Halter von mehreren Hunden und wandte sich gegen den Bescheid der Behörde. Diese ordnete die sofortige Vollziehung an mit dem Inhalt des Unterbindens der durch das Hundegebell hervorgerufenen regelmäßigen und nicht nur kurzfristigen erheblichen Lärmbelästigungen. Mehrere Nachbarn fühlten sich durch das Gebell nachts und zur Mittagsruhe belästigt.

Nach §§ 14, 10 LImSchG i.V.m. § 9 POG sind Tiere so zu halten, dass niemand durch die von ihnen hervorgerufenen Immissionen, wie Hundegebell oder Geruch, erheblich belästigt wird. Die Ordnungsbehörden dürfen dabei die notwendigen Maßnahmen treffen, um Gefahren und Schäden für die Gesundheit und körperliches Wohlbefinden der Anwohner gemäß Art. 2 Abs. 2 Satz 1 Alt. 2 GG abzuwehren.

Durch das Hundegebell werden die Individualrechtsgüter der Nachbarn beeinträchtigt, da die Immissionen zu Gesundheitsschädigungen führen können, wenn Ruhezeiten nicht mehr gegeben sind. Insbesondere Hundegebell stellt Lärm dar, da Hundegebell ungleichmäßig und laut ist. Die Interessen der Anwohner überwiegen laut Auffassung des Gerichts die Interessen des Hundehalters nur dann, wenn die Intensität der Lautstärke, die Häufigkeit und die Dauer des Bellens ein erträgliches Maß übersteigt.

Dies ist der Fall, wenn die Hunde des Nachbarn regelmäßig zu Ruhe- und Nachtzeiten bellen und somit eine erhebliche Lärmbelästigung darstellen. Erheblich ist die Lärmbelästigung, wenn sie vermeidbar ist und von den Anwohnern nicht hingenommen werden muss. Ferner ist unerheblich, ob die Lärmwerte einschlägiger Grenzwerte eingehalten werden, denn Hundegebell kann auch in geringerer Intensität zu erheblichen Belästigungen der Nachbarn führen.

Gelegentliches Hundegebell müssen Anwohner jedoch hinnehmen.

Anwohner haben die Möglichkeit, mittels Lärmprotokollen das Gebell der Hunde zu dokumentieren und zu beweisen. Zudem entbindet die Ausübung eines Gewerbes nicht von der Pflicht zur Einhaltung dieser ordnungspolizeilichen Bestimmungen, da sie ein einheitliches Miteinander zum Ausdruck bringen sollen.

Der Antragsteller musste somit das Bellen seiner Hunde zu Ruhe- und Nachtzeiten unterbinden und im Übrigen auf ein Höchstmaß begrenzen.

*(VG Trier, Urteil vom 28.01.2020, Az. 8 L 111/20. TR)*

# G Herrenlose Hunde und Fundhunde

## G/1 Allgemeines und Begriffe

### *G/1.1 Allgemeines*

Die Situation bei „herrenlosen" oder Fundtieren und damit auch von Hunden gestaltet sich als rechtlich und praktisch äußerst schwierig und ist sowohl in der Literatur als auch in der Rechtsprechung nicht eindeutig geklärt. Es wird deshalb versucht, diese Situation in einfachen Sätzen darzustellen.

Es ist dem Hund wohl selten anzusehen, ob er seinem Herren irrtümlich verloren ging bzw. sich verlaufen hat oder er absichtlich vom Besitzer aufgegeben wurde. In aller Regel ist deshalb von einem Fund auszugehen, es sei denn, aus dem Aussehen des Hundes ergeben sich Rückschlüsse auf eine „Herrenlosigkeit" oder ein „Fundtier" (z.B. Erscheinungsbild, wertvolles Rassetier, Chip, Tätowierung, struppiges Fell, ungepflegt, verletzt, kastriert, Halsband).

Die meisten aufgefundenen Haustiere sind nicht besitz- oder herrenlos, weil sie entweder (wie z.B. ausgerissene Hunde) immer wieder zum Eigentümer zurückkehren oder keine äußeren Umstände darauf hinweisen, dass sich der Eigentümer des Tieres entledigen will.

Zu diesem Thema haben die Bundesländer teilweise Verwaltungsvorschriften erlassen, welche die jeweilige Verwaltung im Bundesland zu beachten hat.

Überwiegend werden solche Tiere bei der Fundbehörde abgeliefert, und diese ist dann verantwortlich als Tieraufseher i.S.v. § 834 BGB.

### *G/1.2 Begriffe*

#### *Anzeigepflicht*

Mit Ausnahme von Kleinfunden hat der Finder bei der Gemeinde als zuständiger Behörde (siehe die landesrechtlichen Vorschriften) den Fund beweglicher Sachen und Tiere anzumelden, soweit er den Empfangsberechtigten oder dessen Aufenthalt nicht kennt (§ 965 BGB). Der Finder kann den Fund verwahren oder an die Gemeinde abliefern. Mit der Fundanzeige kann der Finder gleichzeitig auch auf Finderlohn, Aufwendungsersatz oder Eigentumserwerb verzichten.

Die Gemeinde kann die Ablieferung auch anordnen (§ 967 BGB). Es handelt sich dann um eine Bringschuld.

### *Besitzdiener*

Ein sogenannter Besitzdiener i.S.v. § 855 BGB findet für den Besitzer. Der Besitzdiener erwirbt trotz tatsächlicher Sachherrschaft keinen Besitz, wenn die Sicherstellung verlorener Sachen zu seinen Dienstpflichten gehört (so die regelmäßige Rechtsprechung).

### *Eigentümer*

Eigentümer ist, wer die unmittelbare rechtliche Herrschaft über die Sache ausübt. Eigentum bedeutet Totalherrschaft, dies wiederum jedoch nicht schrankenlos.

### *Finder*

Finder einer verlorenen Sache ist derjenige, der sie nach ihrer Entdeckung in Besitz bringt. Der Finder ist „Fremdbesitzer", d.h., er ist unmittelbarer Besitzer, der aufgrund eines Besitzmittlungsverhältnisses einen Fund als ihm gehörend besitzt. Er übt die tatsächliche Gewalt aus. Ein Besitzdiener findet für den Besitzer (z.B. wenn ein Arbeitnehmer im Betrieb einen Geldschein findet – Finder ist der Arbeitgeber, so auch beim Straßenkehrer für die Kommune). Der Finder muss nicht geschäftsfähig sein, da das Finden kein Rechtsgeschäft darstellt. Durch den Fund entsteht ein privatrechtliches Schuldverhältnis zwischen Finder und Empfangsberechtigtem.

### *Fund*

Hierunter versteht man den Vorgang des Findens, d.h. die Entdeckung einer verlorenen Sache. Dieser Vorgang des Findens stellt noch kein Rechtsgeschäft dar.

### *Fundsachen*

Fundsachen sind nur verlorene Sachen. Dies sind (körperliche) Gegenstände, welche dem Besitzer zufällig und nicht nur vorübergehend abhandengekommen sind, demnach also besitz-, aber nicht herrenlos werden. Gefunden werden können nur „bewegliche" Sachen, also nicht z.B. ein Grundstück oder Rechte, jedoch Sachen, die ein Recht verkörpern, z.B. Sparbücher oder Aktien. Die Größe einer diesbezüglichen beweglichen Sache spielt keine Rolle.

Tiere sind zwar keine Sachen, werden jedoch nach § 90a BGB diesen gleichgestellt. Es wird festgelegt, dass die Regelungen für Sachen entsprechend auf Tiere anzuwenden sind.

Eine Fundsache ist nur gegeben, wenn diese einen Besitzer hatte und der Besitz an der Sache nur zufällig aufgehoben worden ist.

### *Fundtiere*

Tiere gelten zwar nicht mehr als Sachen (§ 90a BGB), jedoch sind die für Sachen geltenden Vorschriften (hier: Fundrecht nach §§ 965 ff. BGB) entsprechend anzuwenden.

### *Fundunterschlagung*

Dies ist eine Unterart der Unterschlagung nach § 246 Abs. 1 StGB. Die Straftat besteht in der Manifestation des Willens, sich die fremde bewegliche Sache anzueignen (dem eigenen Vermögen einzuverleiben), die schon im Gewahrsam des Täters ist. Unter Umständen kann mit der widerrechtlichen Aneignung auch ein Diebstahl verbunden sein. Eine Fundunterschlagung/ein Diebstahl kommen eventuell bereits bei Verletzung der Anzeigepflichten infrage.

### *Gestohlene Sachen*

Gestohlene Sachen gelten nicht als verloren, da sie weder besitz- noch herrenlos sind. Dagegen werden z.B. die von einem Dieb weggeworfenen gestohlenen Sachen – auch hinterlassene Hunde – als verloren und damit als Fundsachen angesehen, die Sachherrschaft wird durch den Dieb aufgegeben. Der Dieb hat keinen Finderlohnanspruch.

### *Herrenlose Sachen*

Herrenlose Sachen sind nicht verloren, in niemandes Eigentum stehend und damit nicht dem Fundrecht zuzurechnen. Insofern entfällt eine Mitwirkung der Fundbehörde. Wer eine herrenlose bewegliche Sache in Besitz nimmt (okkupiert), der erwirbt gemäß § 958 BGB grundsätzlich deren Eigentum. Eine bewegliche Sache wird herrenlos, wenn der Eigentümer den Besitz der Sache aufgibt (derelinquiert) in der Absicht, auf das Eigentum zu verzichten (Realakt). Der Aufgabewille des Eigentümers an der Sache muss eindeutig erkennbar sein. Weggeworfene Gegenstände werden regelmäßig herrenlos. Es handelt sich hierbei um ein Rechtsgeschäft, bei dem Geschäftsfähigkeit erforderlich ist.

Ausgesetzte Tiere sind herrenlos und damit keine Fundsachen. Die Herrenlosigkeit muss erkennbar betätigt worden sein. Indiz hierfür kann z.B. sein, wenn das Tier aussieht wie ein Streuner (ungepflegt). Die Auffindesituation des Tieres lässt häufig Rückschlüsse zu. Die Fundbehörde hat hier keine Pflicht zur Eigentumserhaltung; der Finder kann sich das Tier sofort aneignen und dadurch Eigentümer werden.

Aber: Teilweise geht die Literatur davon aus, dass Tiere nach § 3 TierSchG nicht ausgesetzt werden dürfen (Dereliktionsverbot). Damit sei das Eigentum, da eine rechtliche Regelung dem widerspricht, nicht aufgegeben und damit nicht herrenlos. Diese tatsächliche Verzichtserklärung sei nichtig, da sie gegen § 134 BGB verstoße. Dies würde bedeuten, dass z.B. ein bei einer Autobahnraststätte ausgesetztes Tier durch diese Aussetzung nicht herrenlos, sondern zum Fundtier wird. Teilweise wird auch die Auffassung vertreten, das Fundrecht finde dann entsprechend Anwendung.

Bestehen jedoch maßgebliche Anhaltspunkte dafür, dass ein aufgefundenes Tier nicht herrenlos ist, so ist nach den allgemeinen Grundsätzen des Polizei-/Ordnungsrechts vorzugehen, d.h., eine eventuelle Gefahrenlage ist zu beurteilen. Gegebenenfalls ist ein derartiges Tier (so auch teilweise die Verwaltungsvorschriften der Bundesländer) als „Anscheinsfund" zu beurteilen.

Teilweise sehen die Verwaltungsvorschriften der Länder vor, dass aus Gründen der Rechtssicherheit bei herrenlosen Tieren eine Anwendung des Fundrechts angezeigt ist.

Zu beachten sind bei herrenlosen Tieren auch das Naturschutzrecht, das Tierschutzrecht und das Jagdrecht.

### *Öffentlicher Fund*

Die Vorschrift ist eine Sonderregelung für den sogenannten Verkehrsfund. Das allgemeine Fundrecht ist bis auf § 978 BGB nicht anzuwenden. Die Finderrechte sind beim öffentlichen Fund eingeschränkt. Funde sind unverzüglich abzuliefern. Bei einem Wert über 50 Euro besteht ein Finderlohnanspruch aus der Hälfte eines „normalen" Fundes. Die Vorschriften über den öffentlichen Fund gelten auch für Fundtiere.

### *Sachen*

Nach § 965 Abs. 1 BGB können nur bewegliche Sachen verloren werden (also nicht Grundstücke und wesentliche Grundstücksbestandsteile). Gemeint sind nur körperliche Gegenstände i.S.v. § 90 BGB. Für Tiere gilt § 90a BGB. Nicht dazu zählen lebende Menschen. Auch ein Recht ist keine Sache, wohl aber eine Urkunde, die ein Recht verkörpert (z.B. Sparbuch, Wechsel, Grundschuldbrief, Aktien). In der Regel gehören auch Bestandsteile zur Sache.

### *Unanbringbare Sachen*

Ist eine öffentliche Behörde (hier sind alle Behörden gemeint, nicht nur Fundbehörden) im Besitz einer Sache, zu deren Herausgabe sie verpflichtet ist, ohne dass die Verpflichtung auf Vertrag beruht, so finden, wenn der Behörde der Empfangsberechtigte oder dessen Aufenthalt unbekannt sind, die Vorschriften der §§ 979 bis 982 BGB entsprechende Anwendung (also Versteigerungspflicht nach vorhergehender Bekanntmachung).

### *Verlierer*

Verlierer ist der letzte rechtmäßige unmittelbare Besitzer der verlorenen Sache. Dies muss nicht gleichzeitig der Eigentümer sein.

### *Verlorene Sachen*

Verloren sind solche beweglichen Sachen (auch Hunde), die dem Besitzer zufällig und nicht nur vorübergehend abhandengekommen sind, ohne dass ein anderer auf diesen Besitzverlust in der Weise eingewirkt hat, dass er damit für sich oder einen Dritten sofort wieder ein Besitzverhältnis gegründet hat. Weiter ist Voraussetzung, dass der Verlierer (bisheriger Eigentümer oder Besitzer) nicht weiß, wo sich die verlorene Sache befindet.

### *Weggeworfene, verlegte, versteckte Sachen*

Vom Besitzer weggeworfene, verlegte oder versteckte Sachen sind nicht als verloren anzusehen. Grundsätzlich ist eine Sache nicht verloren, wenn der Ort des Verlustes bekannt und die Wiedererlangung möglich ist. Verlegte oder versteckte Sachen gelten dann als verloren, wenn längere Zeit vergangen ist.

### *Wert einer Sache*

Die Wertermittlung einer Fundsache ist häufig schwierig. Was Tiere betrifft, können Nachfragen bei Tierheimen und Zoos hilfreich sein. Hat die Fundsache nur für den Verlierer einen Wert (z.B. ganz minderwertige Hunderassen), wird der Wert nach billigem Ermessen festgelegt.

## G/2 Zuständigkeiten der Gemeinden

### *G/2.1 Zuständigkeit für Fundhunde*

Der Begriff der Fundbehörde ist im Bürgerlichen Gesetzbuch nicht genannt. Zuständig in den Bundesländern sind die Gemeinden. Örtlich zuständig ist die Gemeinde des Fundorts.

Bei Streitigkeiten über den Fundort muss die gemeinsame Aufsichtsbehörde eine Entscheidung über die Fundortgemeinde treffen.

Keine Fundbehörde ist jedoch eine Behörde, in deren Geschäftsräumen eine verlorene Sache gefunden wird oder die in Besitz einer unanbringlichen Sache ist, weil sie an der Behandlung von Fundsachen nicht im Sinne der Vorschriften der §§ 967 bis 977 BGB beteiligt ist oder beteiligt sein kann. Zu den dort gefundenen Sachen wird auf die §§ 978 bis 983 BGB verwiesen.

Nach den Gemeindeordnungen der Bundesländer erledigen die Gemeinden die Weisungsaufgabe „Fundwesen" in eigener Zuständigkeit (d.h. ohne irgendwelche Gremien/Ausschüsse, Gemeinderat, Ratsversammlung); es handelt sich um eine laufende Angelegenheit der Verwaltung. In aller Regel sind die Aufgaben der Fundbehörde im Rahmen der inneren Organisation auf das Ordnungsamt, Gemeindebedienstete oder Abteilungen u.Ä. delegiert. Im Allgemeinen werden die Gemeinden zum Thema „Fundsachen" eine Dienstanweisung erlassen, wo das Nähere geregelt ist. Eine derartige Dienstanweisung erscheint notwendig, um die Verhältnisse des Fundrechts aufzugliedern, aber auch Haftungsfragen bei der Fundbehörde zu regeln.

Die Zuständigkeit der Gemeinden als Fundbehörde ist nicht im Bürgerlichen Gesetzbuch, sondern in den Ländervorschriften hierzu geregelt. Die Länder haben auch verschiedentlich Ausführungsanordnungen und Verwaltungsvorschriften erlassen.

## G/2.2 Zuständigkeit für herrenlose Hunde

Die Zuständigkeit für herrenlose Tiere (also auch Hunde), wilde Tiere und Bienen fällt grundsätzlich nicht in die Zuständigkeit der Gemeinde als Fundbehörde. Diese ist nur für die Abgabe von Fundsachen (auch Fundtieren) zuständig, also nicht für die Ausführung der §§ 958 bis 964 BGB.

## G/2.3 Zuständigkeit der Gefahrenabwehrbehörden

Soweit den Tierschutzbehörden weitere Maßnahmen obliegen, kann es Aufgabe der Gefahrenabwehrbehörde sein, auf der Grundlage der landesrechtlichen Gefahrenabwehrgesetze subsidiär die notwendigen vorläufigen, unaufschiebbaren Maßnahmen für die zuständige Tierschutzbehörde zu treffen (z.B. eine Beschlagnahme-/Sicherstellungsanordnung).

Eine Zuständigkeit der Gefahrenabwehrbehörde kann des Weiteren dann gegeben sein, wenn die Voraussetzungen des landesrechtlichen Gefahrenabwehrgesetzes vorliegen. Dies ist wohl sehr selten der Fall, kann aber z.B. bei seuchenschutzrechtlichen Gefahren gegeben sein. Eine straßenverkehrsbezogene Gefährdung (z.B. angebundener Hund neben einer Kreuzung) dürfte keine konkrete Gefahr im polizei-/ordnungsrechtlichen Sinne darstellen.

### *Herrenlose Tiere und Verstoß gegen die öffentliche Sicherheit oder Ordnung*

Die Ordnungsbehörde ist bei diesen ausgesetzten Tieren jedoch stets gefordert, aufgrund der General-/Befugnisklausel des Landes-Gefahrenabwehrgesetzes dann Maßnahmen zu ergreifen (Anordnungen zu treffen), wenn durch die ausgesetzten Tiere eine Gefahr für die öffentliche Sicherheit oder Ordnung besteht – dies unabhängig von den verschiedenen Rechtsauffassungen. Aber: Es kann nicht staatliche Aufgabe sein, z.B. Kleintiere aus Fuchsmäulern zu retten. Von einer Katze, einem Igel oder einem Kaninchen gehen regelmäßig keine Gefahren aus, es sei denn, diese Tiere sind krank oder seuchenrechtliche Probleme sind vorhanden. Bei einem frei laufenden Hund kann die Sachlage jedoch anders aussehen.

Eine Gefahr gegen die öffentliche Sicherheit oder Ordnung nach den Befugnis-/Generalklauseln der Gefahrenabwehrgesetze der Bundesländer wird also wohl nur in seltensten Fällen bei herrenlosen Tieren anzunehmen sein (aber bei Gefahr für den Straßenverkehr oder Bürger, die sich bedroht fühlen). Bei großen oder aggressiven frei laufenden Hunden muss der Einzelfall betrachtet werden.

### *Begriff der öffentlichen Ordnung*

Die öffentliche Ordnung enthält alle Normen über Handlungen, Unterlassungen und Zustände, deren Befolgung – über die Grenzen des geltenden öffentlichen und zivilen Rechts hinaus – nach der herrschenden allgemeinen Auffassung zu den unerlässlichen Voraussetzungen eines gedeihlichen menschlichen und staatsbürgerlichen Zusammenlebens gehören.

**Eine Gefahr für die öffentliche Ordnung kann bei folgendem Beispiel gegeben sein:**

Ein Hund stürzt vom dritten Stock eines Wohnhauses auf einen Kinderspielplatz und wird schwerstens verletzt. Das allgemeine Empfinden der Bevölkerung ist wohl dann, dass es nicht sein kann, dass der Hund dort verbleibt, sondern die Ordnungsbehörde durch Entfernung und Versorgung des Tieres handeln muss.

### *Begriff der öffentlichen Sicherheit*

Zur öffentlichen Sicherheit gehören die objektive Rechtsordnung, die Einrichtungen und Veranstaltungen des Staates und die subjektiven Rechte und Rechtsgüter des Einzelnen.

**Beispiele für Gefahren für die öffentliche Sicherheit:**

- Ein frei laufender Hund stellt eine Gefahr für den Straßenverkehr dar.
- Es besteht eine Hundehaltung, der Eigentümer wird psychiatrisch untergebracht, sonstige Verantwortliche sind nicht vorhanden. Hier kann die Ordnungsbehörde zuständig sein, Maßnahmen zu ergreifen, um das Eigentum des Eigentümers vorübergehend zu schützen, damit sein Grundrecht geschützt bleibt (Gefahrenabwehr zur Sicherheit).

## *G/2.4 Zuständigkeit für Tiere bei einer Zwangsräumung*

Um Fundtiere handelt es sich bei Zwangsräumungen auf keinen Fall! Die Unterbringung unversorgter Haustiere in der Räumungsvollstreckung ist in der Rechtsprechung und in der Literatur umstritten und bedarf wohl noch einer höchstrichterlichen Entscheidung. Die bekannte zivilrechtliche Rechtsprechung und Literatur sieht hierbei keine Zuständigkeit des Gerichtsvollziehers, da es sich bei Tieren um keine beweglichen Sachen handeln soll. Selbst wenn, dann wäre es unverständlich, Tiere nicht in ein Pfandlokal oder in andere Verwahrung zu bringen. Weshalb Tiere gemäß § 90a BGB im Räumungsverfahren nicht als bewegliche Sachen angesehen werden können, ist bislang nicht überzeugend dargelegt, da sehr wohl z.B. eine Verwahrung in einem Tierheim möglich ist, wobei die Kostenfrage diesbezüglich nicht relevant sein darf.

Die Obdachlosenbehörde (Gemeinde) hat für die Unterbringung von Tieren bei einer Zwangsräumung nicht zu sorgen. Hier ist eine Zuständigkeit der Tierschutzbehörden gegeben (§ 16a TierSchG). Die Gemeinde als Obdachlosenbehörde hat nur für die Unterbringung der Personen Sorge zu tragen. Tiere können z.B. vom Eigentümer oder Gerichtsvollzieher in ein Tierheim verbracht oder dem aktiven Tierschutz zur pfleglichen Verwahrung übergeben werden. Es widerspricht jeglichem Rechtsempfinden, dass bei Räumungsfällen die Unterbringung von Haustieren den Gemeinden und damit der Allgemeinheit „aufgebürdet" werden soll.

Bei einer Zwangsräumung besteht also keine Gefahr aus der Zwangsvollstreckung (Tiere können untergebracht werden), auch grundsätzlich keine Gefahr nach dem Gefahrenabwehrrecht der Länder.

Es ist Aufgabe des Gerichtsvollziehers, die Räumung des Grundstücks (und damit auch von Tieren) gemäß § 885 ZPO zu veranlassen. Die weitere Verwendung ist seine Angelegenheit. So auch der VGH BW, Beschluss vom 04.12.1996; NJW 1997, S. 1789.

Die örtliche Ordnungsbehörde hat nach diesem Beschluss für die Hinterlassenschaft von Tieren bei einer Zwangsräumung keine weiteren Maßnahmen zu ergreifen.

**Hinweis**

Der Vermieter haftet bei einer eigenmächtigen Räumung (Inbesitznahme der Wohnung), die nicht durch einen gerichtlichen Titel gedeckt ist. Dies stellt eine unerlaubte Selbsthilfe dar.

Auch wenn z.B. ein Tierbesitzer verhaftet wird oder ins Krankenhaus kommt, ist es nicht Angelegenheit der Fundbehörde, für dann allein gelassene Tiere zu sorgen und diese unterzubringen. Hier kann es sich nur um eine tierschutzmäßige Aufgabe (Satzung) der Tierschutzvereine handeln, derartige Tiere unterzubringen; bei einer Gefährdung der Tiere kann eine Verpflichtung der Tierschutzbehörden bestehen. Die Gemeinde kann auch diesbezüglich höchstens dann zur

Verantwortung gezogen werden, wenn eine polizei-/ordnungsrechtliche Gefahr besteht. Diese ist rechtlich nicht ersichtlich.

Die Gemeinde als Obdachlosenbehörde sollte sich anlässlich einer Zwangsräumung weigern, hierbei betroffene Tiere unterzubringen, und sich auf den Beschluss des VGH BW beziehen.

## G/3 Abgrenzung zum Tierschutz

Tierschutzrechtliche Fragen gehören in die Zuständigkeit der Landratsämter/ Kreisverwaltungsbehörden und Stadtkreise als Tierschutzbehörden. Das Aussetzen eines Tieres ist nach § 3 Nr. 3 TierSchG verboten, wenn man sich dessen entledigen (z.B. Aussetzen eines Hundes an einer Raststätte), also das Eigentum aufgeben will. Ein ausgesetztes Tier fällt nicht unter das Fundrecht, es ist herrenlos.

Wird der „Aussetzer" bekannt, hat die Tierschutzbehörde die erforderlichen Maßnahmen gegenüber diesem zu treffen. Auch hat dieser die Unterbringungskosten in einem Tierheim unter dem Gesichtspunkt der Geschäftsführung ohne Auftrag zu tragen (§§ 678, 670 BGB).

Auch wenn die Tierschutzbehörde einem Halter ein Tier z.B. wegen Unzuverlässigkeit oder Tierquälerei wegnimmt, obliegt dieser Behörde die Unterbringungs- und Pflegezuständigkeit mit allen damit verbundenen Kosten.

Der entlaufene Hund ist dagegen nicht herrenlos, da der Eigentümer nicht wissentlich und willentlich den Besitz am Tier aufgegeben hat.

## G/4 Verwahrung/Tierheime

### *G/4.1 Verwahrungspflicht*

Die Vorschriften für die Verwahrungspflicht gelten für Fundtiere und auch, wenn man der Meinung ist, dass herrenlose Tiere als solche behandelt werden müssen. Sehen Sie weiter zur Verwahrungspflicht die §§ 966, 967 BGB. Die Verwahrungspflicht beträgt auch bei Tieren dann grundsätzlich sechs Monate, wenn ein Finder auf das Eigentum nicht verzichtet und ein Empfangsberechtigter sich nicht vorher meldet. Nach dieser Frist geht das Eigentum entweder auf den Finder oder auf die Gemeinde über. Achtung, diese Regelung gilt nicht bei sichergestellten Hunden. Bei diesen geht das Eigentum gerade nicht nach sechs Monaten auf die Gemeinde über.

Aber: Die Literatur und ministerielle Verwaltungsvorschriften gehen teilweise davon aus, dass nach der Aufbewahrung eines Tieres nach ca. vier Wochen dieses herrenlos ist und es keinen Eigentümer mehr hat, weil kein Eigentumsanspruch angemeldet wurde. Diese Zeit muss nach allgemeiner Meinung genügen, dass ein Eigentümer kein Herausgabeverlangen mehr stellt. Anschließend kann dann ein Tier z.B. von einem Tierheim veräußert werden. Diese Meinung ist nicht unproblematisch, wenn der Finder auf sein Eigentumsrecht nicht verzichtet hat. Es können dann Bereicherungsansprüche usw. geltend gemacht werden.

Weiter aber: Sollte man dieser Meinung nicht folgen, so ist es selbstverständlich, dass eine weitere Aufbewahrung unverhältnismäßig ist, damit eine Versteigerung oder aber wie hier eine freihändige Veräußerung möglich sein muss. Zu beachten ist hierbei stets das Interesse eines Verlierers im Hinblick auf den Erlös und das Tierinteresse.

Bei Aufwendungen für Fundtiere kann die Gemeinde nach § 970 BGB Ersatz vom Empfangsberechtigten verlangen. Dieser Anspruch ist öffentlich-rechtlich, wenn die Gemeinde eine entsprechende örtliche Satzungsregelung hat.

## G/4.2 Übernahme und Verwahrung durch ein Tierheim ohne Vertrag

Liegt keine Vereinbarung vor und nimmt das Tierheim ein Fundtier entgegen, so handelt das Tierheim in Geschäftsführung ohne Auftrag (§ 681 BGB) und muss unverzüglich die Fundbehörde unterrichten. Geschieht dies nicht, handelt das Tierheim in eigener Verantwortung, dies auch hinsichtlich der anfallenden Kosten.

Nach erfolgter Unterrichtung muss jedoch die Fund-/Gefahrenabwehrbehörde alle notwendigen Kosten ersetzen (z.B. Futterkosten, Verwaltungskosten, Kosten für Arzneimittel und Schutzimpfungen). Ein Tierschutzverein muss, wenn er von der Gemeinde für die Unterbringung Kostenersatz will, im Übrigen den Beweis dafür erbringen, dass es sich bei dem abgegebenen Tier um ein Fundtier handelt, also wenn ein Dritter das Tier abgibt.

Soweit Tierheime Tiere aufnehmen und unterbringen, haben sie grundsätzlich, zumindest bei Fundtieren, einen Anspruch aus den §§ 688, 699 BGB (nicht aus § 970 BGB, da nicht Finder) auf Erstattung der ihnen hieraus entstandenen Kosten (z.B. notwendige Impfkosten, Aufbewahrungskosten). Bei der Ablieferung herrenloser Tiere besteht kein Aufwendungsersatzanspruch – dies vor allem nicht, wenn ein Finder seiner Anzeigepflicht bei der Gemeinde nicht nachkommt. Eine Geschäftsführung ohne Auftrag ist dann nicht gegeben.

### *G/4.3 Übernahme und Verwahrung durch ein Tierheim mit Vertrag*

Die Gemeinde kann Tierheime mit der Verwahrung von Fundtieren oder Tieren, die aus gefahrenabwehrrechtlichen Gründen unterzubringen sind (z.B. beschlagnahmte Kampfhunde), beauftragen. Zweckmäßigerweise wird dies durch eine Vereinbarung geregelt, an welche sich auch die Tierschutzbehörden „anhängen" können. Derartige Vereinbarungen sind durchaus empfehlenswert, da die Gemeinden in aller Regel nicht in der Lage sind, Fundtiere ordnungsgemäß in Eigenverwahrung zu nehmen. Die Gemeinden bezahlen hierbei in der Regel einen Satz nach dem Hundesteueraufkommen oder Einzelsätze.

In einer derartigen Vereinbarung sollte u.a. Folgendes geregelt werden:

- Entgelt an den Tierschutzverein für die Unterbringung, Verpflegung und Betreuung der Tiere (z.B. als jährlichen Pauschbetrag aus dem Hundesteueraufkommen: … Euro für das einzelne Tier pro Tag),
- Aufnahmepflicht für Fundtiere sowie Tiere, die aus Gefahrenabwehrgründen von der Gemeinde abgeliefert werden,
- keine Zuständigkeit der Gemeinde für herrenlose Tiere,
- Überbringungsverfahren,
- Überbringungszeiten,
- sofortige Mitteilung der Abgabe eines Tieres an die Gemeinde,
- Dauer der Unterbringung (ca. drei bis vier Wochen maximal),
- Abholung eines Fundtieres durch den Verlierer,
- Kündigungsfristen.

## G/5 Kostentragung tierärztlicher Behandlung bei einem Fundtier

Regelmäßig kommt es vor, dass von Dritten verletzt aufgefundene Tiere direkt beim Tierarzt zur umgehenden Behandlung abgegeben werden. Die Folge ist, dass der Tierarzt der Gemeinde eine Rechnung über die Behandlungskosten schickt.

Besteht seitens des Tierarztes ein Honoraranspruch gegenüber der Gemeinde? Hier gilt folgende (teilweise umstrittene) Rechtslage:

Für Fundtiere besteht grundsätzlich eine Zuständigkeit der Fundbehörde. Handelt es sich bei der Verbringung eines Fundtieres zu einem Tierarzt um einen Notfall, also eine unaufschiebbare Maßnahme, und ist die Fundbehörde nicht sofort erreichbar, so besteht ein Anspruch gegenüber der Gemeinde, wenn der Finder seiner Anzeigepflicht nach § 965 Abs. 2 BGB unverzüglich (ohne schuldhaftes Verhalten) nachkommt. Diese Anzeigepflicht dient dazu, der zuständigen Behörde die Entscheidung über eventuelle Maßnahmen zu überlassen.

Kommt der Finder dieser Pflicht nicht unverzüglich nach, hat er anfallende Kosten selbst zu tragen. Der Finder handelt bei der Verbringung zum Tierarzt in Geschäftsführung ohne Auftrag (§ 681 BGB). Die Kostentragungspflicht geht jedoch nur so weit, wie der Tierarzt die Maßnahmen für erforderlich gehalten haben durfte (§§ 683, 670 BGB); sie müssen also angemessen sein und im Verhältnis stehen.

Bei herrenlosen Tieren besteht kein Anspruch gegenüber der Gemeinde/Fundbehörde.

Kostenerstattungsansprüche entstehen auch dann nicht, wenn bei herrenlosen, leidenden oder verletzten Tieren keine polizei-/ordnungsrechtliche Gefahr besteht, also keine Zuständigkeit der Gefahrenabwehrbehörde gegeben ist.

**Diese Frage soll anhand eines Beispiels behandelt werden:**

Bürger A. findet im öffentlichen Bereich einen verletzten Hund. Als Tierfreund ist er sehr besorgt und bringt das Tier zum nächsten Tierarzt T. Dieser behandelt das Tier, muss es jedoch infolge der Verletzungen einschläfern. Bürger A. meldet den Fund bei der Fundbehörde nicht an. T. ist der Auffassung, dass es sich um ein Fundtier handelte und deshalb die Gemeinde als Fundbehörde die Behandlungskosten zu tragen habe. T. sendet deshalb dem Ordnungsamt der Gemeinde B. eine Kostenrechnung für die Behandlung des Tieres.

Die Gemeinden sind nach allen Zuständigkeitsregelungen der Bundesländer zuständig für die Ausführung des Fundrechts nach den §§ 967 ff. BGB. Tiere sind zwar keine Sachen i.S.v. § 90 BGB, werden jedoch rechtlich nach § 90a BGB diesen gleichgestellt.

Die Gemeinden sind jedoch grundsätzlich nicht zuständig für die Versorgung herrenloser Tiere, es sei denn, von diesen geht eine Gefahr für die öffentliche Sicherheit oder Ordnung aus. In diesem Beispielsfall ist jedoch von einem Fundtier auszugehen.

Durch die Annahme des Fundes nimmt der Finder die Fundsache in Besitz mit den Rechtsfolgen des Fundrechts. Kennt der Finder den Verlierer nicht oder ist ihm dessen Aufenthalt derzeit unbekannt, so hat der Finder unverzüglich die Gemeinde (Fundort) als Fundbehörde zu verständigen (§ 965 Abs. 2 BGB). Der Finder hat keine Ermittlungspflichten. Behält der Finder den Fund, ist er zur sachgemäßen Verwahrung (Erhaltung) verpflichtet (§ 966 BGB). Der Finder hat beim Beispielsfall den Fund bei der Fundbehörde nicht angezeigt.

Der Tierarzt hat keinen Anspruch gegenüber der Gemeinde aus der öffentlich-rechtlichen Geschäftsführung ohne Auftrag (umstritten). Es hatte zwar im Beispielsfall eine kostenpflichtige Handlung vorgelegen. Die Durchführung der Behandlungsmaßnahme erfolgte jedoch nicht anstelle des Tätigwerdens der Behörde im öffentlichen Interesse. Der Wille der Behörde war nicht ersichtlich (§ 683 Satz 1 BGB), sie konnte keine Ermessensentscheidung treffen. Eventuelle Handlungen nach dem Tierschutzgesetz oder Tierkörperbeseitigungsgesetz berühren die Gemeinden als Fundbehörden oder Gefahrenabwehrbehörden sowieso nicht.

Der Behörde kann nicht durch die Einschaltung eines Privaten eine Handlungspflicht auferlegt und daraus eine Kostenpflicht aufgebürdet werden, wenn sie nach den einschlägigen gesetzlichen Vorschriften nicht handeln musste und dies üblicherweise nicht tut. Ein öffentliches Interesse ist in diesem Fall nicht ersichtlich. Ein (Abtretungs-)Anspruch gegen die Gemeinde hätte eventuell bestanden, wenn der Finder dies der Gemeinde gemeldet hätte.

Ein öffentlich-rechtlicher Aufwendungserstattungsanspruch zulasten der öffentlichen Verwaltung kommt nur ausnahmsweise in Betracht, wenn ein öffentliches Interesse nicht allein an der Erfüllung der Aufgabe an sich, sondern darüber hinaus daran besteht, dass sie in der gegebenen Situation von dem „privaten" Geschäftsführer wahrgenommen wurde, insbesondere dann, wenn der Behörde kein Ermessensspielraum zugestanden hätte.

Ein Ersatzanspruch kann aber dann infrage kommen, wenn landesrechtliche Verwaltungsvorschriften die Fundbehörden zum Ersatz verpflichten. Zu diesem Thema haben die Bundesländer teilweise Verwaltungsvorschriften erlassen. Dies bedeutet, ein Ersatz kommt unseres Erachtens regelmäßig im genannten Beispielsfall nicht infrage, da der Finder den Vorfall nicht unverzüglich der Fundbehörde gemeldet hatte.

Ein Kostenersatz für behandelte „Fundtiere" kann unserer Auffassung nach von einem Tierarzt aber regelmäßig dann verlangt werden, wenn

- es sich eindeutig um ein Fundtier handelte oder eventuell um ein Tier, bei dem ein Verstoß gegen die öffentlich Sicherheit oder Ordnung vorlag,
- die Gemeinde oder ein vertraglich verpflichteter Tierschutzverein zum Zeitpunkt des Notfalls und kurz danach nicht erreichbar war,
- sich die Notwendigkeit der Behandlung auf das Notwendigste beschränkte oder
- der Finder (bei einem Fundtier) seiner Anzeigepflicht nach § 965 Abs. 2 BGB unverzüglich nachkommt (bei einer schwerwiegenden Verletzung des Tieres umstritten).

## *Praxistipps*

Nachdem die Rechtsprechung und Literatur zu diesem Thema umstritten ist und auch die Verwaltungsvorschriften einzelner Länder eine umsichtige Verfahrensweise anordnen, empfiehlt es sich **grundsätzlich,** aufgefundene Tier als **Fundtiere** zu behandeln, soweit nicht eindeutig ersichtlich ist, dass es sich um „herrenlose" Tiere handelt. Im Falle einer Vertragsvereinbarung mit einem Tierheim muss diese Meinung zugrunde gelegt werden. Die Tierheime können sich sowieso nicht beklagen; die öffentliche Hand gibt enorme Zuschüsse für ihre Arbeit.

Soweit keine Vereinbarung abgeschlossen ist, sollte der Aufwendungsersatz für maximal vier Wochen geleistet werden. Danach muss eine Veräußerungsmöglichkeit des Tierschutzvereins gegeben sein; dann müssen Tiere als herrenlos betrachtet werden. Diesbezüglich müssen Rechtsstreitigkeiten in Kauf genommen werden.

Bei der Behandlung von Tieren außerhalb der Dienstzeiten der Behörde bei einem Tierarzt sollte dann eine Aufwendung ersetzt werden, wenn der Tierfund unverzüglich angemeldet und behandelt wurde und eine Bestätigung vorliegt, dass das Tier wirklich „nicht herrenlos" war.

Nachfolgend finden Sie eine entsprechende Rechtsprechungsübersicht.

## G/6 Rechtsprechung zu Tierarztkosten, Tierheimen und Fundtieren

Hier einige Orientierungs-/Leitsätze der Gerichte:

### Sterilisation einer gefundenen Zuchthündin durch Tiersammelstelle (Tierheim) zieht Schadensersatzanspruch nach sich

Der Verwahrungsvertrag zwischen dem Land Berlin und der Tiersammelstelle entfaltet Schutzwirkungen zugunsten Dritter, aufgrund derer der Eigentümer gefundener Tiere einen vertraglichen Schadensersatzanspruch gegenüber der Tiersammelstelle geltend machen kann.

Die amtliche Tiersammelstelle hat als gemeinnütziger Betreiber einer im öffentlichen Interesse eingerichteten Tierverwahreinrichtung keine Pflicht, die Halter aufgefundener Tiere ausfindig zu machen.

*(KG Berlin, Urteil vom 29.10.1993, Az. 7 U 2938/93; NJW-RR 1994, S. 688)*

### Aufwendungsersatz für Notfallbehandlung durch Tierarzt bestätigt

Ein Tierarzt kann jedenfalls dann für die Behandlung eines auf dem Gemeindegebiet aufgefundenen Haustiers, dessen Halter nicht zu ermitteln ist, von der Gemeinde Aufwendungsersatz nach den Vorschriften über die öffentlich-rechtliche Geschäftsführung ohne Auftrag (§§ 677 ff. BGB analog) verlangen, wenn es sich um einen sofortiges Handeln gebietenden Notfall handelte und aus tierärztlicher Sicht nur eine vertretbare Art der Behandlung infrage kam.

*(VG Gießen, Urteil vom 30.05.1994, Az. 7 E 358/92; NVwZ-RR 1995, S. 144; juris)*

### Kein Honoraranspruch eines Tierarztes gegenüber Ordnungsbehörde, wenn Behandlung ohne Rücksprache erfolgt ist

Ein ihm zugeführtes krankes „Fundtier" ohne Rücksprache mit der örtlichen Ordnungsbehörde behandelnder oder euthanasierender Tierarzt hat regelmäßig keinen Anspruch gegen die vorgenannte Behörde aus öffentlich-rechtlicher Geschäftsführung ohne Auftrag auf Erstattung seines Honorars.

*(OVG Münster, Beschluss vom 06.03.1996, Az. 13 A 638/95; NVwZ-RR, S. 653; juris)*

**Tierschutzverein trägt bei Inanspruchnahme einer Gemeinde Beweislast für „Fundtier“**

Ein Tierschutzverein, der von einer Gemeinde Kostenersatz für die Unterbringung einer abgegebenen Katze verlangt, hat zu beweisen, dass es sich bei der Katze um ein Fundtier handelt.

*(AG Schönau, Urteil vom 11.04.2000, Az. C 71/99; juris)*

**Kostentragungspflicht für die Betreuung aufgefundener Tiere**

Inhaber des Anspruchs aus § 970 BGB ist allein der Finder und Schuldner ist allein der materiell Berechtigte, nicht aber die Gemeinde, die allenfalls subsidiär zur Verwahrung einer Fundsache zuständig ist (§§ 966, 968 BGB).

Nur an verlorenen, d.h. besitzlosen Sachen ist Fund möglich, nicht aber an herrenlosen, die in niemandes Eigentum stehen, da an diesen nur Aneignung in Betracht zu ziehen ist (§ 958 BGB).

Die meisten aufgefundenen Haustiere sind nicht besitz- oder herrenlos, weil sie entweder (wie z.B. Katzen) immer wieder zum Eigentümer zurückkehren oder die äußeren Umstände darauf hinweisen, dass der Eigentümer sich der Tiere entledigen wollte.

Das an der Mutter aufgefundener Jungtiere ggf. bestehende Eigentumsrecht erstreckt sich nicht auf die Jungtiere, denn besitzloses Eigentum kraft Abstammung ist dem deutschen Recht fremd und §§ 946 ff. BGB sind auch nicht anwendbar.

Ein Aufwendungserstattungsanspruch aus öffentlich-rechtlicher Geschäftsführung ohne Auftrag (GoA) (entsprechend §§ 677, 683 BGB) zulasten der öffentlichen Verwaltung kommt nur ausnahmsweise in Betracht, wenn ein öffentliches Interesse nicht allein an der Erfüllung der Aufgabe an sich, sondern darüber hinaus daran besteht, dass sie in der gegebenen Situation von dem privaten „Geschäftsführer“ wahrgenommen wurde (wie BVerwGE 80, 170 = NJW 1989, S. 922 = NVwZ 1989, S. 453 L); dies gilt insbesondere dann, wenn der Behörde ein Ermessensspielraum zusteht.

Zur Frage eines „fremden Geschäfts“ in Bezug auf Fundtiere (§§ 966, 967 BGB).

*(VG Gießen, Urteil vom 05.09.2001, Az. 10 E 2160/01; NVwZ-RR 2002, S. 95)*

### Kampfhundehalter muss Tierheimkosten bezahlen

Für die Unterbringung seines Tieres im Tierheim nach behördlicher Anordnung muss der Besitzer die Kosten für die Unterbringung tragen.

*(VG Neustadt, Urteil vom 09.02.2007, Az. 5 K 1373/06)*

### Gewährleistungsrechte aus einem Tierübernahmevertrag

Ein mit einem Tierheim geschlossener Tierüberlassungsvertrag stellt regelmäßig keinen Kaufvertrag, sondern einen Vertrag sui generis dar, weshalb sich der Übernehmer bei einer Erkrankung des Tieres, welche schon bei der Übernahme bestand, regelmäßig nicht auf die kaufrechtlichen Gewährleistungsvorschriften berufen kann.

Wurde das Tier dem Tierheim von dritter Seite übergeben bzw. gefunden, so trifft die Mitarbeiter des Tierheims bei Überlassung des Tieres an einem Übernehmer grundsätzlich keine Aufklärungspflicht über den gesundheitlichen Zustand des Tieres, wenn eine Übernahme des Tieres wie besehen vertraglich vereinbart wurde.

*(LG Krefeld, Urteil vom 13.04.2007, Az. 1 S 79/06; juris)*

### Fundtier: Aufwendungsersatzanspruch eines Tierarztes gegenüber der Gemeinde bei Notfallbehandlung

Ein Tierarzt, der die Notfallbehandlung eines Fundtieres vornimmt und dieses danach unter Benachrichtigung der Fundbehörde längerfristig unterbringt, kann gegen die Gemeinde einen Anspruch auf Ersatz seiner Aufwendungen als Geschäftsführer ohne Auftrag haben.

*(VG Göttingen, Urteil vom 19.05.2010, Az. 1 A 288/08; juris)*

### Fundbehörde zuständig für „Anscheinsfundsache"

Bestehen maßgebliche Anhaltspunkte dafür, dass eine aufgefundene Sache nicht herrenlos ist, kann dies aber nicht mit Sicherheit festgestellt werden, so ist nach den allgemeinen Grundsätzen des Polizei-/Ordnungsrechts zur Anscheinsgefahr von einer Fundsache auszugehen („Anscheinsfundsache") und die Zuständigkeit der Fundbehörde eröffnet. Aus Gründen des Tierschutzes gilt dies erst recht für aufgefundene Tiere.

Sieht ein veröffentlichter Erlass vor, dass die örtliche Ordnungsbehörde für die Kosten der unaufschiebbaren tierärztlichen Behandlung eines Fundtieres auch dann erstattungspflichtig ist, wenn der Finder das Tier unmittelbar zu einem Tierarzt bringt, so kann die Behörde dem Ersatzanspruch nach den Grundsätzen der Geschäftsführung ohne Auftrag grundsätzlich nicht entgegenhalten, die tierärztliche Behandlung habe nicht ihrem Willen entsprochen.

*(OVG Greifswald, Urteil vom 12.01.2011, Az. 3 L 272/06; juris)*

**Stadt muss Aufwendungen für tierärztliche Versorgung eines im Stadtgebiet aufgefundenen Katers ersetzen**

Die Stadt kann sich nicht darauf berufen, dass die Tötung des Tieres kostengünstiger gewesen wäre. Die Stadt ist für einen Aufwendungsersatz gegenüber dem Tierarzt verpflichtet. Dies war hier folgerichtig, da der Tierschutzverein durch Vertrag mit der Stadt verantwortlich zur Tieraufnahme war, tagelang nicht erreichbar und eine Ermittlung des Besitzers des Tieres erfolglos war. Es war hier eine Zuständigkeit der Fundbehörde trotz Vereinbarung mit dem Tierschutzverein gegeben. Es war auch ein öffentliches Interesse an der Behandlung des Tieres gegeben.

*(Nds. OVG, Urteil vom 23.04.2012, Az. 11 LB 267/11)*

**Kostenübernahme für die Behandlung eines Fundtiers**

Eine Gemeinde hat unter Anwendung der Grundsätze der öffentlich-rechtlichen Geschäftsführung ohne Auftrag die angemessenen Kosten für die Behandlung eines auf ihrem Gemeindegebiet gefundenen Fundtiers zu übernehmen.

Im Einzelfall gilt hinsichtlich der Kostentragungspflicht, dass die Gemeinde des Fundorts bei nicht geklärter Herkunft eines Tiers für die finanziellen Folgen der Verwahrung und Versorgung einstehen muss, weil diese aufgefundenen Tiere bis zum Beweis des Gegenteils als Fundtiere anzusehen und einzuschätzen sind.

*(VG des Saarlandes, Urteil vom 24.04.2013, Az. 5 K 593/12)*

**Aufwendungen für die tierärztliche Behandlung eines Fundtiers**

Erstattung der Kosten für eine tierärztliche Behandlung eines Fundtiers durch die Fundbehörde, öffentlich-rechtliche Geschäftsbesorgung ohne Auftrag.

*(VG Aachen, Urteil vom 23.01.2017, Az. 4 K 864/14)*

### Ersatz von Aufwendungen eines Tierschutzvereins für Fundtiere

Im Zweifelsfall ist aus Gründen des verfassungsrechtlich verankerten Tierschutzgebots im Rahmen einer Regelvermutung zunächst davon auszugehen, dass ein aufgefundenes Tier nicht durch Aussetzen herrenlos geworden ist. Unter der notwendigen Beachtung des Tierschutzgebotes ist in den Fällen eines Tierfunds die Ablieferungspflicht des § 967 BGB ausnahmsweise bereits dann erfüllt, wenn das Tier einer fachkundigen Stelle (Tierheim und dgl.) überantwortet wird, der Fund der zuständigen Behörde angezeigt und ihr das Fundtier zur Aufbewahrung angeboten wird.

*(VG München, Urteil vom 16.04.2015, Az. M 10 K 14.5633)*

Dieses Urteil wurde durch nachfolgendes Urteil des BVerwG 2018 bestätigt.

### Ersatz von Aufwendungen eines Tierschutzvereins für Fundtiere

Stehen der Ablieferung eines Fundtiers bei der Fundbehörde Gründe des Tierschutzes nicht entgegen, so kann ein Tierschutzverein den Ersatz von Aufwendungen grundsätzlich nur verlangen, wenn die Fundbehörde ihn beauftragt hat, das Tier in Obhut zu nehmen.

*(BVerwG, Urteil vom 26.04.2018, Az. 3 C 5.16)*

### Ersatz von Aufwendungen eines Tierschutzvereins für Fundtier

Zwar seien die Voraussetzungen für einen Aufwendungsersatzanspruch aufgrund der auch im öffentlichen Recht anwendbaren Regeln über die Geschäftsführung ohne Auftrag grundsätzlich erfüllt. Der Anspruch bestehe aber dennoch nicht, da dem Kläger (Tierschutzverein) ein Anspruch aus dem Vertrag mit der Gemeinde (Pauschale statt vollständiger Kostenübernahme) und daher kein besonderes Interesse an der Fremdgeschäftsführung zustehe.

*(BVerwG, Beschluss vom 26.06.2024, Az. 3B 15/23)*

### Kostenübernahme für die Behandlung eines Fundtieres

Eine Gemeinde hat unter Anwendung der Grundsätze der öffentlich-rechtlichen Geschäftsführung ohne Auftrag die angemessenen Kosten für die Behandlung für ein auf ihrem Gemeindegebiet gefundenes Tier dann nicht zu übernehmen, wenn die Versorgungssituation erst durch den Tierschutzverein herbeigeführt wurde, indem dieser das Tier selbst auffindet und einfängt.

*(OVG Greifswald, Beschluss vom 15.04.2024, Az. 1LZ 464/23)*

# H Kampfhunderassen und gefährliche Hunde

Dieses Kapitel wurde von Mario Egler verfasst. Weitere Informationen zum Autor finden Sie im Autorenverzeichnis.

## H/1 Anerkannt gefährliche Hunderassen

In Deutschland gibt es 20 Hunderassen, die anerkanntermaßen als gefährlich bzw. als Kampfhunde eingestuft werden. Diese Hunderassen unterliegen gesetzlichen Auflagen (siehe dazu die in Kapitel B/2 aufgeführten landesrechtlichen Rechtsgrundlagen und die Bestimmungen der Bundesländer in Kapitel B/3).

Nachfolgend erhalten Sie eine Kurzbeschreibung der einzelnen Hunderassen.

## H/2 Designer- oder Fantasierassen zur Umgehung der Hundeverordnungen der Bundesländer

Als „Designerrassen" werden Hybriden oder Kreuzungen zwischen verschiedenen reinen Hunderassen untereinander oder mit anderen Rassen verstanden. Die Zucht von Designerrassen aus zwei unterschiedlichen Kampfhunderassen mit anderen nicht gelisteten Rassen ist eine beliebte Methode, um das Kampfhundeverbot zu umgehen. Darüber hinaus sind alle diese Rassen unmittelbare oder auch weitläufige Nachkommen ursprünglicher Kampfhunde.

Wie hoch die erbliche Belastung noch ist und gefördert oder neu aufgefrischt wird, liegt in der Verantwortung der Züchter und ihrer Käufer, die durch ihren Kauf den Trend mitbestimmen. Als Beispiel kann der American Bully dienen, der je nach Farbe und imposantem Körperbau einen Welpenpreis bis 5.000 Euro erzielen kann.

Die Namen der Rassen sind frei erfunden oder wurden der Geschichte entnommen und sind von internationalen Zuchtverbänden meist nicht anerkannt.

Hier eine Auflistung der aktuell bekannten Designerrassen:

- Alternativ Bulldog
- American Bully

- American Mastiff
- Antikdogge
- Boerboel
- Continental Bulldog
- Hermes Bulldog
- Holsteiner Griffer
- Olde English Bulldog
- Olde Time English Bulldogg
- Phoenix Bull
- Preußen Bulldog
- Recent Modern English Bulldog
- Renascence Bulldog
- Saupacker
- U-Can-Bulldog
- Ultimate Bulldog
- Vintage English Bulldog
- XXL Bulldog
- Alauntbull
- Alba Bull
- Siambull

**Bitte beachten Sie: Diese Hunde sind oftmals als Kampfhunde anzusehen und zu beurteilen!**

Als besonders auffällig hat sich auch der „Schafspudel" erwiesen. Diese alte deutsche Hütehunderasse ist aufgrund eines extrem hohen Verhältnisses von Population zu Bissvorfällen als gefährlich anzusehen

# Alano

Ursprungsland: Deutschland

*Quelle: Getty Images*

### Geschichte

Der Deutsche Alano hat nichts mit dem Alano Español, dem Dogo Canario oder dem Presa Canario zu tun. In Italien wird die Deutsche Dogge als Alano bezeichnet. In den 1980er-Jahren gab es eine Gruppe, die diese Rasse herangezüchtet hat, um vor allem Kunden aus dem Milieu, Rechtsradikale und Extrem-Hundesportler mit sogenannten „Leistungshunden" zu versorgen. Um ihre Mischlinge zu horrenden Preisen verkaufen zu können, wurde eine Geschichte über die Wiederbelebung einer alten Rasse erfunden. Der Alano wurde beschrieben als „ernstzunehmender Kämpfer, Wächter und Schutzhund für Personen und Besitz. Viel Kampftrieb." (aus: Sewerin, Rudolf: Der Alano und seine Söhne).
Um diese Rasse zu schaffen, verwendete man Presa Canario und Presa-Canario-Mischlinge, Cane Corso und Cane-Corso-Mischlinge und kreuzte immer wieder vereinzelt Pitbull-Terrier ein, um die Tiere in der Leistung noch mehr zu steigern.

### Charakter

Sehr hoher Kampftrieb, extreme Wachsamkeit mit sehr hohem Schutztrieb. Beim Züchter und Halter liegt eine hohe Verantwortung in der Sozialisierung und Aufzucht. Der Hund ist sonst sehr schnell nicht mehr beeinflussbar. Es gibt aber auch Fachleute, die versuchen, diesen Hund als Sporthund mit ausgeglichenem Charakter und hoher Reizschwelle zu züchten.

### Maße

Größe: Rüde 58 bis 68 cm, Hündin 55 bis 65 cm
Gewicht: Rüde 35 bis 45 kg, Hündin 33 bis 43 kg

**Farben**
Gestromt und einfarbig: sandfarben, falb, rot, beige, grau, braun oder schwarz in allen Schattierungen, meist mit weißen Abzeichen. Auch weiß mit Platten. (Quelle: Baumgartner, Stefan; Schlechtizky, Markus: Der Alano. Eine Rassebeschreibung)

**Erscheinungsbild**
Kleinere, kurzhaarige Doggenart, übermittelgroß, gestreckt, sehr muskulös und leistungsfähig. Zähne und Kiefer: Schere oder Zange.

**Verwechslungsgefahr**
Eine Verwechslungsgefahr besteht vor allem mit den Rassen Presa Canario, Bandog, Tosa Inu, Pitbull, Dogo Canario und anderen Molossern.

**Weitere Informationen**
www.alano.de

## American Bulldog

Ursprungsland: USA

Quelle: Getty Images

**Geschichte**
Die Rasse American Bulldog ist keine von der FCI anerkannte Rasse und im Aussehen und Erscheinungsbild auch nicht unbedingt einheitlich. Es gibt die Typen Bully, Classic, Johnson, Standard und sogenannte Hybriden. Bei diesen Hybriden handelt es sich eigentlich um Kreuzungen aus den anderen Formen, allerdings

kam es auch immer wieder zu Einkreuzungen mit hohem Terrieranteil. Die Ursprünge dieser Züchtungen begannen in den 1960-Jahren in den USA und hatten zum Ziel, einen Bulldogtyp zu schaffen, der trotz seines markanten Bulldogkopfes nicht mit den gesundheitlichen Problemen der Englischen Bulldogge belastet sein sollte. Der American Bulldog war als Familien-, Begleit-, Sport-, Arbeits-, Schutz- und Jagdhund gedacht.

**Charakter**
Bulldoggentypisch neugierig, aufgeschlossen und etwas exzentrisch. Je nach Linie ein gut geeigneter Familien-, Sport- oder Hofhund, der einen Halter mit etwas Erfahrung und eine gerade Führung braucht.

**Maße**
Größe: Rüde 56 bis 71 cm, Hündin 51 bis 66 cm
Gewicht: Rüde 35 bis 60 kg, Hündin 30 bis 50 kg

**Farben**
Weiß oder weiß mit Flecken unterschiedlicher Ausdehnung in allen Schattierungen von gestromt über braun bis rot oder gelbbraun.

**Erscheinungsbild**
Das markanteste Merkmal ist der Vorbiss, d.h., der Unterkiefer ist länger als der Oberkiefer, sodass man nur an die Bulldoggen aus den Walt-Disney-Trickfilmen zu denken braucht, um einen American Bulldog bildlich vor Augen zu haben.
Insgesamt ist der American Bulldog ein athletischer, temperamentvoller und mittelgroßer bis großer Hund, der über große Kraft, Beweglichkeit und Sicherheit verfügt.
(Quelle: American Bulldog National Alliance (ABNA): Offizieller American-Bulldog-Standard. Aus dem Englischen übersetzt von Gesa Fenge)

**Verwechslungsgefahr**
Mit Bandog und Alano.

**Weitere Informationen**
www.zooroyal.de/magazin/hunde/hunderassen/american-bulldog/

# American Pit Bull Terrier

Ursprungsland: Amerika

Quelle: Getty Images

## Geschichte

Der American Pit Bull Terrier ist das Produkt zielgerichteter Kreuzungen von alten Molossern mit Terriern und Bulldoggen. Das Ziel war es, einen Hund zu schaffen, den man in Pits (Kampfarenen) zu Kämpfen gegen Ratten, Dachse und Hunde einsetzen konnte. Diese schon seit Anfang des 19. Jahrhunderts verbotenen Kämpfe brachten den Besitzern erfolgreicher Hunde viel Geld und Ruhm ein. American Pit Bull Terrier sind Hunde mit überdurchschnittlicher Kraft; so stellte ein Exemplar von 32 kg den Rekord im Gewichtziehen auf, indem es 907 kg bewegte. Es gibt viele Bewunderer dieser Rasse, die begeistert sind von der familiäreren und freundlichen Art gut sozialisierter Rassevertreter: Theodore Roosevelt, Thomas Edison, Jimmy Carter, Michael J. Fox oder James Caan, um nur einige zu nennen.

## Charakter

Ein selbstbewusster und sehr temperamentvoller Hund, der seinem Besitzer gefallen möchte. American Pit Bull Terrier sind sehr verspielt und haben einen starken Bewegungsdrang. Oft sehr ungestüm und sich ihrer Kraft nicht bewusst, sind sie rabiat im Umgang mit anderen Hunden, wodurch es schnell zu Beißereien kommen kann. Sie sind sehr lernfähig, mutig und auch zäh, wenn es darum geht, etwas zu erreichen, was sie wollen. Das A und O sind die richtige Sozialisierung, die richtige Zucht und der richtige Halter.

## Maße

Größe: Rüde 40 bis 55 cm, Hündin 30 bis 50 cm
Gewicht: Rüde 15 bis 35 kg, Hündin 13 bis 25 kg

**Farben**
Alle Farben sind zulässig.

**Erscheinungsbild**
Der American Pit Bull Terrier fällt auf als ein Hund von Kraft, Leidenschaft und ständiger Bereitschaft. Der kräftige Kopf und die besonders starken Wangenmuskeln sowie der dick bemuskelte Hals sind gut definiert. Der Hals läuft in einer tiefen, dicken, gut gewölbten Brust aus. Es ist ein sehr muskulöser, stämmiger, aber agiler und für seine Größe sehr starker Hund.

**Verwechslungsgefahr**
Mit anderen Terriern und Mischlingen.

**Weitere Informationen**
www.dogbreedinfo.com/americanpitbull.htm

## American Staffordshire Terrier

Ursprungsland: USA

*Quelle: Getty Images*

**Geschichte**
Der sogenannte Amstaff ist aus dem englischen Staffordshire Bull Terrier und Einkreuzungen von Altenglischen Bulldoggen und anderen Terrierrassen entstanden. Er kam Mitte des 19. Jahrhunderts nach Amerika, um dort in den Pits (Kampfarenen) eingesetzt zu werden. Durch die amerikanischen Züchter wurden die Größe und das Gewicht dieser Tiere erhöht. Die Hunde wurden Bull-

and-Terrier, Half-and-Half, Pit Dog, Pit Bull Terrier, American Bull Terrier und auch Yankee Terrier genannt.
Im Jahr 1936 wurde die Rasse als „Staffordshire Terrier" anerkannt, 1972 kam noch das Wort „American" dazu.

**Charakter**
Die Zeiten, in denen er in den Pits eingesetzt wurde, sind seit gut 100 Jahren vorbei, trotzdem lastet auf ihm noch immer dieser Fluch. Heutzutage wird diese Rasse mit Erfolg als Therapie-, Rettungs- und Sporthund eingesetzt. American Staffordshire Terrier sind wegen ihrer vergleichsweise geringen Größe, des kurzen, pflegeleichten Fells und ihrer Menschenfreundlichkeit aus vielen Familien – auch in Stadtwohnungen – nicht mehr wegzudenken. Sie zeigen ein großes Interesse an allem, was in ihrer Nähe vor sich geht. Es sind sehr anhängliche Hunde mit viel Temperament und Power, lernfähig und mit großem Bewegungsdrang. In meiner 22-jährigen Tätigkeit als Hundefänger bin ich nicht einmal von solch einem Hund gebissen worden.

**Maße**
Größe: Rüde 46 bis 48 cm, Hündin 43 bis 46 cm
Gewicht: Rüde 20 bis 23 kg, Hündin 18 bis 20 kg

**Farben**
Jede Farbe – einfarbig, mehrfarbig oder gefleckt – ist zulässig, jedoch sollten mehr als 80 % Weiß, Schwarz mit Brand, trikolor und leberfarben nicht gefördert werden.

**Erscheinungsbild**
Der American Staffordshire Terrier sollte für seine Größe den Eindruck von großer Stärke vermitteln. Er sollte ein solide gebauter Hund sein, der muskulös, aber beweglich und gefällig wirkt, außerdem untersetzt und gedrungen, nicht langbeinig oder leicht gebaut. Kräftige Backenmuskeln und eine stark bemuskelte Hinterhand zeichnen diese Rasse aus.

**Verwechslungsgefahr**
Mit Bandog, Alano und Pitbull.

**Weitere Informationen**
www.zooroyal.at/magazin/hunde/hunderassen/american-staffordshire-terrier/

# Bandog

Ursprungsland: USA

*Quelle: Getty Images*

**Geschichte**

Als Bandog und Acathena bezeichnete man im Mittelalter Molosser, die als Wächter großer Anwesen tagsüber angekettet waren (Kettenhunde) und nachts frei liefen, um Wilddieben und Eindringlingen das Handwerk zu legen. Sie wurden auch als Schreckenshunde bezeichnet, weil sie „keine Gefangenen machten". Vor 1600 nannte man die Vorfahren der Bulldogge auch Bandogge oder Butcher-Dogge.

**Charakter**

Der Charakter des heutigen Bandog ist dagegen auf das Betreiben eines amerikanischen Züchters zurückzuführen, den Tierarzt John Swinford. Er wollte einen Hund züchten, der abschreckend und aggressiv sein sollte. Daher kreuzte er Molosser (Mastiff, Rottweiler, Mastino – wegen der Größe und des Gewichts) mit Pitbull-Terriern (wegen des sportlichen und triebigen Charakters).

Der Bandog ist von hoher Agilität und insgesamt ein intelligenter und sehr gut kontrollierbarer Hund.

Er wird vor allem als Schutz- und Wachhund eingesetzt und hat eine recht niedrige Reizschwelle, die abhängig ist von der Zucht und Sozialisierung. Kein Hund für einen Anfänger, der Bandog kann sehr gefährlich werden.

**Maße**

Größe: Rüde 63 bis 73 cm, Hündin 60 bis 68 cm

Gewicht: Rüde 55 bis 70 kg, Hündin 50 bis 58 kg

**Farben**
Alle Farben außer Reinweiß mit und ohne Maske.

**Erscheinungsbild**
Ideal sind ein breiter Schädel, eine starke Schnauze, ein mittlerer bis langer Fang je nach Stamm, breite Schultern und eine mächtige Brust.

**Weitere Informationen**
www.zooroyal.de/magazin/hunde/bandog/

## Bullmastiff

Ursprungsland: England

Quelle: Getty Images

**Geschichte**
Ende des 19. Jahrhunderts entstand aus der Kreuzung des Mastiffs mit der zur damaligen Zeit langbeinigeren und größeren Englischen Bulldogge der Bullmastiff. Die ersten Hunde wurden zunächst Gamekeeper's Night Dogs genannt und gegen Wilderer eingesetzt. Die Anerkennung als Rasse erfolgte 1924. Mit der sozialen Umstrukturierung und Auflösung der riesigen englischen Landsitze wurde der Gamekeeper's Night Dog als Begleithund des Wildhüters arbeitslos. Zunächst noch als Polizeihund im Einsatz, ist er heute nicht nur in England, sondern auch in Deutschland ein beliebter und geschätzter Familien- und Begleithund.

**Charakter**

Seine hohe Reizschwelle verhindert, dass er grundlos Menschen oder Tiere angreift. Er hat ein anpassungsfähiges Wesen, verbunden mit Ruhe und Gelassenheit. Der Bullmastiff ist allerdings auch stur und eigenwillig. Man kann von ihm keinen absoluten Gehorsam erwarten. Die Erziehung sollte konsequent, abwechslungsreich und nicht mit Gewalt erfolgen. Vom Schutzhundesport ist bei einem Bullmastiff abzuraten.
Er ist solide und aktiv. Lebhaftigkeit, Wachsamkeit und Treue zeichnen ihn aus.

**Maße**

Größe: Rüde 63 bis 70 cm, Hündin 62 bis 67 cm
Gewicht: Rüde 57 bis 60 kg, Hündin 40 bis 54 kg

**Farben**

Jegliche Schattierung von gestromt bis rehbraun oder rot mit schwarzer Maske.

**Erscheinungsbild**

Der Kopf ist von allen Seiten betrachtet groß und quadratisch und zeigt leichte Stirnfalten. Der Bullmastiff ist kraftvoll, er zeigt große Stärke, ohne dabei schwerfällig zu wirken. Im Gesamtbild ist er von einer imposanten, kräftigen und muskulösen Erscheinung, die trotzdem Ruhe ausstrahlt.

**Weitere Informationen**

www.zooroyal.de/magazin/hunde/hunderassen/bullmastiff/

# Dobermann

Ursprungsland: Deutschland

Quelle: Getty Images

### Geschichte

Die Dobermannrasse führt als einzige Rasse den Namen ihres ersten bekannten Züchters, Friedrich Louis Dobermann (02.01.1834 bis 09.06.1894).

Laut Überlieferung war Abdeckereibesitzer Dobermann nebenbei städtischer Hundefänger und hatte das gesetzliche Recht, alle frei umherlaufenden Hunde einzufangen. Zur Zucht paarte er aus diesem Reservoir besonders scharfe Hunde. Sein Lieblingshund, eine mausgraue Hündin Namens „Schnuppe", nicht Schäferhund, nicht Pinscher, war demnach nichts weiter als ein Kreuzungsprodukt aus dem damals vorhandenen Hundebestand um Apolda. Diese Hündin paarte er mit einem Fleischerhund, einer Art Vorläufer des Rottweilers vermischt mit einer Art Schäferhund, der in Thüringen in schwarz mit rostroten Abzeichen vorhanden war. Außerdem sollen noch Bastards aus Pinscher- und Jagdhundarten verwendet worden sein.

Mit dieser Mischung von Hunden soll Dobermann in den 70er-Jahren des 19. Jahrhunderts gezüchtet haben. Er erhielt dadurch „seine Rasse", d.h. Gebrauchshunde, die nicht allein wachsam, sondern auch „mannfeste Hof- und Haushunde" waren. Sie wurden viel als Hüte- und Polizeihunde eingesetzt. Die zahlreiche Verwendung im Polizeidienst führte damals zu dem Beinamen „Gendarmenhund".

### Charakter

Die Charaktereigenschaften des Dobermanns prädestinieren ihn zum idealen Gebrauchshund. Er ist sehr temperamentvoll, intelligent, aufmerksam, robust und wesensfest.

**Maße**
Größe: Rüde 68 bis 72 cm, Hündin 63 bis 68 cm
Gewicht: Rüde 40 bis 45 kg, Hündin 32 bis 35 kg

**Farben**
Die Farbe ist schwarz oder braun mit rostrotem, scharf abgegrenztem und sauberem Brand. Der Brand befindet sich am Fang, als Fleck auf den Backen und oberhalb der Augenbrauenbögen, an der Kehle, als zwei Flecken auf der Brust, an den Mittelfüßen und Pfoten, an den Innenseiten der Hinterschenkel, am After und an den Sitzbeinhöckern.

**Erscheinungsbild**
Der Dobermann ist mittelgroß, kräftig und muskulös gebaut. Durch die elegante Linienführung seines Körpers, die stolze Haltung, das temperamentvolle Wesen und seinem Ausdruck von Entschlossenheit entspricht er dem Idealbild eines Hundes.

**Verwechslungsgefahr**
Eine Verwechslungsgefahr besteht mit einem großen Pinscher.

**Weitere Informationen**
www.dobermann.de

# Dogo Argentino

Ursprungsland: Argentinien

Quelle: Getty Images

### Geschichte

Als „Begründer" des Dogo Argentino gilt Dr. Antonio Nores Martínez, ein Arzt aus der Gegend um Cordoba, der 1928 den ersten Standard für den sportlichen Jagdhund festlegte. Das weiße Fell sollte den Jägern dabei helfen, ihren Dogo Argentino im Eifer des Gefechts vom Wild zu unterscheiden. Der Dogo Argentino stammt aus Kreuzungen von den Rassen Deutsche Dogge, Boxer, Mastín de los Pirineos, Irischer Wolfshund, Mastiff, Dogue de Bordeaux und Pointer mit dem Perro de Pelea Cordobes. Der Dogo Argentino wurde und wird in seiner Heimat als Jagdhund, insbesondere für die Wildschweinjagd, eingesetzt, wegen seiner Unerschrockenheit aber auch für die Jagd auf Pumas. In Argentinien hat der Dogo Argentino etwa den Stellenwert wie hierzulande unser Deutscher Schäferhund und wird beim Militär, Zoll und bei der Polizei als Rauschgiftspür- und Diensthund eingesetzt. Ebenso findet er auch als Rettungs- oder Blindenhund Verwendung.

### Charakter

Dogos sind freundliche, gutmütige Hunde. Sie haben einen starken Charakter, sind selbstsicher und nervenfest. Sie brauchen daher eine konsequente Erziehung. Der Dogo Argentino neigt zur Dominanz gegenüber anderen (vor allem gleichgeschlechtlichen) Hunden. Außerdem hat er einen gewissen Jagdinstinkt und ist recht wachsam.

### Maße
Größe: Rüde 62 bis 68 cm, Hündin 60 bis 65 cm
Gewicht: Rüde 40 bis 45 kg, Hündin 35 bis 38 kg

### Farben
Reinweiß. Um das Auge herum ist ein Farbfleck von schwarzer oder dunkler Farbe zulässig; dieser darf nicht mehr als 10 % der Fläche des Kopfes einnehmen. Bei gleichwertigen Exemplaren sollte der Richter immer zugunsten desjenigen Hundes entscheiden, der vom reinsten Weiß ist.

### Erscheinungsbild
Ein Dogo Argentino erscheint durch seine mächtige Muskulatur, die ruhige Gangart und seine selbstsicheren, gezielten, raschen Reaktionen wie ein vollkommener Athlet. Er zeigt stets eine große Bewegungsfreude.

### Weitere Informationen
www.dogo-argentino-deutschland.de

## Dogue de Bordeaux (Bordeauxdogge)
Ursprungsland: Frankreich

*Quelle: Getty Images*

### Geschichte
Die Bordeauxdogge, deren Ursprungsland Frankreich ist, ähnelt in der Größe dem Bullmastiff, ist aber um Jahrhunderte älter. Sie stammt von den alten Molossern ab, die aus der römischen Arena mit den Feldzügen nach Gallien kamen,

und ist eng mit dem Mastiff Asiens verwandt. Etwa Ende des Mittelalters wurde aus dem „Gladiator" ein Viehtreiber – keine so gloriose Aufgabe für die Bordeauxdogge, aber vermutlich viel sicherer. Als die Tierkämpfe verboten wurden und auch die Nachfrage nach Viehtreibern immer mehr sank, diente die Rasse mehr und mehr dem persönlichen Schutz. Ihre majestätische Anwesenheit war für viele Landsitze eine Zierde.

**Charakter**
Bei der Bordeauxdogge handelt es sich um einen extrem ruhigen Hund mit einer hohen Reizschwelle. Diese Hunde beantworten eine Provokation meist mit Gleichgültigkeit. Eine gewisse Art von Phlegma ist typisch für sie. Ab einer Temperatur von 25 °C sind sie zu keinen größeren sportlichen Leistungen mehr zu bewegen.
Sie sind gutmütig, anhänglich und unterwürfig. Gerne umschmeicheln sie ihren Herrn, besitzen einen feinen Instinkt, keinerlei Rauflust und beißen sehr ungern. Bei all dieser Ausgeglichenheit ist die Bordeauxdogge durchaus selbstbewusst – mit einem Wort: ein liebenswerter Hund.

**Maße**
Größe: Rüde 60 bis 68 cm, Hündin 58 bis 66 cm
Gewicht: Rüde 50 bis 65 kg, Hündin 45 bis 55 kg

**Farben**
Einfarbig in allen Abstufungen der Falbfarbe von mahagoni- bis isabellfarben mit oder ohne schwarze Maske.

**Erscheinungsbild**
Vom Typ eines kurzköpfigen Molossers mit konkaver Linienführung. Die Bordeauxdogge ist ein sehr kräftiger Hund. Sie ist eher bodennah gebaut, d.h., die Entfernung Brustbein – Boden ist um weniges geringer als die Brusttiefe. Stämmig, athletisch und sehr respekteinflößend. Der gewaltige trapezförmige Kopf, die tiefen Falten, die hängenden Lefzen und der kurze Fang mit dem vorgeschobenen Unterkiefer prägen das unverwechselbare Erscheinungsbild dieser Rasse.

**Verwechslungsgefahr**
Eine Verwechslungsgefahr besteht mit dem Bullmastiff.

**Weitere Informationen**
www.zooroyal.de/magazin/hunde/hunderassen/bordeaux-dogge/

# Fila Brasileiro

Ursprungsland: Brasilien

*Quelle: Getty Images*

### Geschichte

Der Fila Brasileiro stammt aus Kreuzungen zwischen Hunden, die mit den spanischen und portugiesischen Eroberern ins Land kamen. So wurden Bluthunde, Mastiffs, Windhunde, Hetz- und Packerhunde wie Alanos und auch Hirtenhunde eingekreuzt. In Brasilien kam es noch in den 1970-Jahren zu heimlichen Einkreuzungen mit dem Mastiff, dem Mastino und der Deutschen Dogge. Eingesetzt wurden diese Hunde als Jagd- und Wachhunde sowie als Beschützer.

### Charakter

Seine unbestechliche Zuverlässigkeit als Wachhund resultiert aus seinem immer noch natürlichen Misstrauen fremden Personen gegenüber. Bis heute ist er eine sehr territoriale Hunderasse geblieben. Er zeigt sich zwar neugierig und offen, wird aber ein schnelles Anfreunden mit fremden Personen ablehnen. Alles, was zum Haus und Hof gehört, egal ob Mensch oder Tier, wird von ihm geliebt und bedingungslos beschützt.

### Maße

Größe: Rüde 65 bis 75 cm, Hündin 60 bis 70 cm
Gewicht: Rüde 50 bis 65 kg, Hündin 40 bis 55 kg

### Farben

Gestromt auf einfarbigem Untergrund (alle Farben) mit mehr oder weniger dunklen Streifen. Eine schwarze Maske kann, muss aber nicht vorhanden sein. Bei allen erlaubten Farben dürfen weiße Abzeichen an den Pfoten, der Brust und der Rutenspitze vorhanden sein. Weiße Flecken auf dem übrigen Haarkleid werden als Fehler gewertet.

**Erscheinungsbild**
Typisch molossoide Rasse. Kraftvolle Knochen, rechteckiger Aufbau, kompakt, dennoch harmonisch und gut proportioniert. Zu seiner Schwere gesellt sich eine leicht erkennbare Behändigkeit. Hündinnen müssen ausgesprochen zierlich sein, was sie auf den ersten Blick von einem Rüden unterscheidet.

**Verwechslungsgefahr**
Eine Verwechslungsgefahr besteht mit Cane Corso, Tosa Inu, Dogo Canario und anderen Molossern.

**Weitere Informationen**
www.zooroyal.at/magazin/hunde/fila-brasileiro/

## Kangal

Ursprungsland: Türkei

*Quelle: Getty Images*

**Geschichte**
Der heutige Kangal ist das Produkt der „ursprünglichen" prähistorischen Hunde, die wir aus archäologischen Funden neolithischer Zeit (7000 v.Chr. in Burdur Hacilar, westliche Türkei, Çatal Hüyük, Yümüktepe und Konya) kennen, mit Hunden aus der Zeit der zentralasiatischen Völkerwanderungen – eine Brücke zwischen Ost und West. Unter dem volkstümlichen Namen „Karabash" (Schwarzkopf)

wurde der Kangal schon 1592 von H. Grüner in dem Buch „Reise in die Türkei" detailliert beschrieben. Die Rasse ist nach der Gegend Kangal (Provinz Sivas in Anatolien) benannt. Obwohl das Gebiet, aus welchem der Kangal vermutlich stammt, räumlich eher begrenzt ist, verstehen fast alle Türken diesen Hund als nationales Kulturgut. Die türkische Regierung beschloss im Jahr 2003 eine absolute Ausfuhrsperre für den Kangal aus der Provinz Sivas, auch für türkische Staatsbürger. Der Sivas-Kangal wird nun laut türkischer Staatsverfassung offiziell als Kulturgut eingestuft.

**Charakter**
Diese Hunde sind dafür gezüchtet, sehr eigenständig zu agieren und selbst zu entscheiden, was für ihre Schutzbefohlenen eine Bedrohung darstellt. Der Kangal ist ein Hund mit einem ausgeprägten, guten Sozialverhalten und – obwohl situativ eher dominant – durchaus sehr flexibel in seinem Verhalten. Die große Mehrzahl der Kangals freut sich über fremden Besuch, und umso mehr, wenn es sich um bekannte Gesichter handelt. Das bedeutet aber nicht, dass man das Grundstück bzw. Territorium eines Kangals in Abwesenheit des Hundehalters betreten sollte! Fremden Personen gegenüber zeigt der Kangal ein freundliches bis gleichgültiges Verhalten, bei Anwesenheit des Hundehalters auch auf dem eigenen Territorium. Er verfügt über ein sehr feines Gespür dafür, wann Gefahr droht. Auf Bedrohungen und Gewalt reagiert er mit gut abgestimmten Gegenmaßnahmen.

**Maße**
Größe: Rüde 70 bis 85 cm, Hündin 65 bis 75 cm
Gewicht: Rüde 50 bis 70 kg, Hündin 40 bis 55 kg

**Farben**
Die Fellfarbe variiert von Sandfarben bis Grau, immer mit schwarzer Maske und schwarzen Ohren. Weiße Abzeichen sind höchstens bis zu den Knien und an der Brust akzeptabel.

**Erscheinungsbild**
Seine Erscheinung soll mächtig wirken, von kraftvoller Gestalt, gut bemuskelt und mit einer starken Knochenstruktur. Er ist für weite und/oder hohe Sprünge prädestiniert. Der Hund ist sehr geländegängig und beweglich.

**Verwechslungsgefahr**
Eine Verwechslungsgefahr besteht mit anderen Herdenschutzhunden.

**Weitere Informationen**
www.kangal-altin-arkadash.de

# Kaukasischer Owtscharka

Ursprungsland: Russland

*Quelle: Mario Egler mit www.owtscharka-hunde.de*

## Geschichte

Der Kaukasische Owtscharka ist eine alte Hirtenhundrasse. Die Herkunftsregion dieser imposanten Hunde ist der Kaukasus mit seinen angrenzenden Gebieten. Am meisten verbreitet sind sie in Armenien, Aserbaidschan und Dagestan. Vertreter dieser Rasse sind des Weiteren in den Steppengebieten des Nordkaukasus und im Gebiet Astrachan beheimatet. Seit ca. 600 Jahren existiert diese Hunderasse nachweislich. Allerdings schätzt man, dass sie sehr viel älteren Ursprungs ist. Heute findet der Kaukasische Owtscharka immer mehr Liebhaber.

Die Geschichte dieser Hunde ist von ihrem Dasein als Gebrauchshunde geprägt, wegen ihrer Vielseitigkeit wurden sie auch vom sowjetischen Militär gezüchtet und als Wachhunde sowohl in Kriegs- als auch in Friedenszeiten eingesetzt. Als die Kaukasischen Owtscharki nach und nach im Westen bekannt wurden, nahm ihre Reputation in Sachen Auffassungsgabe und Schutzdienst trotz der veränderten Lebensumstände keinen Schaden. Sie sind damals wie heute mutige Beschützer, zuverlässige Wächter und kompromisslose Herdenschutzhunde.

## Charakter

Im Familienkreis ist der Kaukasische Owtscharka ausgesprochen anhänglich und sensibel; ihm unbekannten Personen gegenüber ändert sich dieses Verhalten, vor allem bei Bedrohung, schlagartig: Da er über eine angeborene Schärfe verfügt, verhält er sich Fremden gegenüber zurückhaltend und misstrauisch. Dieser angeborene Wach- und Schutzinstinkt kann schnell außer Kontrolle geraten, wenn der Besitzer diesen Trieb z.B. auf einem Hundeplatz gezielt fördert. Dann kann ein Kaukasischer Owtscharka eine Gefahr für den Menschen werden.

**Maße**
Größe: Rüde 65 bis 75 cm, Hündin 62 bis 72 cm
Gewicht: Rüde 50 bis 70 kg, Hündin 40 bis 55 kg

**Farben**
Die Farbe variiert von unterschiedlichem Grau bis hin zu verschiedenen, meist hellen bis rostfarbenen Tönen. Aber auch strohgelbe und weiße, erdfarbene, gestromte, gescheckte und gepunktete Exemplare gibt es. Gescheckte und gestromte Hunde haben stets eine graue Unterwolle.

**Erscheinungsbild**
Kaukasische Owtscharki sind übermittelgroße bzw. große Hunde von kräftigem bis grob-kräftigem Körperbau, der Gesamteindruck ist aber harmonisch. Sie haben einen massiven Knochenbau und eine starke Muskulatur. Die Haut ist stark, aber elastisch, das Fell dicht und üppig, die Rute buschig mit langen schweren Haaren.

**Verwechslungsgefahr**
Eine Verwechslungsgefahr besteht mit anderen Herdenschutzhunden.

**Weitere Informationen**
www.koc-ev.de

# Mastiff

Ursprungsland: England

Quelle: Getty Images

### Geschichte

Der Mastiff ist ein sehr alter Hundetyp, bereits in der babylonischen Zeit (ungefähr 2200 v.Chr.) wurden diese Hunde auf Wandreliefs abgebildet. Sie wurden als Wachhunde sowie als Kriegs- und Kampfhunde in der Arena gegen gefährliche Raubtiere eingesetzt. Mitte des 19. Jahrhunderts wurde die Rasse neu aktiviert.

### Charakter

Trotz seiner Größe ist der Mastiff ein friedlicher, ruhiger, ausgeglichener und gutmütiger Vierbeiner. Seine Reizschwelle ist sehr hoch. Wenn ihm eine Situation fremd ist, reagiert er eher abwartend und beobachtet zurückhaltend das Geschehen, was man z.B. gut an der dann faltigen Stirn des Mastiffs erkennen kann. Seine Familie und sein Grundstück bewacht und verteidigt dieser Hund gut. Deshalb findet er oft als Wachhund für große Anwesen Verwendung.

### Maße

Größe: Rüde 68 bis 78 cm, Hündin 65 bis 75 cm
Gewicht: Rüde 80 bis 86 kg, Hündin 70 bis 75 kg

### Farben

Apricot-braun, silber-braun, rehbraun oder dunkelbraun gestromt. Auf jeden Fall sollten Fang, Ohren und Nase schwarz und die Augen schwarz umrandet sein, wobei sich das Schwarz zwischen den Augen nach oben ausbreiten sollte.

**Erscheinungsbild**
Der Mastiff ist ein großer, massiger Hund, der dabei aber wohlproportioniert ist. Er hat einen breiten Brustkorb und einen gut bemuskelten Körper.

**Verwechslungsgefahr**
Mit Boerboel, Fila Brasileiro, Bullmastiff und anderen Molossern möglich.

**Weitere Informationen**
www.zooroyal.de/magazin/hunde/hunderassen/mastiff/

# Mastín Español

Ursprungsland: Spanien

Quelle: Thinkstock

**Geschichte**
Der Mastín Español ist ein großer Herdenschutzhund. Ursprünglich mit den Phöniziern gelandet, waren sie Teil der alten Herdenwanderungen in den südlichen Gebieten Spaniens. Der Mastín Español wurde in Spanien schon im 12. Jahrhundert dazu gebraucht, die großen Schafherden im Norden des Landes vor den natürlichen Feinden – Wölfen und Bären – und sonstigen Viehdieben zu schützen. Daraus resultierten die enorme Größe und Wucht sowie die sehr lose Haut und die Wamme, die dazu dienten, vor eventuellen Verletzungen etwas geschützt zu sein und sich bei einem Festbiss im eigenen Fell drehen zu können. Überwiegend wurde die Rudelhaltung bevorzugt.

**Charakter**
Der Mastín Español ist ein ruhiger, souveräner und ausgeglichener Herdenschutzhund. Wie alle Herdenschutzhunde hat er einen angeborenen Wach- und Schutztrieb, der vor allem nachts voll zur Geltung kommt. Haus und Familie bewacht er völlig selbstständig. Er braucht engen Familienkontakt und einen konsequenten Besitzer mit Durchsetzungsvermögen. Kadavergehorsam kann von diesem Hund nicht erwartet werden.

**Maße**
Größe: Rüde 77 bis 82 cm, Hündin 72 bis 76 cm
Gewicht: Rüde 80 bis 90 kg, Hündin 70 bis 80 kg

**Farben**
Alle Farben sind erlaubt. Häufig einfarbig: gelb, falbfarben, rot, schwarz, wolfsgrau und hirschrot – gestromt, gescheckt oder mit Mantel.

**Erscheinungsbild**
Der Mastín Español ist ein großer, schwerer Hund mit harmonischen Proportionen, kräftig und muskulös mit kompaktem Knochengerüst. Die Gestalt ist nicht ganz quadratisch, d.h., die Körperlänge übertrifft die Schulterhöhe.

**Verwechslungsgefahr**
Mit Rafeiro do Alentejo, Galgo Español, Kangal und Kuvasz.

**Weitere Informationen**
www.hirtenhundewelt.de/pages/062-mas.html

# Mastino Napoletano

Ursprungsland: Italien

Quelle: Getty Images

## Geschichte

Der Mastino ist ein Nachkomme der Molosser, die in der römischen Arena als Kampfhunde eingesetzt wurden. Über viele Jahrhunderte wurden sie als Kriegs-, Kampf- und Wachhunde verwendet.

## Charakter

Beständiges, treues Wesen, ohne Grund weder aggressiv noch bissig. Dem Heim und seinen Bewohnern ist der Mastino Napoletano ein stets wachsamer Beschützer, intelligent, edel und majestätisch. Er ist und bleibt aber ein Hund, der in erfahrene Hände gehört. Die Züchter sollten sehr verantwortungsbewusst sein und in die Sozialisierung der Welpen und die Zuchtauswahl viel Erfahrung einfließen lassen.

Wird ein Welpe frühzeitig an den Umgang mit Menschen gewöhnt, wird er ein ruhiger, freundlicher und anhänglicher Begleiter, der seiner Familie treu ergeben ist.

## Maße

Größe: Rüde 65 bis 75 cm, Hündin 60 bis 68 cm

Gewicht: Rüde 60 bis 70 kg, Hündin 50 bis 60 kg

## Farben

Die bevorzugten Farben sind Grau, Bleigrau und Schwarz, aber auch Braun, Falb und Hirschrot, manchmal mit kleinen weißen Flecken an Brust und Zehenspitzen. Alle Farben dürfen gestromt sein.

**Erscheinungsbild**
Schwerer, massiger, stämmiger und großer Hund, dessen Körperlänge die Wideristhöhe übertrifft.

**Verwechslungsgefahr**
Mit Cane Corso.

**Weitere Informationen**
www.zooroyal.de/magazin/hunde/mastino-napoletano

## Perro de Presa Canario

Ursprungsland: Spanien

*Quelle: Getty Images*

**Geschichte**
Der Presa Canario („Presa" steht für „Packen") ist ein Nachkomme der Kriegs- und Kampfhunde, welche die spanischen und portugiesischen Eroberer bei der Eroberung der Neuen Welt mit sich führten. Bei den Zwischenhalten auf den Kanarischen Inseln sind diese Hunde zum Teil entwichen oder wurden ausgesetzt. Über viele Jahrhunderte wurden sie bis zum Verbot der Kämpfe Anfang des 20. Jahrhunderts als Kriegs-, Kampf- und Wachhunde eingesetzt. Sie waren auch auf allen ländlichen Fincas und größeren Anwesen vertreten und dienten als Hof- und Haushunde etwa zur Bewachung oder zum Viehtrieb – und das bis heute. Im Jahr 2001 wurde der Perro de Presa Canario in Spanien als selbstständige Rasse anerkannt. Der Presa Canario ist kein Dogo Canario, kein Alano und auch keine Antikdogge!

**Charakter**
Der Presa Canario demonstriert Überlegenheit. Besonders für die Funktion der Wache und Verteidigung ausgestattet und traditionell für das Treiben von Vieh. Ungestümes Temperament. Furchtloser Kämpfer, stolzes Auftreten und gleichzeitig seinem Herrn tief verbunden. Ein Hund, der sanft zur Familie und misstrauisch gegenüber Fremden ist.

**Maße**
Größe: Rüde 61 bis 66 cm, Hündin 57 bis 62 cm
Gewicht: Rüde 45 bis 57 kg, Hündin 40 bis 50 kg

**Farben**
Alle Farben außer Weiß, alle Arten der Strömung, Füße oder Platten dürfen weiß sein. Der Presa Canario sollte eine dunkle Maske haben, optimalerweise bis zu den Augen.

**Erscheinungsbild**
Schwerer, massiger, stämmiger und großer Hund, dessen Körperlänge die Widerristhöhe übertrifft.

**Verwechslungsgefahr**
Mit Cane Corso, Alano und anderen Molossern.

**Weitere Informationen**
www.zooroyal.de/magazin/hunde/hunderassen/dogo-canario/

# Perro de Presa Mallorquin

Ursprungsland: Spanien

Quelle: Mario Egler

## Geschichte

Durch den Handel und die Schifffahrt im Mittelmeerraum kamen Hunde auf die Balearen, unter denen sich Wach- und Schutzhunde befanden, die von jeher zum Schutz gegen Piraten und Seeräuber in den Häfen und den am Meer gelegenen Siedlungen gebraucht wurden. Von diesen meist großen, starken und widerstandsfähigen Hunden mit großem Kopf und mächtigem Gebiss zeichnete sich einer besonders aus: die Dogge der Iberischen Halbinsel, die an verschiedenen Orten in Spanien als Jagd- oder Kampfhund gegen Stiere oder andere Hunde verwendet wurde.

Im 18. Jahrhundert gingen Menorca und andere Gebiete durch den Frieden von Utrecht in englischen Besitz über. Die Engländer führten ihre eigenen Kampf- und Wachhunde auf den Balearen ein und kreuzten sie mit der dort bereits vorhandenen Dogge der Iberischen Halbinsel. Auf diese Weise entstand der Perro de Presa Mallorquin.

## Charakter

Der Perro de Presa Mallorquin ist ein äußerst umgänglicher Zeitgenosse. Er besitzt ein nervenstarkes Wesen, kann aber bei Gelegenheit durchaus sein Temperament aufblitzen lassen. Seinem Halter gegenüber ist er treu und anhänglich, er liebt seine Familie und erfreut sie mit seiner Fröhlichkeit. Er gilt aber auch als mutig, wenn es die Gelegenheit erfordert, und sehr wachsam.

## Maße

Größe: Rüde 50 bis 58 cm, Hündin 50 bis 52 cm
Gewicht: Rüde 35 bis 38 kg, Hündin 30 bis 34 kg

### Farben

Gestromt, falbfarben und schwarz (in dieser Reihenfolge erwünscht). Bei den gestromten Hunden werden die dunklen Farbtöne vorgezogen, bei den falbfarbenen die intensiven. Weiße Flecken sind an den Vorderpfoten, an der Brust und am Fang bis zu einem Maximum von 30 % der Fläche zulässig. Auch eine schwarze Maske ist zulässig.

### Erscheinungsbild

Typischer Molosser mit großem Kopf bei den Rüden, kräftige und mächtige Erscheinung eines mittelgroßen Hundes mit etwas verlängertem Körper.

### Verwechslungsgefahr

Mit Bandog, Staff- und Pitmixen, Presa Canario, Dogo Canario und anderen Molossern.

### Weitere Informationen

www.ca-de-bou.de

## Rottweiler

Ursprungsland: Deutschland

*Quelle: Getty Images*

### Geschichte

Der Rottweiler oder auch „Metzgerhund" wurde das erste Mal um 1886 erwähnt. Da er zuerst in der Region Rottweil aufkam, wurde er nach dieser benannt. Er wurde eingesetzt, um Viehherden zu treiben und auf diese aufzupassen. Daneben sollte er auch die Menschen beschützen sowie Haus und Hof bewachen.

Gleichzeitig konnte der charakterstarke Hund problemlos das auf dem Viehmarkt eingenommene Geld in einem Tierdarm um den Hals gebunden nach Hause transportieren, ohne dass es gestohlen werden konnte. Die Metzger und Viehtreiber züchteten ihn ausschließlich auf Leistungsstärke, denn der Hund war zum Arbeiten da. Im Lauf der Zeit entstand so ein vorzüglicher Gebrauchshund, der sogar zum ruhigen Ziehen von Fleischerkarren eingesetzt werden konnte.

**Charakter**

Der Rottweiler ist von freundlicher und friedlicher Grundstimmung, kinderlieb, sehr anhänglich, gehorsam, führig und arbeitsfreudig. Seine Erscheinung verrät Urwüchsigkeit und sein Verhalten ist entsprechend selbstsicher, nervenfest und unerschrocken. Er reagiert mit hoher Aufmerksamkeit auf seine Umwelt. So sollte es laut Standard sein, doch leider ist die Realität eine andere: Die Hunde sind oft nur auf eine Person fokussiert und neigen oft ohne ersichtlichen Grund zu Aggressionen. Wichtig sind deshalb eine gute Zucht und Sozialisierung sowie eine erfahrene Führung mit klaren Regeln.

**Maße**

Größe: Rüde 61 bis 68 cm, Hündin 56 bis 63 cm
Gewicht: Rüde 50 bis 55 kg, Hündin 40 bis 45 kg

**Farben**

Schwarz mit gut abgegrenzten Abzeichen (Brand) von satter, rotbrauner Färbung an Backen, Fang, Halsunterseite, Brust und Läufen sowie über den Augen und unter der Rutenwurzel.

**Erscheinungsbild**

Der Rottweiler ist ein mittelgroßer bis großer Hund, weder plump noch leicht, nicht hochläufig oder windig. Seine im richtigen Verhältnis stehende, gedrungene und kräftige Gestalt lässt seine große Kraft, Wendigkeit und Ausdauer ahnen.

**Verwechslungsgefahr**

Mit Bandog und anderen Molossern.

**Weitere Informationen**

www.adrk.de

# Staffordshire-Bullterrier

Ursprungsland: England

Quelle: Getty Images

## Geschichte

Der Staffordshire-Bullterrier ist ein Nachkomme des originalen „Bull-and-Terrier", d.h. Kreuzungen der Bulldogge mit alten englischen Terriern des 19. Jahrhunderts. In Amerika entstand daraus durch weitere Einkreuzungen mit anderen Rassen der American Staffordshire Terrier.
Vor allem wurden diese Hunde für Hundekämpfe gezüchtet, um ihren Besitzern viel Geld und Ruhm einzubringen. Den Namen „Staffordshire" erhielt die Rasse, weil die Bewohner dieser Grafschaft am meisten für den Erhalt diese Rasse taten. Nach dem Verbot der Hundekämpfe entwickelte sich die Rasse zu einem beliebten Familienhund mit vielen guten Eigenschaften.

## Charakter

Traditionell von unbeugsamem Mut und Hartnäckigkeit. Hochintelligent und liebevoll, besonders zu Kindern. Tapfer, furchtlos.

## Maße

Größe: Rüde 35 bis 41 cm, Hündin 33 bis 40 cm
Gewicht: Rüde 12 bis 17 kg, Hündin 11 bis 16 kg

## Farben

Rot, falb, weiß, schwarz oder blau oder eine dieser Farben mit Weiß. Gestromt in jeder Schattierung oder gestromt mit Weiß. Schwarz mit Loh oder leberfarben ist auf keinen Fall erwünscht.

**Erscheinungsbild**
Ein vom Erscheinungsbild her gut ausgewogener, für seine Größe sehr kräftiger sowie muskulöser, aktiver und beweglicher Hund.

**Verwechslungsgefahr**
Mit Ca de Bou, Stafford sowie Terrier- und Bulldoggenmixen.

**Weitere Informationen**
www.dcbt.de

## Tosa Inu

Ursprungsland: Japan

*Quelle: Getty Images*

**Geschichte**
Der Tosa Inu stammt aus Tosa in der Präfektur Kochi und wurde eigens für den Hundekampf gezüchtet. Da die einheimischen Rassen wie der Akita Inu im Kampf mit den europäischen immer unterlagen, wurden diese einheimischen Hunde mit Bernhardinern, Mastiff, Deutscher Dogge, Bulldogen, Bullterriern, dem Pointer und anderen Rassen gekreuzt – so entstand der moderne Tosa. Die Kämpfe waren extrem stark reglementiert; die Tiere durften weder kläffen, wimmern oder Angst und Feigheit zeigen. Bei diesen Kämpfen ging es um sehr viel Prestige für ihre Besitzer. Die Veranstaltungen waren gesellschaftlich hoch angesehen und konnten ihren Besitzern große Summen einbringen.

### Charakter

Heute ist der Tosa Inu ein ruhiger, ausgeglichener Hund, der fast nie bellt und seiner Familie gegenüber sehr anhänglich und anpassungsfähig ist. Er sucht die Nähe seines Besitzers und ist bestrebt, jede Gefahr von diesem abzuwehren. Stolz und furchtlos gibt er sich ganz japanisch.

### Maße

Größe: Rüde min. 60 cm, Hündin min. 55 cm
Gewicht: Rüde 45 bis 65 kg, Hündin 40 bis 50 kg

### Farben

Rot, falbfarben, apricot, schwarz, gestromt, mit und ohne weiße Abzeichen.

### Erscheinungsbild

Großer Hund, von kräftiger Gestalt und würdigem Benehmen. Er hat Hängeohren, ein kurzes Haarkleid, einen quadratischen Fang und eine an ihrem Ansatz dicke Hängerute.

### Verwechslungsgefahr

Mit Bandog, Alano, Cane Corso, Dogo Canario sowie anderen Molossern und Molossermixen.

### Weitere Informationen

www.zooroyal.de/magazin/hunde/hunderassen/tosa-inu/

# Abkürzungsverzeichnis

| | |
|---|---|
| AG | Amtsgericht |
| AmtsBl. | Amtsblatt |
| AO | Abgabenordnung |
| Az. | Aktenzeichen |
| BauGB | Baugesetzbuch |
| BayOLG | Bayerisches Oberlandesgericht |
| BayRS | Sammlung des bayerischen Landesrechts |
| BayVGH | Bayerischer Verwaltungsgerichtshof |
| Bbg. | brandenburgisch |
| BeckRS | Beck-Rechtsprechung |
| Berl. | Berlin, Berliner |
| BGB | Bürgerliches Gesetzbuch |
| BGBl. | Bundesgesetzblatt |
| BGH | Bundesgerichtshof |
| BImSchG | Bundes-Immissionsschutzgesetz |
| BJagdG | Bundesjagdgesetz |
| Brem. | bremisch |
| BTÄO | Bundes-Tierärzteordnung |
| BW | Baden-Württemberg |
| BVerfG | Bundesverfassungsgericht |
| BVerwG | Bundesverwaltungsgericht |
| BWGZ | Baden-Württembergische Gemeindezeitung (Beck-Verlag) |
| BZRG | Bundeszentralregistergesetz |
| bzw. | beziehungsweise |
| d.h. | das heißt |
| DVO | Durchführungsverordnung |
| e.V. | eingetragener Verein |
| ff. | fortfolgende |
| FStrG | Bundesfernstraßengesetz |
| GABl. | Gemeinsames Amtsblatt |

| | |
|---|---|
| GBl. | Gesetzblatt |
| GefHG/GefHuG/ GefHundG | Gefahrenhundegesetz |
| GefHG/GefHuVO/ GefHVO | Gefahrenhundeverordnung |
| GefTierG/GefTVO | Gefahrtiergesetz/-verordnung |
| GG | Grundgesetz |
| ggf. | gegebenenfalls |
| GewO | Gewerbeordnung |
| GV./GVBl./GVOBl. | Gesetz- und Verordnungsblatt |
| HundeG/HundeV | Hundegesetz/-verordnung |
| HundeHG/HundehV | Hundehaltergesetz/-verordnung |
| Hess. | hessisch |
| HStrG | Hessisches Straßengesetz |
| HundVerbrEinfG | Hundeverbringungs- und -einfuhrbeschränkungsgesetz |
| HWG | Hamburger Wegegesetz |
| i.S.d./i.S.v. | im Sinne der/im Sinne von |
| i.V.m. | in Verbindung mit |
| JagdG | Jagdgesetz |
| juris | Rechtsportal juris |
| Kap. | Kapitel |
| KG | Kammergericht |
| LG | Landgericht |
| LHundG | Landeshundegesetz |
| LImSchG | Landes-Immissionsschutzgesetz |
| LKV | Landes- und Kommunalverwaltung, Zeitschrift (Beck-Verlag) |
| LSA | Land Sachsen-Anhalt |
| LStrG | Landesstraßengesetz |
| LStVG | Landesstraf- und Verordnungsgesetz |
| LVwVfG | Landesverwaltungsverfahrensgesetz |
| MaulKZBefVwV | Verwaltungsvorschrift über die Befreiung gefährlicher Hunde vom Maulkorbzwang |
| MBl./MinBl. | Ministerialblatt |
| MV | Mecklenburg-Vorpommern |

| | |
|---|---|
| Nds. | niedersächsisch |
| NHundG | Niedersächsisches Gesetz über das Halten von Hunden |
| NJW | Neue Juristische Wochenschrift (Beck-Verlag) |
| NLärmSchG | Niedersächsisches Lärmschutzgesetz |
| NVwZ | Neue Zeitschrift für Verwaltung (Beck-Verlag) |
| NVwZ-RR | NVwZ-Rechtsprechungs-Report, Beck-Verlag |
| Nr. | Nummer |
| NRW | Nordrhein-Westfalen |
| NStrG | Niedersächsisches Straßengesetz |
| o.Ä. | oder Ähnliches |
| OBG | Ordnungsbehördengesetz |
| OLG | Oberlandesgericht |
| OVG | Oberverwaltungsgericht |
| OWiG | Ordnungswidrigkeitengesetz |
| POG | Polizei- und Ordnungsbehördengesetz |
| PolG | Polizeigesetz |
| PolVO | Polizeiverordnung |
| PolVOgH | Polizeiverordnung über das Halten gefährlicher Hunde |
| Rn | Randnummer |
| RP | Rheinland-Pfalz |
| Sächs. | sächsisch |
| SächsPolG | Sächsisches Polizeigesetz |
| SH | Schleswig-Holstein |
| SL | Saarland |
| SOG | Sicherheits- und Ordnungsgesetz |
| StAnz. | Staatsanzeiger |
| StGB | Strafgesetzbuch |
| StrG | Straßengesetz |
| StrWG | Straßen- und Wegegesetz |
| StVO | Straßenverkehrs-Ordnung |
| TA Lärm | Technische Anleitung zum Schutz gegen Lärm |
| ThOLG | Thüringer Oberlandesgericht |
| ThOVG | Thüringer Oberverwaltungsgericht |
| ThürSachkundePrüfVO | Thüringer Sachkundeprüfungsverordnung |

| | |
|---|---|
| ThürWesenstestVO | Thüringer Wesenstestverordnung |
| TierSchG | Tierschutzgesetz |
| TierSchHundeV | Tierschutz-Hundeverordnung |
| VA | Verwaltungsakt |
| VBlBW | Verwaltungsblätter für Baden-Württemberg |
| V/VO | Verordnung |
| VG | Verwaltungsgericht |
| VGH | Verwaltungsgerichtshof |
| VwGO | Verwaltungsgerichtsordnung |
| VwV | Verwaltungsvorschrift |
| VwVfG | Verwaltungsverfahrensgesetz |
| VwVgH | Verwaltungsvorschrift über das Halten gefährlicher Hunde |
| ZPO | Zivilprozessordnung |

# Stichwortverzeichnis